荆楚文庫

〔同治〕當陽縣志

〔清〕阮恩光 修

〔清〕王柏心 纂

〔光緒〕當陽縣補續志

〔清〕李元才 修

〔清〕李葆貞 纂

荊楚文庫編纂出版委員會

崇文書局

荆楚文庫

〔同治〕當陽縣志
TONGZHI DANGYANG XIANZHI

〔光緒〕當陽縣補續志
GUANGXU DANGYANGXIAN BUXUZHI

圖書在版編目（CIP）數據

〔同治〕當陽縣志 / 〔清〕阮恩光修；〔清〕王柏心纂.
〔光緒〕當陽縣補續志 / 〔清〕李元才修；〔清〕李葆貞纂.
— 武漢 ：崇文書局，2021.12
（荆楚文庫．方志編）
ISBN 978-7-5403-6526-4

Ⅰ．①同…　②光…　Ⅱ．①阮…　②李…　③王…　④李…
Ⅲ．①當陽縣－地方志－清代　Ⅳ．①K296.34

中國版本圖書館 CIP 數據核字（2021）第 250411 號

責任編輯：薛緒勒
整體設計：范漢成　曾顯惠　思　蒙
責任校對：董　穎
責任印製：田偉根
出版發行：崇文書局有限公司（中國・武漢）
地址：武漢市雄楚大道 268 號 C 座
電話：（027）87680797　　郵政編碼：430070
録排：武漢偉創偉業廣告有限公司
印刷：湖北新華印務有限公司
開本：787mm×1092mm　　1/16
印張：28.25
版次：2021 年 12 月第 1 版　2021 年 12 月第 1 次印刷
定價：120.00 元

ISBN 978-7-5403-6526-4

《荆楚文庫》工作委員會

主　　任：王瑞連
副 主 任：王艷玲　許正中　梁偉年　肖菊華　尹漢寧
　　　　　郭生練
成　　員：韓　進　陳　亮　盧　軍　陳樹林　龍正才
　　　　　雷文潔　趙淩雲　謝紅星　陳義國

辦公室

主　　任：陳樹林
副 主 任：張良成　陳　明　李開壽　周百義

《荆楚文庫》編纂出版委員會

主　　任：王瑞連
副 主 任：王艷玲　許正中　梁偉年　肖菊華　尹漢寧
　　　　　郭生練
總 編 輯：章開沅　馮天瑜
副總編輯：熊召政　陳樹林
編委（以姓氏筆畫爲序）：朱　英　邱久欽　何曉明
　　　　　周百義　周國林　周積明　宗福邦　郭齊勇
　　　　　陳　偉　陳　鋒　張良成　張建民　陽海清
　　　　　彭南生　湯旭巖　趙德馨　劉玉堂

《荆楚文庫》編輯部

主　　任：周百義
副 主 任：周鳳榮　周國林　胡　磊
成　　員：李爾鋼　鄒華清　蔡夏初　王建懷　鄒典佐
　　　　　梁瑩雪　黄曉燕　朱金波
美術總監：王開元

《荆楚文庫·方志編》編纂組

組　　長：陽海清

副 組 長：劉傑民（執行）　王　濤　謝春枝　范志毅（執行）

參編人員（以姓氏筆畫爲序）：

王　濤　李云超　宋澤宇　范志毅　柳　巍　馬盛南　陳建勛

梅　琳　張　晨　張雅俐　陽海清　彭余焕　彭筱澂　劉傑民

謝春枝　嚴繼東

編　　審：周　榮

顧　　問：沈乃文　李國慶　吴　格

出版説明

湖北乃九省通衢，北學南學交會融通之地，文明昌盛，歷代文獻豐厚。守望傳統，編纂荆楚文獻，湖北淵源有自。清同治年間設立官書局，以整理鄉邦文獻爲旨趣。光緒年間張之洞督鄂後，以崇文書局推進典籍集成，湖北鄉賢身體力行之，編纂《湖北文徵》，集元明清三代湖北先哲遺作，收兩千七百餘作者文八千餘篇，洋洋六百萬言。盧氏兄弟輯録湖北先賢之作而成《湖北先正遺書》。至當代，武漢多所大學、圖書館在鄉邦典籍整理方面亦多所用力。爲傳承和弘揚優秀傳統文化，湖北省委、省政府决定編纂大型歷史文獻叢書《荆楚文庫》。

《荆楚文庫》以『搶救、保護、整理、出版』湖北文獻爲宗旨，分三編集藏。

甲、文獻編。收録歷代鄂籍人士著述，長期寓居湖北人士著述，省外人士探究湖北著述。包括傳世文獻、出土文獻和民間文獻。

乙、方志編。收録歷代省志、府縣志等。

丙、研究編。收録今人研究評述荆楚人物、史地、風物的學術著作和工具書及圖册。

文獻編、方志編録籍以一九四九年爲下限。

研究編簡體横排，文獻編繁體横排，方志編影印或點校出版。

《荆楚文庫》編纂出版委員會

二〇一五年十一月

總目録

荆楚文库

〔同治〕當陽縣志

〔清〕阮恩光 修
〔清〕王柏心 纂

前言

《〔同治〕當陽縣志》十八卷首一卷末一卷，清阮恩光修，清王柏心纂，清同治五年（一八六六）刻本。

阮恩光，字孝通，江蘇儀徵人，同治二年（一八六三）任當陽知縣。王柏心，字子壽，湖北監利人。道光二十四年（一八四四）進士，曾爲刑部廣西清吏司主事，後無心仕途，辭官還鄉。著有《導江三議》《百柱堂全集》《螺洲文集》等。

清康熙八年（一六六九），邑令婁肇龍曾修縣志，是爲清修當陽志之始。乾隆五十九年（一七九四），知縣黄仁續輯。咸豐九年（一八五九），任道鎔曾有續修，延人采訪編次，成十餘帙，後因他調遂止。阮恩光莅任，奉檄催修邑志，遂取舊籍，撿之有康熙、乾隆二本，然距當時已七八十載，未有增輯，遺事頗多。乃延人采訪，商榷編次，『徵引舊志，比附近事，稍創體例』，凡與是邑相關者，無所不載，『繁則寡要，簡又近略』，復經柏心審定而書成。全志總十八卷首一卷末一卷，分十二門七十餘目，約二十二萬字，内容含方輿、建置、政典、武備、祀典、祠宇、職官、選舉、人物、列女、藝文等。是志『大旨因舊志，稍變其門類』，擴舊志九門爲十二門，凡録舊志原文，皆注明於後，『義例謹嚴，詞氣淵雅』。每篇之前附以序言，闡述此篇由來并概述全篇内容。該志取材廣泛，有所徵引，皆注明出處，且對續志中刪減舊志原文及分注旁引者，又『擇其要者一一補入』。至於徵引故事非正史者皆不載』。時人稱其有『良史遺風』。『政典志』爲當時一般志書所無，載邑内民生、教育等大事，可稱有識。

據《中國地方志聯合目録》載，該志國圖、北大、復旦、南京、湖北、武大、湖南等館有藏。湖北省館有兩藏本，其中一藏本版面清晰、書品較好，僅少許頁碼有破損、字迹不清，故此次影印以該藏本爲底本，另一藏本補之。此外，該志另有民國二十四年（一九三五）鉛印本，國圖、甘肅、湖北、武大等館有藏。（彭余焕）

目録

當陽縣志 第　冊

同治丙寅重刊

當陽縣志

板藏考棚

原序

粤自列侯貢俗太史觀風方陳輿獻之天
府歷三代漢唐以迄今茲代有成書凡山川
之勝方物之殊人情土俗之淯漓喆士賢臣
之出處以及政賦德教之繁簡盛衰靡不具
載所以詳攷稽資治化也我
朝定鼎後興學崇文廿餘年來博求典籍其於
天下之志乘一書不啻勤勤纂矣然或海

澨山陬篇殘簡斷續先啟後必待其人予茲
讀當邑一志而有感焉予以已酉季夏銓授
當陽即聞吾鄉游楚者道邑荒疲狀謂彈丸
僻邑萬山交錯加以兵燹之後土蕪人稀咸
爲予難之予曰士人服古入官行吾志焉爾
敢與地方爭難易哉及乎捧符就道叱馭星
馳履境之初憑車流覽遠望玉泉紫蓋諸峰
鬱蒼綿亙近溆沮漳清溪諸水澄澈縈環雖
凋敝之遺村煙落落而民風淯樸易於爲治
固不得以彈丸視之矣莅任後適值　上憲
檄徵邑志乃知邑志尚無成書所存斷簡殘
篇方經攝篆　婁公與邑之薦紳碩彥遠蒐
近輯搦管成帙授之梓而未告竣也亟取棗
本披讀則見夫山川紀也方物詳也名臣大
儒文章政教悉斑斑可攷也纖巨靡遺瞭如
指掌剏其間摛詞簡雅寓意風規足爲千百

世之鑒觀所謂續先啟後必待其人者婁公
與邑紳其攸歸與諸君子任其勞予竊享其
逸矣雖然予之所應爲者諸君子有以先之
諸君子之欲爲而未逮者予安可不有以助
之學宮之傾圮未修也城垣樓櫓之敝缺未
補也武安文定諸名蹟炳炳麟麟皆未能輪
奐聿觀也從此漸次整理俾廢者俱興誠守
土者之責也予敢不勉與

康熙九年歲在庚戌仲春月
賜進士出身知當陽縣事古任城李芳佳木氏撰

當陽縣志序

當陽古權國余向應春官試北上道經斯地者三見其山川秀麗風俗敦龐因意其中名臣碩儒政事文章與夫忠孝節烈之人瑰異奇特之行必有卓卓堪紀者惜不獲披覽邑乘一印證之歲辛亥適奉
命承乏茲土亟取邑志閱之炳炳麟麟垂光簡冊者不一而足深喜符吾向者所意考此志

成於康熙八年距今百餘歲矣
聖天子文教覃敷海隅咸若斯邑雖僻處山陬雲蒸霞蔚而起者即名區不過焉百年未輯殊爲闕典余有志纂修而未逮也會壬子 大
憲彙修楚北通志檄縣採訪事實以備編輯沂陽 童君隨以儒學所藏續修志稿進凡所紀述頗爲整理但其中舛譌遺漏亦復不少因集薦紳耆彥設館迴峰書院往來商搉

取舊稿釐定之分門別類删其太繁補所未備雖拘文牽義難言美善而微顯闡幽片長不遺且一爲披覽而吏治民風治亂得失燎若指掌官斯土者即此因地制宜不亦可攬其全而裕如乎今夏㠌成都人士索序於余余回憶向時道經此地一過客耳豈料即是邑之主人哉此中不無宿緣焉因不揣固陋而序之

乾隆甲寅夏五古賓黃仁題於玉陽官署之款洽軒

序

國朝當陽縣志自康熙八年煥然一新然明季餘氛未靖士庶未盡還集採訪雖周不無脫漏越

今上戊寅歲前侯　苗公宰邑先輩博搜密訂已臻大備未幾他遷不及授梓己酉鑾奉

命司鐸於兹蒞任後簡閱書籍得底抄讀之喜且懼謂一經蠹蝕必遺他年亥豕之譌因諭

同學諸公勉其續纂成書適　制憲畢公督修省志引下敝署隨撿抄本攜白明府　黃公公慨然以爲任召集邑紳諸先生囑其事增於後文酌於前以勷其成因以總理之任屬鑾固辭不獲命勉應之然實仗　賢侯之明斷與諸公之直方其所是者進之非者退之不敢與以己見昔孔子成春秋於義尚曰竊取矧謭陋如鑾敢以筆削自多乎哉准是

非之公而已是爲序
乾隆五十九年歲次甲寅夏五蘄陽童𢿫撰

續修當陽縣志序

恩光篆當陽兩稔於茲既周行四境察其地勢西北高而東南下西北多連山東南多平原廣野沮漳襟帶其間合流下入大江遇漲或江水盛溢則沮漳遏不得出往往潰決氾濫隴畝化爲沮洳恩光乃勸督居民繕修隄防期以堅厚令下皆踴躍趨事隄成而昏墊息又以其暇籌增書院膏火凡有修舉不敢廢墜士民益翕然信從今年連奉臺使檄催修邑志遂取舊籍檢之葢有二本曰舊志者修於康熙時曰續舊志者修於乾隆末今曠七八十載未有增輯於是延都人士之淹雅端亮者分任采訪考輯而恩光商榷編次徵引舊志比附近事稍創體例定爲類若干爲卷若干惟是山中書缺有問故老率多零落諏稽蒐討病不廣遍彙成未敢自是質之

年丈監利王子壽先生然後授梓僉謂恩光宜爲之序則論之曰志於邑無所不載顧有體焉繁則寡要簡又近略欲斟酌而歸於至當難矣然尤貴乎其識今夫當邑介居荆襄郢峽間南北衝要爲兵家所必爭自春秋三國至

昭代開國之初暨嘉慶咸豐間盜賊出沒邑最苦蹂躪今幸

朝廷威棱震疊烽燧已消然豫防不可弛也瀕川之民託命惟隄桑土綢繆未遂高枕無虞也若夫閭閻利病政令教條所設施有百年不變者有數年輒變者有一年數變者不審其宜則輕改與膠固兩失之至如簪纓甲第之蔚興貞廉節義之相望雖清淑萃鍾人爭砥礪抑豈非賢長吏興起教化風動而鼓舞之效與凡若此類筆之於書來者考鏡得所率循所謂前事之不忘後事之師也由是言之則志不徒恃其體而又貴善用其識恩光治行無足稱述第念夙奉　先相國訓誨及家大人教迪一行作吏不敢不勉又適遇茲役思藉手爲來者告且答父老勤勤見推之意故謹舉其大且遠者次第紀載而其他則有所不暇書

同治五年歲在丙寅孟秋月知當陽縣事儀徵阮恩光撰

續修當陽邑志序

曩者柏心嘗驅車至玉陽矣其境南連吾郡西直夷陵北走襄鄧東襟郊郢竟陵沮漳二川縈回如雙練岡巒迆邐原隰龍鱗桑麻布野略似豫州風景及覽其城郭之峻整　學宮試院之閎邃又與其邦人士遊皆彬彬然尙文學崇禮讓竊歎壯哉縣而風氣愿慤可喜也時方兵後求觀邑志不可得今年冬

邑侯

孝通明府以書來郢其手纂志乘云奉檄續修凡若干卷屬加商榷且徵序焉蓋當陽志一修於康熙時再修於乾隆末今且三矣急發藁本繹之義例謹嚴詞氣淵雅不以繁博是務而徵引皆有典据不以新僻是誇而包舉極於宏纖大旨因舊志所網羅加以裒輯稍變其門類確然可爲信史也柏心竊惟方志之興肇於周官土訓誦訓與形方訓方諸職凡一邑中山川險易田賦高下政事修墜風俗奢儉物產饒瘠與夫官吏士女之偉績高行莫不備載非以馳騁淹洽爲夸炫耳目地蓋將以懸古今之鏡著得失之林使後來有所取法如射立儀的車循軌轍若是乃爲善耳然而有三患患例之冗也詞之野也紀述之失倫也夫志體同於史者什九特其大

要主綜核不主褒譏稍爲同中之異綜核矣又無三者之患然後號爲良史而不媿今觀茲志庶幾良史遺風乎　明府爲儀徵相國之孫　賜卿太守之介子文學淵源紹聞有自宜其深明著作之體權篆甫二載惠愛洽於四境隄防賓興諸務尤汲汲修舉不遺餘力茲復蒐考文獻勒爲一書悉本典則不獨風流爾雅近古儒吏又以知其通達治

體才足經方致遠將起而任
朝廷簡擢膺股肱方岳之選非但區區以一邑報
稱者因不辭而僭序諸首簡
賜進士出身
誥授奉直大夫刑部廣西司主事年世愚弟王柏
心拜撰

續修當陽縣志序

志者一邑之史也歷代史册如天文地理之
類有關於考據者則謂之志
國朝一統志及直省通志依次編集要皆聚邑
志而擬其精華則邑志較通志爲加詳有不
得不詳者也當邑本荆楚域山川秀麗甲於
荆南至其民風醕樸易於爲治尤非他邑所
能及余自已未夏莅任茲土下車伊始亟取

舊志披讀以考厥源流大率體例悉備而近
事則多闕文蓋自乾隆甲寅重修後閱七十
餘年中間湮沒爲不少也越明年會邑紳商
摧謀所以續修此志者徧加採訪得十餘帙
公餘有暇將加編次旋以軍需旁午民力不
支未敢率爾舉行嗣余調任沙羨未幾出守
燕南僕僕風塵此舉更無從過問私衷常耿
耿也頃得邑侯阮孝通明府書云奉檄續

修邑乘今脫稿矣侯就正於監利比部 王
子壽先生即付剞劂分編者爲袁廉叔鄭石
雲兩明經皆余同年友曩所共商搉者且以
余嘗加採訪囑余爲之序噫此固余有志未
逮者也得明府以玉成之夫復何憾明府爲
儀徵 相國文達公之孫今太守 賜卿
先生之冢嗣也家學淵源政聲卓著本楚中
循良冠冕今此手編邑乘必能萃擷經史周

諮博考以彙爲成書更非余所能企及余既
不獲贊襄其事猶得郵寄一言附諸簡端以
留爲雪中鴻爪且與此邦人士結一重翰墨
緣也是爲序
同治五年歲在丙寅仲春月知直隸順德府
事宜興任道鎔撰

續修邑志序
邑侯
阮孝逼先生之宰茲邦也以 相國孫又秉
名父之訓不鄙夷敝邑因俗爲治加意拊循
政平而訟理士悅而民和自隄防賓興諸務
靡不修舉甫及二載壘奉 臺檄催修邑志
按敝邑志乘一修於康熙時再修於乾隆末
至今且七八十年未事續纂典籍缺少傳聞

寥落衆有難色 先生獨毅然圖之延召儒
流會議增輯若者任采訪若者任集貲 先
生乃創爲體例區分門類而手自纂次既成
則義法謹嚴咸中典則衆謂宗岱獲預編次
宜有言以識之宗岱承學既淺齒又居鄉先
達後力謝不敏衆皆強之不休乃謹述其顛
末焉夫僻陋巖邑介在山谷間雖未得與通
都壯縣相提並論然竊嘗得諸載籍所紀與

故老傳聞矣茲非山陽公子登臨徙倚之區乎蜀漢上將雄烈不凜然如生乎朱子發之闡明易旨胡文定之羽翼春秋遺書不猶有存者乎才人英雄則如彼大儒淵源則如此而皆萃此一方然則敝邑雖褊小其何慚於上國又況數千年來良有司煦嫗而化導之遺愛未沫其挺紫蓋玉泉沮漳之英靈而起者或高勛上第或忠節著聞以及孝子順孫

貞女節婦聯翩繼跡紛綸照耀爲山川增壯者指不勝屈今　先生皆網羅掇拾登之竹冊而條貫統飭無雜無漏號爲信史誠曠代盛事哉宗岱既爲敝邑幸益願與邦人士女爭自琢磨蒸成善俗以副

聖朝時雍光被之

休風而無負　賢侯裒輯表章之盛意也不尤謬與

同治丙寅仲秋月治下晚生鄭宗岱謹識

當陽縣志

續修姓氏

主修

署當陽縣知縣阮恩光 江蘇儀徵人

協修

當陽縣學教諭陳桂辛 天門副榜

當陽縣學訓導石易誠 黄岡舉人

總纂

刑部廣西清吏司主事王柏心 監利人甲辰進士

分編

候補府經歷袁瓚 江蘇拔貢

拔貢鄭宗岱

監局

孝廉方正羅曠鳴

孝廉方正王映蘭

庠生張守銘

考輯

庠生馮步瀛

歲貢賀紘
拔貢張宗旭
廩生鄭宗星
參訂
拔貢劉德華
舉人王金鍊蘄圻教諭
歲貢高士純
採訪咸豐十年至同治五年兩次採訪
歲貢羅承志

歲貢姚錫江
歲貢熊孝曾
歲貢汪南金
歲貢胡炳輝
庠生楊經綖
庠生田長庚
庠生陽達中
庠生王焜耀
庠生杜寶田

庠生劉在鎔
庠生樊化鵬
貢生杜映藻候選教諭
貢生曹金鑑沈玉林
貢生汪天祐
貢生何東林
貢生張致潔
廩生曹沐三
廩生江榮枬

廩生郭壬壽
廩生徐朝楷
廩生曾東明
廩生李葆貞
庠生張燦然
庠生盧鵬程
庠生盧永鍇
庠生李南金
庠生柏允修

庠生趙金相

庠生徐中青

庠生葉化中

庠生陶賡唐

庠生李識韓

庠生程明德

庠生鄭以芬

庠生張葆初

庠生傅全安

會圖　從九品銜嚴大鈞

附載歷代纂修姓氏

明萬歷四年　丙子

任夢榛　字山甫南直休甯人　署縣事留守司經歷

姚　會　邑孝廉

葛希俊　邑明經

崇禎三年　庚午

胥應賓　字君利福建人　安陸府通判

黃聖年　字逢永廣東南海舉人　儒學教諭

羅繼思　邑明經

葛　膚　邑庠　　歐陽煥　明經

陶大賢　明經　　陳宏志　邑庠

聶登第　邑庠　按舊志謂庚午重修第出其家藏舊志以備采輯乃得成書

國朝康熙八年己酉

主修

婁肇龍　字[redacted]山陰人　署縣事荊門州同

協修

王國永　儒學訓導

魏承韓　邑典史

纂修
楊州彥邑進士
栗引之邑恩貢
采輯
許登儁邑庠　賈克生邑庠
李映蘭邑庠　汪鴻印邑庠
參訂
張肇元貢生　熊廣貢生
曹嗣吉貢生　羅明慧貢生

熊廣生邑庠

乾隆二十三年續修未梓姓氏

主修
苗肇岱邑令
纂修
方瑶儒學教諭
郭孫攸邑進士
林可法邑舉人

乾隆五十九年甲寅

主修
黃仁字安宅邑令
纂修
童繹儒學教諭
郝遴儒學訓導
葉文在邑副榜
郭孫煥邑明經
羅啟鰲邑明經東陽訓導
劉學夔邑貢生

分修
熊經壁邑廪生
曹世煥邑廪生
參閱
張維植江陵人署儒學教諭
考正
夏永謙河溶巡檢
馬棟邑典史
校理

謝方升邑庠
熊映鑣邑廩生
羅開泌邑廩生

采輯
袁掞廷貢生　李傑臣貢生
謝世安鄉賓　楊先佑鄉賓
胡作材廩生　廖述安廩生
陳維翰廩生　符光廷邑庠
馬化龍　羅思詠

任世寶　趙廷梓
賀松茂　席九祥以上俱邑庠
羅啟蘇候選衛守禦

監刻捐板
楊啟淵貢生　以上名次職銜俱依續舊志原文

續修當陽縣志凡例

一邑乘自國初迄今凡三修修於康熙初者曰舊志修於乾隆末者曰續舊志板皆無存今此續修凡錄兩舊志原文皆注明於後不敢掠前賢之美也書中亦有概稱舊志者

一續舊志分九門今增爲十二門曰方輿曰建置曰政典曰武備曰祀典曰祠宇曰職官曰選舉曰人物曰列女曰藝文曰雜錄共十九卷

一方輿志首星野次疆域次沿革次山水次古績次風俗次物產次祥異其事紀附沿革後陵墓附古蹟後續舊志列沿革於疆域前意在原古茲列疆域於沿革前意在崇時定其疆域而後考其沿革也又續舊志列事紀於沿革表中限於篇幅轉覺難詳今另作沿革表而以事紀附後似較明晰至於祥異舊載賦役後今移置方輿末以祥異亦方輿中事也

一建置志首城池一邑之根本也次公署宣化之地也次隄防興利除害工程之大者也街衢津

儒胡文定公墓在邑境建有專祠續舊志列古祠中今附於　文廟之末以文定羽翼聖經已從祀兩廡故也

一祠宇志祠宇何別乎祀典也首古祠前代所尊崇民間所供奉也次寺觀別乎古祠也續舊志附寺觀於仙釋傳後今改歸祠宇志至於商民會館似非邑志所宜詳然亦域中營建之大者續舊志載其一二茲備載之附古祠後

一職官志首令佐次師儒次武職次封爵各立一

表循良忠烈師範等傳皆附於表後續舊志有溷職官於人物宦蹟中者今皆改正增立忠烈傳而以客將附焉

一選舉志首薦舉次制科次貢生次武科次雜選次世職次封蔭續舊志於科目皆列表今分類編次似較明晰有傳皆載人物志

一人物志首宦蹟次孝友次忠義次篤行次文苑次隱逸次耆壽次流寓次仙釋其義勇附忠義後續舊志無義勇傳而附耆壽於隱逸後茲另

築附城池後坊表雜建附公署後塘堰附隄防後各從其類也

一政典志首賦役利用厚生爲政之本也倉儲所以足食蠲卹所以保民故次之次學校次書院考棚及各項公田皆所以興賢育才也庶而後富養而後教政之常經莫要於此續舊志無政典門而列賦役於選舉後載學校於建置中今皆改歸政典至蠲卹尤政典之大者亦查省志補入

一武備志首兵防兵以衛民也次寨堡寓兵於農也次兵事得失之林可爲前鑒也至於民壯保甲依續舊志附兵防後

一祀典志首　文廟示尊崇也次　武廟以陵寢所在視他邑加隆也次　文昌宫已升入中祀與　武廟同也次壇廟凡有祀典者皆志之也續舊志列典禮於賦役軍政之前今列祀典於政典武備之後先成民而後致力於神也至名宦鄉賢忠義節孝各祠例得附　文廟後又宗

立耆壽傳所以重引年之典也所增人物必有
實蹟均以採訪爲憑善善從長不盡溢美也
一列女志首節婦次烈婦次貞烈次賢母其孝婦
附烈婦後壽母附賢母後節孝貞烈已蒙
旌表者尚矣亦有守志待旌年例已符先給匾額者
茲並載之以光潛德示奬勵焉
一藝文志分爲上中下三册上册首賦次碑文次
碑記中册首序次記次傳次墓誌次論次說次
贊次銘次紀略次跋次題後下册皆詩古今體

悉備每類以時代相次庶幾便於披覽所載詩
賦文詞必邑中山川古蹟城郭宮室有關於掌
故及忠孝節義之有關風化者方得收入不徒
以詞藻爲功也
一雜錄首叢談雖語多不經要必實有其事亦一
邑休咎所關也茲依續舊志列於卷末
一續舊志於舊志原文及分注旁引多所删減今
擇其要者一一補入至於徵引故事非正史者
皆不載

當陽縣志目録

翼宿圖

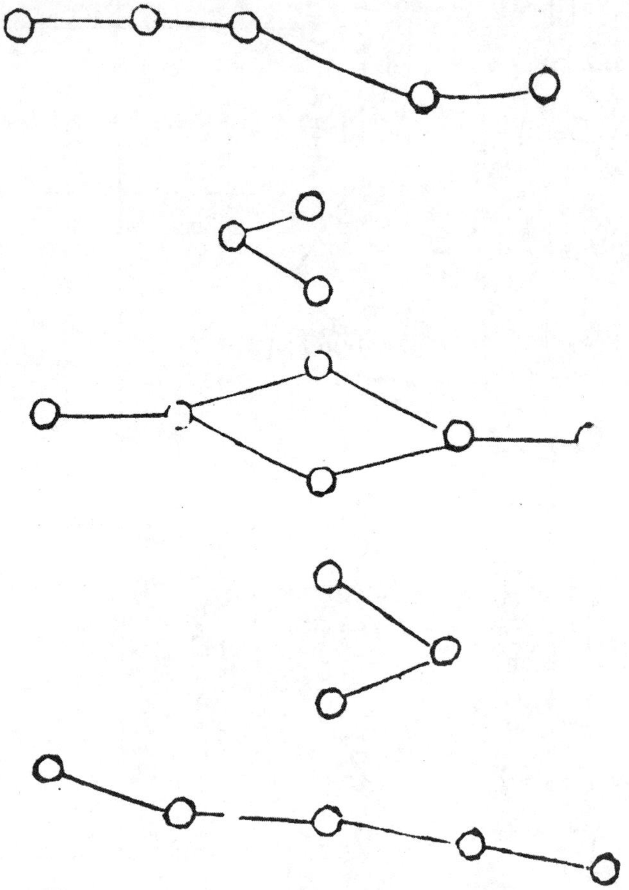

丹元子步天歌云
翼二十二星大難識上五下五橫著行中星六箇恰似張更有六星在何處二三相連張畔附

疆域總圖

每方二十里

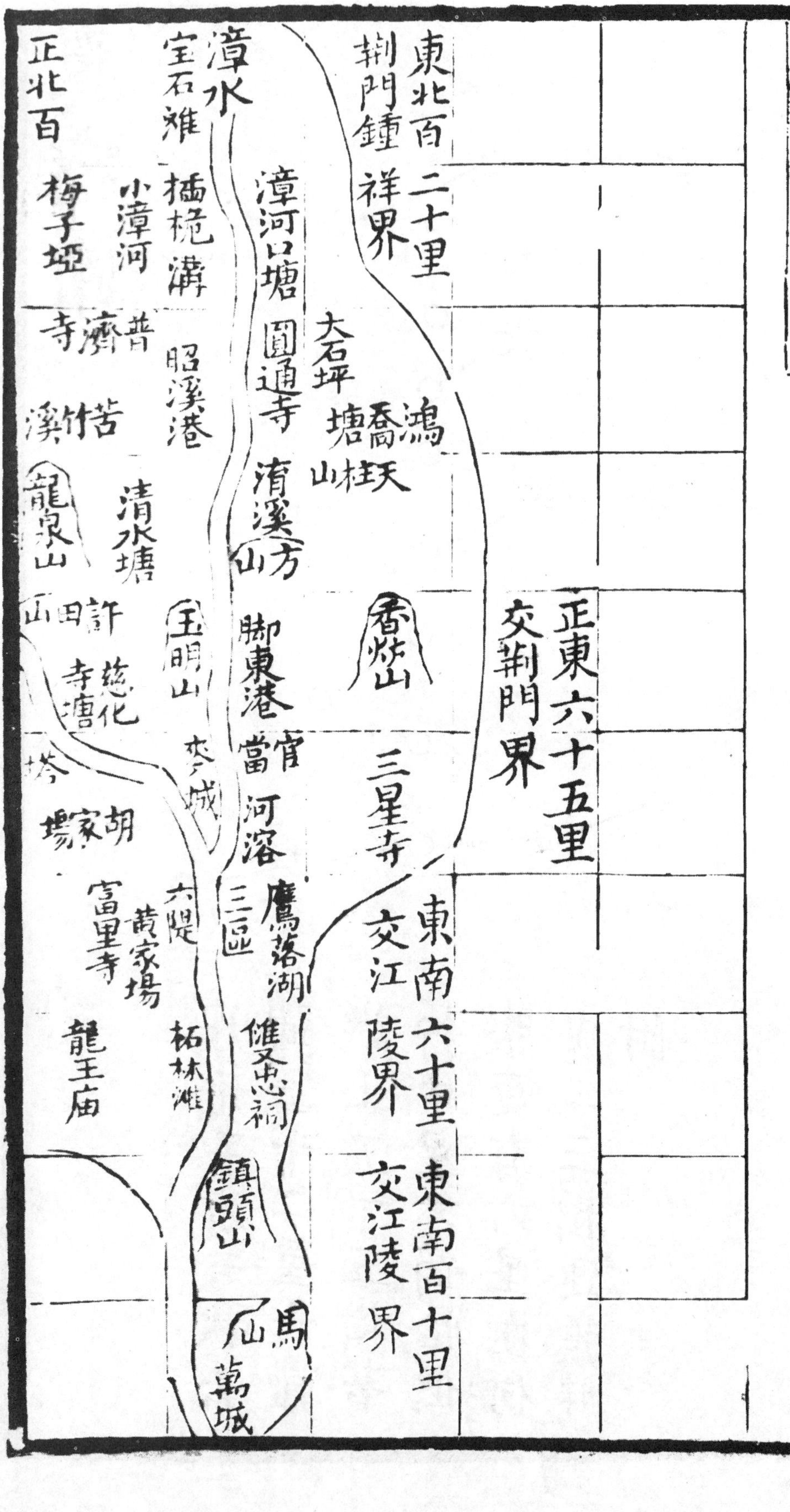

正北百
宝石雎
漳水
荆門鍾祥界
東北百二十里
梅子埡
小漳河
插梔溝
漳河口塘
普濟寺
苦竹溪
昭溪港
圓通寺
大石坪
鴻喬塘
天柱山
龍泉山
清水塘
清溪方山
許田山
玉明山
香炉山
慈化寺塘
脚東港
正東六十五里交荆門界
塔
胡家場
當陽
河溶
三星寺
富里寺
黄家場
三匝
鷹落湖
東南六十里交江陵界
龍王廟
柘林灘
雙忠祠
鎮頭山
東南百十里交江陵界
馬山
萬城

卷首　圖　疆域總圖　三百

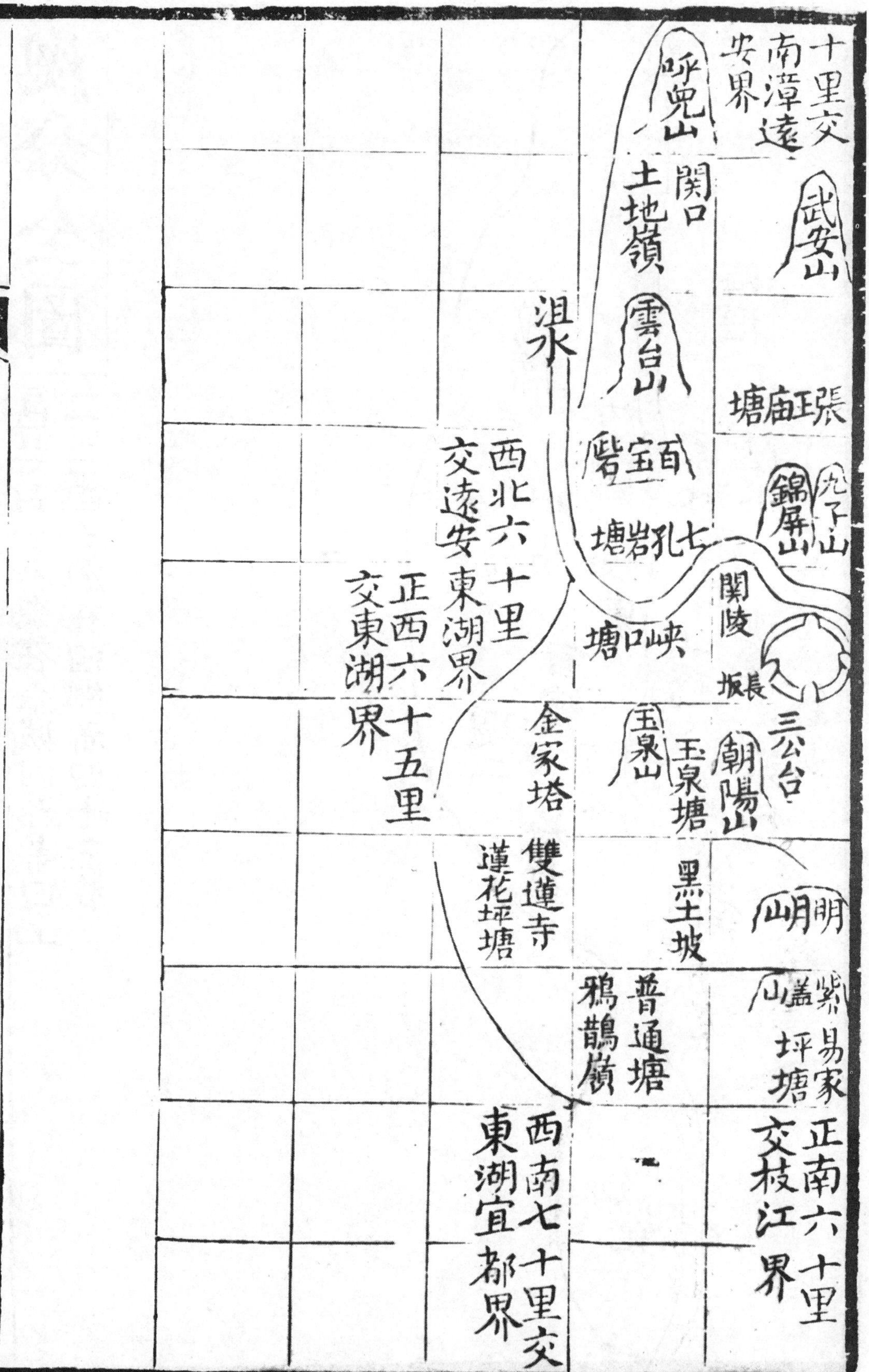
十里交南漳遠安界
呼兒山
關口
土地嶺
武安山
雲台山
沮水
張王廟塘
百宝砦
九子山
錦屏山
七孔岩塘
西北六十里交遠安東湖界
正西六十五里交東湖界
關陵
峽口塘
長坂
三公台
金家塔
玉泉山
玉泉塘
朝陽山
雙蓮寺
蓮花坪塘
黑土坡
明月山
紫蓋山
普通塘
鴉鵲嶺
易家坪塘
正南六十里交枝江界
西南七十里交東湖宜都界

總分全圖

邑共四十八總在本城内外者曰上二三四五總在四鄉者四十三總

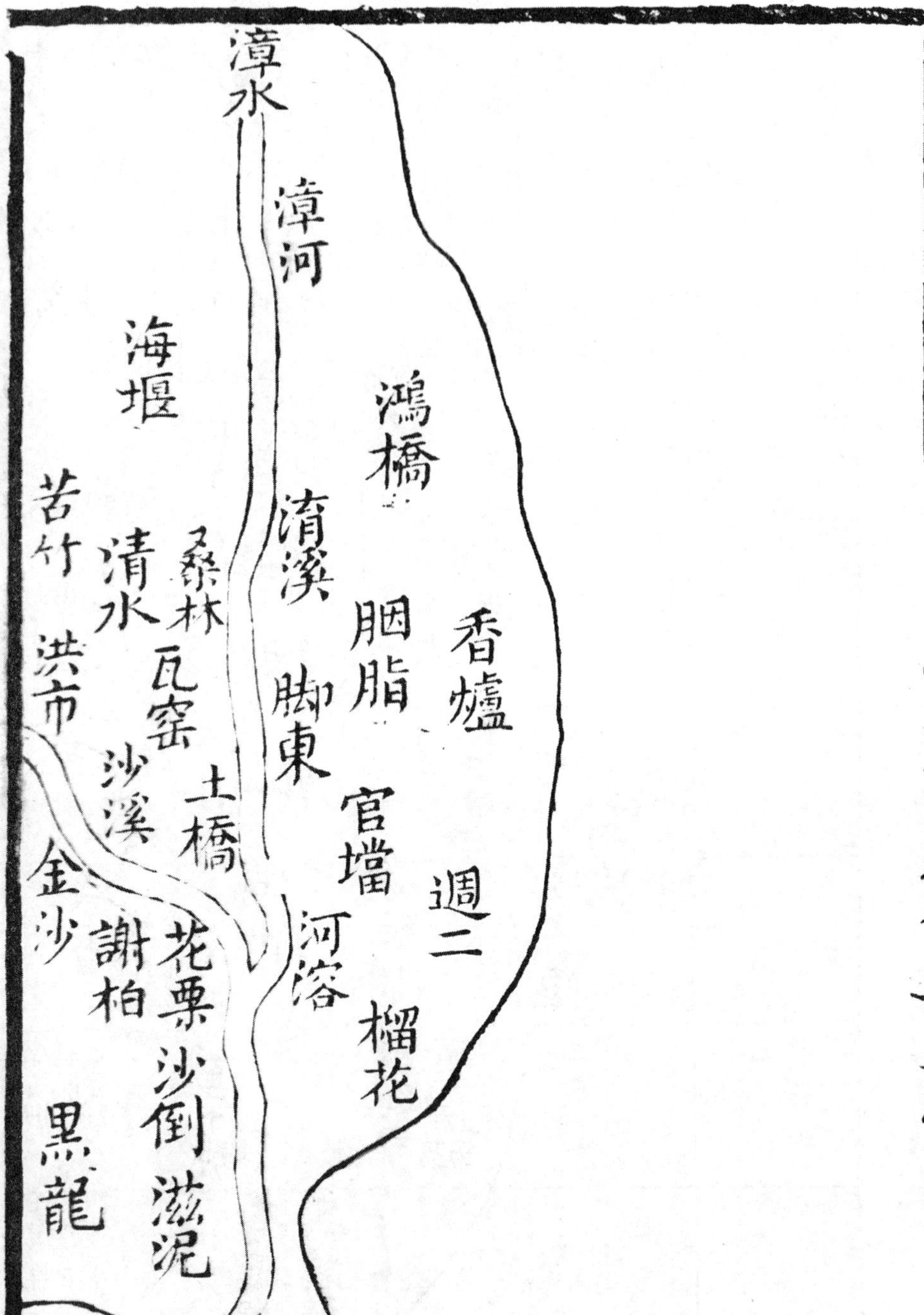

當陽縣志卷首 圖 總分圖

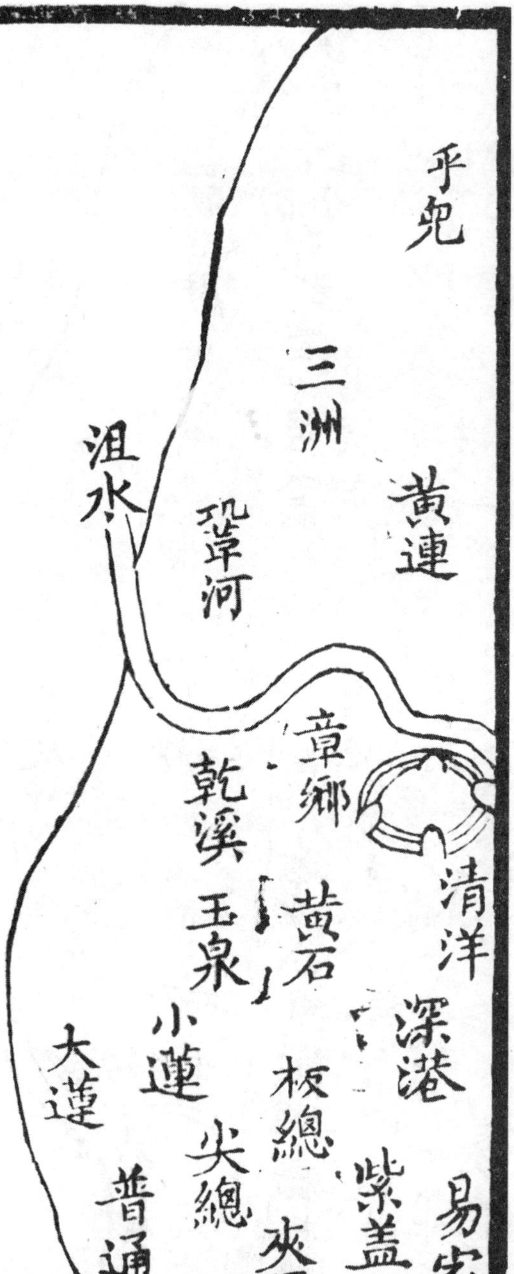

山水總圖

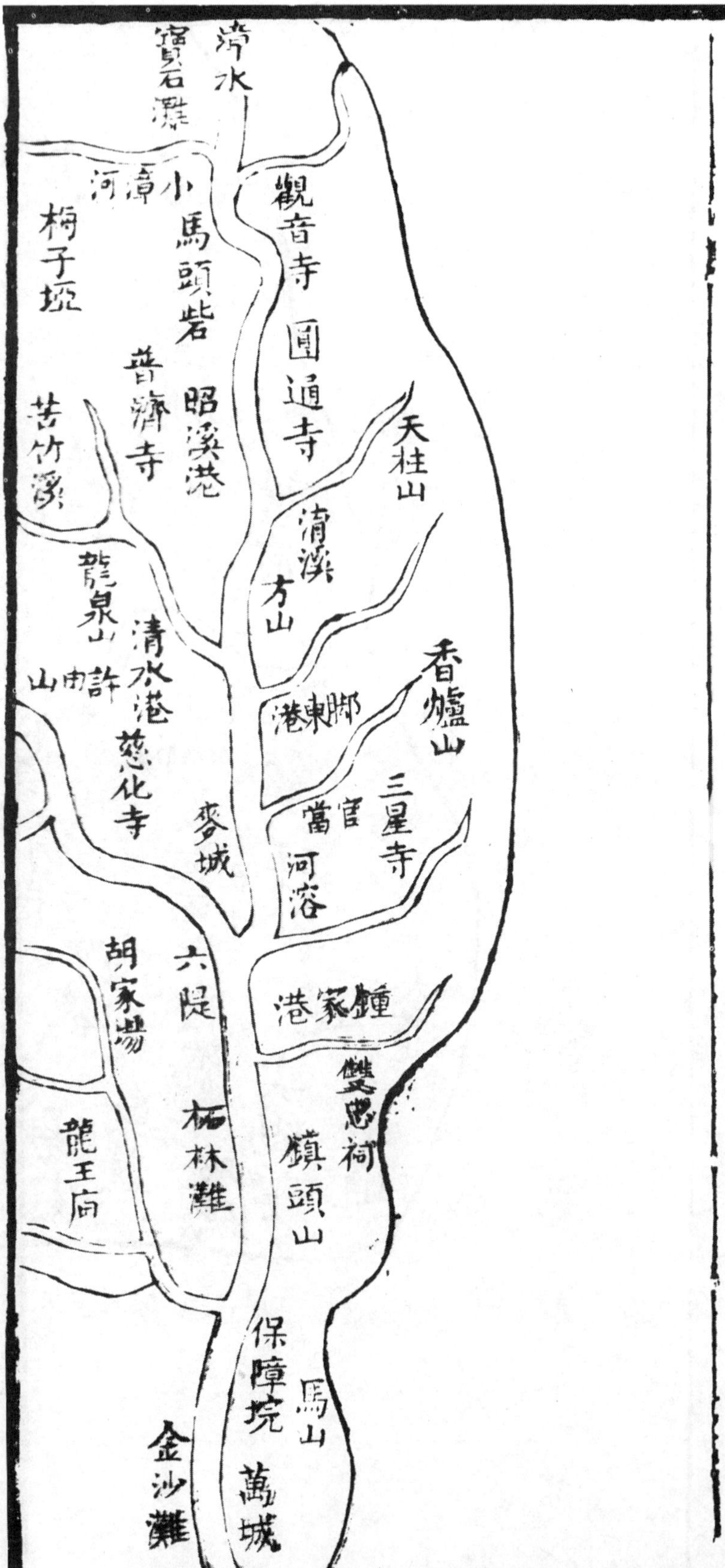
漳水
河
漳
小馬頭砦
柯子垭
觀音寺
圓通寺
天柱山
普濟寺
昭溪港
苦竹溪
清溪
方山
龍泉山
清水港
許由山
香爐山
慈化寺
麥城
三星寺
河溶
胡家場
六隄
鍾家港
雙忠祠
龍王庙
楊林灘
鎮頭山
保障垸
馬山
金沙灘
萬城

卷首　圖　山水總圖

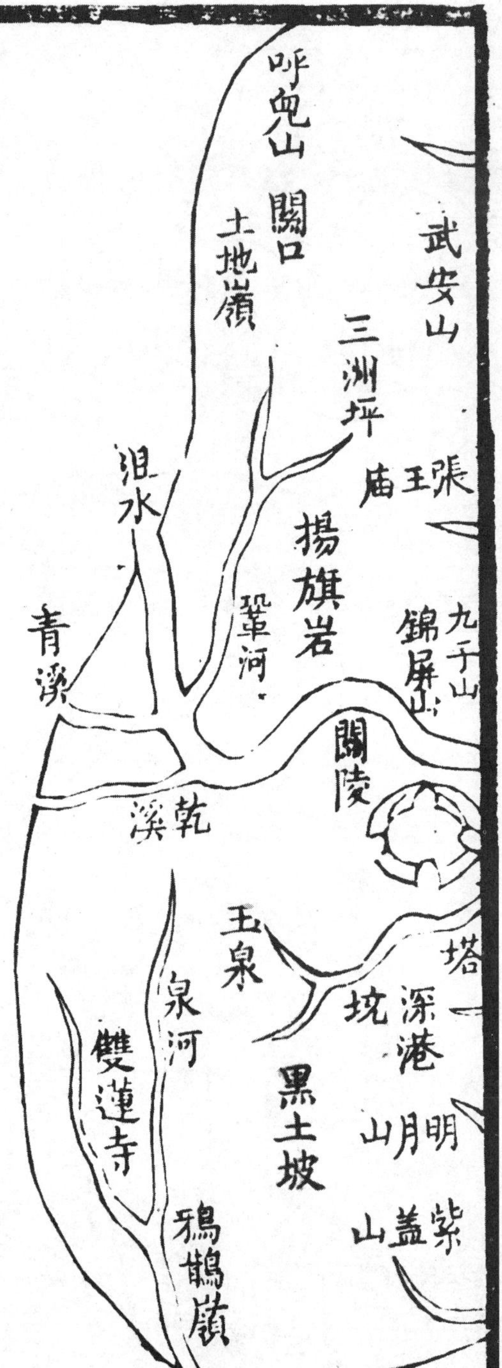
呼兜山
關口
武安山
土地嶺
三洲坪
張王廟
沮水
揚旗岩
青溪
羣河
錦屏山
九子山
關陵
乾溪
玉泉
塔
坑
深港
泉河
雙蓮寺
黑土坡
明月山
紫蓋山
鴉鵲嶺
普通河出江

縣城垣圖

圖 縣城垣圖
錦屏山
鄭公限
北門
玉陽山
城守署
文廟
武廟
縣署
城隍廟
玉陽門
西
府館
雲路
大魁閣
長坂雄風

當陽縣志

三

縣官廨圖

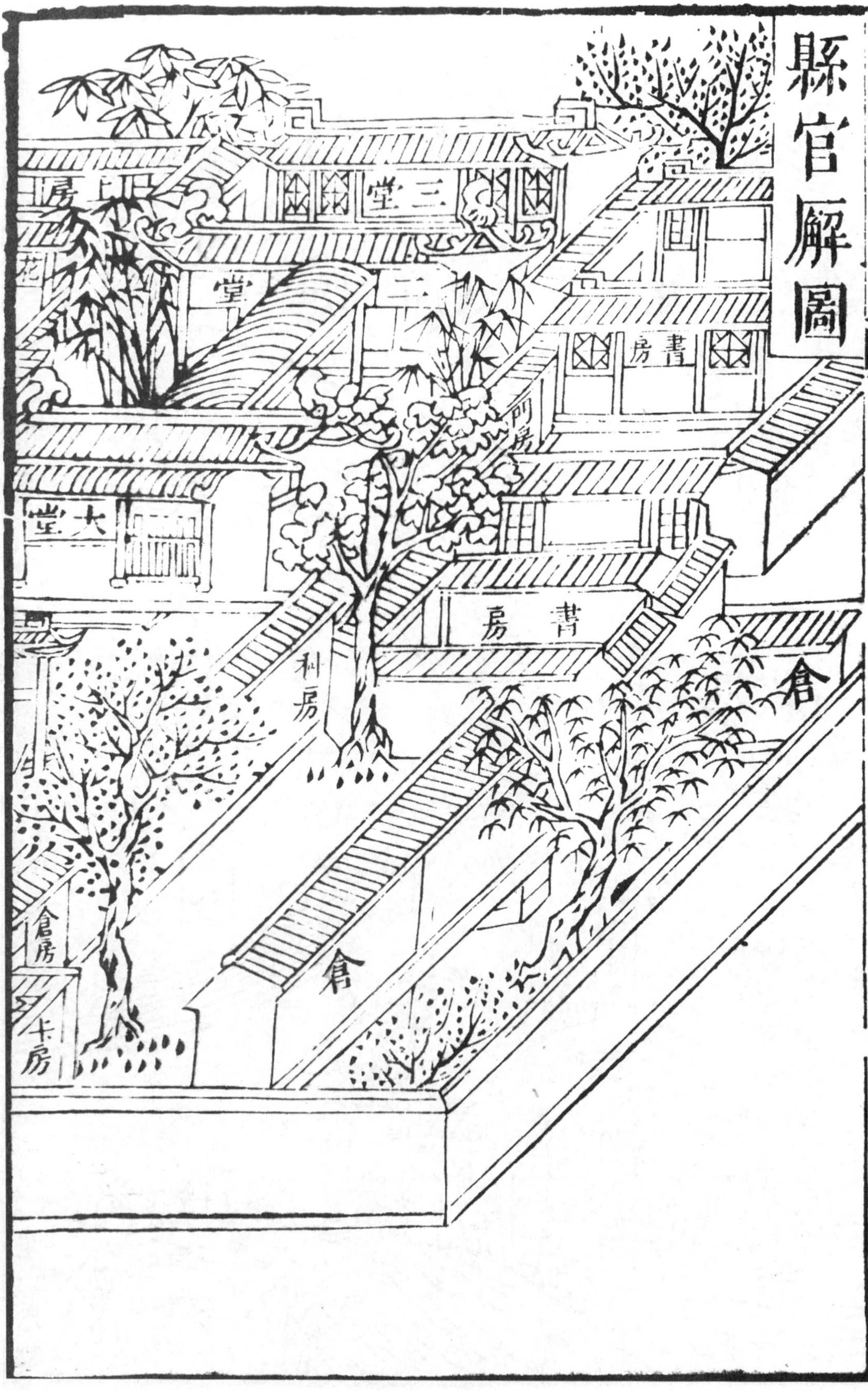

陽縣志　卷首　圖　縣官廨圖

玉陽書院圖

圖
玉陽書院圖
玉陽書院

縣試院圖

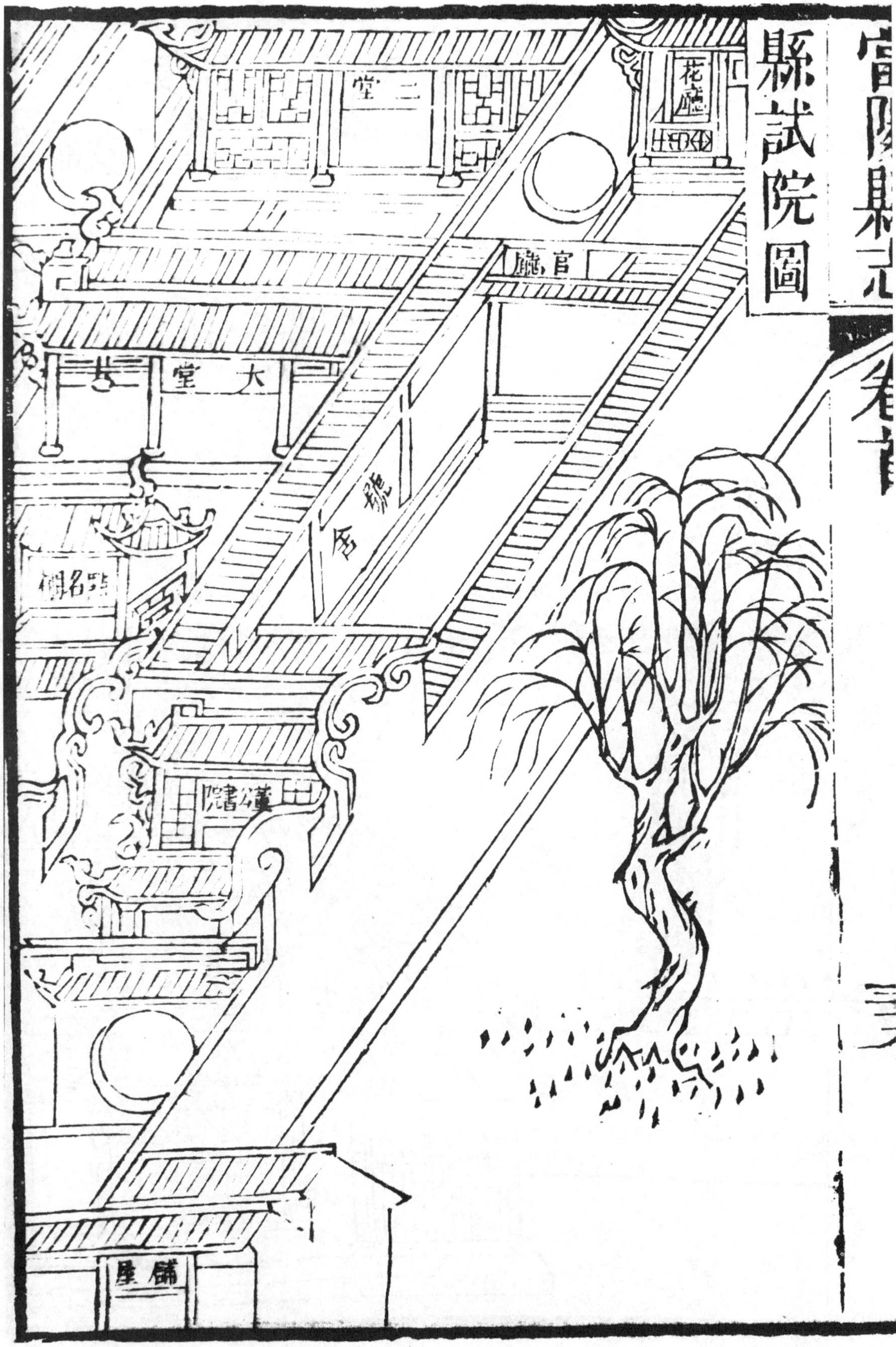

當陽縣志卷首圖　縣試院圖　四十

當陽縣志　卷首　四

縣文廟圖

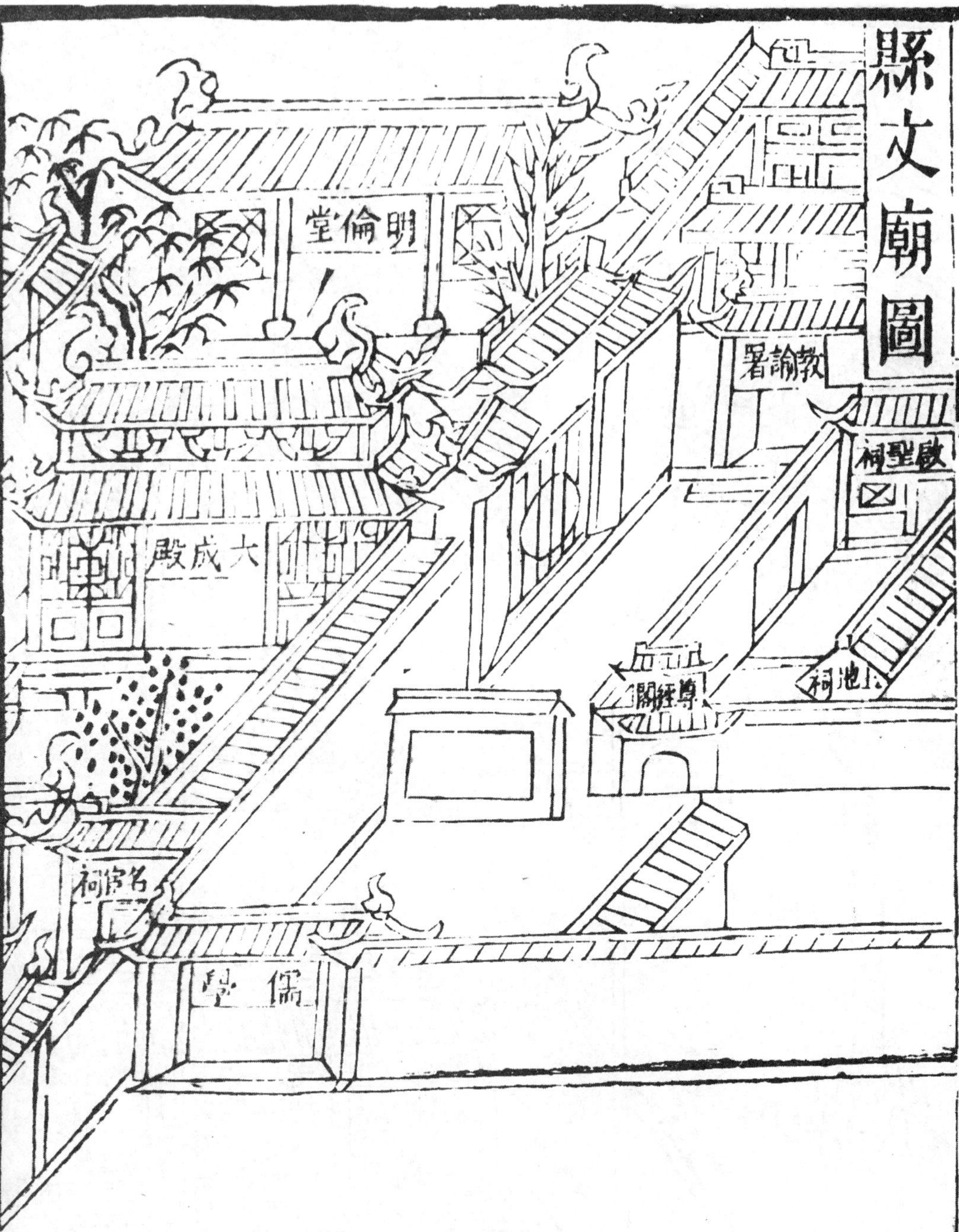

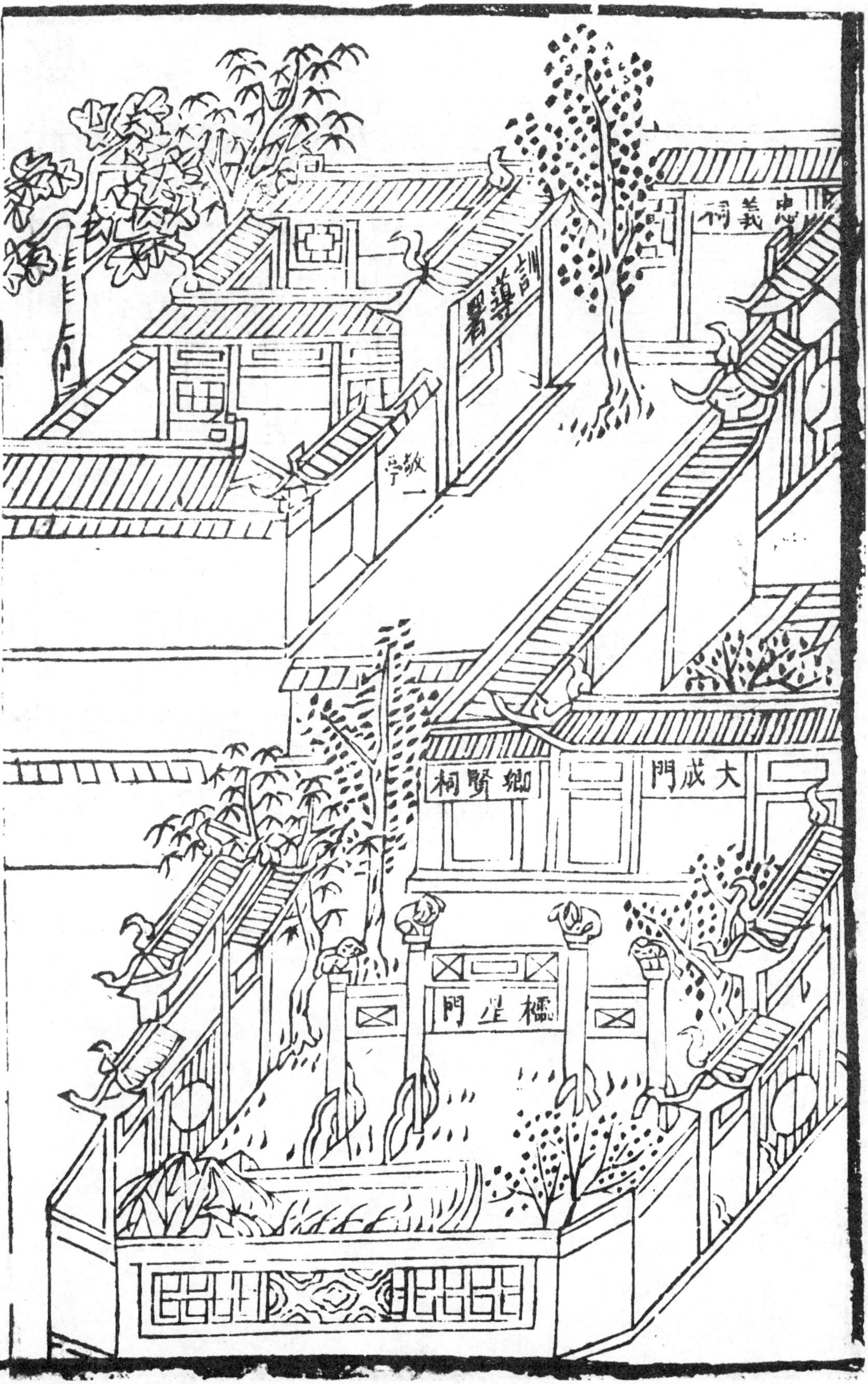
忠義祠
訓導署
敬一亭
大成門
鄉賢祠
櫺星門

當陽縣志 卷首

縣武廟圖

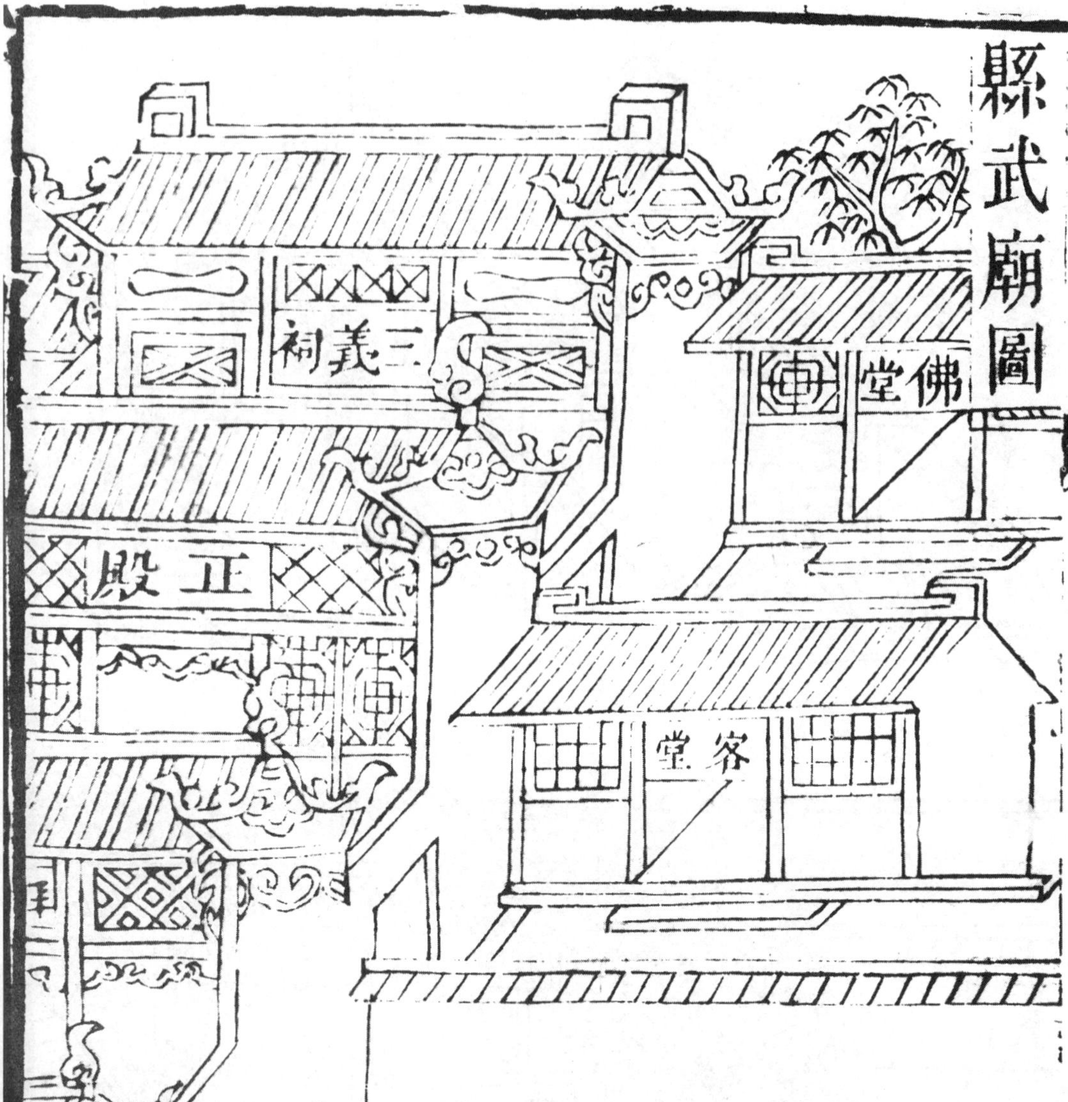

圖　縣武廟圖

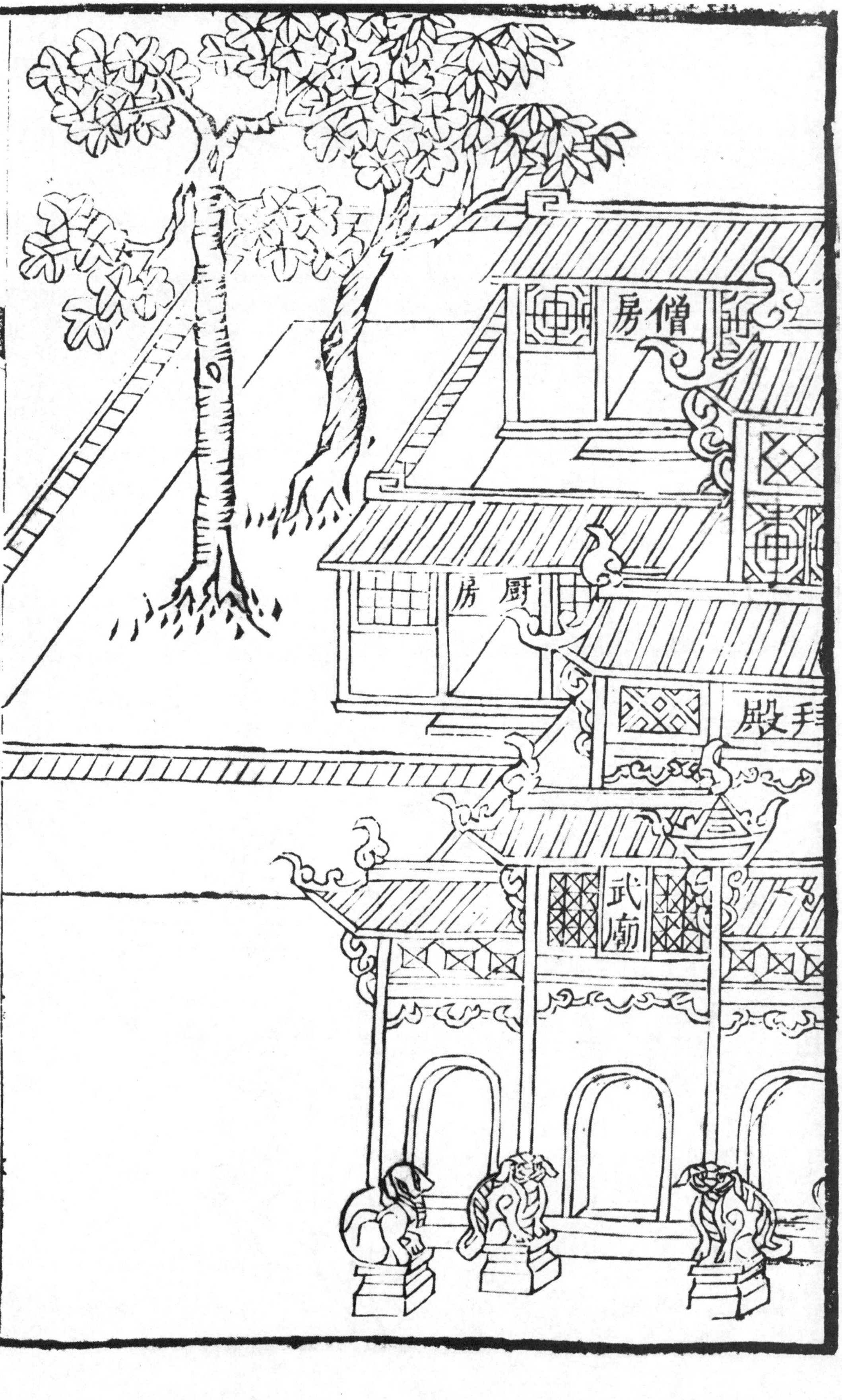

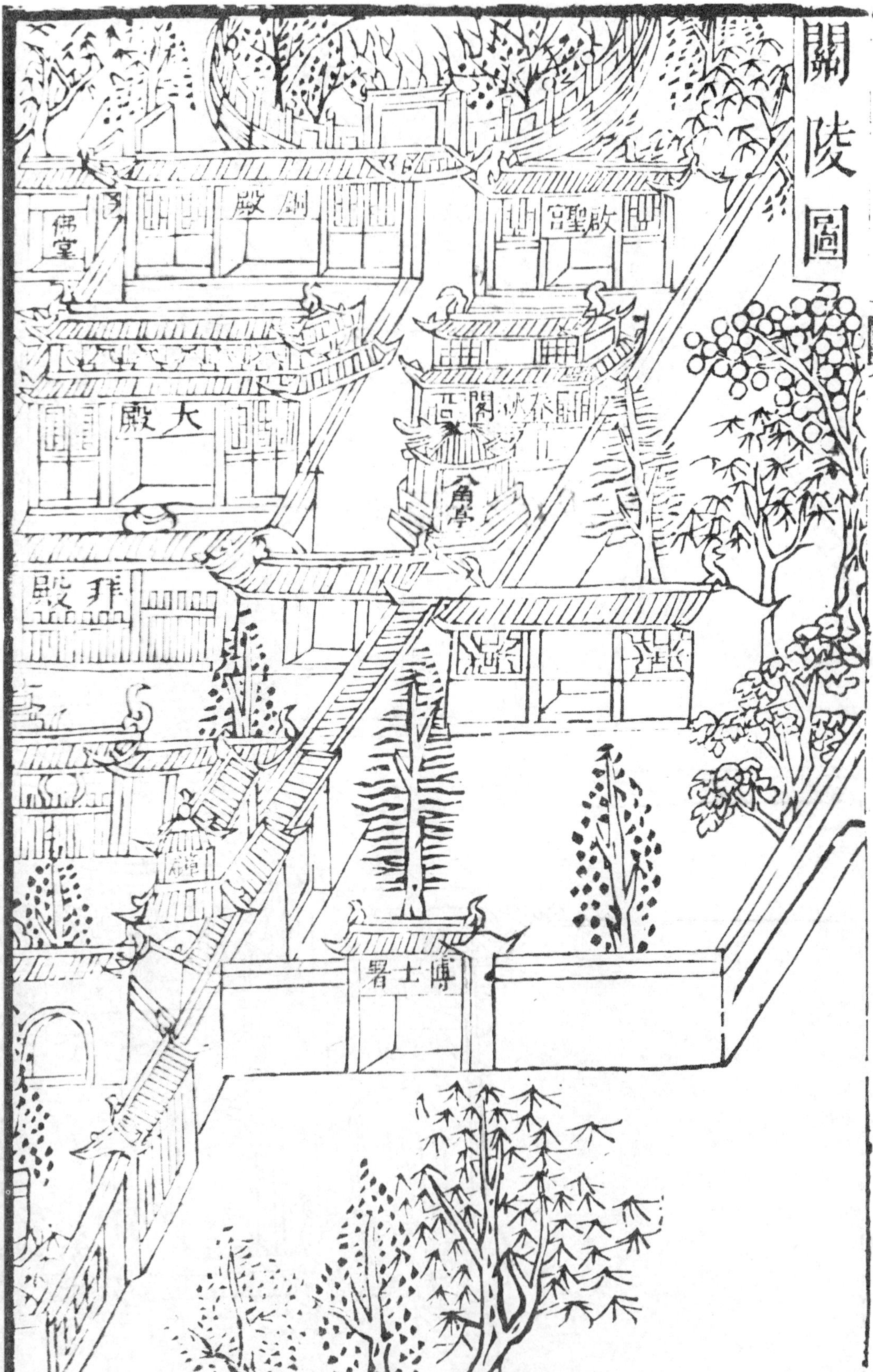
關陵圖
佛堂
啟聖宫
大殿
八角亭
拜殿
博士署

當陽縣志　卷首　圖　關陵圖　四三

文昌宮圖

文昌宮圖

玉泉寺圖

當陽縣志卷首 圖 玉泉寺圖

紫蓋寺圖

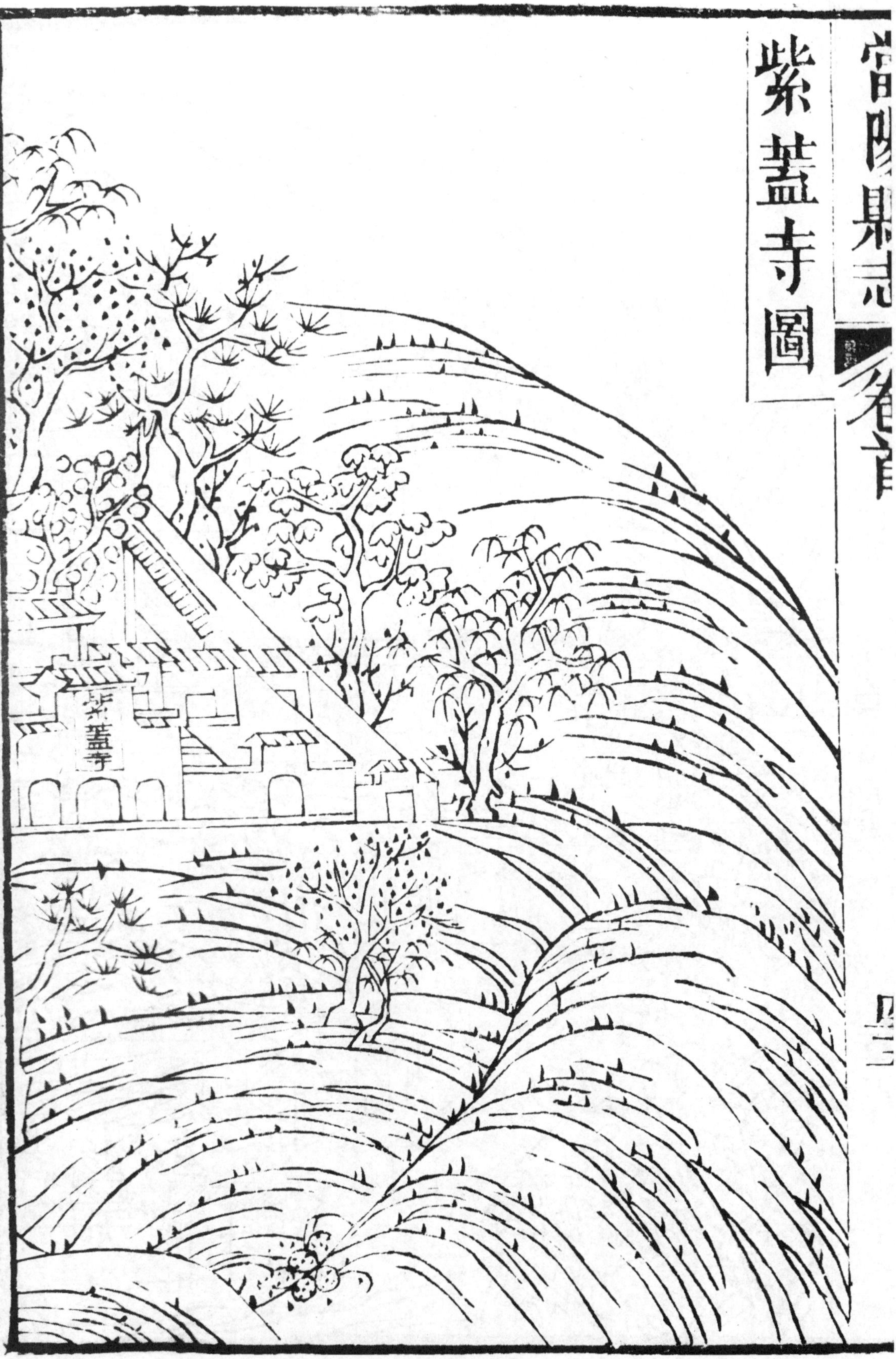

當陽縣志卷首 圖 紫蓋寺圖

當陽縣志 卷首

龍泉寺圖

富陽縣志　卷首　圖　龍泉寺圖

當陽縣志卷

當陽縣志卷一

方輿志上

星野

史記天官書翼軫荆州舉全楚也晉書天文志南郡入翼十度江夏入翼十二度則皆楚之北也當陽一邑耳非星野所專屬詹詹援引奚爲者然自邑而積之邑積爲郡郡積爲行省得爲楚一也自行省而析之行省析爲郡郡析爲邑得爲楚又一也當邑密邇古荆楚於翼宿躔次

爲近考星躔每一度約二百五十里分地於楚獨不能分星於楚乎不能分星獨不能分度乎且古之封國不及百里者多矣然皆有分星以覲妖祥故裨竈梓愼子韋甘石之流得用專門著稱當邑壤地有過小諸侯者仰占躔度謹書次舍察元象以修人事又烏可少哉志星野

史記天官書辰星以其宿命國正四時仲夏夏至夕出郊東井輿鬼柳東七舍爲楚又太史公曰二十八舍主十二州斗秉兼之所從來久矣吳楚之疆候在熒惑占於鳥衡 增

漢書地理志楚地翼軫之分壄也今之南郡江夏零陵桂陽武陵長沙及漢中汝南郡盡楚分也 增

晉書天文志南郡入翼十度

唐書天文志翼軫鶉尾也自房陵而東盡漢之南郡鄖鄀羅權翼與咮張同象又地理志復郢襄房爲鶉尾鶉尾者象鶉鳥之尾也又謂之鳥帑

星經玉衡主荆

宋志北斗第二星曰璇其分楚又太微垣上台二星

一主荆揚天市垣西藩十一星南第三星曰楚

張衡云帝座東南一星曰司空主塡星楚分

按分野之說防自帝王世紀左氏以日食星孛占列國之變漢志尤詳以戰國十二屬牛女十二星七雄屬斗七星五車五星而天市垣二十二星又雜有所屬晉天文志出李淳風詳於天而不知地唐十道志出梁載言詳於地而略於天鄭樵取天竺說華夏僅占牛女下十二國而規外分壄華夏所不見利瑪竇言天九重日月五星各居一重二十

八宿在第二重地五大洲中國在五大洲中百分之一其說又荒唐無所究竟旨哉明王樟之論分野也其言曰分野視分星古不謂地也地有彼此之不齊而分野在天則一定而不易分野者按列星所屬之分而言也鄭氏所謂星土星所主土是也其國在此而星則在彼彼此若不相配而其爲象未嘗不相屬非地之在北者其分野在天亦居北地之在南者分野在天亦居南也循是說也談星野者亦無所庸其附會矣

又按府志云寰海內外皆天所覆理應無私舉大地言在大地全得一天以中土爲女宿之十二國而以十六星分次就中土言則中土又全得一天以州郡爲列舍而以度數分次約之一郡一邑各有二十八舍之分野但人未能究耳今之日者亦以七政二十舍推人祿命如謂天之所覆者廣則一人之休咎何足係於天哉昔賢立法儻亦各有深旨也歟

按先儒論分野之說賈公彥謂古者分封之日歲星所在之辰僧一行謂是大地山河之首尾與雲漢之列宿升降相應二說不同其實一也公彥言其流一行則推其源而已惟大地山河首尾與雲漢旁之列宿相應故古者歲星在其地則受封雖千百世皆如是占可也以上續修志

疆域

古者茅土受封不過百里慎固封守有定制也自分天下爲郡縣而歷代變置廣狹懸殊焉

國家聲教覃敷車書混一邑之疆域似無庸深論然宣化承流責在守土百里之外不同風非偶然也當邑本瘠土而西枕夷陵北跨臨沮東連郢都南帶沱江在山水之交爲四達之地截長補短廣袤約百五十里因地制宜識者於此觀治術焉志疆域

東至荆門州之三界冢七十里至州治一百二十里

西至東湖縣之土溪舖七十里至縣治一百五十里

南至枝江縣之祜春坪六十里至縣治一百八十里

北至遠安縣之木瓜舖四十里至界山六十里至縣治七十里東南至江陵縣之新埠河七十里至縣治一百五十里西南至宜都縣之三界場八十里至縣治二百一十里西北至南漳縣趙家河一百八十里

至省垣水路九百五十里陸路九百里至

京師水路六千一百三十里陸路三千六百八十里

總甲

邑本四十六總舊志明初省縣入州兼有沿江馬良荆臺德化四鄉旋與荆門分壤以沿江馬良入荆門以荆臺德化屬當陽初轄三都尋分八都今爲四十六總今分爲四十八總在城內外曰上一二三四五總在四鄉者四十三總曰瓦窰曰泌溪曰謝柏曰官壋曰腳東曰香爐曰胭脂曰土橋曰週二曰合溶曰花栗曰滋泥曰泌倒曰榴花曰魚兒曰清洋曰金沙曰深港曰紫蓋曰易家曰黑龍曰黃石曰玉泉曰大蓮曰小蓮曰尖總曰板總曰夾碼初止尖板一總今分爲三曰普遍曰章鄉曰乾溪曰鞏河曰洪市曰清水曰苦竹曰桑林曰清溪曰鴻橋曰海堰曰漳河曰呼兒曰三洲曰黃連

市鎮

邑之鄉市曰河溶舊志作合溶在治東南五十里曰清溪治東北四十里曰慈化寺治東南二十里曰雙蓮寺治西南五十里曰腳東港即古葛藤在治東四十里曰觀音寺即漳河口在治東北九十里曰胡家場治東南三十五里曰萬城治東南百二十里江陵交界曰官壋治東四十里曰半月山治南五十里曰鴉鵲嶺治西南七十里東湖宜都交界

形勝附

左傳江漢雎漳楚之望也

魏王粲登樓賦挾淸漳之通浦兮倚曲沮之長洲背墳衍之廣陸兮臨皋隰之沃流

唐董挺關廟記疊嶂回擁飛泉迆邐

元徐驥明倫堂記曰西枕峽山東帶漳水

明袁昌祚四公祠記曰曾引宛洛腋控秦韓背連巴蜀膺拊襄沔昔人所稱用武之地也續舊志

舊荆州府志山谷險隘沮漳流逼在萬山之中爲四固之地

沿革

荆昜爲楚而地則同郢遷於鄀而名則同因時變置列國且然自分天下爲郡縣而一代之興必有所改革以成一代之法史家所爲詳地理一志也當陽本漢縣襟江帶漢跨有沮漳幅員之闊亦云壯哉至三國而南北分屬六朝以降或省或攝名以時殊所隸之郡不一而疆界不可勝識矣爰考歷代廢興之由横列而詳註之庶幾因革損益覽者監焉作沿革表

沿革表

朝代	郡所以領縣者也	州縣所政者也	縣
禹貢		荆州	
周春秋	楚國		
秦	南郡		郢縣
漢	南郡漢初爲臨江國		江陵
景帝中元年	南郡		析江陵地置當陽縣
魏	南荆州治宜城襄陽間		當陽

晉	武甯郡		析當陽地置長甯縣按長甯後改爲長林今荊門州
	南郡		
宋	南郡		當陽
齊	南郡		當陽
梁末爲西魏所逼遷都江陵			析當陽地置安居縣
西魏	上黃郡在今南漳別立章山郡於漢水之東		析當陽地置綠林縣按綠林城在今荊門東南沙洋地
後周		以當陽及編縣地置平州領漳川安遠二郡	按漳川當在今縣治東北境內
隋開皇七年	荊州總管府	改平州爲玉州屬總管府	
九年		廢玉州及所領二郡	
十八年			改安居縣曰昭邱縣
大業元年	南郡		改昭邱縣曰荊臺縣尋廢入當陽屬南郡
唐武德四年		置基州於長林東尋復置平州	

當陽縣志　卷之二　方輿　沿革　九

六年		改平州爲玉州	
八年	江陵郡	廢玉州	復置當陽縣屬江陵郡
貞元二十一年	江陵郡		以當陽并入荊門縣
五代	荊州		
	南平國	荊南節度使高季昌以荊門縣爲荊門軍移治當陽	
宋開寶五年	荊門軍		復置當陽縣屬荊門軍
熙甯六年	江陵府軍廢荊門		以當陽縣爲荊門縣屬江陵府
元祐三年復於長林地置荊門軍			荊門縣屬荊門軍
紹興十四年	荊門軍		廢荊門縣徙長林治當陽
十六年	復州今沔陽州地		復置當陽縣屬復州
端平三年		徙荊門軍治當陽	
元至元十四年		改荊門軍爲荊門府仍治當陽	
十五年	改荊門府爲荊門州移治古城按古城在今州治東		仍置當陽縣屬荊門州
明洪武初	荊州府		
年月未詳			徙治萬城屬荊州府未幾仍屬荊門州

當陽縣志　卷之二　方輿　沿革　十

十年		省縣入州	未幾仍置當陽縣屬荊門州
十三年	荊州		由萬城徙復舊治即今治地
嘉靖十年	改安陸州爲承天府		當陽縣隨荊門州隸承天府
國朝順治元年	改承天府爲安陸府		縣仍隨州隸安陸府
乾隆五十六年	升荊門州爲荊門直隸州		當陽與遠安同屬荊門州

按舊志謂自萬城徙復舊治在洪武四年考祥異志及職官魏忠傳皆作洪武十三年當以十三年爲是至於明初省縣入州及仍置縣復屬州年月俱未合並存之以備參考

附沿革考

邑在荊山之南南郡之北春秋時本楚境秦置鄀縣屬南郡漢析江陵地別置當陽此當陽命名之始按史記項羽傳已有當陽君之稱又似爲秦時所置豈秦時爲邑名漢時乃以名縣歟漢時當陽并荊門地古城在今州治東州治東南有古權國城杜預左傳註謂權國在南郡當陽非今之當陽也後漢書地理志註杜預曰縣東有權城楚武王所克荊州記曰縣東南有麥城據此則縣治在麥城西北由來久矣晉隆安時析當陽地置長甯縣長甯建於東則當陽漸徙而西厥後梁析爲安居隋改爲昭邱其治皆在荊臺鄉地今縣治東境也北周時曾置平州隋改爲玉州尋廢唐武德中復置平州改玉州繼仍以當陽名縣縣治即玉州治則玉陽山下之建治當自玉州始（舊志謂玉州在今當陽西北及遠安南漳皆古臨沮地按古臨沮縣地）宋開寶中復置當陽縣屬荊門軍南渡以後或改當陽爲荊門或徙荊門於當陽元至元中遷州治於古城而縣治乃得仍其舊

明洪武初徙治萬城尋復舊治即今治也嘉靖時縣隨本州屬承天府

國朝改承天爲安陸屬仍舊乾隆五十六年升荊門爲直隸州領二縣當陽遂爲壯縣云

事紀附

周惠王元年楚武王克權使鬬緡尹之以叛圍而殺之遷權於那處使閻敖尹之 杜預注南郡編縣東南有那口城

匡王六年楚令尹越椒以若敖氏之族將攻王師於漳澨 增

敬王十四年吳入郢楚子涉睢 按卽沮水 伍員造驢磨二城以攻麥城引沮漳以灌紀南城 增

敬王三十一年楚昭王救陳卒於城父葬於是邑故稱昭邱 舊志

新莽地皇元年新市王匡王鳳與馬武王常共起兵於綠林山中 增

漢獻帝建安十三年曹公南征劉表會表卒子琮代屯襄陽遣使請降先主在樊不知曹公卒至至宛乃聞之遂將其衆去過襄陽荆州人多歸先主衆十餘萬日行十餘里別遣關侯乘船數百艘使會江陵曹公以江陵有軍實恐先主據之將精騎五千急追之一日一夜行三百餘里及於當陽之長坂先主棄妻子走趙雲身抱弱子卽後主也保護甘夫人卽後主母也皆得免難張飛將二十騎拒後據水斷橋瞋目橫矛曰身是張翼德也可來共決死敵無敢近者先主斜趣漢津適與關侯船相值共至夏口 增

建安二十四年先主爲漢中王拜關侯爲前將軍假節鉞是歲關侯率衆攻曹仁於樊城曹公遣于禁助仁秋大霖雨漢水氾濫禁所督七軍皆沒禁降關侯又斬將軍龐德梁郟陸渾羣盜或遙受印號爲之支黨威震華夏曹公議徙許都以避其銳遣

人勸孫權躡其後許割江南以封權又遣徐晃救曹仁關侯引軍退還權已據江陵侯至當陽衆遂散乃西保麥城權遣將邀擊於臨沮侯與子平及都督趙累俱遇害 增

後漢章武間吳伐魏當陽 舊志

吳志羊祜以西陵降附自襄陽引兵向江陵欲因所過水以船運糧揚聲將破堰以通步軍陸抗聞之使張咸急破之祜至當陽聞堰敗乃改船以車運大費功力 增 按此當在今荆門地

晉太康元年以平吳功封鎮南將軍荊州都督杜預
爲當陽侯 舊志

隆安五年以沮漳降蠻立武甯郡樂鄉長林二縣 舊志

南齊書北上黃在今南漳蠻文勉德寇汶陽今遠安太守戴
元賓棄城奔江陵豫章王嶷遣將劉伾緒討之至
當陽勉德降 增

後晉天福初南平王高季昌開府於荆臺設貢院於
軍治南 按宋書高季昌於後唐同光三年封南平王治江陵至晉天福初爲南平王者高從誨乃季興之子也

宋咸淳末元兵襲當陽縣尉謝徽明及二子死之 舊志

元至正十二年紅巾賊俞君正再陷荊門知州聶炳
力戰死賊支解之葬於縣治西十五里 舊志

明成化初鄖陽賊劉千斤石和尚李胡子後先嘯聚
詔官軍擊敗之都御史原傑招集流亡八萬五千
餘人仍徙遠安數百戶以實當陽立漳河口巡檢
司 舊志

崇禎九年賊再入境橫尸遍野火光燭天南至江百
里皆焦土 舊志

崇禎十五年闖賊屯襄陽諸郡皆下邑不能支居民
咸避亂於江南江南旋潰轉徙而北仍匿山谷間
不能安其居 舊志

崇禎十六年闖賊設僞令僞弁縣境苦之 舊志

國朝順治元年甲申川賊張獻忠既陷荊州旋至彝陵
分其衆掠當陽不堪其擾 舊志

順治二年乙酉四月闖賊餘孽一隻虎攻邑城不下
引去七月會高袁諸賊復圍之城陷殺掠殆盡及
行以丁壯繫馬前南至荊州驅之填濠掘城皆死

於城下 舊志

二年冬賊目張九儒入據縣城大爲民害初九儒本
武弁隸左良玉麾下後叛爲賊盤踞興山一帶四
出殺掠至是因荊門進士劉延禧叩關入城籍民
爲兵不從者剔筋敲骨死於炮烙民食樹皮至人
相食戶口幾絶 舊志

右歷代事紀依舊志附沿革後間考正史有所補
遺至歷代戰守之事在邑境有關於軍政者另編
兵事列武備門

當陽縣志卷一終

當陽縣志 第一冊

當陽縣志卷二

方輿志下

山川

國主山川邑亦宜然資險阻阜財用清淑之氣於是萃焉歷代建置往往以山川得名名崇其在封內者而已當邑雖蕞爾而水環沮漳平分楚望玉泉紫蓋領袖羣峰靈秀所鍾非偶然矣豈徒登高臨流藉爲名勝哉志山水

山

玉陽山在縣署西北又名仲宣臺縣治主山也自青谿山入境分爲二支西支爲玉泉爲紫蓋東支之盡則爲玉陽左襟沮水右帶玉泉羣峰環繞煙樹萬家誠一邑之偉觀

鳳凰山在治西四里玉陽山之來脉也兩翼舒張其形如鳳故名亦名金鳳山

五鳳堆在治南傳漢時五鳳八龍見此故名去堆三里許即龍鳳川亦名八龍潭五鳳洲見述異記

玉泉山在治西三十里初名覆舟山高九百丈上時有異氣非煙非霧亦名堆藍山下爲玉泉寺隋智者道場寺旁有智者洞北有顯烈山顯烈祠在焉東爲石鐘峽下有乳窟水邊茗草羅生葉如碧玉名僊掌茶見李白詩序古稱棲霞靈巖玉泉國清爲天下四絶袁中道云玉泉尊特紫蓋寬博青溪秀媚玉泉堂奥也紫蓋門戶也青溪園囿也遊者以漸而入彌深彌妍可謂得遊山三昧矣

紫蓋山在治南五十里頂方而四垂若織蓋狀林石皆紺色故名道書所謂三十三洞天也山半有紫

蓋寺後有孝先閣碧霞洞煉丹井下有綵水甘馨異常舊傳葛鉉煉丹於此又爲樊夫人昇仙處登其上江帆在目東南諸山皆可指數誠治南一名勝也荆州記曰山有石金每雲晦輒見金牛出食光照一山即金之精耳

柴紫山與紫蓋相連五代僧天皇道悟居此有石室甚幽

九子山在治北十里九峰棋峙紫翠絪緼山麓有仙姑洞石磊磊如旋螺傳爲曹何二仙姑棲真處

錦屏山在治北五里沮水繞其西南
狷尾山在治南五十里
龍泉山在治東北十五里重岡疊巘翼抱若城中峯高聳其下爲龍泉寺左爲龍泉相傳即遠公卓錫湧泉處後有遠公洞右爲胡文定公墓
武安山在治北倒流橋之西羣峯層折如相拱揖
許由山在治東十里沮水與玉泉會於其前
方山在治東四十里層嵐聳翠最爲幽勝宋唐子方曾讀書於此上有紫金觀讀書臺邑人劉續祖有

方山八景詩石爐一元至正年造石塔一明正統年建
廣福山在治東清溪所自出
萬壽山在方山南八里上有廟明時建
香爐山在治東四十里有石爐一碣一鐫有元至正壬申仲秋月數字
玉明山在治東十四里前環漳水後擁諸峯順治十八年里人剏修殿宇名雙峯院
三星山在治東六十里唐僧一行道場有三井在寺左右乃一行鑿以禳三星者有塔高一丈五尺又傳司馬子微曾修眞於此
圓臺山在治東六十里
雲臺山去圓臺里許上有潄霞觀石塔巋然傳爲唐玉眞公主建撰文者陳宗遜書碑者庾遠也東有赤土坡鴻門塚仙女山金雞塚東南有雙塚鳳凰諸山
鎮頭山在治南七十里西瀕沮漳上有梳妝池四時不涸前邑令李一陽曾濟之東北有德勝山
朝陽山一在麥城隄首上有古觀沮漳夾繞入煙繡

錯亦擅一方幽勝一在縣西五十里上有朝陽觀
秣馬山近萬城相傳關帝督荆州時秣馬處其下有軍器窖犯之即雷雹作云
鐵山在治西北分脈青谿
綠林山在治東北百二十里漢王常馬武起兵處西魏時曾以此名縣按古綠林縣城在今荆門北洋地距綠林山百餘里因山在境內故以名縣
明月山在治南四十里
青谿山在治西北三十里爲邑西障本名靑山有泉

曰青谿故云山發自房陵之景山東支爲荆山西支爲青溪諸山酈道元云尋源浮谿最爲深峭遯異記云青谿秀壁諸山洞多乳窟盛宏之云稠木旁生淩空交合危樓傾岳恆有落勢風泉傳響於青林之下巖猨流聲於白雲之上泉側多結精舍郭璞遊仙詩云青谿千餘仞中有一道士殆指此耶溪水曲折十里許東注於沮屬當境者三之一山上寺觀則今屬遠安云

妙峯山在治東北五十里

雲夢山與青谿山連上有三石高丈餘方廣如之名曰鐘鼓石其上可容數坐石紋如方罫傳鬼谷子對奕處又傳諸葛屯兵處古徑蒼幽晴嵐縹緲亦勝地也

仙神山在治西六十里羣峰環抱淸晨常有異氣

揚旗巖在治北四十里詳見砦堡

音寺巖在治西三十里舊有一音寺峰巒層疊爲玉泉中路

梯兒巖在治西十五里即西屏山石徑險絶雲壑幽深上有觀音殿文昌閣

佛耳巖在治西十五里壁立沮水之濱巖間有洞躋攀頗艱

七孔巖在治西三十里壁立如削下有七孔故名

聖母洞在聖水寺前歲旱民取水祈雨多應

真武洞在玉陽山麓巖上勒有真武洞天四字

高家洞在治北五十里怪石臨溪洞口豁開行數十步頗平曠可容數百人雲氣嵌空陸離萬狀已復巉石突起絶無徑路捫蘿直上得小竇蛇行乃得

度復平曠如前漸細爲門忽石笋倒垂距地尺許下有潭窅不可測投以石轟轟有聲仄足避潭抱巖乃得度巖間石乳幻結悉作佛龕藉褥趺坐如塑像洞後有穴達他洞微露曦光過此幽閴寂泠霧氣逼人無敢窮其底者按山半有孔如城門由斜徑上不知爲石穴行數百步隔小峽上爲南臺高十餘丈廣數丈旁山如獅面山如球下山如屏澗水當其右藉以利灌溉云

臥龍洞在治北五十里山頂一窟深不可測探者如

入鼠穴數十步乃得平曠處高廣十餘丈石乳螺結蝙蝠倒棲其上一徑斜通闊數尺深約里許泉自中出清冷可掬按山有洞一甫入甚狹歷丈餘豁然開朗高八九丈廣十餘丈遠數十丈可容數千人

白龍洞在治北六十里即白龍溪溪水流逕葦河入沮水洞臨溪澗峭壁崚峋緣巖右行仄徑達山腰洞作三窟高廣可十餘丈石壁玲瓏或作五色石田乜畛如阡陌狀清泉外注下瀉於溪深入輒有

氣逼人燈炬皆息洞後有穴可通呼應人語其中皆能響答按洞中有數百蝙蝠不得常見外有樟樹十餘株土人結舍其中以避流冦云

百家洞在治西二十里洞懸沮水之滸陡逼無徑由山頂委折乃得入

遠公洞在龍泉西山半巖間晉慧遠趺坐處

楞伽峰在玉泉東七里爲神秀道場唐僧法瑱自玉泉至度門夾道皆植松因名七里松

已公嶺在治西二十里唐僧齊已嘗結廬於此因名

九女廟在治北削壁千尺俯臨沮水遥望若張素幕山半有洞深廣數丈土人因鑿數十竇以避冦

三牛嶺在治北六十里山脊三石形似卧牛　以上續舊志

鐵人谷在治北七十里山谷間有四石甚巨鐵色人形故名

將軍山在治北七十里山半屬遠安

藏馬谷在治西十五里近乾溪

巖兀洞在藏馬谷控山帶水古木參差

紫雲山在治東南百餘里傳元無聞和尚誦金剛經

有紫雲見故名　以上五山依舊志補入

水

沮水（左傳山海經皆作雎）出鄖陽府房縣（漢爲房陵屬漢中）景山（荆山之首）東南流逕遠安縣青谿注之又東逕當陽城玉泉注之又南逕麥城西楚昭王墓東又南入天津湖與漳水合（舊志）

漳水出自南漳荆山東南流過蓼亭折而西南過古編縣城（按城當在今石人山之陽荆門西北南漳界上）南至縣北淯溪注之又南過麥城與沮水合入天津湖漢書地理志注禹貢南條荆山東北漳水所出東至江陵入陽

水陽水入沔行六百里（按陽水即楊水在今江陵縣地水經注龍陂水逕郢城南東北流曰楊水江陵縣志楊水發源於紀山逕龍陂橋入海子湖宋史孟珙傳沮漳舊自江陵城西入江因障而東之俾繞城北入於漢據此則沮漳入沔當是宋末水道又方輿紀要云孫吳時引諸湖及沮漳水浸江陵以北地以拒魏兵號爲北海則沮漳會楊水自三國時已然顏師古漢書注之支當本於此今江陵長湖瀆有關沮口是其故道也）舊志云東南出汊倒灣右會沮水分二支一支過枝江界會沱水入江（按此一支今已淤塞）一支過萬城由荆州入江（按古時沮漳入江在江陵赤岸近世江徙而北遂由筲箕窪入江云）

按沮漳二水網絡羣流入邑境而始大然以之視漢不過十之一其視江則百之一耳廼與江漢並稱楚望毋亦逼近郢鄀王氣所鍾楚之富強肇基於此周頌漆沮洛卜瀍澗殆此類與、

沱水在治東南按水經註漳水逕麥城南沱水注之山海經曰沱水出東北宜諸之山今合潞東南有數港入漳沱水當在其中惜不能詳

沱水舊志謂水自江出逕縣治東南與沮漳合又經枝江縣境東入於江爾雅水自江出爲沱按今枝江縣境董市江口一帶即沱水也（按沮漳南流過枝江界右分一

支出鷂子口即沮漳會沱故道今已淤塞俗名乾河）

淯水出治東廣福山西注於漳亦曰白蓮池即白社明李賢淯溪記曰一水縈迴清澈可愛

玉泉在玉泉寺階東有泉湧出俗名金龍池郭璞遊仙詩序稱玉泉潛行九萬八千里通天竺注震旦指此玉泉流至山門外珠泉北來注之折流而東逕巴公嶺又東過治南入于沮按玉泉入沮在治東南七里俗名三里港

珠泉在翠寒山下近智者洞每鼓掌即串珠而上東

流與玉泉合
尉斗陂在治東南八十里按郡志緑林山水流逕圓
臺山南匯爲尉斗陂唐李端赴蜀詩云琵琶寺裏
響空廊尉斗陂前野戍荒指此宋末郡守吳獵嘗
遏走馬湖尉斗陂西北至李公匽以限戎馬今麥
城東南十餘里有走馬隄
金沙灘在治南一百二十里流沙如金沱江之灘也
山海經曰沮漳之淵有神𧑒其狀人面羊角虎爪
出入有異光殆謂此也今治南十餘里亦有金沙

灘沮水之灘也未知孰是
昭溪港在治北六十里近三牛嶺一水迴環仍與漳
合傳楚昭王返國經此
金龍潭即遠公洞在治北十五里龍泉山下傳宋徽
宗時建明堂遣吏取水於潭投金龍鎮之故名
紅泉爲金龍潭旁流
淬劍池寰宇記云在當陽治北傳歐冶子淬劍處近
補遺
昭溪港

柘林灘在治東南六十五里
天津湖在治東南沮漳合流匯而爲湖今沙倒滋泥
等總地
插桅溝在治北一百里漳水之西
石龍灘在插桅溝上石砍横亙水中高可丈餘方冬
水淺聲如瀑布舟人由石罅架木爲梁拽舟乃得
上爲漳水第一險處
胥寓港在治東南麥城磨城之間一名子胥港
若竹溪在治北二十里

古蹟

邑無論大小莫不有古人遺跡以寄託於山川形勝之間景仰前徽感慨係之矣當陽本漢縣歷代沿革往往名隨地遷舊志所載權國綠林故城皆今荆門地茲闕而不載載其在境內者疆界有定制不敢附會也志古蹟

東城在治東一百四十里今荆門州治東即古當陽縣城見水經注五代高氏嘗移荆門軍於古城元至元間亦移荆門府於古城皆指此今荆門地

麥城在治東南五十里沮漳二水之間傳楚昭王所築三國時關侯爲孫權所襲西保麥城即此

驢城在治東南五十里亦夾沮漳二水

磨城與驢城對隔沮水二城傳伍員築以攻麥城者諺云東驢西磨麥城自破

麋城在治東南六十里地名八渠傳蜀將麋芳守江陵時築

荆臺縣故城在治東六十里稱荆臺鄉今荆門交界處

萬城在治東南一百二十里本名方城傳是五代高氏所築方輿紀要方城或云孫吳所築宋末荆湖制置使趙方嘗繕此城子葵復鎮荆湖避父諱改爲方後改爲萬舊有六門東曰紀山嵐秀西曰江州雲物南曰海湖煙月北曰平堑風林十字街前曰總門曰石閘門明初嘗徙縣治於此又有三江六渡口皆沒於河舊志一作唐郭子儀修未知何據

仲宣樓本在王陽山頂舊志謂即城南樓一樓也而荆襄互爭借爲名勝考荆州仲宣樓乃五代高季

興建本名王沙樓又名望江樓宋陳堯咨始改此名襄陽距沮漳尚遠則樓在本邑無疑惟賦內沮漳並舉不應在今縣治古麥城在沮漳之間庶幾近之舊志無所考

長坂在城西一里詳事紀道旁有碑刻有長坂雄風四字爲當陽八景之一

橫亭處在治東北五里名官橋乾隆二十四年邑令苗肇岱重修立石

壽亭侯印宋紹興間洞庭漁人獲送寺中淳熙四年僧真慈將獻東宮夜發光怪乃止宋司馬知白有

記按漢壽地名亭侯爵名印文當曰漢壽亭侯宋司馬知白記止曰壽亭侯印未知何據附記
別部司馬印　闞某司馬印皆三連環紐玉泉舊志
云此二印至元世尚存又胡琦傳云別部司馬印
方一寸其一印方一寸五分兩環相連系於紐文
半譌惟司馬二字可辨今失
智者洞爲智者靜修處袁中道云石理甚堅中若夏
屋洞下有井與大江爲盛衰
幻霞洞在堆藍山石紋如霞故名洞前有柴紫菴詳
寺觀

寒亭在智者洞左菩提菴古木蕭森下有溪流景色
幽絶宋人詩話云玉泉山寒亭過客多題詠一名
翠寒
白蓮池在清溪寺右晉遠公至此掬水浴白蓮生水
面因名又名白蓮社
丹井在紫蓋山葛仙翁鉉煉丹處今僅胥井耳
鐵鑊在玉泉寺內隋大業十一年造
張燕公碑在度門寺唐張說撰文盧藏用書
唐賢詩碣宋慶歷間荆門軍守山臺謝公錄唐人玉
泉詩八篇刋石康熙四年邑紳楊州彥梁山金粟
引之重建碑亭
曹將軍港按讀史方輿紀要權水出西蒙諸山北流
太子岡會流爲曹將軍港唐曹全晸劉巨容敗黃
巢於此因名按當在今荆門北境
文定書院詳古蹟胡文定墓
北山書院在沮水北宋朱震朱巽兄弟讀書處
讀書臺在治東四十里方山上宋唐介讀書處
時習館宋侯仲艮讀書處舊文昌閣地

太子岡在治北元文宗爲太子時駐蹕所也百官進
食皆不受惟啜一茶克學詩云玉輅金根駐此岡
一卮鳳髓進霞觴豈知四十餘年後老樹殘蟬送
夕陽按岡在荆門北境今鍾祥界土
梳妝樓在玉泉寺宋明肅皇后自蜀入都嘗過此及
貴因建此樓黎巽詩畫樓不可見寥落秋草荒鎮
作空山月無人更理妝
龍眉龍角宋明肅皇后賜以鎮山者今失
鐵塔在玉泉寺山門外

鐵釜在玉泉寺內釜有三各重三千斤二爲元至正
五年造一爲十一年造
鐵鐘在玉泉寺內鐘有二一爲元至大元年造一爲
延祐七年造今存又雲板一宋元祐七年造今失
三公臺在城西南明萬歷時中丞趙賢守藩王琁巡
臬鄧林喬三公問俗登此
三家市在治東南六十五里柘林灘上相傳舊有小
市久廢舊志謂即古三戶津地
蓮花坪在治西五十里鄭家坡下相傳陸地生蓮今

大蓮小蓮二總名本此
八景附
紫蓋晨鐘 龍泉夜月 堆藍晚翠 長坂雄風
鵠岸漁歌 錦山牧篴 玉橋秋雨 金嶺朝煙

陵墓附
關聖陵在治西五里今章鄉總地背西面東門臨沮水
四望平曠水外山環亦形勝也陵爲土阜高二丈
甃石爲垣加扶欄其上周二十餘丈墓門有碑書
漢時官爵覆以亭亭前數武即寢殿也考之吳歷
孫權以諸侯禮葬之此邦之人相沿墓祭歲以爲
常宋開寶中詔置守塚三戶淳熙中襄陽太守王
銖始建祭亭環以垣牆樹之松柏元至元中玉泉
山僧慧珍剪其荆榛封其邱壟作祠門以表之明

成化三年勅修武安王墓邑令黃恕請立廟春秋
祀之見關陵祀畧此廟祀之始餘詳祀典
楚三王墓在漳沈湖之濱今兩河口柏木港花栗園
諸處往往有華表出地尺餘明崇禎元年耕夫偶
啟一壙見墓門扃閉亟掩之大抵地近荆郢歷代
多貴戚家不必皆楚王墓相傳近紫蓋山有五代
高氏暗塚七舊志
楚昭王墓在治南八十里舊志
按王粲登樓賦曰西接昭邱昭邱當在麥城西距

縣治不過五六十里今治南七十里即枝江界

荆王墓在黄泥岡岡上舊有楚莊王廟按漢唐宋封荆王者三漢荆王賈在淮東宋荆王元儼未嘗之國惟唐荆王元景高祖莫嬪子貞觀十年徙封荆尋爲荆州都督有惠政後以罪誅此其墓耶 舊志

周將軍墓在治東南五十里麥城之西乾隆二十三年邑令苗肇岱加修勒石 相傳有耕夫掘地見碑刻有周將軍數字其名號年月不可辨邑令聞之故有此舉

按三國志關侯傳同時遇害者子平及都督趙

累而無周倉之名今天下廟像列周而遺趙心竊疑之夫以陳壽帝魏之見於蜀漢諸臣應多闕畧固不得以周將軍爲亡是公若明明都督趙累載在史冊名位當在周倉之右而反畧之何也附載於此以備參考

胡光祿墓在治北二十里苦竹溪宋崇甯中胡文定爲蔡京所嫉退居漳濱迎父 名淵 就養卒葬於此後贈光祿大夫今湖南衡山縣亦有胡淵墓未知孰是 舊志

胡文定墓在治北十五里龍泉寺右舊志謂墓祠即文定故宅後改爲文定書院古松合抱者環墓四十三株荆門舊志亦云文定卒葬龍泉山三子寅宏甯俱貫荆門乃湖南湘潭亦有胡文定墓省志則云甯後徙湖南卒於湘潭豈湖南諸墓乃諸公子塋耶 舊志

幹廉訪墓在治西十五里有碑云山南江北道肅政廉訪使幹公之墓 舊志失其名按元時改按察使爲此稱

聶州牧墓在治西十五里聶公名炳江夏人元至正

間守荆門州甫半載淮漢賊起州城不守炳出募土兵復其城未幾賊再至炳晝夜血戰死之葬於此土乾隆二十五年知縣苗肇岱率士民加修勒石定界置守墓者 舊志

樊妃冢在治北二十里按張曲江詩序云郢城西北有大古冢數十覩其封域多是楚諸王而年代久遠不可復識惟直西有樊妃冢因後人爲植松柏故行路皆知之 舊志

白骨冢在西門外 舊志

義冢五一城西一河溶一清溪一魚兜一譚家岡見通志

風俗

列國之詩皆曰風風者何風行四方而國俗之異同於此見也古者侯伯受封其幅員小者不逮今一邑國自有風俗卽邑自有風俗矣記曰修其教不易其俗齊其政不易其宜守斯土者睹風俗之醕疵當亦知所從事焉志風俗

圖經云男勤耕耨女重桑麻

隋書云荆俗率敬鬼尤重祠祀屈原爲制九歌由此

安陸府志云當陽事簡俗樸勤農尙儉

出

正月元旦先期必潔庭宇更桃符書鬱壘於門五鼓出方於各廟焚香沿門賀歲

十五日上元迎紫姑以卜將來蠶桑並占衆事又好爲龍燈竹馬鼇山之戲士民觀燈者絡繹於道累跡駢肩郭門不閉輙達曉

三月淸明家家以紙錢麥飯掃墓標墳遊人多擔榼挈壺於東郊西屏間爲踏靑之行

五月五日門前懸艾葉飲蒲酒婦女多簪繭虎彩蛛間一解粽而競渡者寥寥焉

七月十五日中元最重家家設庶饈焚袱錢以祭其先已嫁女老幼悉歸甯謂之過月半

八月十五中秋節俗多不拜月猶尚瓜果餽饍交相餽遺

九月九日多賞菊泛萸士夫輩往往於錦山西屏最高處登臨眺覽唱和以詩

十二月二十四日拂塵祀竈謂之過小年爆竹聲紛紛不絕

三十日家家書宜春字具牲醴祀神祭祖闔家聚飲

爲團年飯宗族間交相辭歲爆竹鼓樂聲喧徹曉以上續舊志

通志論曰江漢被西岐之化肇路開南國之風風氣之醕樸可知也史稱其民喜巫鬼尚淫祀至今猶有存者夫元公倡道二程誕降紫陽南軒宦遊講學非楚地歟趙復入北方而曾齋諸人始聞有道學得其書而讀之躋於鄒魯不難也而綴文者咸沾沾於湖畔莫愁隄邊歌曲豈有當於化民成俗之意也哉

舊志曰當陽士夫樸茂好修蓋猶有周南之遺風焉西北多山谷其民質嗇習於勤苦獨東南近江陵市井所在稍競聲利大約婚嫁往來均於禮不甚遠惟居喪作佛事供賓客鼓吹梵唄之聲不絕於耳此其疵也

物產

自禹貢詳三品之金職方重丹銀之利歷代土貢見於史志者間有異同當邑本荆楚地所產皆日用尋常之物不列於土貢可不志志之以備其體亦可見民風之醕樸焉志物產

當邑家業耕稼所植百穀頗饒嘉種稻分秔糯麥別來牟曰棉曰苧曰麻曰豆載之不勝載也水之族若鯉魴鯽鱖鰱鯖蝦鱉螺蚌之屬亦紀之不勝紀也樹之屬松桂栝柏桑柘梓桐槐柳楓榆其種不一菓之

屬梅杏李桃梨柹棗栗橘柚橙柑其種不一蔬之屬早韮晚菘露葵霜薤其種不一藥之屬枸杞茱萸菖蒲芍藥葛朮艾蘇半夏牛膝其種不一羽之屬有百舌畫眉蒼鷹錦雉老鸛毛之屬有虎豹鹿麞麂兔豺獺其種不一至於家之所畜鵝鷄羊豕其種不一要皆各邑所同也惟有玉泉仙人掌茶不常見 舊志

舊志論曰嘗讀禹貢而深歎古人用心之醕也籍其所有而民不以爲病故可得而籍也及覽職方物土之宜視禹貢不啻殺焉此即旅獒之志也考山海經荆山其陰多鐵其陽多赤金而禹貢亦惟金三品然則首山之銅卞巖之璞皆不誣也宋人得玉而獻之非果忠田父得珠而棄之非果愚懼禍也然則方產之志如之何紀其常而已或曰美斯傳傳斯志常何紀爲雖然大美不言不言之美美矣哉常也者有其美者也美也者失其常者也國家貢篚不尚異物各從其土爲可繼焉猶然禹之明德也然則方產之不可深論也明矣

補遺

鶺鴒 邑產見通志

花生 本川種本省所產當邑最先

祥異

符瑞之說聖世弗尚矣顧天有風雨之不時地有山川百物之爲妖水毀木饑豈偶然者史家所以志五行也當邑本蕞爾其氛祲災祥不關於逼省之休咎然逼省所同者非一邑所得私也茲考其在境內者著之於篇於以占豐耗重民生焉志祥異

漢元康四年己未邑獲白虎見丹鳳

晉永嘉三年己巳七月邑地裂三處各廣三丈三尺

長百餘步

梁大寶元年庚午甘露降邑境按梁書元帝本紀南平王恪等奏賤湘東王有云甘露泥枝降乎當陽之境

宋淳熙三年丙申夏荊門軍旱冬大饑八年九年十年皆旱按宋時當陽屬荊門軍

紹熙三年壬申荊門軍大雨逾旬水潦爲災

元至大三年庚戌秋七月水

泰定三年丙寅秋八月地震

至順三年壬申秋七月荊門諸屬縣水田廬多漂沒

至元元年乙亥冬十二月芝草生於覆船山一本五幹高尺有二寸一本二幹高五寸有奇幹皆兩岐二本相依附瑰奇如珊瑚枝其高者結爲華蓋慶雲之狀

明

洪武十三年庚申大水時縣治萬城水齧城西北盡陷乃徙復舊治

宏治二年己酉旱四年五年相繼大旱

嘉靖五年丙戌旱

十一年壬辰夏大水

十八年己亥夏旱

萬歷四十五年丁巳彌月不雨蝗食禾苗殆盡

崇禎二年己巳三年庚午相繼旱虎多噬人

六年癸酉地震玉陽山夜鳴玉陽觀中木魚忽自開合旋有城陷之難在甲戌年

十三年庚辰旱飛蝗蔽日民間產牛一身二首二尾

十六年癸未冬桃李花

國朝

順治四年丁亥虎狼遍山谷噬人甚衆有村落無孑遺者

六年己丑大水

十五年戊辰夏大水西山蛟起水決城外隄數十丈附郭民舍皆漂没男女溺死者甚衆是月有暴風自南來聲如雷所過拔木廬舍盡傾池塘皆涸

十七年庚子大旱無禾

康熙七年戊午大水

二十九年庚午旱饑

四十四年乙酉大水

六十一年壬寅旱

雍正元年癸卯大旱

五年丁未春大雨浹旬水潦無麥

十三年乙卯大旱

乾隆十年乙丑夏秋大水

十四年己巳大水

十七年壬申大旱無禾　按通志是年水與此異大抵邑之西北常旱東南常水不足奇也

二十三年戊寅大有年

三十三年戊子旱

三十六年辛卯水　通志作旱

四十三年戊戌麥大熟夏大旱次年春大饑民食樹皮殆盡

五十年乙巳大旱無禾

五十一年丙午麥大熟夏大水蟲食禾苗

五十二年丁未大有年斗米百錢

五十七年壬子旱

五十八年癸丑夏大水羅家灣隄決沙倒滋泥等總淹没殆盡有莊姓民人舉家數十口同溺死

嘉慶二十一年丙子大水

道光六年丙戌春二月晦有物首如懸帆光赤尾長丈餘自東而西旋沒夏六月大水東南隄防皆決居民多溺死者

十一年辛卯十二年壬辰相繼水大饑

十五年乙未旱蝗至十六年冬始止

二十一年辛丑春大雨浹旬饑

二十八年戊申東南水

咸豐五年乙卯冬十二月池塘溪港有水處皆無風自動波浪三四尺有頃始定

六年丙辰夏旱

七年丁巳夏旱蝗食禾苗殆盡惟治北黃鵠灘有鷹數百啄蝗空中蝗避去不爲禾苗害

同治四年乙丑夏六月大水西北山中五處同日蛟起人畜漂没者甚衆東南湖鄉氾濫尤甚

五年丙寅春三月大水北山蛟起沮漳上游田産廬舍多漂没舟楫多傾覆人畜溺死者甚衆東南下流豆麥被淹夏大水隄防多決東南無秋

當陽縣志卷二終

當陽縣志卷三

建置志

城池

城所以保民池所以保城方城漢水全楚之形勝則然非所論於一邑當邑負山阻水城小而固介乎荆宜之交爲川楚衝要昔人所稱用武之國則城池又不僅一邑之保障也夫設險守國政之常經預備不虞古之善教金湯之籌在守土者深加意焉志城池

城周六百四十丈有奇高二丈厚丈二尺門四東曰紫蓋南曰鳳川西曰玉陽北曰清漳樓櫓亦四其北曰仲宣樓敵臺守鋪各七水門五皆甃以甎石城西北跨玉陽山東南以沮水玉泉爲池西北則引真武港水環之明成化間郧陽劉石之亂州同知嚴端（通志作陽）築土垣廣一里袤一百二十步尋圮知縣姜英復築之正德中知縣劉瑆始甃以石北瀕沮水築石磯以障之水怒輒齧城隆慶間知縣張松疏河故道捍以長隄水患稍弭議修城未果萬歷三年守道（通志作叅）

議王琁巡道通志作 鄧林喬知府趙睿詳請拓築董
其事者署縣事經歷任夢榛知縣方岳也崇禎七年
甲戌冠薄城以女牆低故陷九年知縣區懷瑞增築
女牆浚濠而深之
國朝順治二年闖賊餘孽高李等踞西山中再陷城毀
爲平址十二年知縣唐彥裒修復規模粗具歷久易
圮以上舊志康熙四十四年署縣事縣丞張士祺重修雍
正五年以後知縣王仲桂周垂典相次補葺乾隆二
十四年知縣苗肇岱詳請增修大浚城濠闊二丈深
一丈長六百九十丈嘉慶元年教匪之難官兵攻擊
城多隳壞二年知縣汪雲銘重修以上通志
咸豐元年知縣董文煜募貲重修浚濠深如舊八年
知縣黃鐘鳴補葺以上新增

街衢附

正街在縣署前自東門至西門
南門街自南門至正街
北門街自北門至大奎閣
玉陽街在署後自玉陽山下至北門街
府館街在署前自照牆外至城
雲路在學宮前
新雲路在大奎閣南新修
董家巷在縣署西自玉陽山至西門正街
草街自東門外至龍神祠
順城街自西門外至漢忠烈祠
子龍街自西門外至長坂坡
河街自北門外至北關廟

津梁附

邑之渡有六曰沮河曰漳河曰合溶曰清溪曰黃鵠曰蘇河舊志 又乾溪義渡咸豐中增設

邑之橋見舊志者十有二曰官橋在治北五里相傳即張飛橫矛處一說在倒流橋未知孰是 曰玉陽在治西一里元至大間建 曰太平在治西二里 曰三里在治東南七里明景泰三年重建 曰朝天在治東十里 曰謝河在治東十五里 曰普通在治東六十里明景泰二年重建 曰普濟在治北六十里明正統十三年重建 曰洋子港在合溶明景泰四年典史張銘建萬歷時知縣胡朝重修 曰倒流在治北六十里按輿地紀勝今基址謂即張飛據水橫矛處 曰順化曰玉虹不可考

補遺者五曰真武在治西半里 曰伍公曰萬善在治東南權花總 曰上板曰下板在合溶相傳俱伍公建

新建者八曰雙虹二橋在治東四十里邑紳羅啟蘇領建 曰鴻德在清溪市邑監生宋啟宗市民嚴自起領建 曰起鳳在清溪西 曰玉龍在官墻邑民魏光宗鬻產助貲乃成 曰利涉在治東五十里楊樹港 曰結緣橋二在官墻者民黎适臣建

官地坐西門外每年租錢共七貫零備修四門吊橋之資續舊志

附載紊林總豁免夫馬碑示

當陽縣正堂何　爲查案立碑以垂永久事據紊林總鄉保江必學邵士喬程啟敷老民張開卜艾純一江必堯陳應宗具稟紊林一總地窄民稀內有瓦窯烏溪二港乃通安襄大道凡遇　上憲按臨必須穩搭浮橋奉前縣備諭合該總上三甲搭修瓦窯港下三甲搭修烏溪港李南生搭修清溪河各浮橋其應差夫馬均免僱覓給有印照在案恐事遠年湮易於朦混應請立碑垂久等情前來

據此查該總居民既須幫搭浮橋自未便分僱夫馬照稟批示外合行勒石曉諭爲此仰該總士庶人等知悉嗣後門戶差役以及鄉保甲長仍照舊一律輪當倘逢　上憲按臨該總保甲督同業戶修搭上下浮橋毋許貽誤其應用夫馬永免僱備各宜凛遵毋違特示見續舊志

公署

古者布政聽訟之所謂之公廨漢晉以來曰廳事唐曰州宅今之公署其義一也當邑屢遭兵燹公署之廢興因之歷年增修規模悉備矣出則聽政入則退食戴星胡以勞鳴琴胡以逸因時制宜存乎其人牧民者勿以公署爲傳舍焉可志公署

縣署舊在玉陽山東南半里明洪武元年知縣祁守道徙治萬城十三年知縣魏忠徙復舊治自是知縣張義劉珵相繼增修其制則正堂廳事三楹西偏爲贊政廳軒前爲露臺兩翼爲六房而承發司舖長司居東架閣庫居西前爲儀門儀門之西爲賓館東爲土地祠祠東舊爲預備倉天啟中知縣胡如川徙倉於賓館之後以其地爲　武廟三義祠然囹圄居東賓館居西迎賓於倉禁之間非制也崇禎甲戌正堂燬署縣事經歷張維然修復

國朝順治二年以後公署全燬正佐皆視事合溶八年士民捐修捲棚三間玉枝棚三間內衙十餘間（按即今署）

地知縣句延齡始視事城中十二年知縣唐彥裦增修捲棚二間六房十二間皂隸棚二間順治十七年知縣朱景辰修寅賓館仍舊處康熙三十三年知縣俞廷瑞修坐樓五間三堂三間儀門三間雍正七年知縣王仲桂補修頭門儀門捲棚大堂乾隆二年知縣仝沆請帑修理及科房六間捐修　上諭牌坊一座（以上舊志）　嘉慶元年教匪之難署多燬壞二年知縣汪雲銘重修道光三十年知縣董文煜重修　上諭牌坊一座凡頭門坐樓花廳以次補葺咸豐八年知縣黃鍾鳴增修東書房三間十年知縣任道鎔重修內書房三間

照牆一座　頭門三間　儀門三間　大堂三間　川堂三間　二堂三間　坐樓五間　坐樓東廚房三間　坐樓西書房三間　坐樓前左右廂房各三間　二堂東書房南北各三間　書房東廂房三間　二堂西花廳三間　花廳西小書房三間　二堂前左右門房各三間　大堂前左右科房共六間　儀門內左右班房共六間　儀門東土地祠三間

倉廒十間在署東詳見倉儲

庫房一間在大堂西

監獄在儀門外西南隅

典史署在縣署西自縣署頭門內側入舊在西門內嘉慶時改建

巡檢司署在河溶同治二年募貲新建按巡檢舊在漳河口明成化時都御史白圭奏設

國朝乾隆六年知縣全沆以河溶界接江陵五方雜處詳准移防以資彈壓

分防千總署在玉陽街按署舊在西門內玉陽山之西南嘉慶元年燬後詳准將故址變價移建於玉陽街至今因之

按舊志載布政司按察司行臺俱在縣署東府館在署南明萬歷時知縣李啟元以按察司行臺故址作　學宮地以布政司行臺爲察院府館今廢又縣丞主簿二署舊在縣署東明時員已汰基址久廢中明亭旌善亭明成化年建今廢陰陽學舊在縣東醫學舊在縣西今俱廢

坊表附

上諭坊在縣署儀門內道光三十年知縣董文煜重建

德配天地道冠古今二坊在泮池左右咸豐九年知縣黃鐘鳴甃甃運重建

沮漳雅化玉紫清風二木坊在縣門左右

節孝總坊在東門內節烈祠前咸豐十一年知縣任道鎔建

按舊志載坊表二十曰希聖曰育賢在學宮前左右曰承流曰宣化曰沮水澄波曰滇蜀通衢俱在縣門左右曰承宣曰撫字在布政行臺前曰激濁曰澄清在按察行臺前曰冬官爲劉謙建曰奉直大夫爲張濬建曰清朝御史爲劉炳建曰五馬爲何毅建曰聯捷進士曰理卿廉憲爲李誥建曰凌雲爲向治安建曰鵬程爲何治建曰應奎爲倪孝儒建曰騰蛟起鳳爲宋玉建今俱廢

雜建附

大奎閣在　文廟東南爲城內適中之地明天啟間縣令胡如川建崇禎間邑庠棨耀汪士傑重修

國朝以來屢有補葺同治四年邑令阮恩光倡捐重建甃石爲基承以石柱頗增舊制高出城堞矣

三元閣在城外東南今廢

文峰塔在治東南十六里科甲冢上咸豐八年邑令黄鐘鳴相度其地倡捐重建共七級高九十九尺空其中螺旋而上可眺江漢亦勝景也塔東建一祠守奉祀　文昌而守之以僧形家謂塔作辰戌二門上元中元宜開戌門下元宜開辰門云

青雲塔在東門外演武場東嘉慶元年廢

迴峰塔在治東南五里玉泉入沮處地名三里港嘉慶元年廢

育嬰堂在東門內雍正十三年知縣仝沆建今圮

養濟院在東門外乾隆二十四年知縣苗肇岱重建

演武廳在東門外廳前爲演武場又前有照牆一座乾隆中重建

隄防

當邑西北多山東南多水萬壑奔赴匯爲沮漳夏秋泛漲輒爲民患昔人有言爲政勿言興利但思除害害除而利斯溥夫害在水潦則利在隄防矣因民之所利而利之雖勞不怨牧民者宜深加意焉志隄防

鄭公隄在北門外按邑因岡爲墉北臨沮水值羣流奔赴匯爲洪濤往往越故道齧縣城城外之民不能安堵明嘉靖壬辰知縣劉琨於城外東北捍以石磯數年而圮隆慶庚午知縣張崧於河北二里許疏故道自西口至東口袤千五百弓抵舊河徑達合溶於南岸築長隄廣十丈高二丈又築新隄於城之西北約三百五十弓高廣如前萬歷間隄稍決知縣鄭汲加修鞏固民享其利因以名隄天啟間河又決知縣胡如川增修至今賴之舊志

六隄在沮漳會流之西爲滋泥沙倒二總民命所關在沙倒總者曰麥城曰沙倒曰羅家灣在滋泥總者曰細魚曰滋泥曰菜湖合之爲六隄

一麥城右衛軍隄八十五丈民隄二百九十六丈
一汝倒灣右衛軍隄一百七十二丈二尺五寸民隄六百六十七丈七尺五寸
一羅家灣民隄八百五十四丈五尺右衛軍隄十三丈
一細魚港右衛軍隄五十丈荆衛軍隄九十丈民隄八百四十二丈
一滋泥湖左衛軍隄十二丈右衛軍隄二百五十二丈荆衛軍隄九十丈民隄一千四百零六丈

一菜湖荆衛軍隄六百三十七丈民隄一百七十八丈
以上六隄肇自明成化時 國朝康熙年間奉文著爲定章官督民修按畝派夫軍隄責成軍戶民隄責成民戶每年勘明詳報豁免軍需雜徭勒石豎汝倒總以上舊志

滋泥垸隄在滋泥總之西上自細魚隄首起蜿蜒而西沿滋泥港而南至菜湖隄尾止長三千餘丈高五六尺歷年旣久圮於水同治乙丑邑令阮 督居民加修高廣倍於舊上防山溪積潦下防江水逆行與六隄相爲脣齒居民德之增

三區在沮漳東岸上區對麥城汝倒中區對羅家灣下區對細魚港通名三區官雖督率並未結報每農隙後飭令隄長糾集居民於單薄處所各按段如式修補一有潰缺通區協力搶築又漳河俗名東河沮河謂之西河閔家塲一帶逼近東河地處低窪水患不能全除至土橋謝柏花栗各總西河直流兩岸居民均行築隄漸弭水患矣續舊志

荆隄在魚兒總濱臨川江江陵在其下流嘉靖間江水兩決荆民漂沒無數萬歷初當事者以本邑旣隸承天護隄之民不切痛癢乃將前隄內除九百五十丈仍屬當陽其李家埠一帶一百九十丈召民朱依二等一百二十八戶居其上責令修守准、免兩縣門差本縣尉每歲勘驗遂爲成規乾隆五十三年萬城隄潰荆州軍民漂沒更甚五十四年總督畢 親詣勘明命居民新修大支隄接連馬山長五千二百六十二弓以衛荆隄委前令蔿

勘估督理飭縣居民看守兩隄亦照前豁免雜徭
隄之在合溶者明萬歷初水決曹家口引沮水旁溢
壬子歲漳水亦西潰與沮水合於上流五里許故
道遂竭貿遷不通歲戊申知縣李啟元築曹家口
障之旋潰乙卯知縣李一陽謂兩河並築狂瀾難
挽置曹家口獨濬漳河遵故道邑庠謝曰源李公
溥殷芝等募貲集事道光初永興菴隄復西潰引
漳水旁流故道再竭十六年知縣王朝枏募貲修
築高廣倍於舊排漳水遵故道至今便之

附載沙倒滋泥二總豁免差徭碑記
康熙五十九年知縣王國禎詳稱縣屬山河雖與
濆襄豬漢之害不同而水自沮漳而下有麥城菜
湖等處六隄約一萬一千弓有奇自奉禁止協修
而六隄盡歸湖民修築歲逢山河水漲獨力加修
不無繁苦是以歷任前令查湖糧百碩有零除正
供而外概與豁免今據隄民張孟涵等請詳勒石
總期垂久遠以杜將來變更相應具文申詳俯念
六隄工力皆湖民獨任其勞　恩賜勒石永豁將
來徭役俾修築得有專責安陸府張　批仰候巡
憲批示繳荆南道殷　批仰安陸府同知確查妥
議詳報戎府李　行縣轉詳遵查得麥城菜湖等
處共一萬一千弓原係闔縣照畝派夫協修及奉
禁協派之後歲歲防護凡有加幫挽築皆歸沙倒
灣滋泥湖二處獨任其責在二處之田僅糧一百
石零九斗五升三合田較通邑不無窪下故有沙
倒滋泥之名其近河田地逐年外受崩洗內受挖
壓而正供錢糧既與山田同一輸納一有外派未

免利害不均是以前令倣別屬漁租河糧疲租尾
糧之免例止令納其正賦凡遇軍供雜役悉與開
豁乃容或有之之預計耳隄民張孟涵等具詞請
勒石使垂久遠並非此時有軍供雜徭而求免一
例派差者也今遵將永免雜派緣由開具六隄工
程並田畝糧數相應具文詳覆憲台俯念沙倒滋
泥之名地非膏腴可知糧碩無幾有六隄歲修之
勞雜徭業經前令允其豁免應請勒石永禁仰乞
轉詳批示遵行戎府轉詳荆南道荆南道殷批外

派雜徭久經嚴禁而汊倒灣滋泥湖二處獨任加
幫挽築之責尤當永行開豁以甦民力如詳行縣
勒石用垂永久仍取其碑摹報查繳既雍正元年
知縣王復以陋規申詳按察司批據汊倒滋泥二
處隄工原係居民自行修築並未動支錢糧典史
喬起蛟藉稱查驗需索陋規雖審無過付即自認
三錢五分亦屬贓私應即斥革究擬但事在
恩詔以前姑從寬免仍嚴行申飭以觀後効敢再肆行
無忌即行詳請斥革並飭該縣嗣後親行查驗毋

得再委典史致滋擾累並干參咎仍取嗣後不得
再行苛剝委查各遵依據報繳
按六隄之民自
國初到今一切軍供雜徭俱經各前縣豁免雖曰幸
由舊章殆亦實見獨力修築民力難支云
附載角兜總豁免差徭碑記
當陽縣正堂黃　爲請示勒石以垂久遠事據角
兜總生監苻光廷謝世安蕭韻張汝謨唐士賓何
土瑄劉維俊等呈稱緣生等角兜總之隄因離荆
尚遠江陵之民難於防護上憲定議借當之民守
荆之隄准免一切雜徭載在邑志乾隆五十三年
萬城隄潰荆隄外復修大支一隄接連馬山保障
舊隄總督畢　仍飭令總民看守欣逢福星臨邑
久荷覆照已准入志爲此稟懇賞准勒石以誌不
朽等情據此除批示外查此隄關係甚重前奉
文飭令該總里民逐年撑幇好爲看守准免一切
差徭久經遵行在案茲據前情合行出示曉諭爲
此示仰軍民人等知悉嗣後凡遇一切差徭概行

准免永爲定例各宜凛遵毋違特示（續舊志）
塘堰附
堰九十二其爲一名者曰古曰舊曰平曰舊汊曰香
新曰雙莫曰孤生曰放生曰天生曰邊曰長冲曰小
門曰倒流曰倒流橋曰長流陂曰高草曰蒲草曰假
草曰深曰藕曰蓀葉曰葛藤曰大蓮曰新蓮曰小蓮
花曰大蓮花曰黃汊曰金汊塘曰黑冲曰黃土曰蘇
水曰清水曰白水曰尖山曰峯山曰雲陂曰海曰牛
角曰鷹子曰鴨兜溪曰石板曰牛車曰拖鎗曰牛工

壋曰官火燒壋曰瓦子汊曰瓦窰曰窰安曰岩屋壋曰馬家曰易家曰于家港曰周二港曰樊家壋曰鞏河曰馮橋曰姚溪曰石龍其爲名一而再見者曰深曰長曰長流曰邊山曰蓮花曰河曰三汊曰桑林名一而三見者曰大曰草曰青谿曰香爐在一處凡四見者曰新終焉皆官地明天啟間知縣胡如川奉文變價充餉舊志

當陽縣志卷三終

當陽縣志 第 冊

當陽縣志卷四

政典志上

賦役

古者因田制賦量力而役任地任民其法一歸
於中正後世賦役紛更民不堪命矣我
朝懲前代之弊汰無名之征賦役一書垂爲令典
故雖瘠土之民而咸安耕作輸將恐後亦可見
輕徭薄斂
帝澤入民之深也茲臚列之俾後此守土者莘由不

忘云爾志賦役
一戶口人丁
明以前不可考
萬歷元年編戶一千三百八十四口七千一百五十
八丁二千五百六十一
萬歷十四年編戶一千七百二十四口三千四百三
十四丁四千九百三十六
天啟二年編戶一千七百六十口三千四百六十九
丁四千九百三十八
崇禎十五年丁二千三十 知縣倪瑞應詳請平丁每糧一石隨丁六斗八升八合九勺七抄五撮
國朝
順治三年編戶逃絕丁一千八百八十四丁四斗存
丁一百四十五丁六斗
順治七年起至康熙四年陸續添墾存丁七百一十
丁八斗九升八合二勺豁免運夫人丁三丁
康熙二十五年至五十年六屆編審添丁二百六十
六丁八斗六升四合一勺六抄開除人丁一千一

十四丁二斗六合六勺實在人丁一千一十二丁
七斗九升三合四勺 應納丁銀照糧攤派以免枯丁賠累
康熙五十五年起至乾隆三十一年十一屆編審增
益滋生人丁三百三十二丁欽奉
恩詔永不加賦 按在康熙五十年 實在人丁一千三百四十四丁
七斗九升三合四勺
乾隆五十八年造報民數一十五萬二千一百一十
九口 以上續舊志
謹按以上所載丁數前後不甚相符邑自嘉慶

初年曾遭兵燹文卷全燬無從核對以後戶口
丁銀俱依嘉慶道光以來報銷檔册實數載入
嘉慶二十五年造報民數二十萬零二千六百八十
四口
道光三十年造報民數二十六萬八千六百九十八
口
咸豐十一年造報民數二十九萬一千五百七十六
口
同治三年造報民數三十一萬三千七百二十八口

謹按原額人丁二千三十丁見前每丁派銀九錢
六分四釐該征銀一千九百五十七兩六錢九
分七釐內奉文豁免運夫人丁三丁計除丁銀
二兩八錢九分三釐實在人丁二千二十七丁
又除荒蕪人丁九百六十九丁一升三合八勺
計除荒蕪丁銀共八百六十五兩七錢六釐
實成熟人丁一千五十八丁九斗八升六合六
勺實征丁銀一千八十九兩九分八釐
一原額田三千五百一十七頃一十七畝二分六釐
八絲
上田一千五十五頃一十五畝一分七釐八毫二
絲四忽每畝科秋糧米五合該米五百二十七石五斗七
升五合八勺九抄一撮二圭每石派銀一兩九錢二分一釐九毫
五絲四忽零應徵銀一千一十三兩九錢七分六釐
七毫六絲九忽零
中田一千四百六頃八十六畝九分四毫三絲二
忽每畝科秋糧米四合該米五百六十二石七斗四升七
合六勺一抄七撮二圭八粒每石照前則例應徵銀一

千八十一兩五錢七分五釐二毫二絲零
下田一千五十五頃一十五畝一分七釐八毫二
絲四忽每畝科秋糧米三合該米三百一十六石五斗四
升五合五勺三抄四撮七圭二粒每石照前則例應徵
銀六百八兩三錢八分六釐六絲一忽零
夏稅絲照官米一石帶科稅絲二錢七分八釐四
毫一絲二忽零該絲一十觔二兩四錢四分三
釐四毫一絲秋糧內派
一原額地四千八百六十六頃四十二畝五分六毫

五絲
上地七百五頃八十二畝九釐七毫七絲每畝科秋糧米
四合九勺九抄七撮四圭五粒八粟該米三百五十二石七斗三
升四勺八抄八撮五圭每石照前則例應徵銀六百七
十七兩九錢三分一釐八毫九絲零
中秋地六百四十一頃八十三畝六分七釐六毫
八絲三忽每畝科秋糧米三合九勺九抄九撮九圭九粒九粟該米二百
五十六石七斗三升二合六勺六抄四撮三圭
每石照前則例應徵銀四百九十三兩四錢二分八釐

四毫五絲六忽零
中稅地二百九十九頃二十五畝七分八釐六毫
七絲七忽每畝科夏稅大小二麥三合九勺九抄九撮九圭三粒一粟該麥
一百一十九石七斗三合一勺四抄七撮一圭
每麥一石折銀一兩一錢二分二釐二毫七絲二忽共銀一百三十四兩
三錢二分五釐二毫二絲七忽零
下地七百五頃八十二畝九釐七毫七絲每畝科夏稅大小二麥三合該麥二百一十一石七斗四升六合二
勺九抄三撮一圭每石照前則例共銀二百三十七兩

六錢一分五釐七毫六絲一忽零
荻柴地五十二頃七十八畝二分九釐五毫每畝科夏稅大小二麥四合該麥二十一石一斗一升三合一勺
八抄每麥一石照前則例共折銀二十三兩六錢九分二
釐六毫一絲九忽零
湖柴地八十六頃八十七畝一分八釐八毫每畝科夏稅大小二麥四合該麥三十四石七斗四升八合七勺
五抄二撮每石照前則例共折銀三十八兩九錢九分
四釐七絲六忽零

湖草地八十二頃八十六畝七釐二毫每畝科夏稅大小二麥三合該麥二十四石八斗五升八合二勺一抄
三撮每石照前則例共折銀二十七兩八錢九分五釐
一毫九絲二忽零
煤炭地三頃五十七畝三分二釐七毫每畝科稅大小二麥三合該麥一石七升一合九勺八抄一撮每石照前則例
共折銀一兩二錢二釐九毫四絲七忽零
山鄉地二千二百八十七頃四十八畝一分一釐
六毫五絲每畝科夏稅大小二麥一合五勺該麥三百四十三

石一斗二升二合一勺七抄四撮七圭五粒（每石
照前則例）共折銀三百八十五兩四分二釐九絲七
忽零（照官米一石帶科夏稅絲二錢七分八釐四毫一絲二忽零）該絲四觔
六兩三錢九分二釐三毫五絲七忽零
桑地一十一畝八分五釐（每畝科桑絲七錢三分二釐六絲七忽零）該
絲八兩六錢七分五釐
一原額塘湖三百六十六頃九十八畝三釐五毫五
絲
塘三百六頃八十七畝四分三釐三毫五絲（每畝科秋

當陽縣志　卷之四　政典　賦役　七

糧米四合）該米一百二十二石七斗四升九合七勺
三抄四撮（每石照前則例）應徵銀二百三十五兩九錢
一分九釐三毫八絲二忽零（照官米一石帶科夏稅絲二錢七分
八釐四毫一絲二忽零）該絲一十四兩一錢七分三釐二
毫三絲二忽五微
水湖三十頃六十畝二釐九毫（每畝科夏稅大小二麥三勺）該
麥九斗一升八合八撮七圭（每石照前則例）共折銀一
兩三分二毫五絲一忽零
荒湖四十二畝八分（每畝科夏稅大小二麥三勺）該麥一升二

合八勺四抄（每石照前則例）共折銀一分四釐四毫八
忽零
湖墈二十九頃七畝七分七釐三毫（每畝科夏稅大小二麥三
勺四抄七撮八圭五粒一粟）該麥八斗七升二合三勺三抄
一撮九圭（每石照前則例）共折銀九錢八分一釐一毫
四絲零
一原額山四千六百八十二頃五十七畝八分九釐
一毫三絲
杦草山七百三十二頃三十四畝九分六釐七毫

當陽縣志　卷之四　政典　賦役　八

七絲（每畝科夏稅大小二麥三勺）該麥二十一石九斗七升
四勺九抄三圭二粒（每石照前則例）共折銀二十四兩
六錢五分四釐六毫五絲九忽零
荒石山三千九百五十頃二十二畝九分二釐三
毫六絲（每畝科夏稅大小二麥六抄八撮四圭四粒九粟）該麥二十七
石三升九合三勺八撮一圭四粒（每石照前則例）共折
銀三十兩三錢四分二釐七毫五絲四忽零
原丈量陞科米一斗八升二合四抄三撮（照前則例應）
徵銀三錢四分九釐八毫七絲八忽零

以上原額田地塘湖壩山共一萬三千四百三十
三頃一十五畝六分九釐四毫一絲
科秋糧官民米二千一百三十九石二斗六升三
合九勺七抄三撮額徵併加增共銀四千一百
一十一兩五錢六分七釐六毫五絲九忽一微
三塵七纖五渺
大小二麥共八百七石一斗七升六合七勺二抄
該銀九百五兩七錢九分一釐一毫三絲六忽
二微二塵六纖八渺

稅桑二絲一十五觔一十五兩六錢八分四釐（秋糧）
（內帶派）
原荒田地塘湖壩山共一萬二十七頃七十一畝
八分八釐四毫三絲一忽原荒米麥共一千六
百四十二石四斗八合五勺三抄三撮原荒銀
二千五百二十六兩五錢五分三釐三毫六絲
七微八塵六纖九渺康熙二十六年起至乾隆
二十六年底節次墾糧總共銀一千八百一十
四兩六錢四分一釐六毫六絲七忽六微零（細冊）

（詳載賦役全書）
實荒田地塘山七千二百二十一頃二十八畝四
分七釐一毫五絲三忽一微一塵實荒糧麥六
百六十二石七斗四升三合三勺五抄六撮五
粒三粟實荒銀七百一十一兩九錢一分一釐
六毫八絲四忽三微一塵一纖九渺二漠六茫
乾隆十年奉文開除冲壓田地一十頃八十二
畝六分二釐一毫九絲
實成熟田地塘山六千二百一頃四畝六分六絲

六忽八微九塵實成熟糧麥二千二百七十九
石六斗二升五合四勺七抄五撮三圭四粒七
粟（除冲壓糧麥四石七升一合八勺六抄一撮六圭止此數每秋糧一石派銀一兩九錢七
分四釐八毫五絲一忽零每麥一石派銀一兩一錢二分二釐一毫七絲二忽）實徵銀
四千三百三兩四錢五分六釐二毫三絲二忽
零（除冲壓銀七兩三錢九分八毫七絲八忽零止此數內有舊書原載班匠銀五兩四錢及
班匠額內豁免冲壓銀一分一釐一毫三絲零乾隆二十三年奉文刪除班匠名色統歸地丁
條編造報）
一九釐餉（每糧麥一石派銀三錢五釐四毫二絲四忽零）

該銀一千一百五十五兩二錢九釐二毫一絲二
忽零除荒銀四百五十七兩七錢一分二釐五
毫五絲一忽零實徵銀六百九十六兩二錢五
分三釐一絲五忽零除沖壓銀一兩二錢四分三釐六毫四絲五忽零止
此數
以上人丁田地塘湖壩山九釐餉並墾派丁銀等
項共銀八千二百五十八兩二分九釐二毫六
絲七忽七微五塵三渺九漠九茫內除豁免運夫丁銀及荒銀沖壓丁條餉銀丁隨糧派等事案內闔省均攤人丁應減丁銀數見起運項下又雜

富陽縣志　卷之四　政典　賦役　十一

正七年起至乾隆三十六年共十二年民賦墾
帶丁銀總銀一百二十二兩零六分四釐七毫
八絲墾帶丁銀另款作收詳見後
實徵銀五千五百三十一兩六錢四分二釐九毫
一絲九忽一微七塵一纖六渺二漠九沈六沙
三灰二漂以上舊志
謹按闔邑原額田地山塘湖壩共二萬三千四
百三十三頃一十五畝六分九釐共科糧麥三
千九百四十六石四斗九升一合額征銀五千
二十七兩三錢五分九釐除荒蕪糧麥六百七
十二石五斗五升八合八勺計除銀八百八十
七兩四錢一分三釐實成熟糧麥三千二百七
十七石三斗一升一合九勺每糧麥一石派條銀一兩五錢一分
一釐派餉銀三錢五釐共征條餉銀四千三百兩八錢六
分自嘉慶以後至今同治年額征之數
一吏民田坐落官田
原額田地一十一頃九十七畝實征租餉並丁銀
四十三兩九分二釐吏民九釐餉銀二兩四錢

富陽縣志　卷之四　政典　賦役　十二

四分九釐見舊志　按此項仍舊彙入起運項下批解司庫
謹按闔邑民賦地丁吏民正雜各項共銀八千
一百八十二兩六錢一分九釐內除荒蕪銀二
千八百九十一兩七錢二分二釐又除豁免故
夫丁銀三兩八錢九分三釐外又加康熙二十
一年增墾銀七錢五分七釐又加二十二年增
墾銀五錢五分四釐又加二十六年增墾銀二
兩五錢一釐又於乾隆二十一年奉文墾派二
十三四五六等年新墾丁銀四錢二分八釐又

加乾隆二十一年增墾銀二兩一錢三分二釐
又奉文墾派乾隆二十七八九三十三十一等年新墾丁銀三錢四釐又加三十六年增墾銀一兩一錢七分又加四十二年增墾銀八錢一分四釐

實征銀五千二百九十六兩九錢一分八釐以符起運存留驛站隨漕四款正額數目

一起運項下依嘉慶以後定額開載

征墾銀二千一百一十八兩二錢四分五釐隨征加一

一耗羡

一存留項下依嘉慶以後冊卷開載

征墾銀一千二十兩三錢二釐隨征加一耗羡

解款

裁缺俸工燈夫等銀一百九十四兩八錢五分
部寺解費銀四兩四錢八分八釐
鄉飲銀二兩七錢九分一釐
裁汰民壯工食銀一十二兩
憲書銀二兩五錢八分九釐
科舉銀一兩八錢五分五釐
會試舉人長夫銀五兩五錢八分
歲貢花紅銀四兩八錢八分三釐

以上各款共解銀二百二十九兩三分六釐

所存留銀七百九十一兩二錢六分六釐以作坐支俸工祭祀役食廪糧等項之用

官俸

知縣俸銀四十五兩
巡檢俸銀三十一兩五錢二分

典史俸銀三十一兩五錢二分
教諭訓導俸銀三十一兩五錢此款仍舊請領其扣減見後

以上四款例應赴　司請領

祭祀

文廟二祭銀四十兩
崇聖祠二祭銀七兩
名宦鄉賢二祭銀七兩
關帝三祭銀四十兩
文昌祭品銀二十三兩八錢三分

社稷壇二祭銀十兩
山川壇二祭銀十兩
常雩壇祭銀五兩
邑厲壇三祭銀十一兩
香燭米折銀一兩五分
厲祭米折銀一兩二分二釐
鄉飲二次銀四兩

孤貧

原設孤貧額內九名額外八名共十七名每名日給布花口糧銀七釐奉文遇閏加增小建扣除年額共支銀四十二兩五錢四釐

按祭祀孤貧二項依嘉慶以來定數支放

儒學品俸數扣減詳見後

教諭訓導俸銀三十一兩五錢二分

教官加品銀四十八兩

役食

門子二名工食銀十二兩

經制皂隸十四名工食銀八十四兩

迎送皂隸十一名工食銀六十兩九錢九分九釐

民壯十八名工食銀一百八兩

民壯加增銀十兩

仵作二名工食銀十二兩

禁卒八名工食銀四十八兩

捕役八名工食銀四十八兩

庫子四名工食銀二十四兩

斗級四名工食銀二十四兩

轎傘夫七名工食銀二十四兩

典史門子一名工食銀六兩

典史馬夫一名工食銀六兩

典史皂隸四名工食銀二十四兩

巡檢弓兵十名工食銀四十兩六錢六分六釐

巡檢皂隸二名工食銀十二兩

教官齋夫六名工食銀三十六兩

教官門斗五名工食銀十四兩

北門清溪渡夫工食銀三兩五分

右品俸役食共二十一項俱依嘉慶以後定額開載道光三十年奉文每兩內扣三成並六分減平支放所扣銀兩彙解司庫充餉

看守　關陵墓夫二名工食銀十二兩

安陸戎府民壯六名工食銀三十六兩

沔陽沙鎮弓兵二名工食銀十二兩

協緝新鎮弓兵五名工食銀十兩一錢六分六釐

安陸健夫工食銀四兩八錢八分

縣屬健夫工食銀四十二兩三錢五分八釐

按縣屬額設十四鋪共鋪兵三十六名每年額支銀一百五兩八錢九分六釐由存留項下坐支銀七十兩一錢七分五釐餘銀赴司請領歸款嗣於咸豐八年奉文裁汰鋪兵六成銀四十二兩一錢五釐同扣存安陸府鋪兵六成銀七兩三錢二分共銀四十九兩四錢二分五釐另文批解司庫充餉

廩膳

廩生二十名餼糧銀四十八兩

膳夫二名工食銀十三兩三錢三分三釐

右廩膳並前役食共八項亦依嘉慶以後銀數開載道光二十三年奉文每兩不扣三成止扣六分減平其減平銀兩彙解司庫充餉

以上坐支祭祀孤貧並品俸廩膳役食等項共銀一千七十六兩二錢扣鋪兵六成銀數在內又赴司請領教職加俸祭祀補荒等銀四百二十兩二錢三分四釐共應扣三成六分減平銀兩係請領時就平扣收合前坐支

各項共銀一千四百四十兩五錢三分六釐每年支解共銀一千三百五兩二錢九分七釐又坐支各官編俸知縣二十二兩七錢七分四釐巡檢典史共六十三兩四分共銀九十五兩七錢一分四釐又另文批解裁汰鋪兵六成銀四十九兩四錢二分五釐外有各項扣三成及六分減平銀兩並解司庫充餉

一驛站項下

一征墊銀一千九百八十兩五錢二釐隨征加一耗羨

原編驛站見舊志

郢東驛支應銀四十二兩無閏
代編沔陽州原編豐樂驛支應銀十兩
原編走遞夫馬
排夫二百五十名內扣除本縣轎傘夫六名抵
經制外餘走差二百四十四名（每名銀七兩二錢帶閏銀一錢二分）共銀一千七百八十六兩八分
腳馬四十五匹（每匹銀二十四兩帶閏銀四錢）共銀一千九十八
兩
代編沔陽州原編鍾祥縣除新增價銀派鍾祥編

徵外本縣實編銀一十八兩四錢三分八釐八
毫（帶閏銀三錢七釐二毫）共銀一十八兩七錢三分六釐
右驛站夫馬二項共銀二千九百五十四兩八
錢一分六釐係本邑原編額徵之數詳見舊志
至於康熙十年後所設排夫名數及抽調緣由
開載於左
排夫三十名工食銀二百十九兩六錢（康熙四十七年抽夫五名工食銀三十六兩六錢解道補給蒲圻縣增夫工食又雍正三年裁夫十二名工食銀八十七兩八錢四分解道移司充餉）實存排夫十三名工食銀九

十五兩一錢六分（乾隆四年奉文遇閏加增小建扣除）
腳馬三十匹該草料並馬夫獸醫工食藥餌等項
銀六百四十二兩（雍正四年裁馬六匹乾隆二十三年奉文全裁如數解司充餉）
兵部項下
夏秋折色起運
江濟水夫二十二名（每名工食銀四兩九分五釐）該銀九十兩
九分（每兩京損銀一分三釐）該銀一兩一錢七分一釐一
毫七絲（每兩解官盤費七釐）該銀八錢二分一釐四毫

又照依協濟徒多轉折等事案內徑支本縣正項
以抵各處協濟銀二百七十兩一錢九分八釐
九毫（以上見舊志）
按右二項連前原編額征驛站共銀三千三百
十七兩一錢九分八釐內除荒蕪銀一千二百
九十六兩四錢二分九釐九毫又除豁免故夫
丁銀二錢八釐四毫又除沖壓豁免銀三兩一
錢八分六釐八毫又除增墾徑解司庫抵補重
丁歸入起運充餉銀三十六兩八錢七分一釐

三毫

實征銀一千九百八十兩五錢二釐內有每年

排夫工食銀兩應於本縣額編驛站內動支銀

九十五兩一錢六分又驛站項下編設買馬銀

二百一十兩一錢七分四釐又丁墾銀九百八

兩七錢二分八釐又裁減夫馬工食工料等銀

七百六十六兩四錢四分係批解司庫充餉（依現在報銷冊卷實數）

又囚糧米一石作銀一兩二錢自咸豐十年起

年終核數抵解驛站等銀

一隨漕錢五分三釐內除荒故丁銀（征墾原額一百七十八兩一）

實征銀一百七十七兩八錢六分九釐（隨征加一耗羨）

楞木松板銀二兩二錢二分八釐四毫

運米官軍行月二糧米一百四十九石九斗三

升（每石折銀四錢）該銀五十九兩七錢二分

三六耗蓆輕賫銀一百三兩六分三釐五毫（每百兩用淮撥銀一兩）該銀一兩三分七毫

淺船解費共銀七兩一錢一分除荒故丁外實

征銀七兩一錢七釐

運糧官盤費銀五兩

右各項係解糧庫（現在報銷冊卷核與舊志相符）

一漕米

原額兌軍漕糧本色正米（每秋糧一石派正米二斗六升三合）該米

五百五十七石一斗（每石加耗米四斗）該耗米二百二

十二石八斗四升正耗共米七百七十九石九

斗四升（康熙十一年奉文每正米一石隨征贈貼米二斗）該贈貼米一

百一十一石四斗二升總共正四二耗額征米

八百九十石三斗六升除乾隆十年夏水災案

內豁免正四二耗米三斗一升二合七勺實征

正四二耗米八百九十石四升八合三勺自乾

隆七年奉文酌定每米一石折銀一兩買米交

兌嗣於乾隆四十一年奉文酌定每米一石征

銀一兩四錢五分共征銀一千二百九十兩五

錢七分每年批解糧庫

謹按漕米額數及折價銀數現在報銷冊卷與

舊志相符又於咸豐七年奉巡撫胡文忠減定

新章每米一石征錢四貫四百文其派解銀數
仍舊每石折銀一兩四錢五分著爲定章

一門攤茶稅正損共銀二十兩一錢八分除荒銀十兩九分實征銀十兩九分

一民糧代派額租（每糧一石派銀一釐九毫五絲四忽零）該銀二兩三錢五分八釐三絲三忽內除沖壓豁免銀七釐二毫七絲六忽實征銀二兩三錢五分七毫五絲六忽三微三塵九纖四渺九茫

謹按賦役各項舊志所載名色尚多

國初迄今屢奉裁汰歸於畫一茲沿舊志參以現在報銷冊登其已彙入起運存留各項者不復臚列必欲考厥源流自有賦役全書在

一雜稅

田房稅銀（儘征儘解無定額）

牛驢稅銀（儘征儘解無定額）

典當稅銀（每家五兩）共銀二十兩

按舊志載典當十二家自嘉慶及咸豐初年先後歇業共八家帖已繳銷現存四家

牙帖稅銀（乾隆二十五年奉文酌定稅銀三兩其咸豐七年奉到帖稅新章開載於左）

偏僻上帖四張（每張年征稅銀一兩五錢）共征銀六兩

偏僻中帖十四張（每張年征稅銀七錢五分）共征銀十兩五錢

偏僻下帖六十九張（每張年征稅銀四錢五分）共征銀三十一兩五分

右牙帖稅銀四十七兩五錢五分自咸豐七年奉到新章陸續領帖由牙釐總局造冊移縣彙案征解（此依同治四年報解檔冊）

屯田附

一枝彝長遠四所屯用一百四十八頃二十六畝四分五釐額征糧四百七十石一斗三升五合二勺（每糧一石征屯餉銀四錢八分）應征屯餉銀二百二十五兩六錢六分五釐（每糧一石征丁銀二釐七毫三絲六忽）應征丁銀六錢一分八釐

共征屯餉丁銀二百二十六兩二錢八分三釐

一耗羨（隨征）應征耗羨銀二十兩八錢九分一釐於嘉慶十三年奉文歸縣征收批解司庫

又屯餉項下原幫運銀每餉一兩征銀三錢三釐八毫三絲九忽應征銀六十八兩三錢四分八絲七忽又奉議加津每餉一兩加銀一兩二錢一分一釐三毫應征銀二百七十三兩三錢六分三毫四絲八忽

共征原幫加津銀三百四十一兩七錢一釐於嘉慶十三年奉文歸縣征收批解南糧道庫

一襄陽衛屯田五頃八十畝三分

額征屯餉銀二十兩二錢九分九釐隨征加一耗羨。

應征耗羨銀二兩二錢三分二釐九毫

額征資役銀十六兩五錢八分七釐又閑丁銀八錢合前正耗共銀三十九兩九錢一分八釐九毫歷年批解司庫見襄陽衛檔冊

右准襄陽衛移覆開載同治四年由縣移查又稱此屯止有操舍等軍向無運軍亦無征幫造船等項卷載此屯實存男女一萬四千五百七十九丁口

一荊州正左右三衛屯田屬由縣申備文移查未據造册移覆

倉儲

國以民爲本民以食爲天故爲政首在足食而養民必先貴粟然則倉儲本古法亦見

聖朝保赤之深恩也當邑負山帶水西北常苦旱東南常苦潦九年之耕曾無一年之蓄卒有百里之水旱將何以䘏之牧民者守此積聚雖至於紅朽可也志倉儲

常平倉在縣署東

東倉廒十四間曰五曰穀曰豐曰登曰民曰安曰物曰阜曰慶曰歌曰大曰有曰泰曰平每字爲一廒

橫倉廒五間曰常曰滿曰盈曰厚曰生每字爲一廒

按以上常滿盈厚生五廒道光年間因陰雨過多先後倒塌無存又五穀豐登四廒倉板朽壞有屋無廒前縣令董文煜任內詳明本州有案現存民安物阜慶歌大有泰平等字號計十廒

存制斛一制斗一制升一俱奉藩司檄發

原儲穀一萬石嘉慶元年教匪掠食當經詳報有案繼於十一十二二十一二十二等年奉文買補如額又附嘉慶元年逆産入官租穀五百八十四石二斗七升七合八勺共穀一萬五百八十四石二斗七升七合八勺道光十五二十一二十二二十四二十六二十九三十等年緩缺南糧案內奉文碾運荊州府倉共除穀七千九百四十一石五斗四升四合二勺均未奉文買補自咸豐初年至今

實存常平倉穀二千六百四十二石七斗三升四合六勺

社倉

原額四十九社存穀四千八百七石六斗六合四勺內除嘉慶元年教匪焚掠除穀三千四百二十七石九斗八升二合八勺均經詳請委員勘明報銷在案

實存二十八社共存穀一千三百七十九石六斗二升三合六勺

各總社倉穀數

沙溪社倉存穀六十三石四斗四升九合九勺

謝柏社倉存穀八十一石八斗六升一合

胭脂社倉存穀七十石六斗九升二合九勺

土橋社倉存穀五十二石九斗二升二合三勺

金沙社倉存穀一十二石九斗四升四合

深港社倉存穀二十二石三斗四升二合一勺

易家社倉存穀三十二石二斗一升四合五勺

黑龍社倉存穀四十八石二斗三升六合六勺

紫蓋社倉存穀五十三石二斗二升二合二勺

鞏河社倉存穀一百三石四斗六升八合五勺

小蓮社倉存穀六十二石七斗四升五勺

大蓮社倉存穀六十三石一斗二升四合五勺

尖板社倉存穀九十二石七斗五升二合　按此總自嘉慶後分爲三總尖總四十一石零板總三十石零夾禡總二十一石零

玉泉社倉存穀一十五石九斗九升一合

普逍社倉存穀八十一石六斗九升五合三勺

清水社倉存穀九十石六斗六升三合五勺

桑林社倉存穀七十六石二斗八升八合
三洲社倉存穀一十石八斗八升三合五勺
黄連社倉存穀二十七石八斗七合九勺
官壋社倉存穀二十五石八斗七升
苦竹社倉存穀二十八石九斗八合
腳東社倉存穀二十一石三斗七升
週二社倉存穀七石一斗七升一合五勺
榴花社倉存穀二十二石八斗九升三合六勺
清洋社倉存穀二十石一斗四合四勺
當陽縣志　卷之四　政典　倉儲　卅九
花栗社倉存穀四十二石三斗八升
魚兒社倉存穀八十四石五斗九升六合
海堰社倉存穀六十三石三升

蠲卹

天災流行國家代有周禮荒政十二凡以聚萬民耳歷代發倉廪減租稅載在史册者甚詳我
國家
聖聖相承視民如傷偶遇水旱盜賊之災則
恩詔頻頒無一夫不被其澤兹考其在本邑者著之於篇俾耕鑿思祺咸歌
帝力焉志蠲卹

宋乾德元年癸亥秋七月詔免荆南管內夏稅之半
當陽縣志　卷之四　政典　蠲卹　卅
按邑在五代之季屬荆南
紹興四年乙卯春閏二月詔荆門軍及歸峽各安歲貢上供更與免按邑在宋時屬荆門軍
嘉定二年己巳秋七月蠲荆門軍民賦
元至大二年庚戌秋七月邑大水令尚書省賑之
至順元年庚午秋七月荆門諸屬水詔以大粟補官鈔及勸率富人出粟賑之
明嘉靖十八年己亥春三月車駕幸承天謁顯陵給復承天三年按嘉靖時邑隸承天府

萬歷三十三年乙巳秋九月免承天旱災田稅
天啟元年辛酉秋九月免承天災傷田稅
按明時蠲賑湖廣者甚多詳見通志
國朝順治二年乙酉奉
恩詔地畝錢糧自順治元年五月初一日起按畝徵解凡
加派遼餉新餉練餉召買等項悉行蠲免其大兵
經過地方仍免正糧一半
康熙元年壬寅楚軍會勦西山餘賊各州縣役民夫
運米有死者三年賊平蠲免各州縣亡丁錢糧

按官兵進勦西山屯糧於邑城役民夫數萬轉
輸之苦當陽爲最詳見兵事
康熙二十四年至二十八年挨年蠲減通省錢糧邑
得與焉按自此以後蠲免通省者甚多詳通志
乾隆十年乙丑邑境斑鳩灘地方被蛟水冲塌民田
所有錢糧照數開除以是年爲始
嘉慶元年至三年疊奉
恩詔凡被賊各州縣錢糧蠲免三次邑得與焉
二年丁巳秋七月各州縣被旱乏食給賑三月並予
房屋修費邑得與焉
三年戊午春奉
恩詔來鳳當陽二縣賑濟本色米共八千一百六十九石
三斗給修房屋銀共三千三十七兩一錢又當陽
賑穀折銀三千八百九十八兩七錢七分七釐五
毫
四年己未春三月荆門州並當陽遠安二縣賑濟湖
南撥款米七千石穀折銀三萬三千一十三兩七
錢七分五釐內當陽動支被旱賑剩米一千七百

六石七斗穀折銀五千六百五十三兩一錢五分
五釐給修房屋銀四千三百七兩一錢
八年癸亥春三月蠲免被賊滋擾四十二州縣錢糧
邑得與焉其餘州縣減緩有差 以上俱見通志

當陽縣志卷四終

當陽縣志卷五

政典志下

學宮

古者化民成俗莫不由學學者經術治行之本源範圍天下而不過也我
朝文教覃敷無遠弗屆雖蕞爾一隅莫不首建膠庠以爲興賢育才之地典至隆也生其時者覩宮牆之美富襲芹藻之芬芳涵育薰陶名教自有樂地其無負所學也可志學宮

學宮在縣署東殿宇如制東西兩廡前爲戟門（即大成門）門左爲名宦祠右爲鄉賢祠又前爲櫺星門爲泮池左右兩坊環以垣牆牆外爲雲路殿後爲明倫堂堂前左義路右禮門明倫堂東北爲崇聖祠祠前東偏爲土地祠爲尊經閣明倫堂西爲忠義祠祠前西偏爲敬一亭歷年補葺規模畢具矣

按舊志學宮舊在玉陽山麓宋以前不可考元至元中張公彥文（官職未詳舊志稱邑監）知縣王元賓興建厥後知縣趙珪增修至順中（監縣失其姓名）重修明洪武初暫隨縣治徙萬城尋復舊知縣魏忠興建在縣署西所謂玉陽山麓也凡山帶水氣象巍峩既而遷於玉陽山西南論者以爲不吉嘉靖丙午知縣侯嘉祥遷於治北洪市坪與學署相距五里中隔一水非制也萬歷庚午知縣胡朝遷於治南報恩寺之左文廟北向尤非制也己酉年知縣李啟元教諭余皎始徙入城以臬司行臺故址作學宮至今因之然終不若玉陽山麓之盡善也初泮池在櫺星門內論者以爲逼天啟中知縣胡汝川徙於門外

以啟聖祠不宜偏處遷於明倫堂後又以文廟不宜右昂建大魁三元二閣於東南建兩坊於櫺星門外左曰希聖右曰育賢此皆明時規模也
國朝順治二年城陷殿廡祠宇俱燬惟櫺星門明倫堂僅存十三年知縣唐彥褒修復襄其事者教諭黃鳴陽訓導饒亮士有記載藝文志十六年知縣許毓仁重修啟聖祠康熙元年大軍進勦西山餘賊屯糧於城中其時學宮俱圮二十四年知縣俞廷端修復四十六年知縣伊逢吉教諭王禹書重

修四十八年署知縣張士珙補修兩廡雍正十年
知縣王仲桂修啟聖祠明倫堂乾隆四年知縣仝
沅重修大成殿十八年知縣陳宮有教諭方璲補
葺啟聖祠明倫堂二十四年知縣苗肇岱重修啟
聖忠義名宦鄉賢各祠大成櫺星二門東西兩廡
及明倫堂尊經閣敬一亭正副二齋又於雲路拓
基建兩坊作外泮規模宏廠煥然改觀五十四年
知縣萬年椿重修大成殿嘉慶元年教匪之難學
宮多圮二年知縣汪雲銘奉檄重建同時教諭王

發臺訓導劉士儒六年汪雲銘又捐修忠義祠道
光十五年知縣王朝枏諭監生張永貞捐修大成
殿二十六年知縣董文煜募貲重修啟聖祠二十
八年又重修明倫堂咸豐九年知縣黃鐘鳴倡捐
重修大成殿大成門泮池左右兩坊
教諭署在啟聖祠後嘉慶二年教諭王發臺重修大
堂道光二年教諭蔣祥齡重修廳事
訓導署在忠義祠右嘉慶二年訓導劉士儒重修

學額

廩生二十名
增生二十名
文武學額各十六名
按邑庠原額十三名咸豐九年經督撫學院會
奏以當邑紳民捐餉銀數遵例請加文武學額
各一名於咸豐十年奉到　部覆又同治二年
三院會奏遵例請加文武學額各二名於同治
三年奉到　部覆合原額共十六名其每居廣

額一次者不具載

學田 續舊志列賦役中

金家塔學田一分計水田五十畝陸田二十畝每年
完預支租錢三十六千文　佃民劉士榮
蓮花坪學田上一分計水田二十畝陸田二十畝每
年完預支租錢十八千文　佃民張洪才
蓮花坪學田中一分計水田三十五畝陸田三十畝
每年完預支租錢三十千文　佃民陳洪照

蓮花畔學田下一分計水田十五畝陸田十畝每年
完預支租錢十二千文　佃民胡榮祥
右學田四分在大蓮總舊志作二分茲因佃民係四戶列爲四分
黃泥畈學田一分計水陸田十八畝八分每年完預
支租錢七千五百二十文　佃民游正剛
黃泥畈學田一分計水陸田十三畝八分每年完預
支租錢五千五百二十文　佃民游正華
黃泥畈學田一分計水陸田十一畝四分每年完預
支租錢四千五百六十文　佃民游正耀

右學田三分在謝柏總舊志作一分茲因佃民係三戶列爲三分
榴花總地名祖師殿舊志作河溶學田一分計田六畝三分每年
完預支租錢四千五百文　佃民李宏祥
四總東關外學田一分計田三畝每年完預支租錢三
千文　佃民徐德修
以上學田共九分　國初迄今佃民屢易歷年
既久滋生弊端同治四年經儒學牒縣諭飭正
紳清丈實數保舉佃民當堂稞種仍責令不時
稽查免致日久弊生其租銀改爲租錢限定九
月預支交正紳經管除納條餉正供外以作歲
科兩試儒學廩保送考路費及年終支給貧生
之資其餘作爲副賓興與縣內正賓興同時支
發著爲定章另詳碑誌法已備也雖然有治法
尤貴有治人載其清靜守而勿失是所望於後
之君子
按本邑各項公田多不載佃民姓名爲其常有
更替也茲因學田酌定新章係依佃民九戶列
爲九分附載姓名以備將來清查至舊志所載
陸家塚田乾隆中已撥入賓興項下詳見後
附雲路店房二間租錢四千文見續舊志

書院

古之教民自國而鄉皆有學州序黨庠則耆老在焉所以上賢而崇德也後世置學官建文廟釋奠之禮特隆學校遂為官司矣則惟書院課士猶有古學校之遺意焉邑之書院前代不可深考

國初迄今屢有增置規模漸備文學亦蒸蒸日上矣因文見道其亦無負古之學者歟志書院

玉陽書院在南門內坐南向北門臨大街其制頭門

三間門內左右廂房各一間儀門三間門內左右齋房各三間講堂三間舊志上有樓曰文昌閣左右夾室各一間堂後為宅門門內左右書房各三間後堂三間上有書樓舊志堂後有園房九間今圮

按玉陽書院舊在玉陽山上即四賢堂詳見古祠明季燬康熙戊午縣令俞廷瑞募貲移建於南門內北向額曰迴峰其制則門樓一座講堂三楹曰麗澤上有文昌閣後堂曰主敬上有書樓規模粗具歷久漸圮乾隆十六年教諭方璲典史王廷相倡捐重修稍復舊觀二十四年縣令苗肇岱募貲重修始剏問田及義捐田共五百六十八畝以其租為束脩膏火之貲道光四年奉文撥還玉泉田一百畝道光十六年縣令王朝栟重修書樓三間至於租田道光咸豐間屢有增置咸豐十年縣令任道鎔改租銀為租錢酌定章程就中撥出義學脩金之貲同治四年縣令阮恩光籌貲千八百緡發典生息以為將來增置田產之資又以迴峰非古名改題門額仍為玉陽書院云

膏火公田

龍泉寺田二百五十畝清水總乾隆二十四年寺僧清億捐原租銀六十三兩零咸豐十年縣令任道鎔酌定章程每年預支租錢一百五十八貫八百二十一文

玉泉寺田一百七十一畝七分六釐玉泉總

按舊志乾隆二十四年寺僧起山捐田二百五十畝內有前任川湖總督蔡毓榮置田百畝以供玉泉香火者道光四年奉藩司檄撥還玉泉寺存田

一百五十畝及前縣令苗肇岱將公項贖回玉泉

絕產二十餘畝實存書院田一百七十一畝七分

六釐原租銀四十三兩二錢七分咸豐十年改折

預支租錢一百六十串一十文

烏鴉藤廟田二十八畝花粟總

原租銀十四兩咸豐十年改折預支租錢二十五

串二百文

三星寺田四十畝四釐以上見續舊志

原租穀十六石每年驗籽收租嘉慶六年佃民呈

請無論豐歉每年折租銀六兩四錢前縣令汪開

雲批准在案咸豐十年改折租錢十九串一百文

新增

石龍垸田十七畝黃石總道光二十五年監生張開耀捐充

原案載田三石四斗原租銀六兩八錢咸豐十年

改折預支租錢十七串

分水堰田二畝五分[illegible]總道光二十六年文童[illegible]文洪捐充

原租銀一兩咸豐十年改折預支租錢二串

瓦窯垸田一百二十五畝[illegible]總咸豐八年監生劉[illegible]五捐充

咸豐十年改定預支租錢四十七串六百文

朱家湖田四十一畝五分大蓮總咸豐十年監生慎世傑捐充

每年預支租錢三十二串

又同治四年縣令阮論闔邑士民捐錢一千八百串發典生息以爲增置膏火田租之貲

按書院束脩膏火章程隨時增益詳見碑記

舊志論曰書院之制創自宋聘名儒主講席所以

補學校之不逮岳麓嵩陽紫陽白鹿覺乎尚矣迨

有明諸賢講學東林其遺風雖宗楊氏而聲譽太

高不能無流弊焉今書院課士重舉子業然所讀

者四子五經之書所窮者濂洛關閩之學因文見

道追蹤前賢庶不負

聖朝作人之意也夫

考棚附

考棚在學宮東半里居城之中南向門臨大街背北門城道光二十九年縣令董文煜募貲創建其制照牆一座東西二柵頭門三間龍門三間點名棚一座大堂三間左門房三間右官廳三間宅門內穿堂一間二堂三間左花廳三間右書房四間小廚房二間東號舍前一進十四間後進十二間西號舍前一進十四間後進十四間照牆左店房一所共四進皆三間所收店租作考棚歲修貲圍牆周八十餘丈

按當邑舊無考棚縣試之日坐多士於公署風雨無所蔽諸生苦之道光之季年時方承平閭閻豐樂邑令董公募貲創建三年而後成董其事者於東南隅建一祠額曰董公書院奉木主其中將以報功也且董公多善政賓興其尤著者今以董公書院爲賓興公館每年五月中旬核算賓興及各項公費仍奉祀董公云

董公書院在龍門左即賓興公館大門三間堂三間堂後房三間廚房三間

卷價公田

咸豐二年職員羅崇光捐錢二千四百串發典生息以爲歲科縣試及甄別月課卷價之貲咸豐七年邑紳公請置田以垂久遠共置田二分又撥入充公田一分自此卷價公項遂有定數云

小蓮總姚家西畈田二十三石每年預支租錢壹百串咸豐七年邑紳公置

小蓮總姚家東畈田七石每年預支租錢三十串咸豐七年公置

漳鄉總石筒壋田十一石一斗每年租穀三十三石三斗歲歉驗收咸豐七年王相書等捐充公項首士稟請撥入卷價項下歲有豐歉穀價亦有低昂尚恐不敷卷價之用咸豐七年在文峰塔經費內撥錢二百串作本生息均交首士經管每年與賓興同日核算俟有餘之日增置田產

以上租錢租穀交殷實公正首士經管每遇縣試給禮房錢三百串零二串四百文以爲縣試及書院甄別月課卷價之貲三年之間兩次給發均有章程碑記豎考棚內

賓興公田

當塔總陸家冢田三分每年租銀十六兩七錢

按此本學田乾隆三十八年縣令王楲詳府立案撥入賓興項下

乾溪總田一分每年租錢十緡以上租銀租錢著爲定數

按此本荒地在遠安交界處道光十六年縣令王朝栁與遠安會勘墾而分之此其歸本邑者

黄石總煙墩包田一分每年取租穀二十八石咸豐四年邑紳公置此一分歲歉則驗籽收租

鴻橋總井溝河田四石五斗每石五畝每年取預支租錢十八緡咸豐五年公置

鴻橋總琵琶洲田二石每年取預支租錢八緡咸豐七年公置

小蓮總姚家東畈田一分每年取預支租錢三十緡咸豐八年公置以上三分取租較輕無分豐歉永爲定數

以上租穀租錢均交殷實公正紳耆經管生息每年五月十七日齊集賓興館核算登簿除朝考鄉會兩試照章給發外餘項仍存生息以爲增置田產之費

按周禮鄉大夫以鄉三物教萬民而賓興之謂以賓禮興舉其賢者能者也後世襲此嘉名以佽助寒畯猶得古人之遺意當邑僻處山陬素乏賓興之費每遇春秋兩闈士多裹足邇年來竭力醵貲置爲公田雖未必多士歡顔於寒素不無小補焉顧名思義其亦無負古之賢能與

當陽縣志卷五終

當陽縣志卷六

武備志

兵防

天生五材誰能去兵百年不用可也不可一日而無備邑介荆襄郢宜之交爲用武之國分防兵額足以資彈壓供急遞耳卒有烽火之警則此地首罹賊禍而後援之以兵蹂躪之餘繼以轉運民不堪命往事其前鑒矣思患預防則守禦之不可不亟講也志兵防

遠安營分防當陽各汛塘共一十五座馬步兵共一百三十六名

駐劄當陽城汛

領哨千總一員

協防右司外委一員

駐防馬兵八名戰兵六名守兵三十六名

駐劄清溪河汛

協防左司外委一員駐防守兵八名

駐劄河溶汛

前司把總一員

駐防馬兵三名戰兵四名守兵十九名

分防各塘兵

慈化寺塘守兵四名

官壋塘戰兵一名守兵四名以上東南路

易家坪塘守兵五名南路

普通寺塘守兵五名西南路

蓮花坪塘戰兵一名守兵四名

玉泉寺塘守兵四名以上西路

七孔岩塘守兵三名

峽口塘守兵四名以上西北路

張王廟塘戰兵一名守兵三名北路

清水舖塘守兵四名

鴻橋塘守兵四名

漳河口塘戰兵一名守兵四名以上東北路　按北路舊有塞口山塘乾隆中縣介衛周以巡檢司移防河溶而漳河口密邇深山易於藏奸移塞口山塘於此

急遞舖　原設馬三十二匹雍正十年裁減八匹乾隆三十三年奉文全裁

總舖在城

東南通荆州曰金沙鋪按舊有合溶鋪後裁
西通宜昌三鋪曰黄沙曰玉泉曰蓮花
西北通遠安三鋪曰梯子曰峽口曰馬家
東北通荆門三鋪曰清水曰桑林曰鴻橋

按邑之兵制宋時隸荆門軍明成化初鄖賊劉千斤之亂都御史白圭奏撥遠安千戸所官兵一百名輪戍當陽萬歷時都御史孫應鰲奏請撤回明季流寇之亂生民荼毒當邑尤甚無防禦故也我
朝定鼎初西山餘孽時出爲患順治十年始撥安協中軍一員來邑駐防康熙五年改撥荆門營守備六年改設把總十年仍以守備駐防十八年復改把總二十年始撥遠安營千總一員把總一員協防外委二員分汛駐劄共馬步官兵一百三十六名至今因之

民壯　附

邑之民壯原編一百名除扣解辰州軍餉十一名扣解安陸府貼役十名又奉文裁減十九名所存聽役尚六十名後復奉文裁減實存民壯十八名詳賦役志

舊志論曰民壯古之鄉兵也募民間之壯者爲之而領之以主簿其器械皆自備無事則擇其尤者守城池護庫獄有警則策以應敵此民壯之舊制也屢奉裁減所存惟供縣役非復昔之民壯矣附載於此以備參考

保甲　附

當邑城鄉四十八總總設鄉約一人或二三人保正二三四人不等每十家爲一牌十牌爲一甲有甲長牌頭輪流充當其鄉約保正令紳耆公舉驗充三年更替凡例禁之事責令稽查首報至於衛所軍戸或另設軍保或歸民保清編各總稍有不同

按周禮大司徒施教灋於邦國都鄙使之各以教其所治民令五家爲比使之相保五比爲閭使之相受四閭爲族使之相葬五族爲黨使之相救此後世保甲所自始宋王安石祖其意籍鄉村之民二丁取一十家爲保保丁皆授以弓弩教之戰陣其要在於訓練齊民使皆可用以減募兵紓民力

頗得府兵之遺意有司奉行不善未收實效明王守仁撫贛時檄各屬嚴行十家牌法令居城郭者十家爲甲在鄉村者村自爲保各自糾舉分別懲治奸宄無由藏匿所至削平諸賊及蔡懋德備兵嘉湖倣之爲簡便保甲法亦有成效至我

聖祖仁皇帝諭訓諄諄於保甲尤爲急務至乾隆十七年

本省臬司明德議刊條規嚴行清編二十二年又總督莊有恭咨清徹底復查其要在責成道府督率所屬無分城市鄉村水陸居民及雜色人等俱

造入煙冊每十戶爲一牌有牌頭十牌爲一甲有甲長而率之以保正其牌頭照舊輪流承應保正甲長令紳耆公舉點充三年更替凡例禁之事責令稽查首報條規最爲明備至今因之

寨堡

當邑西北岡陵東南川澤人煙散處無大村落歷代流寇之亂居民或因山爲險或阻水爲固適足以禦小醜耳至

國朝嘉慶初教匪滋擾奉

旨山地則扼險結寨平地則浚濠築堡務期聯絡聲勢與官軍相犄角此寓兵於農之至意亦堅壁清野之良法也承平日久其遺址猶有存者著之於篇以示安不忘危云爾志寨堡

百寶砦在治西北五十里四壁峭削下瞰沮水山下爲通遠安大道

觀音砦在治西北五十里形如頓鼓四面壁立石工於山腰鑿路架木爲梁乃得上明季邑人史孔修重修上有觀音廟故名彝陵葉太史鐵芽撰有碑記咸豐初年重修爲西北砦垣之冠

擊鼓砦在治西北五十里峭壁摩空後臨沮水嘉慶初教匪之亂居民憑險其上數年始歸咸豐二年重修以上三砦　鞏河總

揚旗岩砦在治西北四十里華河三洲黃連交界處山形如獅高五六里躡其巔東望荆門塔山西望彝陵巫峽諸峙在目青溪玉泉列其南沮水繞其北形勢最爲險峻上有廟曰祖師殿歷代流寇入境三總之民扼險於此得安堵焉

朝陽砦在治北六十里山勢陡峻上可容數百家咸豐二年重修

汪家砦在治北六十五里咸豐二年重修

紀公砦在治北七十里距汪家砦十里有警則互相聲援頗得守望相助之意咸豐二年重修

趙家尖砦在治北七十里上可容數百家咸豐二年重修 以上四砦三洲總

胡家大砦在治北七十里咸豐二年重修 黃連總

雲室砦在治北八十里山勢聳特上有祖師廟咸豐二年重修

武安砦在治北八十里本武安山峭壁凌雲形如浮圖登其上可眺江流歷代恃以禦寇咸豐三年重修

馬甲砦在治北九十里四面壁立高入雲霄上可容數千人石垣重門最爲險固咸豐二年重修

五雲砦距馬甲砦七里山小而銳壁立千尋咸豐二年重修 以上四砦呼兒總

大砦在治東北七十里

馬頭砦在治東北八十里

馬安砦在治東北九十里

白馬砦在治東北一百里插桅溝之西明季流寇之亂有教諭職王任乘白馬上砦任斃於賊馬奔入砦賊追至見砦垣有赤人持大刀往來巡視賊大驚遁去砦中人俘賊問其故共以爲神

魏家岩砦在治東北一百里

五峰砦在治東北一百里四面壁立下瞰漳水插桅溝環其北小漳河繞其南頂有五峰上可容萬人爲漳水上第一險峻咸豐中修

栗林砦在治東北一百里咸豐二年修

葛家砦在治東北一百里

寶石砦在治東北一百二十里以上九砦漳河總

祥雲砦在治東五十五里香爐總
方山砦在治東四十里清溪之南
牟家砦在治東北四十里
向家砦在治東北五十里
井溝河砦在治東北五十里
歐馬砦在治東北五十五里
長岡嶺砦在治東北五十里
周家灣砦在治東北六十里
茶葉觀砦在治東北五十里

羅子岩砦在治東北五十里以上八砦鴻橋總
尚家岩砦在治東北五十里
將軍砦在治東北五十五里
樓子岩砦在治東北五十里
鴉子山砦在治東北四十五里
扎營砦在治東北五十里
五岳砦在治東北五十五里
回紫砦在治東北七十五里
萬丈岩砦在治東北八十里
尖山砦在治東北八十里以上九砦海堰總
漳河口土堡今圮
合溶土堡今圮

兵事

邑在荆峽之交爲用武之地歷代烽火頻警生民塗炭事紀載之詳矣其前代戰守之事及

國朝翦除餘孽平定小醜凡在邑境有關於軍政者備載於此亦可見用兵之方略焉志兵事

宋末襄樊陷荆州守臣張夢發陳危急三策其二曰城荆門軍當陽界玉泉山 增

明崇禎七年春正月流冦陷縣城署縣事之府照磨何失名代理典史之經歷沈失名漳河口巡檢司徐萬化死之居民死傷甚衆會鎮筸副將楊正芳率步卒五百人兼程進勦賊衆宵遁邑人建楊公祠以祀之詳見古祠 舊志

十一年賊伏西山時出焚掠巡撫方孔炤駐縣堵勦楊羅二將追賊至黄蓮坪食盡道窮戰死 舊志

按楊羅二將舊志闕名今查東湖縣志軍政內載崇禎十一年督師楊嗣昌駐彝陵明年賊犯境檄副總兵楊世恩荆門州守羅安邦赴援云云或即此二人附載以備參考

十三年巡撫宋一鶴監軍道孔貞會督理京營太監劉元斌總兵孫一元以兵駐縣進勦賊隊逼近邑境時爲官兵所獲九月招降賊目白貴駐劄乾溪一帶以資捍衛 舊志

十四年春二月張獻忠自蜀中東竄時督師楊嗣昌困獻賊於梓潼賊宵遁督師偵得之度其間道於某日可抵當陽傳檄下縣預爲之備屆期果至賴都司楊治及降將白貴等力守縣城賊不能下

國朝順治三年丙戌春大軍由縣入山追賊至遠安還七月招降賊目廖得勝鎮縣復叛安陸副將賈三省以兵過縣追之

四年丁亥闖賊餘孽一隻虎入冦至合溶鎮旋退又土暴周國西與叛民周宗習據百寶砦將作亂知縣孫茂槐單騎上聞檄安陸協鎮唐同荆將呂破砦斬之餘黨平

順治五年戊子春西山土暴復亂知縣扈坤遇害守道石巡道李副將萬率兵至縣聞賊酋伏誅引兵還七月虎賊陷宜城往還皆經當陽境內苦之

順治六年己丑虎賊出遠安逼近當邑荆鎮總兵鄭
四維會兵堵勦大破之乘勝窮追其部將呂騰蛟
戰死
順治十年癸巳虎賊餘孽李來亨突出當陽刼掠清
溪一帶荆將汪吉追戰死之自是荆鎮發兵輪戍
遠安邑借爲藩 以上俱舊志
順治十四年春荆鎮遊擊黄名世以兵屯向家坂（在治西北犖河總）賊夜襲其營守備劉某戰死（見荆州府志）

康熙元年壬寅李來亨等盤踞竹房興巴一帶憑險
不下至此三省會勦秦軍上庸蜀軍巫山楚軍當
陽轉輸絡繹兵夫不下數十萬二年七月我師退
保當陽冬益以
禁旅復由當陽進三年秋大破之掃穴無遺類是時
地小事繁夫馬征徭本邑爲最 舊志
嘉慶元年教匪陳得本劉秀石等嘯聚千餘人由東
湖竄入邑境二月城陷典史馬棟死之知縣黄仁
尋遇害城内士民抗節捐軀者甚衆時賊勢方張
將復南竄及聞遠安賊首趙之國至乾溪爲鄉團
所滅自荆門來者亦被鄉勇遏擊外援遂絶乃踞
城不敢出總督畢沅侍衛將軍舒亮以大軍至四
面攻擊城中食盡七月破城滅之事聞所有出力
之官紳兵勇及陣亡殉難者 賞卹有差詳人物
志
二年賊首姚之富齊王氏王廷詔由歸巴興山東竄
將軍明亮參贊德楞泰以大軍追勦水陸並下約
夾擊於當陽賊分二隊後隊王廷詔將趨當陽巡
撫汪新分兵守當陽東湖以防荆州

三年春賊首張漢潮劉成棟等衆數萬竄入楚境邑
民戶出一丁同戍遠安之西風埡三月賊衆大至
奪險而出卡勇死者甚衆賊突黄連寺而東掠清
溪河而南至楊家港冒官兵旗幟晨趨河溶巡檢
夏永謙死之居民及鄉勇死者無算賊四出焚掠
南至柘林灘折竄而東五月五日賊踞觀音寺連
柵數十里威勇侯額勒登保由襄陽水陸並下邀
擊於南漳斬獲大半餘賊北竄是時縣城戒嚴賊
聞有備不敢近

四年賊首徐天德由南漳竄當陽將向荊州將軍明亮總兵孫清元迎擊於天柱山（在治東五十里）斬獲大半時漳河夏漲賊不能西渡乃沿漳北竄官兵追至觀音寺遇伏賊於楊公橋旋追剿入南漳山中

五年春教匪竄入楚境當邑及宜都鄉勇同守東湖之宋家堰邑紳樊安邦領其衆賊初不敢近會天大霧賊冒霧度險出其後卡衆失利紳勇死傷殆盡總兵孫清元以大軍至賊遁八月賊復由故道出邑合汪雲銘率鄉勇防堵甚嚴賊循西山經遠安而北自此境內無賊蹤民獲安堵云

咸豐四年夏廣匪上竄昭逼鎮王國才迎擊於江陵之龍陂橋大破之餘賊千餘人竄至合溶繞縣城而西黃石總保正黃義盛以鄉勇邀擊之尋遇害會鄉勇雲集賊始遁

當邑僻在山陬西望巫峽北界鄖陽萬山險峻綿亘二千餘里介乎川陝之交爲自古盜賊出沒之路恃險負固時出爲患蕞爾一邑適當其衝往往受禍最先而又無險可守及大軍進剿取道於茲挽粟飛芻疲於奔命明季之亂村落幾墟

國家休養生息二百餘年矣而流離未盡復生齒未盡蕃也贅語云瘠土之民莫不向義勞也當邑地瘠民勞則風俗之醕樸也宜哉

當陽縣志卷六終

當陽縣志 第 冊

當陽縣志卷七

祀典志上

文廟

夫崇德報功載在祀典而功高天下德被後世則生民以來未有如孔子之盛者也歷代加封號崇時祭體制亦云備矣我

朝追王五代詔天下郡縣學皆以太牢祀孔子而從祀諸賢亦隨時釐定焉其所以闡揚聖道者視前代爲加隆則一邑之廟祀自當以學宮爲最重謹錄其制度禮樂彙爲一帙冠諸祀典以示尊崇焉志文廟

大成殿正位

至聖先師孔子神位

祭品

篚一帛 爵三 登一 鉶二

簠二 簋二 籩十 豆十

俎三牛一羊一豕一

東配

復聖顏子

述聖子思子

西配

宗聖曾子

亞聖孟子

祭品東西各一具

篚一帛 爵三 鉶二 簠二

簋一 籩八 豆八 俎一羊一豕一

東哲

先賢閔子損 先賢冉子雍

先賢端木子賜 先賢仲子由

先賢卜子商 先賢有子若

西哲

先賢冉子耕 先賢宰子予

先賢冉子求 先賢言子偃

先賢顓孫子師 先賢朱子熹

祭品東西各一具

篚一帛 爵三 鉶一 簠一

簋一　籩四　豆四　俎二羊一豕一

東廡先賢

公孫僑　林放　原憲

南宮适　商瞿　漆雕開

司馬耕　梁鱣　冉孺

伯虔　冉季　漆雕徒父

漆雕哆　公西赤　任不齊

公良孺　公肩定　鄡單

罕父黑　榮旂　左人郢

鄭國　原亢　廉潔

叔仲會　公西輿如　邽巽

陳亢　琴張　步叔乘

秦非　顏噲　顏何

縣亶　牧皮　樂正克

萬章　周敦頤　程顥

邵雍

西廡先賢

蘧瑗　澹臺滅明　宓不齊

公冶長　公皙哀　高柴

樊須　商澤　巫馬施

顏辛　曹卹　公孫龍

秦商　顏高　壤駟赤

石作蜀　公夏首　后處

奚容蒧　顏祖　句井疆

秦祖　縣成　公祖句茲

燕伋　樂欬　狄黑

孔忠　公西蒧　顏之僕

施之常　申棖　左邱明

秦冉　公明儀　公都子

公孫丑　張載　程頤

按以上從祀諸賢宋以前皆稱封爵明嘉靖九年改稱先賢某子至宋儒周張程邵五子嘉靖時稱先儒崇禎十五年改稱先賢位在七十子之下漢唐諸儒之上

國朝俱稱先賢不稱子

東廡先儒

公羊高　伏勝　毛亨
孔安國　后蒼　鄭康成
范甯　陸贄　范仲淹
歐陽修　司馬光　謝良佐
羅從彥　李綱　張栻
陸九淵　陳淳　真德秀
何基　文天祥　趙復
金履祥　陳澔　方孝孺
薛瑄　胡居仁　羅欽順

呂枏　劉宗周　孫奇逢
陸隴其
西廡先儒
穀梁赤　高堂生　董仲舒
毛萇　杜子春　諸葛亮
王通　韓愈　胡瑗
韓琦　楊時　尹焞
胡安國　李侗　呂祖謙
黃幹　蔡沈　魏了翁

王柏　陸秀夫　許衡
吳澄　許謙　曹端
陳獻章　蔡清　王守仁
呂坤　黃道周　湯斌
以上兩廡先賢先儒位次謹遵同治二年禮部
奏請
頒發文廟祀位圖登載
兩廡祭品東西各一具
篚一　帛　爵三　簠一　簋一

籩四　豆四　俎一
禮節
每歲春秋二仲月上丁日致祭先期五日恭録
正殿及
崇聖祠祭祀榜前期三日正獻官公服立明倫堂閣
榜用印畢鼓吹發榜凡列名者俱公服從事
前期三日分職事設戒牌誓牌於明倫堂南向正
獻官率各官公服詣堂前行一跪三叩首禮戒誓
生捧戒牌西向讀曰欽遵

令典於　月　日丁　行釋奠禮官生執事人等自
今日始沐浴更衣各宿別室不飲酒不茹葷不弔
喪不問疾不聽音樂不理刑名致齊二日同宿齊
所精白乃心各加敬謹戒之哉又讀誓牌曰
國有常憲明神鑒焉讀畢懸戒牌於致齊所設誓牌
於戟門外凡與祭官生各給齊牌一
前期二日執事恭陳祝版於明倫堂案上恭書祝
文正獻官公服北向恭閱訖用黃綾覆蓋安明倫
堂正中祭前一日鼓吹引導恭捧祝版安於

當陽縣志　卷七　祀典　文廟　七

正殿祝案正獻官詣
神位前上香行一跪三叩首禮其安
崇聖祠祝版禮亦如之
前期一日洗滌祭品陳列於明倫堂正獻官省視
粢盛務期豐潔申時設省牲所設香案贊行省牲
禮執事者各司其事正獻官就位詣香案前三上
香執事者牽牲過香案前省畢贊一揖禮成瘞毛
血生於割牲時以碟取毛血捧詣
正殿正獻官奉安

神位前贊行一跪三叩首禮其於
崇聖祠及配享從祀之位奉安毛血禮亦如之
祭之日四鼓正獻官分獻官陪祭官朝服率與祭
生出齊宿所由德配天地坊及櫺星門左右入較
武西再由大成門左右入陰陽官報聲鼓唱鼓初嚴
鼓以百桴為節初徐後疾鼓再嚴各官起立整冠帶執事生依次序立於露臺下鼓三
嚴各官照貫入樂舞生序立　執事者各司其事　盥
洗　正獻官就位　分獻官就位　陪祭官就位
啟戶　瘞毛血瘞毛血生詣神位前一叩興捧毛血出瘞於坎其配位哲位

當陽縣志　卷七　祀典　文廟　八

及兩廡禮亦如之　唱　迎
神典唱　舉迎神樂　奏昭平之章唱　行上香禮引正獻官
升東階入殿左門　贊　詣
先師香案前　跪　叩首司香跪奉香　上柱香　三上瓣香
叩首　興　以次引詣
四配位前上香儀同　復位引出殿右門自西階降　唱　分獻官
行上香禮引分獻官一升東階入左門一升西階入右門在正獻官詣配位上香時
贊　詣
東西哲位前上香儀同　詣

先賢儒位前上香同儀 復位唱行三跪九叩首禮 興
行初獻禮典唱舉初獻樂 奏宣平之章 舞羽
籥之舞贊行初獻禮升東階引正獻官詣醴尊所 司尊
者酌醴 司帛者奉帛 司爵者奉爵入殿左門詣
先師位前 跪 叩首 獻帛 獻爵 叩首 興
詣讀祝位讀祝生詣案前三叩奉祝版詣讀祝位左跪唱皆跪典唱樂
止 舞止贊讀祝典唱樂起 舞起贊三叩首
興 以次酌醴奉帛爵詣
四配位前奠獻同儀 復位唱行分獻禮在正獻官詣配位時

贊酌醴奉帛爵詣
東西哲位前奠獻同儀 酌醴奉帛爵詣兩廡
先賢儒位前奠獻同儀 復位唱行亞獻禮典唱舉亞獻
樂 奏秩平之章 舞羽籥之舞如初獻儀亞獻無帛餘 復
位唱行終獻禮典唱舉終獻樂 奏敘平之章
舞羽籥之舞如亞獻儀復位典唱羽籥之舞退唱行飲
福受胙禮贊詣福胙位 跪 飲福酒 受福胙
三叩首 興 復位唱謝福胙 三跪九叩首
興 徹饌典唱舉徹饌樂 奏懿平之章唱送
神典唱舉送神樂 奏德平之章唱三跪九叩首
興典唱樂止唱司祝者奉祝 司帛者奉帛 司
香者奉香 司饌者奉饌 恭送燎所 詣望燎
位 焚祝帛香饌 眡燎 復位 闔戶 禮成

祝文

維某年月日某官某致祭於
至聖先師孔子曰維
先師德隆千聖道冠百王揭日月以常行自生民所未
有屬文教昌明之會正禮和樂節之時辟雍鐘鼓

咸恪薦於馨香泮水膠庠益致嚴於籩豆茲當仲
春秋祇率彝章肅展微忱聿修祀典以
復聖顏子
宗聖曾子
述聖子思子
亞聖孟子配尚
饗

樂章

昭平 迎神

大哉孔子　先覺先知　與天地參　萬世之師
祥徵麟紱　韻答金絲　日月既揭　乾坤清夷
宣平　初獻有舞
予懷明德　玉振金聲　生民未有　展也大成
俎豆千古　春秋上丁　清酒既載　其香始升
秩平　亞獻有舞
式禮莫愆　升堂再獻　響協鼗鏞　誠孚罍甗
肅肅雍雍　譽髦斯彥　禮陶樂淑　相觀而善
敘平　終獻有舞

自古在昔　先民有作　皮弁祭菜　於論思樂
惟天牖民　惟聖時若　彝倫攸敘　至今木鐸
懿平　徹饌
先師有言　祭則受福　四海黌宮　疇敢不肅
禮成告徹　毋疏毋瀆　樂所自生　中原有菽
德平　送神
鳧繹峩峩　洙泗洋洋　景行行止　流澤無疆
聿昭祀事　祀事孔明　化我蒸民　育我膠庠
右旋宮之樂六章乾隆八年

頒下闕里
直省府州縣通行之

樂器
麾旛二　晉鼓一　鏞鐘一　楹鼓一
足鼓一　搏拊鼓二　鞉鼓二　鎛鐘
編鐘十六枚　特磬一　編磬十六枚　歌鐘歌磬各十二枚
琴六　瑟四　鳳簫二　洞簫六制始於漢
龍笛　匏笙六　壎二　篪四
柷一　敔一　手版六一名木笏樂舞生之用未詳所自

舞譜名曰文德之舞

第一成
予正立羽籥植　懷身向內面轉向外足向後籥指內羽植如十字
明正立兩手微拱羽籥如十字　德正立籥植近肩羽平衡如十字
玉向西首微側右足進前籥平指西羽斜舉　振身俯向東面轉向西兩手伸出羽籥斜交
金正面身微蹲籥斜舉羽植　聲向內身俯兩足前羽籥植地
生外向兩足並籥植羽尚指內少垂　民內向羽植籥斜指
木正立面向外兩手相並堆內向羽籥植　有正立籥平舉過肩羽植
展內向內足並籥內指羽植　也外向面仰兩手推出羽籥斜舉

大 身微向外兩手推向外羽籥並植
成 正面身微蹲羽籥如十字
組 向內身俯內足進前籥斜指下羽植
豆 外向籥下垂右手伸出羽植
千 正立籥斜舉羽植
古 身微向外羽籥偏外如十字
春 正面身微蹲籥植過肩羽平額交如十字
秋 向內兩手伸出羽籥植
上 正立籥平衡羽植籥上
丁 正立籥植居中羽衡籥上
清 向內兩足並籥內指羽植如十字
酒 身俯向外外足進前趾向上羽籥斜交
既 正立籥平衡羽斜指東
載 正立身俯籥平衡羽居中植籥上
其 正立左手伸出籥斜舉羽植近左肩
香 正面左足虛立籥衡膝上羽植
始 正立俯首羽籥如十字
升 正立兩手高拱過額羽籥如十字

第二成

式 正面身微蹲兩手並羽籥植
禮 內向內足虛立籥斜倚膝羽植
莫 外向身微俯面微仰籥高舉斜指外羽植
愆 內向起內足兩手相並推向外羽籥植
升 正立羽籥如十字
堂 正面右足向後兩手高舉羽籥斜交
再 身微蹲面向東籥植近肩羽衡膝上
獻 身微蹲面向西羽植近肩籥衡膝上
響 正立羽籥向下斜交
協 正面向內外足進前內趾虛立羽籥並植
鼓 正面向外內足進前外趾虛立羽籥並植
鏞 正立籥植羽倒指東
誠 身俯向西面側向東籥平指羽植如十字
孚 正立首微俯羽籥植
罍 正面起左足籥高舉羽植
甗 正立籥植過肩羽平額交如十字
肅 內向首微俯兩足並羽籥如十字
肅 俯身偏外起外足羽籥如十字
雍 正立兩手伸出羽籥並植
雍 內向籥斜指內羽植籥上
譽 正立籥平舉右手微伸出羽植
髦 正立左手伸出籥平舉羽植近左肩
斯 正面起右足羽高舉籥植
彥 正立籥植居中羽衡籥下
禮 身微向東右足進前羽倚肩籥平指東
陶 正面身勢向東兩手高舉羽籥推向東並植
樂 身微向西左足進前籥倚肩羽平指西
淑 正面身勢向西兩手高舉羽籥推向西並植
相 正立羽籥斜交
觀 仰面向內兩足並羽籥如十字
而 正面身微向東籥下垂羽倚肩
善 身俯面微仰向內抱內膝羽籥斜交如十字

第三成

自 正立籥下垂羽植
古 向外身俯兩足並羽籥斜交
在 正面身微蹲兩手推向內羽籥植
昔 外向起外足羽籥植
先 正面右足交於左羽籥如十字
民 向西身俯左足進前籥下垂羽植地
有 向東身俯右足進前籥下垂羽植地
作 正立籥平衡羽植居右如十字
皮 正面左足向後籥斜舉過肩羽植
弁 正面屈右足左足伸出趾向上籥平羽植居中
祭 正面屈右足羽籥偏左如十字
菜 正立身俯羽籥植地
於 內向兩手相並羽籥斜指內
論 正面身勢向外兩手高舉羽籥斜交偏外
思 向內身俯起內足籥衡斜羽植
樂 正立籥下垂衡斜羽植籥上
惟 正面屈左足羽籥偏右如十字
天 正面屈左足右足伸出趾向上籥斜垂羽斜舉

牖正立羽籥向右斜倚肩　民正立羽籥向左斜倚肩
惟正立籥平衡羽高舉　聖仰面向內籥平指羽植如十字
時外向籥平指外羽植如十字　若正立身俯羽籥如十字
彝外向籥平指外羽植　倫正立羽籥偏內如十字
攸正立身俯籥斜植地羽植　敍正立兩手相交羽籥並植
至正面屈左足羽籥如十字　今正面屈雙足籥平衡羽植居右
木正面屈雙足羽籥植　鐸俯首至地羽籥如十字

舞器

羽　籥　節

崇聖祠正位五位皆南向

肇聖王木金父公正中
裕聖王祈父公東一室
詒聖王防叔公西一室
昌聖王伯夏公東二室
啟聖王叔梁公西二室

祭品五案同

篚一　爵三　鉶二　簠二
簋二　籩八　豆八　俎二羊一豕一

東配西向

孔氏孟皮　顏氏無繇　孔氏鯉

西配東向

曾氏點　孟孫氏激

祭品東西各一具

篚一　爵三　簠一　簋一
籩四　豆四　俎二羊一豕一

東廡

、周輔臣恪頤之父　程珦顥頤之父　蔡元定沈之父

西廡

張迪載之父　朱松熹之父

祭品東西各一具

篚一　爵三　簠一　簋一
籩四　豆四　俎二羊一豕一

禮節與正殿同惟不用樂

祝文

惟

王奕葉鍾祥光開聖緒盛德之後積久彌昌凡聲教

所亶數率循源而溯本宜肅明禋之典用申守
土之忱茲居仲春秋丰修祀事配以
先賢孔氏
先賢顔氏
先賢曾氏
先賢孔氏
先賢孟孫氏尚
饗

文廟歷代封祀及立學表

朝代	封謚 題額賜予附	祀典 配享從祀附	立學
周 魯哀公十七年		立廟於孔子舊宅	
漢 高帝十二年		過魯以太牢祀孔子	
武帝 年			命天下郡國皆立學
元朔五年			爲博士官置弟子五十人
元帝永光元年	詔孔霸以所食邑八百戸奉祀		
平帝元始元年	追謚孔子爲褒成宣尼公封孔均爲褒成侯世襲以奉祀		
三年			詔立學官郡國曰學侯國曰校
光武建武五年		幸闕里遣大司空祀孔子	
明帝永平二年		令學校皆祠孔子	
十五年		親祀孔子及七十二子於闕里	
章帝元和二年		親祀闕里作六代之樂	
和帝永和四年	改封孔子後孔損爲褒尊侯		
靈帝光和元年		畫孔子及七十二弟子像	立鴻都門學

魏文帝黄初二年	以孔羨爲宗聖侯	
齊王正始二年		以太牢祀於辟雍以顔子配
晉武帝泰始三年	改封宗聖侯孔震爲奉聖亭侯	詔太學及魯國四時以三牲祀
宋孝武帝孝建元年		詔孔子廟制同諸侯禮
齊武帝永明三年		詔釋奠先師設軒懸之樂六佾之舞牲牢器用悉依上公禮
北魏孝文延興三年	以孔乘爲崇聖大夫	
太和十六年	改謚孔子爲文宣尼父	
十九年	封孔珍爲崇聖侯	親祀闕里
陳臨海王光大二年	封孔英哲爲奉聖侯	
北齊	封三十一代孫爲恭聖侯	詔月朔行禮
北周靜帝大象二年	追封孔子爲鄒國公	
隋文帝	謚宣聖尼父	詔州縣學以春秋二仲月上丁釋奠　按此丁祭之始
唐高祖武德二年		立廟於國子監
七年	以周公爲先聖孔子爲先師配	親臨釋奠

太宗貞觀二年	尊孔子爲先聖罷周公專祀孔子顔子爲先師配	
四年		詔州縣學皆作孔子廟
十一年	尊孔子爲宣父	
二十年		詔州縣釋奠用上丁日以刺史縣令爲祭主祀以少牢無樂
二十一年		初以左邱明卜子夏公羊高穀梁赤伏勝高堂生毛萇孔安國戴聖劉向鄭衆賈逵杜子春馬融盧植鄭康成服虔何休王肅王弼杜預范甯二十二人從祀
高宗乾封元年	贈孔子太師免孔氏子孫賦役	親祀闕里
總章元年	贈顔子太子少師曾子太子少保並配享	太子釋奠
中宗嗣聖七年	封孔子爲隆道公	
睿宗太極元年	以闕里近祠三十戸供灑掃贈顔子太子太師曾子太子太保	

當陽縣志　卷之七　祀典八　文廟表　三十

元宗開元八年　塑顏子等十哲坐像曾子特坐於十哲之次圖畫七十弟子及何休等二十二賢於壁

十三年　親奠孔子宅遣使以太牢祀墓令天下州縣立學

二十七年追謚爲文宣王令貢士釋褐謁廟服衮冕贈十哲及曾子等六十七人公侯伯爵樂用宮懸舞用八佾

二十八年　詔春秋二仲月上丁釋奠以三公攝行事

代宗大歷元年　國學祠堂成始釋奠設宮懸

後唐明宗長興三年　初定七十二賢祠享各陳酒脯

後周太祖廣順二年　賜曲阜令孔仁玉緋魚袋　車駕幸闕里拜其墓曰夫子聖人也百王取則安得不拜

宋太祖建隆三年　親撰文宣王贊用一品禮立十六戟於廟門

太宗太平興國三年　以孔宜襲文宣公免孔子廟調

至道三年　賜太學御書六經

真宗大中祥符元年　加謚元聖文宣王追封聖父齊至闕里謁孔子廟遂拜其墓

當陽縣志　卷之七　祀典八　文廟表　三十一

二年　國公聖母顏氏魯國太夫人聖配亓官氏鄆國夫人　進顏子兗國公閔子以下皆公餘弟子皆侯左邱明以下皆伯　詔太常定州縣學禮器之數

五年　定謚至聖文宣王

仁宗景祐元年　賜飛白書殿榜金字篆牌　命藩府皆立學

八年　詔齊國公像易以九章之服

慶歷四年　詔太學特再拜以范仲淹請詔州縣興學校

神宗元豐六年　封孟子鄒國公

七年　孟子配享荀況揚雄韓愈從祀

徽宗崇甯元年　追封孔鯉泗水侯伋沂水侯

三年　詔名文宣王殿曰大成殿頒顏孟配享圖以王安石配享

大觀二年　以子思配享

四年　詔孔子像執鎮圭用王者制　增門戟二十四

政和三年　以王雱從祀

五年	以樂正克配享	
欽宗靖康元年	孟子廟 罷王安石配享猶列從祀	
高宗紹興年	孔氏挈族於衢 詔以孔玠襲封	
四年		令府州縣皆置學
七年	是年金人立孔子廟於上京	
八年	賜衍聖公孔玠衢州田 罷王雱從祀	
孝宗淳熙四年		
甯宗慶元元年	是年金人立孔子廟於闕里	

理宗淳祐元年	以周程張朱從祀黜王安石	
度宗咸淳三年	以顏曾思孟配享升顓孫於十哲以邵雍司馬光從祀	
元世祖中統二年時在宋理宗開慶中	詔有司歲時致祭月朔釋奠	
成宗大德十年	行釋奠禮牲用太牢	
十一年	加號曰大成至聖文宣王	
武宗至大二年	制春秋二丁釋奠用太牢	
仁宗皇慶二年		以許衡從祀
延祐三年	追封孟子父爲邾國公母仉氏爲邾國宣獻夫人	春秋釋奠仍用宋制以顏曾思孟配享
文宗至順元年	加封聖父爲啓聖王聖母爲啓聖王夫人顏子兗國復聖公曾子郕國宗聖公子思子沂國述聖公孟子鄒國亞聖公	以董仲舒從祀
三年	封聖配爲文宣王夫人	

順宗元統元年		
明洪武元年	蠲孔子後賦給灑掃役戶百	命江浙省範銅爲聖廟祭品
四年		詔天下儒學各建先賢祠春秋附祭制春秋二丁釋奠
五年		加增籩豆之數牲用熟樂六奏 罷孟子祀尋復
十四年	詔以後聖像毋用土繪	
十五年		詔天下通祀孔子頒釋奠禮節倫堂謂之臥碑
十七年		頒禁例勒石明勅每月朔望府縣官以下詣廟學賜學糧增師

		行香	王勝
二十六年		頒大成樂於天下文廟	
二十九年		進祀董仲舒罷揚雄祀	
永樂四年		服皮弁行一奠四拜禮	
宣德八年	詔賜孔諤進士授春坊中允	以吳澄從祀	
正統二年	優免先聖子孫徭役	以胡安國蔡沈真德秀從祀	
三年		禁祀孔子於釋老宮自兩廡升無繇子皙伯魚配享啓聖王	
成化十二年		增籩豆十二樂舞八佾	
十六年		詔所在過孔門者皆下馬	
宏治八年		以楊時從祀	
嘉靖九年	改尊孔子曰至聖先師顏子復聖曾子宗聖子思述聖孟子亞聖其餘弟子爲先賢左邱明以下爲先儒罷封爵去肖像用木主	定國學籩豆十天下籩豆八樂六佾四配籩豆六十哲籩豆四兩廡如之罷申黨公伯寮秦冉顏何荀況戴聖劉向賈逵馬融何休王肅王弼杜預吳澄	

當陽縣志　卷之七　祀典　文廟表　二十五

		從祀改林放蘧瑗鄭元鄭衆盧植服虔范甯各祀於其鄉增后蒼王通胡瑗歐陽修陸九淵從祀專祠祀啓聖公以顏無繇曾點孔鯉孟孫激配享又以周輔臣程珦蔡元定朱松從祀	
隆慶五年		以薛瑄從祀	
萬歷十二年		以陳獻章胡居仁王守仁從祀	
四十二年		以羅從彥李侗從祀	
崇禎十年		改左邱明及宋儒周邵程張朱六子皆稱先賢位七十子下	
國朝順治元年		定月朔釋菜禮月望行香儀及進士釋褐釋菜禮	
二年	尊爲大成至聖文宣先師孔子		
九年	詔四配十哲及東野周張程		頒御製臥碑於天

當陽縣志　卷之七　祀典　文廟表　二十六

朱之後各世襲五經博士

下府州縣學明倫堂左

十四年　定尊稱曰至聖先師孔子

康熙二十三年　勅懸御書萬世師表額於天下文廟　詣孔林謁先聖墓勒御製詩於石

二十九年　立文廟下馬碑

三十九年　詔以閔子端木子後世襲博士

四十一年　頒御製訓飭士子文於天下文廟

四十九年　詔直省同城武職一體行禮

五十年　定文廟樂章

五十一年　詔以言子後爲世襲博士　詔升朱子於十哲之次配享

五十四年　詔以范仲淹從祀

五十九年　詔以卜子後爲世襲博士

雍正二年　封先師五代爲王更啟聖祠爲崇聖祠以閔子損冉子雍冉子耕顓孫子師有子若之後爲世　改幸學爲詣學復林放蘧瑗秦冉顏何鄭康成范甯從祀又以縣亶牧皮樂正克公都子萬章

襲五經博士　公孫丑及諸葛亮尹焞魏了翁黃幹陳澔何基王柏趙復金履祥許謙陳澔羅欽順蔡清陸隴其從祀又以張迪從祀啓聖祠定天下廟建忠義孝弟節孝祠

三年　詔避聖諱除四書五經外凡遇此字加阝日卯音期　定天下丁祭用太牢

四年　勅懸御書生民未有額於天下文廟

乾隆二年　詔以韓愈後爲世襲博士　復以吳澄從祀

三年　勅懸御書與天地參額於天下文廟　升有子於哲位卜子之次

三十三年　定正殿曰大成殿門曰大成門

嘉慶四年　勅懸御書聖集大成額於天下文廟

道光二年　勅懸御書聖協時中　以劉宗周從祀

	頒於天下文廟		
三年		以陽斌從祀	
五年		以黃道周從祀	
六年		以陸贄呂坤從祀	
八年		以孫奇逢從祀	
二十三年		以文天祥從祀	
二十九年		以謝良佐從祀	
咸豐元年	敕懸御書德齊幬載	以李綱從祀	

二年		以韓琦從祀	
	頒於天下文廟		
三年		以公明儀從祀	
七年		以公孫僑從祀	
九年		以陸秀夫從祀 以孟皮配享崇聖祠	
同治二年	敕懸御書聖神天縱	以毛亨方孝孺呂柟從祀	
	頒於天下文廟		

名宦祠在大成門左

漢馮野王　晉杜預　唐田仁會

宋謝徽明又祀忠義祠內　元張彥文

國朝楊宗仁

鄉賢祠在大成門右

梁鄧元起　元衛應辰　張灝

明歐陽琦　梁國相

國朝梁焜　梁山金

祭品二祠同

帛一　爵三　籩四　豆四

俎二　羊一　豕一

禮節二祠同

每歲春秋丁祭前一日潔掃祠宇滌滌祭器執事

生繕祝版承祭官省視粢盛務期精潔

釋奠禮畢承祭官公服詣祠致祭唱就位　迎

神贊詣香案前　三上香　跪　獻帛　三獻爵

叩首　讀祝　叩首　興　復位唱跪　三叩首

興　送神　焚祝帛　望燎　復位　禮成

名宦祠祝文

維某年月日某官某致祭於

名宦之靈曰卓哉羣公懋修厥職澤沛生靈功垂
社稷今值仲春秋謹以牲帛醴齊用伸明薦尚　饗

鄉賢祠祝文

維某年月日某官某致祭於

鄉賢之靈曰於惟羣公孕秀茲邦懿德卓行奕世
流芳今值仲春秋謹以牲帛醴齊用伸明薦尚　饗

忠義孝弟祠在明倫堂右祠額止忠義二字

宋謝徽明　明徐萬化　副將楊羅公失名
明金大赤　熊穎捷　陶冶　陶鑄
國朝呂騰蛟　汪吉　馬棟
黃仁　蕭文燦

按嘉慶初士民殉難者尚多未邀祀典不具載
詳見人物志忠義列傳

祭期祭品禮節與名宦鄉賢祠同

忠義孝弟祠祝文

維某年月日某官某致祭於

忠義孝弟之靈曰惟靈稟賦貞純躬行篤實忠誠
奮發貫金石而不渝義問宣昭表鄉閭而共式祇
事懋彝倫之大性摯莪蒿克恭念天顯之親情殷
棣萼楷模咸推乎懿德
綸恩特闡其幽光祠宇維隆歲時式祀用陳尊俎來格
几筵尚　饗

節孝祠在東門內咸豐十一年知縣任道鎔建祠內
牌位名次甚多詳見列女志

祭期祭品禮節與忠義祠同

節孝祠祝文

維某年月日某官某致祭於

節孝之靈曰惟靈心爭皎潔德著柔嘉抱璞完貞
全閨中之亮節竭誠致敬彰闔內之芳型茹冰櫱
而彌堅清操自勵奉槃匜而匪懈篤孝傳徽幽光
特荷乎
綸綍令典永昭於祠宇祇循歲祀式薦尊醪尚　饗

胡文定公祠在治北十五里淸水總龍泉寺之右祠在墓前即文定書院故址道光十六年縣令王朝栱捐俸重修凡享堂三間廂房兩間門樓一間今漸圮每歲春秋與社稷壇同日致祭其祭品禮節與名宦鄉賢祠同餘詳陵墓

按胡文定在宋崇甯間爲蔡京所擠退居漳濱卒葬於此明成化初邑令黄恕奏請春秋祀

國朝祀典舊志未詳道光中縣令王朝栱既修祠宇訪諸地方耆舊相傳乾隆中有文定後裔胡蘭詳准

奉祀蘭卒無子祀絕因嘉慶元年教匪之難文卷全燬詳請藩司及原屬之安陸府查案飭遵奉批以曾遭水火文案不全等因是以無從詳請祀典其祠宇亦年久漸圮每歲在書院膏火項下撥錢五貫八百文以爲祭祀之費至今因之

當陽縣志卷七終

當陽縣志卷八

祀典志下

武廟

昔韓昌黎有言祀而徧天下者惟社稷與孔子爲然關聖爲漢名臣而廟祀徧天下與孔子等何其盛歟記曰法施於民則祀之以關聖之忠義固已氣塞天地光爭日月其足爲後世法也固宜

國家追崇之典視前代爲加隆當邑陵寢所在春

秋既專官致祭而城中廟祀仍歲時不廢焉雖曰神道設教要亦見功德在人之不可泯也志武廟

武廟在縣署東文廟之右舊本縣署地明天啟中改建凡爲殿三曰拜殿曰正殿正殿後曰三義殿故一名三義祠每朔望行香於此道光初後殿燬改作僧房時藉作賓館焉

關帝廟在治西五里即陵寢也墓前數武爲寢殿神像冕旒執圭範銅爲之故一名銅殿殿前有廊左

右各五間又前爲大殿重簷四垂規模悉備又前爲拜殿殿前左右畫廊各十二間又前爲戟門爲馬殿左右有門門前左右爲鐘鼓樓又前爲三元門陵之大門也門前爲漢室忠良石坊左右列華表高丈餘又前爲神道碑上書封號官爵而覆以亭亭在銅殿左者爲啟聖宮在大殿左者爲八角亭亭上勒有辭曹行像亭後爲春秋樓樓下則承祭官齋宿所也在啟聖宮前亭前爲齋房爲庖廚在拜殿左在大殿右者爲伯子祠祠後爲佛堂在拜殿右者爲

僧房廟左爲博士署重以外垣四面環繞袤三百餘步廣二百餘步規模壯麗今漸朽矣餘見陵墓

按陵之有廟始於明成化三年縣令黃恕請於朝立廟春秋祀凡曰殿者三曰門者二曰堂曰祭臺各一十五年鎮守太監韋貴來謁墓謂廟必有寢捐金建堂於廟後縣令姜英董其役英復節俸資高其門垣頗增舊制宏治十年縣令劉杺重修嘉靖十五年太保都督陸炳司禮太監黃錦共捐俸金令守備太監張方撤而新之增建石坊及鐘鼓樓繚以垣牆而守之以僧萬歷三十一年縣令馮仕修伯子祠於大殿之左崇禎十三年閣督楊嗣昌巡撫宋一鶴倡捐重修

國朝康熙十七年總督蔡毓榮倡捐重修三十四年督撫倡率通省醵金重修凡殿樓門垣皆鼎而新之董其事者荆州太守魏勳也見舊志及陵廟紀略乾隆二十一年縣令苗肇岱詳請通省佽助重修二十四年工竣四十八年布政司永慶檄令

黃德荆襄鄖宜施及安陸八府各州縣捐俸重建凡陵寢戟門馬殿春秋樓伯子祠及博士署皆煥然一新見續舊志嘉慶元年教匪之難殿宇多壞八年縣令王文然奉檄重修歷久漸朽道光元年因沮水西徙逼近門垣縣令張開雲詳准重修並於河岸修石磯以障之水怒輒圮六年水大漲河徙而東去陵門數百步人謂神靈呵護云三十年縣令董文煜集衆修葺益以考棚公費重修寢殿咸豐五年縣令馬晉圖重修焉

殿八年縣令黃鍾鳴重修伯子祠按自乾隆三十年來撥祭田租歲入五十餘金作歲修貲然工鉅而費少動用常不敷邇來殿宇漸朽率皆擇其已甚者亟加補葺工之細者不具載

歷代封號

按後漢景耀三年追謚壯繆侯宋大中祥符七年封忠義神武王崇甯元年封忠惠公大觀二年封武安王宣和五年封義勇武安王建炎二年封壯繆義勇王淳熙十四年封英濟王明洪

武元年復稱漢壽亭侯二十年建廟於順天正陽門內嘉靖中稱義勇武安王萬歷十八年加封帝號四十二年加封三界伏魔大帝神威遠震天尊關聖帝君

國朝順治九年夏禮部題准三界伏魔神威遠震天尊

勅封忠義神武關聖大帝康熙時

勅封協天伏魔大帝雍正五年奉

旨追封關帝三代公爵州縣皆建專祠春秋二仲及五月十三日皆祭以太牢地方官朔望行香如

文廟禮乾隆三十三年奉

勅加封忠義神武靈佑關聖大帝向以博士承祭春秋官祀縣令行禮四十六年總督舒常奏言當陽章鄉爲

關聖陵寢重地與他處僅有廟祠者不同請以宜昌總兵及該管之安陸知府輪往承祭以昭誠敬其章鄉一切夫馬採買軍需概予豁免

制曰可按自乾隆五十六年改屬荊門直隸州以後秋季則州牧承祭

道光七年奉

勅加封仁勇八年奉

勅加封威顯咸豐二十年奉

勅加封護國三年奉

勅加封保民四年奉

勅升入中祀加封三代爲王並奉

頒發祝文樂章

正殿春秋二季及五月十三日祭品

犢一 帛一 爵三 登一 鉶二

簠二 簋二 籩十 豆十

俎三牛一羊一豕一　五月十三有果品五盤

禮節

每歲春秋二仲諏吉致祭及五月十三日致祭先期三日至祭之日一切禮節與

文廟同惟無分獻

春秋二季祝文咸豐四年　頒發

維某年月日某官某致祭於

忠義神武靈佑仁勇威顯護國保民

關聖大帝神位前曰維

神星日英靈乾坤正氣允文允武紹聖學於千秋至大至剛顯神威於六合仰聲靈之赫濯崇典禮於馨香茲當仲穡用昭時享惟祈昭格克鑒精虔

五月十三日祝文

惟

神九宇承庥兩儀合撰嵩生嶽降溯誕聖之靈辰日午天中居恢台之令序聰明正直壹者也千秋徵肸蠁之隆盛德大業至矣哉六幕肅馨香之薦爰修懋典式展明禋苾芬時陳精誠鑒格尚　饗

樂章

格平之章迎神

懿鑠兮焜煌神威靈兮赫八方偉烈昭兮累祼祀事明兮永光達精誠兮黍稷馨香儼如在兮洋洋

翊平之章初獻有舞

英風颯兮神格思紛綺蓋兮龍旗斛桂醑兮盈卮香始升兮明粢惟降鑒兮在茲流景祚兮翊昌時

恢平之章亞獻有舞

觴再酌兮告虔舞干戚兮合宮懸歆苾芬兮潔蠲

扇巍顯翼兮神功宜

靖平之章終獻有舞

鬱鬯兮三申羅籩簋兮畢陳儀卒度兮肅明禋神降福兮宜民宜人

彝平之章徹饌

物惟備兮咸有明德惟馨兮神其受告徹兮禮終罔咎佑我邦家兮孔厚

康平之章送神

幢葆葳蕤兮神聿歸馭鳳軫兮驂虬騑降絪緼兮

餘穃穱顧囘靈盼兮德洽明威

康平之二章望燎

蕉蒿列兮燎有煇神光遥燭兮祥雲霏絫受福兮

茂典無違庶揚駿烈兮永奠瑞畿

後殿三代神位牗南咸豐四年奉

旨加封爲王

光昭王正中

裕昌王東一室

成忠王西一室

祭品

爵一　帛一　爵三　簠二　簋二

籩八　豆八　俎二　羊一　豕一

禮節與　崇聖祠同

祝文

惟

王世澤貽庥靈源積慶德能昌後篤生神武之英善

則歸親宜享尊崇之報列上公之封爵錫命優隆

合三世以肇禋典章明備恭諏吉日祗事薦馨尚

饗

祭田

共田六百八十畝乾隆十年奉文酌撥水陸田二

百四十畝給博士承種乾隆三十年前縣令衛

詳請撥田二百四十畝每年租銀五十五兩經典

史徵收除納正供外餘存縣庫作歲修報銷餘田

二百畝仍歸住持僧承種以供香火

文昌宮

史記天官書謂斗魁戴筐六星爲文昌宮將相祿命屬焉漢儒以爲卽周禮六宗之司中然則文昌爲天神其陰隲下民弼成文教乃其職也

國朝列入祀典及咸豐四年奉旨升入中祀與武廟等典至隆矣舊志列壇廟中茲表而出之附於文武廟後重明禋昭肸蠁庶有合於崇報之典歟志文昌宮

文昌宮在東南城上道光十五年知縣王朝栟募貲重建按舊志載文昌閣在東門城樓嘉慶中遷至今地甃石爲基高丈餘背城面北易名曰宮歷久漸圮道光中撤而新之加舊基高與城等南其向凡爲殿者二曰正殿曰拜殿又前爲門距雉堞數武甃磚爲坊高出堞上殿左右平地爲僧房殿後平地爲圜最後當街爲門卽昔之前門也地址共袤三十餘丈廣十餘丈

祭制

謹按嘉慶六年奉

旨文昌帝君仿照　關帝廟制列入祀典春二月初三日聖誕致祭秋季以奉文日致祭禮與　武廟同惟不用樂咸豐四年奉

旨升入中祀春秋二仲諏吉致祭及二月初三日致祭一切祭品禮節與　武廟同並

頒發祝文樂章

春秋二季祝文

惟

神道闡苞符性敦孝友並行並育德侔天地以同流

乃聖乃神教炳日星而大顯仰鑒觀之有赫示明德之維馨茲當仲[illegible]用昭時享惟祈歆格克鑒精虔

二月初三日祝文

惟

神功參彙籥撰合乾坤溯誕降之靈辰三台紀瑞度中和之令節九宇承暉若日月之有光明闡大文於孝友如天地無不覆載感至治於馨香爰舉上儀敬陳芳薦精禋罔斁

神鑒式臨尚　饗

樂章

不平之章迎神

秉氣兮靈躔翊文運兮赫中天蜿旌兮戾止雕俎兮告虔延神庥兮於萬斯年

俶平之章初獻

神之來兮籩篚式陳神之格兮几筵式覲極昭彰兮靈貺致蠲潔兮明禋升香兮伊始君歆兮佑我人民

煥平之章亞獻

再酌兮瑶觴爍爛兮庭燎之光申虔禱兮神座儼然降兮帝旁粢醴潔兮齊遨將綏景運兮靈長

煜平之章終獻

禮成三獻兮樂奏三終覃敷元化兮粲神功馨香達兮肸蠁逼歆明德兮昭寅衷

懿平之章徹饌

備物兮惟時告徹兮終禮儀神悅懌兮鑒在茲垂鴻佑兮參洽重熙

蔚平之一章送神

雲駢駕兮風旂招神之歸兮天路遥瞻翠葆兮企丹霄願迴靈眷兮福我朝

蔚平之二章望燎

絪緼降兮元氣和神光燭兮梓潼之阿化成耆定兮櫜弓戢戈文治光明兮受福則那

後殿

謹按嘉慶六年禮官議覆

文昌帝君三代姓名查無確據未便請加封號謹擬

增製牌位一分牌面用

文昌帝君先世神位字樣紅飾金書春秋致祭行二跪六叩首禮餘同前殿

祭品

帛一　爵三　鉶二　簠二

簋二　籩八　豆八　俎二羊一豕一

春秋二祭祝文嘉慶六年頒發

祭引先河之義禮崇反本之思矧夫世德彌光延賞斯及祥鍾累代烱列宿之精靈化被千秋爲人

文之主宰是尊後殿用答前庥茲值仲秋肅將時
祀用申告虔
神其格歆尙　饗
二月初三日祝文咸豐四年　須發
維
文昌帝君道備中和神超亭毒稟貽謀而允紹欽毓
聖之有基雲漢昭回際嶽降嵩生之會馨香感格
興水源木本之思式肇明禋用光彝典尙祈
神鑒享此清芬

壇廟

考之祭法凡有功烈於民者皆祀之所謂民成
而致力於神也
國家崇德報功視前代爲更備雖蕞爾一邑而山
川神祇及忠孝節烈之有關風化者莫不謹遵
令典歲時致祭於以祈豐禳災且化民而成俗也
其所裨豈淺鮮哉志壇廟

社稷壇在城外東南教場之右築土爲基三面有陛
各三級繚以周垣四方皆有門祭時由北門出入

按孝經援神契曰社者土地之主稷者百穀之長
鄭元謂古者官有大功則配食其神句龍有水土
功故祀社棄有播種功故祀稷唐宋以來分祀合
祀無定制木主石主無定形明洪武初始停配享
合社稷爲一壇用木主祭則設於壇上至今因之
每歲春秋二仲月上戊日出主於壇左社右稷

祭品
帛一黑　爵三　鉶一　簠二
簋二　籩四　豆四　俎二　羊二　豕一

禮節
祭之日承祭官朝衣行三獻禮三跪九叩首
祝文乾隆九年　頒發
維
神奠定九州粒食萬邦分五色以表封圻育三農而
蕃稼穡恭承守土肅展明禋時居仲春秋敬修祀典
庶芃芃松柏鞏磐石於無疆翼翼黍苗佐神倉於
不匱尚　饗
風雲雷雨山川壇在西門外長坂坡制與社稷壇同

按周禮大宗伯之職曰槱燎祀司中司命風師雨
師鄭衆注風師箕也雨師畢也漢以丙戌祀風師
於戌地己丑祀雨師於丑地宋人兆風師於西郊
祀以立春後之丑日兆雨師於北郊祀以立夏後
之申日雷師之祀起於唐天寶中宋元因之明洪
武初於風雨雷之外加以雲合爲一壇續舊志
每歲春秋二仲月上戊日合祭於壇風雨雷雲居
中帛四山川居左帛二城隍居右帛一俱白色其餘
祭品與社稷壇同

禮節與社稷壇同
祝文
維
神贊襄天澤福佑蒼黎佐靈化以流形生成永賴乘
氣機而鼓盪溫肅攸宜磅礴高深長保安貞之吉
憑依鞏固實資捍禦之功幸民俗之殷盈仰神明
之庇護恭修歲祀正值良辰敬潔豆籩祗陳牲幣
先農壇在東門外舊志載籍田四畝九分乾隆二十
四年知縣苗肇岱重修查丈除祠基壇址五分三

釐實籍田四畝七分一釐歲收粟五石至三石不
等僅供祭祀粢盛費料粟數及祭費每年造册報
銷祠壇基地橫七弓二尺五長十七弓周圍垣牆
上橫十九弓中橫二十三弓下橫七弓中長十七
弓東抵張界西抵教場並朱張界南抵朱張界北
抵教場續舊志
每春奉文以耕籍日致祭禮同山川社稷祭畢耕
籍行九推禮農夫終畝勸農有賚
祝文

維
神肇興稼穡粒我蒸民須思文之德克配彼天念率
育之功常陳時夏茲當東作咸服先疇洪惟九五
之尊歲舉三推之典恭膺守土敢忘勞民謹奉彝
章聿修祀事惟願五風十雨嘉祥恆沐於神庥庶
幾九穗雙岐上瑞頻書於大有

八蜡神位附立於先農壇內自雍正六年奉文始每
季冬上戊日致祭禮節視先農稍殺焉
按八蜡一日先嗇二日司嗇三日農四日郵表畷

五日貓虎六日坊七日水庸八日昆蟲張載以昆
蟲爲害不當祭易以百種謂百種者五穀之種也
明邱濬云夏爲嘉平殷爲清祀周爲大蜡秦謂之
臘漢因之按八蜡之昆蟲非祭昆蟲祭神之主昆
蟲者也易之誤也又蜡臘雖皆舉於十二月然考
之禮本屬二祀俱有明證漢儒合而一之亦誤也

常雩無壇即於風雲雷雨壇中設社稷先農山川之
神每歲孟夏以奉文日致祭禮與社稷壇同
祝文

恭膺詔命撫育羣黎仰體彤廷保赤之誠勤農勸
稼俯懷蔀屋資生之本力穡服田令甲爰頒肅舉
祈年之典惟寅將事用申守土之忱黍稷惟馨佝
冀明昭之愛賜來牟率育庶俾豐穰於蓋藏

邑厲壇在北門外乾隆二十五年重築定界勒石
按祭法王立七祀有泰厲諸侯五祀有公厲大夫
三祀有族厲又士喪禮疾病禱於厲鄭氏謂漢時
民家皆秋祠厲明洪武三年上以兵革之餘死無
後者其靈無所依命議舉其禮禮官奏春秋傳曰

鬼有所歸乃不爲厲古者七祀於前代帝王公卿
大夫之無後者皆致其祭豈無所爲而然哉後世
以爲渉於淫謟遂不舉行而無依之鬼乃附士民
爲禍福以邀享祀蓋無足怪今欲舉其祀宜於京
都王國各府州縣及里社皆祭之使災厲不作是
亦爲民除害之一端也上然之京師謂之泰厲王
國爲之國厲府州謂之郡厲縣謂之邑厲民間爲
鄉厲著爲定式至今因之 按今各州稱州厲壇
每歲清明日七月望日十月朔日致祭先期承祭

官告於城隍廟居期迎城隍之神出至壇所列邑
中無祀鬼神於側祭品羊三豕三飯米三香燭酒
楮皆具行二跪六叩首禮
祭文
時值陽和節居清明野原荒塚醮祭頻臨憐爾孤
魂斬祀無人具我酒饌潔我粢盛來飲來食無犯
無驚 清明日
律叶夷則風露淒其凡民有主祭祀以時惟爾孤
魂飄蕩無依我將我奠歆斯食斯共爲靈鬼衛我

郊圻 七月望日
月維孟冬北風其涼凜凜霜雪黯黯郊荒憐爾孤
魂依附無方我將我奠來飲來嘗逍遥境內永獲
厥祥 十月朔日
城隍廟在儒學東歲無常祀春秋二仲附享於山川
壇三月清明七月望日十月朔日主享於邑厲壇
凡水旱祈禱皆特設祭
按易曰城復於隍又曰地險山川邱陵後世專藉
城郭池隍以爲固然則城隍之祀其即山林川澤

之祀而推焉者也唐李縉雲城隍記謂祀典所無
惟吳越有之然成都城隍祠爲李德裕所建張説
有祭荊州城隍文杜牧有祭黃州城隍文則不獨
吳越爲然矣又蕪湖城隍建於吳赤烏二年南燕
慕容儁梁武陵王祀城隍神皆書於史又不獨唐
爲然宋以後其祀遍天下或賜廟額或頒封爵甚
或遷就附會各推一人以爲神之姓名如鎮江慶
元甯國太平華亭皆以爲紀信龍興贛袁吉安建
昌臨江南康皆以爲灌嬰是也長樂國經云漢御

史周苛守滎陽爲項羽所烹令郡邑皆附郭立廟
祀之城隍之祀疑或自此昉歟古皆有爵號明洪
武時改稱某府州縣城隍之神至王崇簡云蜡祭
水庸居七水則隍也庸則城也此正祭城隍之始
亦存以備參考云 舊志
呂祖殿在玉陽觀之右同治三年士民重修
按純陽呂祖歷代已有封號 國朝嘉慶十年江
南河督徐准禮部咨覆奉
旨列入祀典嗣經 內閣奏請加封奉

旨加獎元贊運四字於原號之上行文河督遵於淮郡
地方建祠崇祀至各省原有廟宇應令地方士民
自行供奉一體遵照每歲春秋二仲月諏吉致祭
祭品
果品五盤　饅首五盤　蒸糕五盤
餅四盤　高頂一盤
龍神祠在東門外草街頭　年重修
每歲奉文致祭

當陽縣志卷八終

當陽縣志卷九

祠宇志

古祠

邑之壇廟列祀典者詳矣至玉泉亦有顯烈祠河溶亦有文昌宮他如雙忠祠四賢堂楊公祠之類皆前代有功德於民至今祠宇未盡廢也附於壇廟則溷抑之寺觀則誣茲別爲一類列於祠宇之首雖曰民間尸祝然蜀祭諸葛潮祀昌黎人心所繫千百世不忘可也志古祠

雙忠祠在治東南七十里栢林灘上舊祀申包胥屈原二大夫今廢按遺址猶存俗名老廟坡

北關廟在北門外河街

顯烈祠在玉泉寺北內祀　關聖珠泉經其前嘉慶二十二年丁丑傅相阮文達公方制楚閱兵過此題額曰最先顯聖之地

漢忠義祠在西門外內祀張桓侯趙常山以都督趙累等三人配乾隆二十四年縣令黃肇岱倡建

張趙祠在治北五里官橋今廢

張桓侯廟在西門外咸豐二年居民重建

文昌閣在東門城樓道光三十年重建按乾隆二十八年邑人吳極捐地二分以廣基地

文昌宮在河溶又文峰塔亦有　文昌宮內附祀劉猛將軍

青雲閣在清溪內祀　文昌

四賢堂在玉陽山舊祀宋儒唐質肅胡文定朱漢上陸象山四先生亦名玉陽書院今廢

二趙祠在萬城祀宋趙方趙葵父子今廢

四公祠在玉陽觀旁邑人建舊祀明巡撫趙賢巡道王淀鄧林喬郡守趙㴆四公報修城之功也今廢

楊公祠一在北門內明崇禎間鎮草副總楊正芳有捍賊功邑人建祠祀之今爲白衣菴木主猶存一在河溶久圮前邑令王棫倡捐修復有碑記其事祠前借修塘洗云

節烈祠在署右今遷神牌於東門節孝祠內

會館附

禹王宮即湖南會館一在西門外長坂坡下湖南商民公建一在河溶下街同治初年長沙鄭敦祜倡捐鼎建

關帝宮即山陝會館一在東門內乾隆丁未西商建咸豐中重建一在清溪

萬壽宮即江西會館一在西門外乾隆壬寅年豫章商民公建一在河溶

天后宮即福建會館在河溶鎮

鄂城書院即武昌會館一在南門內道光十七年修一在河溶鎮道光八年建

按當邑民風醇樸務重農桑市井中懋遷服賈者大半自遠方來僑居既久各建祠宇以爲恭敬桑梓地聳翠流丹足令山川增色矣舊志止山陝江西兩館茲推而廣之附於古祠後亦見商賈輻輳爲民物滋豐之一助云

寺觀

祇園蘭若幾徧寰區論者怪以方外置之然名山大川林泉幽勝之處往往樓閣參差照耀雲霞詞客騷人於此騁游覽寄吟詠焉矧前代碑碣及鐘鼎遺文流傳於琳宮梵宇間閱千百年猶有存者雖蕞爾一邑其勝蹟爲不少也著之於篇以備稽考當亦藝林所不廢云志寺觀

玉泉寺在治西三十里即智者禪師道場隋開皇初勅建賜寺額詳玉泉志乾隆二十四年知縣苗肇

做倡捐修毗盧殿天王殿並寺前石橋餘詳山水東禪堂有講經臺般舟堂敕書樓西禪堂有十方堂藏經閣文殊樓傳燈樓

柴紫菴在玉泉寺左有堂曰淨名明萬歷時公安袁宏道建宏道與其弟中道嘗讀書於此

大通寺在玉泉寺東楞伽峰亦名七里松

度門寺在玉泉寺東即神秀道場有碑唐張說撰文盧藏用書

一音寺在玉泉寺東亦智者道場今廢俗呼爲音寺岩見山川志

大雲寺在治西南二十五里乃眞公蘭若即南菴

龍泉寺在治北十五里晉孝武時慧遠法師駐錫處

清溪寺在治東四十里晉遠公道場明永樂十三年重建

觀音寺在治東北九十里漳河口隋大業己酉年建爲邑中十五寺之一溪河自東北來繞寺後而右南入于漳漳河自西南來經寺前而東又折流而南兩水瀠洄四山環繞亦勝境也

觀音寺在河溶元至正間建

紫蓋寺在治南六十里唐貞元中天皇悟禪師建餘詳山水

慈化寺在治東南二十里唐黃龍禪師建左環溪水右帶沮河

富里寺在治東南五十里

報恩寺在治南一里山水縈環林木幽秀爲附郭諸刹之冠

三星寺在治東六十里傳爲唐一行禪師道場

郝母寺在治東四十里元延祐七年廣福禪師建

雲披寺在治東三十五里

洪山寺在治南三十里

聖水寺在治南四十里唐德宗時爲道明禪師建寺

前有石洞名聖母歲旱禱雨多應

紫荊寺在治南六十里明永樂十三年勝義禪師建

普通寺在治南七十里

湖音寺在城西北隄上層峰拱向林木清幽

圓通寺在治北五十里晉遠公道場內有晉武帝點

明宣德二年了能重建

普濟寺在治北六十里永樂間秀峰禪師結廬於此

五印菴在治北明天啟間孝廉栗聯芳建

天符廟在城外東南

泰山廟在治南二十里

水府廟一在草街一在北門鄭公隄

玉陽觀在玉陽山明崇禎間主簿王家棟重建

永興觀在治東唐元和中創建宋廢明天順初重建於東門外

燦霞觀在治東六十里圓臺山唐玉真公主建

紫金觀在治東北四十里方山上

卷九終

當陽縣志 第　冊

當陽縣志卷十

職官志

令佐

古者設官所以治民而親民之官莫如守令漢時所以重二千石也後世重內輕外吏道多雜宋以文臣出知州以朝臣强幹者爲知縣州縣之權始重循良卓異代有傳人矣邑本漢縣北周以降昝改爲州刺史多不載即令長亦有失傳者茲因舊志按年編次以丞尉附焉作令佐表

令佐表一 自漢至元作一表

朝代	令長 自漢至元縣丞以下俱無考
漢	馮野王 有傳
宋	劉虬 有傳
陳	周宏直
隋	皇甫昆
唐	田仁會 平州刺史 有傳
	盧壽童
貞元中	張憤
	鄭見利
	黃馴
宋	謝徽明 有傳
元	張彥文 有傳
	王元賓 有傳
	趙珪

以上十三員內惟田仁會係刺史張彥文官職未詳茲沿舊志列縣令中附此以備參考

令佐表二 自明初至成化末作一表

朝代	令	丞	巡檢	典史
明洪武	祁守道			
	魏忠 有傳			
	徐福			
	胡原宏			
永樂	蔡榮 海陽舉人			
	楊鏗 西安人			

宣德	蔡　浩海陽人			劉文光閬中人
正統	張　義浙江監生			朱子惠大庾人
	金　廸仙居監生			
景泰	盧　璡寶應人	王　著慶雲人		
	楊　福雲南監生	方　海仁和人		
天順	婁　義南水監生	廖　弼新喻人		張　銘永新人
	陸　玘盐城舉人	後增設巡檢此員裁		
成化	黄　恕歸德舉人		李自慶四川人	鄧　廣定遠人
	劉　誠安福人		涂善弼四川人	曹　信鄧州人
	姜　英有傳		萬建善	
	劉　松臨桂舉人　有惠政按劉松重修陽陵在宏治十年見前祀典志		王好耕山東人	
			李　恩山西人	
			王登魁	
			李如春九江人	
			閻三德北直人	

以上各員俱本舊志惟縣丞三名稍移在成化以前至巡檢六名未必盡在成化時茲無從考核但依舊志原文開列

令佐表三自明宏治至萬歷作一表

明	令	主簿	典史
宏治	徐　恆武康人監生	陳　貴內江人	周　識慈谿人
	胡伯安舉人	廖　昶蓬州人監生	李　泰墊江人
	胡振遠舉人		周宗泰
	阮　華新昌人居官廉介		陳　綱五河人
正德	武　儀宜賓人舉人	劉　存溜川人	劉　澄進遠人
	劉　珵武城人監生	馬　繡榮澤人監生	胡　信鄞縣人
	陳　章永川舉人有良吏稱	王復登宜賓人	李　實
	趙神甫舉人		高　鳳內江人
	黄　潛臨桂舉人		
	張　鐸贛縣人監生		
嘉靖	沈　序滁州人監生	祝繼昭海甯人	鄧時臣
	高　英宜山人選貢	許　昆彭水人監生	胡　鼎嘉定人
	張　模涪州人舉人	蔣能佐	梁　翼巴縣人
	侯嘉祥有傳	謝體鼎吉水人監生	薛　枬華亭人

秦覺 雲陽人舉人
李映魁 祥符人選貢
俞詔 莆田人舉人
周士宏 南陵人舉人
（隆慶）吉行健 有傳
吳棠 都昌人歲貢
張松 有傳
（萬歷）方岳 富順人舉人

楊宗仁 蓬州人
張正倫 馬瑚人歲貢
趙艮翰 上虞人
彭璋 仕邡人歲貢
楊朝英 蘭陽人監生
張繼興 涇陽人
毛存仁 長洲人歲貢

龍琛 涪州人
李寬 黄巖人
徐世艮 餘姚人
任仲德 西充人
鄭進 金谿人
陳應元 合州人
郭汝應 龍泉人

張維翰 安縣人歲貢
胡朝 歲貢有賢能稱
李履純 杞縣人舉人
王國珍 順天人舉人
馮君來 台州人歲貢
趙思基 有傳
鄭汲 南城人貢生
方維翰 平陽人選貢

符洛 江西人歲貢
蘇粢 山東人蔭生
王三顧 山東人監生
胡夢暘 江南人歲貢
楊象賢 雲南人歲貢
李旻 歲貢
金萬珊 徽州人監生
王時卿 江西人儒士

王相
陳作新
黄舜章 廣西人
黄朝恩 福建人
黄福科 江西人
周文藻 江西人
黄日熙
區環 福建人

曹養正 有傳
羅應曉 泰州人舉人
馮仕 號慕溪錢塘人舉人平訟愛民折節下士
李啟元 晉江人選貢
巽之宫 沙河人舉人
李一陽 浙江舉人歷同知
吳士忠 歙縣舉人歷同知

姜效禮 南直人
馬公寅 四川人選貢
蔣明臣 浙江人
原奇 江西人
徐上選 浙江人
陳心學 北直人監生
華應元 浙江人

羅繼美 四川人
蕭繼定 福建人
劉嘉祥 四川人
黄拜仁 陝西人
宋德隆 江西人
聞應庸 浙江人
李時會 福建人
郭紹春 福建人

人汝隨 有傳

李旻 福建人

令佐表四　自明天啟至崇禎作一表

明	令	主簿	巡檢	典史
天啟	胡汝川 安居歲貢	凌經世 南直人		張啟明 華亭人
崇禎	任鼎 宜興舉人	王家棟 仁和監生	胡日省 平湖人	仵鳳才 陝西人
	張拱端 華亭舉人		徐萬化 有傳	張其維
	王秉直 陝西歲貢			陳朝昇
	區懷瑞 有傳			孟文邦
	倪瑞應 有傳			周時鉦

令佐表五

國朝	令	巡檢	典史
順治	孫茂槐 有傳	劉溥 直隸人	言嘉典 浙江人
	扈坤 關東人	華大成	曹一勷 富平人
	句延齡 大同人貢士	鄧輝	桂一鰲 池州人
	冀爾煥 河南人貢士		柳維邦 金華人
	倪三策 直隸人舉人		
	唐彥褒 浙江進士善政頗多		

	令	巡檢	典史
	徐天麟 衡城人貢士		
	許毓仁 廣甯人貢士		
	朱景辰 將樂人貢士		
康熙	門可榮 有傳	邵從龍	魏承韓 通州人
	李芳 任城人進士	沈汝造	高宏名
	李遥 有傳	高翥	初任基 蓬萊人
	鄒永颺 有傳	李成德 吳縣人	喬起蛟
	王運宏	鮑宏域	鄭起榮
	俞廷瑞 四明人進士		
	祝長庚 有傳		
	伊逢吉		
	張士琪 署		
	王國貞 北直人監生		
雍正	王仲桂 壽張人拔貢	呂宗顯 旌德人	閻恆太 肅州人
	仝沆 鄆城人舉人		李家撰 山陰人
乾隆	周垂典 長沙人舉人	鄭德榮 仁和人	曹熙 吳縣人

	鄭章武 易州人 舉人	印天和 嘉興人	王廷相 崑山人
	陳富有 澧泉人 舉人	胡 鏳 武進人	張維元 山陰人
	周裔和 兗州人 進士		蔡乾初 會稽人
	苗肇岱 寶應人 貢生		張國祚 山陰人
	王紀曾 進士		
	程 瑄 進士		
	金祖昌 進士		
	儒 肅 有傳		
	賀朝晃 丹陽人	陳蓀禮	
	王 棫 福山人	顧賜麟 宿遷人	
	何偉儒 寶應人 舉人	單應璜	
	范 鐸 鄞縣人 舉人	蔡 浩	馬 棟 大興人 有傳
五十四年	萬年椿 衡陽人 舉人	湯承瑞	
五十五年	黃 仁 大竹人 舉人	夏永謙 丹徒人 有傳	
嘉慶元年	汪雲銘 仁和人 舉人 有傳		
四年		杜萬仁 大興人	王允梅 新城人 監生

七年	王文然 仁和人 舉人		
十年	蔣遇春 宜興人 有傳		
十五年	李玉林 成都人 舉人		
	劉廷模		
十九年	陶 治 會稽人		
二十年	石 珣		
二十一年	關維紀 臨桂人 舉人	金泰璋 鎮洋人	朱若桐 祥符人
二十三年	袁方杜		
二十年	陳希武 四川人	鍾士仁 溆浦人	盧盛渚 武陵人
二十四年	林萬年 福清人		
道光元年	張開雲 南皮人 舉人		
五年	牛夢錕 安邑人 進士		
九年	胡 楷		
十一年		余鶴椿 龍游人	
十二年			曹 林 武威人
十四年	王朝栩 四川人 庶吉士	白生文 山丹人	

十七年			丁廷芝 固始人
十八年	邱上東 鎮平人		
十九年	崔志伊 山西人		
二十年	孫治溥 衡水人 舉人		費玉成 大興人
二十三年		陳劭 會稽人	
二十四年	賀脟 歷城人		
二十五年	董文煜 朝邑人 舉人		
二十七年		張兆蘭 石埭人	劉紹光 武進人
咸豐三年	馬晉圖 正黃旗漢軍		周安鎬 山陰人
六年			阮傳鈞 會稽人
七年	黃鐘鳴 浮梁人		李以珍 秀水人
九年	任道鎔 宜興人 拔貢	張光旭	
十年		宋青雲	
同治元年	方兆科 桐城人 舉人		劉獻之 湖南人
二年	阮恩光 儀徵人 現任		何漢章 湖南人

循良傳

漢

馮野王字君卿上黨潞人奉世子幼通詩年十八上書補當陽長以治行入爲左馮翊遷扶風太守弟立相繼爲郡時有大馮君小馮君之號

宋 南北朝

劉虬字靈預一字德明本南陽人徙居江陵虬少而抗節好學須得祿便隱宋泰始中仕至晉平王驃騎記室授當陽令罷官歸家靜處斷穀餌朮及胡麻齊永明三年詔徵爲通直郎不就竟陵王致書通意虬答曰虬四節臥病三時營灌暢餘陰於山澤託暮情於魚鳥寧非唐虞重恩周召宏施建武二年卒子之遴之亨齊武帝嘗詣虬見二子曰之遴必以文章顯之亨必以功名著後果然 增

唐

田仁會長安人永徽中爲平州刺史歲旱自暴以禱甘霖立沛歲大熟民歌頌之官至太府少卿

元

張彥文保定人至元間任時縣治新創彥文安輯撫
循以興學校爲急務 按彥文與王元賓同時位縣令上其時郡邑新附彥文當是守臣但舊志未詳
王元賓至元中來知縣事時兵燹之餘學校廢元賓
乃相舊基修復如制 按在至元十四年與張彥文同時
明
魏忠洪武中任初邑治萬城圮於水十三年忠詳請
徙復舊治增修廨宇創學興教士民誦之
姜英福建政和舉人成化中任莅事公勤臨民平易

闔西川便道置馬遞自是邑爲通衢生殖以蕃惠政
甚多擢監察御史 按邑之夫馬日繁實始於此
侯嘉祥梧州人嘉靖中知縣事時邑始政隸承天多
徵求川路夫馬初非額設嘉祥多方措置不計德怨
役雖煩而民不擾有羅仲仁者夜殺二弟以盜告嘉
祥察其詞色叱之曰汝殺弟當誰捕仲仁慴伏一邑
稱神明焉
吉行健四川西充人以孝廉來任卓練有幹才廉恕
不擾幾於刑措

張松字滙源廣西宜山舉人隆慶中任爲政廉平時
境多流寇松設法捕之邑賴以安沮水壅決壞城松
疏河道築長隄數百丈以捍之三月竣工遂爲永利
性好山水公餘吟詠不廢
任夢榛休寧監生萬歷初以留守司經歷來署縣事
有幹略恩威兼著時奉檄修城舊本土垣榛甃以甎
勤督有方民樂趨事朞月而竣復以餘力纂修邑乘
亦其功也
趙思基廣東番禺舉人萬歷中任精明彊直法無所

撓未久解任去民甚思之
曹養正綿竹舉人萬歷中知縣事有風裁釐弊輕徭
犴無冤民嘗云吾以三無負者官此一方奈何以民
之性命供吾喜怒以民之膏血殃吾子孫尋卒士民
感泣如喪所親
卜汝隨字心源益都歲貢萬歷中任爲政清嚴簡靜
時合溶爲商民輳集地常苦盜隨爲設柵編里甲民
賴以安後奉檄督解軍餉赴沅以勞瘁卒於道樞經
本邑民爲攀號

區懷瑞字啟圖廣東人崇禎間令是邑有幹畧流賊嘗率大隊攻城民皆震怖瑞猶翦竹蒔花從容應敵防禦不疏賊解圍去又素工詩所著有玉陽草

倪瑞允字淸厓當塗歲貢崇禎末任治尚淸靜無稗政初邑中有糧田已盡而丁存本戶者民甚苦之值供番瑞允令丁隨糧轉照糧過戶遂爲成例至今稱便云

國朝

孫茂槐萊陽人順治初單騎之官身衣皂綈多補綴

甫下車瘞遺骼招撫流亡時亂後少牛民以力耕槐見輒下馬流涕士有不能自存者給之食而嫉惡甚嚴有蠹民者立杖殺之邑西北有土賊周國西等踞百寶砦爲民害槐上聞剿平之未幾以疾卒在官一載囊無長物上憲憫其淸苦咸賻以金扶櫬歸參考通志

門可榮字維光遼東海州人以父蔭爲郎英敏有幹畧時沮河西隄防久決軍戶率不任修築榮詳請上憲令軍民合修初邑中里役十年輪應者曰當年曰斗級歲費悉出其所籍煩重累民榮請除之民稱便

馬以上舊志

李遙號襄水睢州人以進士起家淸勤有幹畧莅任時軍需旁午遙面折都統根將軍念邑小而衝有不便民者次第除之或以常規獻卻不受軍中需煤急督者欲減其値遙備陳伐煤之苦於上憲力抗兩章京督者聞之王王怒遙單騎至荆謂謁者曰當陽令見王盛氣以待遙詞氣不屈縷陳民苦乃改容稱良吏邑困以蘇他如新學宮毀淫祠淸賦稅嚴保甲善政頗多手著鐸書簡樸茂者董其鄉務期戶曉未及

一載告歸公暇題詠甚多而玉泉關異文定墓碑黜邪崇正尤爲儒者之文

祝長庚　人才識練達撫字心勞折獄尤明允適西山遺孽嘯聚境內震駭長庚密率兵役星夜往獲首亂者置之法餘黨悉散未幾卒於官民感泣焉

鄭永颺毘陵人甫下車詢民疾苦力除陋弊嘗曰養馬者去害馬耳當邑凋殘之餘還定安集維余之責徒以法令繩民民豈能堪値以水郵造萬斛艘邑不勝困颺面陳上官形於愁歎卒格於議乃貸以償凡

為邑補殘缺救困窮約捐金三千有奇莅任既久官民相習勸農之暇歷覽青溪玉泉諸勝嘯詠移日去官時士民遮道感泣

衞肅字伯恭號蘭町河南濟源人乾隆甲戌進士由翰林院編修充山東副主考來宰當邑課士勸農雖嚴寒盛暑無倦容戊子大軍赴滇過荆門邑方辦夫馬芻豆民力難支時肅奉文

陛見歸歎曰邑僻小詎堪此時　藩司駐荆門肅單騎往見訴以難辦狀反覆辨論卒減十之九又恐胥吏

當陽縣志　卷之十　職官　循良　十七

射利諭各總廉正士代辦數日事竣士民悅服庚寅擢授都察院經歷未之任卒於邑宦囊蕭索柩難歸里即素被刑者亦欣然解囊迄今口碑在道有召杜之風焉以上續修志

汪雲銘浙江仁和舉人嘉慶元年教匪之變官軍雲集上憲以銘有幹濟才命宰是邑七月復邑城善後事宜銘皆以身任之時川陝流寇出沒無常銘率鄉勇設卡防堵又奉檄督修寨堡必親至其地相與區畫擇紳者有識量者董其役有警則濟以軍器火藥俾人自為戰與官軍相犄角至此賊再入境不敢近邑城遇寨堡輒引去皆銘預備之功也其防守有方不辭勞瘁邑人至今稱之

蔣遇春江蘇宜興人嘉慶十年莅任時教匪初平民方還定春加意撫字課農桑平訟獄務期實惠及民民亦愛戴之嘗自顏其堂曰子來堂解任時行李蕭然士民遮道攀轅淹留盡日雖素被譴責者亦為之感泣

董文煜字質生陝西朝邑舉人道光二十五年莅任

當陽縣志　卷之十　職官　循良　十六

煜性嚴明勤於為治案無留牘百廢俱修倡建考棚措置賓興及試卷費皆極力經營為士林所深賴咸豐二年粵匪竄楚境土匪緣此為奸煜執首亂者數人置之法境內肅然三年奉調鍾祥士民祖道稱觴至千人云

忠烈傳

宋

謝徽明弋陽人謝枋得字疊山之伯父也以特奏授當陽縣尉攝縣事天基節上壽元兵奄至徽明出戰死之二子趨抱父屍亦死入祀名宦忠義二祠舊志

國朝

黃仁字安宅四川舉人乾隆五十六年選當陽令其時民間有潛習邪教者仁以事關大逆不敢輕發嘉慶初乃繫匪首於獄獄未具而賊已起城中賊黨甚

衆仁知不濟遣子士騏懷印綬赴州次日城陷仁厲聲罵賊遇害甚慘時丙辰二月十五日也事聞奉旨入祀忠義祠子士騏襲雲騎尉後改中書科中書

馬棟字雲浦直隸大興人由翰林院供事選當陽典史在官有聲嘉慶元年教匪嘯聚城外棟率居民守西門不就寢者三晝夜及城陷棟與其妻胡孺人對縊於庭事聞入祀忠義祠

蕭文燦漢川舉人乾隆末官儒學訓導嘉慶元年教匪陷城焚學署燦墮樓死事聞入祀忠義祠

夏永謙丹徒人官河溶巡檢嘉慶三年川匪入境謙糾合鄉勇數百人籌防堵會官兵失利賊長驅入溶鄉勇不能支謙與次子存寬陷陣死之妻邱氏聞亂墮樓死存寬妻程氏先殺其一子一女亦自經謙長子妻陸氏及婢女海棠乳媪高陳氏等一家殉難者十人見通志

徐萬化明季任漳河口巡檢崇禎七年流寇陷邑城署縣事何失名署典史沈失名及萬化死之會鎮筸副將楊正芳以步卒進剿賊始遁正芳後因戮力逐賊沒

於王事邑人祠祀之詳見兵事及續舊志忠節傳　補遺

附載

呂騰蛟荆鎮遊擊順治六年王二等賊犯遠安境荆鎮總兵鄭四維遣騰蛟進剿深入沒於陣忠勇之氣感動三軍見荆州府志　按續舊志忠節傳謂是年虎賊出遠安逼近當邑騰蛟追戰死之入祀邑忠義祠

汪吉鳳陽人荆鎮遊擊嚴於紀律得士卒心順治九年虎賊寇遠安吉以兵擊之殺賊無算遇伏戰死見荆州府志　考續舊志忠節傳順治十年虎賊餘孽李來亨

突出當陽劫掠清溪一帶吉追戰死之人祀忠義祠
右呂汪二公與楊副總俱客將續舊志雜於人物
忠節傳中今改附職官忠烈傳後餘詳兵事

儒學

古者學校無專官周以樂正立四教而統之以大司徒若鄉學則耆老在焉所以尚賢而崇德也漢置學官始有博士宋於州郡置教授其制尚未備

國朝損益明制府州縣皆置學官所以振興文教樂育人才者至矣邑之學官前代多闕茲沿舊志舉其可考者按年編次以示弗諼云爾作儒學表

儒學表

朝代	教諭	訓導
明正統	葉子白 永平人	
	鄭崇 福建進士卒於官遂家焉子振翰林編修	
景泰		胡茂彰 舉人
天順		陸叔遜
		沈俊 新昌人
成化	陳明 鄞縣人	吳嚴 松潘人

田　制 [illegible]福人 監生
弘治　孟　鐄 閩縣人 舉人
孫　達 懷甯人 監生
劉　垂
正德　楊　洲 昆明人 舉人
嘉靖　黃　楷 江津人 監生
支　楫 灌縣人 監生
宋　佐 臨桂人 舉人
左　祐 建昌人 歲貢
史　詠
石巨川 有傳
楊　璋 化州人 歲貢
徐　登 越嶲人 歲貢
戴　賞 永嘉人 歲貢

尹　翔
徐本固 合州人
陳　剛
王　相 大甯人
徐　集 眉州人
蔡　膺
周鳳陽
楊　亭
盧　銳 墊江人
奚　仁 鶴慶人
李勝宗 安縣人
陳　印 永嘉人
董　冽 甯波人
程　箕 築溪人
郭文華 安南人
王　巽 孝豐人

楊文煥 眉州人 舉人
隆慶　吳　瑞 涪州人 歲貢
李景春 湖口人 歲貢
萬曆　檯用傳 馬平人 舉人
胡維禎
賀逢堯
曹　珩 石阡舉人 陞知縣
劉　淡 宜城人 歲貢
瞿成名 黃岡舉人 陞同知
沈文輔 興隆衛人 歲貢
姜宗魯 均州人 歲貢
張允祖 鳳陽人歲貢文雅有知人之鑒
余　蛟 咸甯人 舉人

陳　惠 合州人
姚志仁 嶲州人
夏　裳 峨眉人
閔　旦
鄧林春 邵陽人
王可相
謝　遇
李天華
傅應褒 富順人
王尚國
郭　泮
夏宗什
譚　鎬
王國士
李　詩
王一覓

當陽縣志　卷之十　職官　儒學表　二十五

高應選　江夏人
駱尚儒　澧州人
李瑶春　澧州人
張燦南
羅　芝　威遠人
黃　柯　汝甯人
孫斯佑
廖世卿　石門人

辛以忠　永昌人　舉人
王如春　陽城人　歲貢
王　芳　有傳
鄭應畿　台州人　歲貢

陳大賓　零陵人
劉一鳴　泰和人
王道溥
譚汝康　醴陵人
袁崇吉　公安人
周　倈
蔡相衡　羅田人
黃裳吉　興國人

當陽縣志　卷之十　職官　儒學表　二十六

天啟
單鍾元　高安人　歲貢
鄧時舉　靖州歲貢　歷知縣

房宜兒　歸州人
張文煥　鄖陽人　簡樸有操士林思之
王維翰　馬平人

崇禎
黃聖年　有傳
周有紀　武昌人　舉人
馮應祥　江南人
毛應龍　石門人

熊化麟　建昌衛人
李應甲　廣西人
馬騰蛟　雲南人
劉
周

國朝

順治
黃鳴陽　蒲圻人　舉人
陳民懷　應城人　舉人
傅　彬　孝感歲貢　頗得士心　辦差勤敏上憲嘉之

康熙
王禹書　湘潭人　貢生　修　彝陵志
易言鼎

黃　序　漢陽人　歲貢
王晉錫　咸甯人　歲貢
饒亮工　崇陽人　歲貢
梁光乾　竹山人
王圖永　澧州人　歲貢
彭遜古　穀城人　歲貢

當陽縣志　卷之十　職官　儒學表　二十七

雍正

張坦含 漢陽人 貢生
蕭　藻 漢陽人 捐貢
涂華若 江夏人 拔貢
李　袞
鄧日璋
何人龍 漢陽人 歲貢
汪之冀 漢陽人 貢生
危　銘 江夏人 歲貢
劉元士 荆門人 貢生
余光耿 大冶人 貢生
孫天祿 黃岡人 貢生

乾隆

陳本立 江夏人 副榜
徐祖昌 江夏人 廪貢
方　璲 有傳
吳青選 黃安人 拔貢
徐永禧 漢陽人 拔貢
陶玉華 黃岡人 副榜
黃義峰 江陵人 廪貢
周　鑣 石首人 貢生
劉正綱 崇陽人 貢生
馮　贊 東陽人 貢生
程鳳翙 圻水人乙酉科選拔 庚寅恩科舉人
石堪立 興國州人丙辰 恩科舉人
衛天民 漢陽人庚寅 恩科舉人

當陽縣志　卷之十　職官　儒學表　二十八

嘉慶

黃存憲 孝感人 舉人
魏　榮 施南人 恩貢
童　䌹 圻州人 副榜
王成芴 咸甯人 拔貢
王發卲 東湖人 貢生
陶顯宗 隨州人 廪貢
王恩浩 歸州人 貢生
陳大浩 應城人 貢生
郝　遴 雲夢人 歲貢
蕭文燦 漢川人 貢生
劉士儒 東湖人 貢生
彭可榮 黃陂人 舉人
許性華 黃岡人 舉人

道光

王麟兆 東湖人 廪貢
蔣祥芬 天門人 廪貢
部生榕 鶴峰州人 拔貢
喻　賓 黃梅人 舉人
余師江 大冶人 拔貢
涂鳳友 咸甯人 舉人
李　槐 羅田人 歲貢
陳登雲 黃陂人 舉人
張賜彥 鶴峰州 歲貢
金振基 廣濟人 廪貢
陳中欽 天門人 廪貢
劉汝祜 崇陽人 舉人

咸豐	王愼修監利人	楊覲光雲夢人舉人
同治	陳桂辛天門副榜現任	石易誠黃岡舉人現任

師範傳

明

石巨川甯州人以舉人任邑教諭湛深理學燕居無惰容課士以敦本爲先論文一軌先正士風丕變有蘇湖之遺風焉

王芳寶應人任教諭風格端凝誨迪有本司訓袁卒貧無以斂芳爲經紀其喪復請於當事賻贈有差乃得扶櫬歸其篤於行義如此

黃聖年字逢永南海人崇禎間由舉人授本邑教諭溫醇爾雅工古文詩詞著并有堂草邑志廢賴爲編輯云以上舊志

國朝

方璲漢陽人副榜乾隆庚午司邑鐸學問淵博士林推服邑志久未編輯璲遠搜近取詳加考訂分門別類規模整齊書雖未梓識者宗之續舊志

續舊志論曰考兩漢書儒林傳賢人君子衆矣類多由教授列名卿然均非郡邑學博士惟有宋蘇湖美談千古矣近代郡邑志專門紀美者無聞焉

豈寒氊官汲汲不足行其所學歟抑教本中庸無可
炫人耳目歟雖然行爲時矩言爲世範吾師乎吾
師乎邑尚猶有不朽者

武職表

國朝

守備

- 順治　孫光喆 安協中軍
- 朱之璜 安協中軍
- 康熙　龍英 荊鎮中營
- 吳世相 荊門營
- 劉守才

千總

- 方勝 四川人行伍
- 楊士佐 遠安人行伍
- 王明還 河南人行伍
- 楊棟 大同人行伍
- 姚希友 宜都人行伍
- 潘士然
- 潘士選
- 陸鑑贇
- 姜應尚
- 劉公儀
- 駱尚賓
- 張之芳

把總

- 雷鳳鳴 荊門營
- 嚴榮 潛江人
- 徐二 遠安人行伍
- 黃文英 遠安人行伍
- 趙陞 四川人行伍
- 韓應鳳 永定人行伍
- 趙棟 遠安人行伍
- 王廷玉 遠安人行伍
- 張朝柱 宜昌人行伍
- 王賜爵 宜昌人行伍
- 李春華 興山人行伍
- 何存仁 遠安人行伍

乾隆

范維堯宜昌人行伍
葉　福保康人行伍
田藍珍宜昌人行伍
李　蓮宜都人行伍
張　崐宜昌人行伍
陳林煙遠安人行伍
彭商正岳州人武舉
魏賡揚宜昌人行伍

賈元斑施南人行伍

劉得春

王啟龍宜昌人武生在河溶數年奸匪斂跡

嘉慶

劉德貴施南人行伍

道光

張鵬翥興國人乙酉解元
鄧高陞鄖陽人世襲
李道森施南人武生
魏金榜武昌人行伍

楊正鳳遠安人行伍
蕭日明宜昌人行伍
姚國理遠安人行伍

咸豐

張長春施南人武生
德　秀字俊卿荊州駐防鑲白旗滿洲現任保選守備
魏定揚

武職補遺

千總雷起龍
劉世寶

右二名俱在康熙十年以前見王泉志其實授署事未詳

封爵附

漢 劉 益 封當陽縣侯

宋 楊 安帝永甯元年遣大鴻臚持節至墓追封當陽縣侯

蜀漢 姜 維 三國志本傳亮辟維爲倉曹掾加奉義將軍封當陽亭侯

三國吳 朱 然 始封西安鄉侯改封當陽侯

晉 杜 預 太康元年以平吳功追封當陽縣侯後贈征南大將軍謚曰成子錫嗣

王 戎 封當陽侯

陶 臻 長沙公侃兄子有勇略咸和中賜爵當陽亭侯爲南郡太守

劉宋 劉 秉 元徽二年以尚書令封當陽縣侯昇平元年與中書監袁粲謀誅蕭道成不克父子死之

陳應叔 大始初封當陽縣子

梁 蕭大心 簡文帝第二子大通四年封當陽公大同元年出爲郢州刺史

鄧元起 邑人天監初封當陽縣侯

樊子蓋 封當陽縣侯陳武帝時爲郢州刺史

徐元孝 永平二年以克三國功封當陽開國公

當陽縣志卷十終

當陽縣志卷十一

選舉志

選舉之政今古異宜然歷久而法愈備也我
朝闢門籲俊葑菲無遺雖蕞爾一邑而多士奮興亦能登賢書擢高第通經致用奚止閭里之榮
舊志故多闕略茲掇其可考者著之於篇景仰
前徽當亦知所觀感焉志選舉

薦舉

南北朝

鄧元起 有傳

元

張 灝 有傳

進士

明 以前不可考建文以後亦多闕略

李 讓 建文己卯舉人中永樂甲申進士任大理寺評事歷廣東右參議有傳

國朝

順治

陳其美 明崇禎壬午舉人中壬辰進士任浙江處州府推官有傳

楊州彥辛卯舉人中己亥進士直隸任邱知縣有傳

康熙

陳士敫丁卯舉人中丁丑進士任福建歸化知縣

雍正

郜孫俊丙午解元中庚戌進士江西安福知縣有傳

宋楚望己酉解元中癸丑進士江南常州知府有傳

乾隆

金維岱庚午舉人中壬申進士官至翰林院檢討移居鍾祥

舉人

明

建文

己卯李　讓進士　壬午向治安江西建昌府教授

永樂

戊子向　志四川井鹽訓導　戊子倪孝儒

甲午朱　玉應天府尹

嘉靖

己酉姚　會有傳　乙卯張　楠直隸宿松知縣

隆慶

丁卯蕭　武有傳

萬歷

乙酉李應麟有傳　癸卯周仲彥

乙卯栗聯芳　戊子周際明廉州推官

天啟

丁卯熊穎捷有傳

崇禎

庚午汪士傑山西靜樂知縣　癸酉李大年永州教授

丙子王　鎬有傳　丙子郭之都新甯教諭

壬子陳其美進士

國朝　順治

辛卯楊州彥進士

康熙

丙午張旦生　戊午游逢盛授內閣中書

丁卯陳士敫進士　甲午郭賓泰

甲午謝永聰澧州學正

雍正

癸卯 宋樞（東湖教諭）　癸卯 文汝楫（涇州知縣）
甲辰 李作人　丙午 郭孫俊（進士）
己酉 宋楚望（進士）　己酉 宋中山

乾隆
辛酉 林可法（仁化令，有傳）　庚午 金維岱（檢討）
癸卯 向志甲　壬子 文瓚

道光　同治
丙午 王金鍊（蒲圻教諭）　羅驥鳴（孝廉方正）
王映蘭（孝廉方正）

貢生

明

洪武
劉煥（山西按察副使）　張濬（刑部員外郎）　何毅（漳州知府）
劉謙（戶部員外郎）

永樂
尚文（無錫縣丞）　何銘（慶府典儀）　蔣賢（茶城知縣）
陳福

正統
褚恭　劉英（布政司檢校）　李崐
李晟　王讓　張麒
張憲　劉富　劉佐（濟南府檢校）
唐禮（上高縣主簿）　曹渙　魏忠
鄭經（分宜縣縣丞）　周冕（歸安縣縣丞）　熊泰
王本

成化
馮亮（甯羌州判）　趙旭（唐縣主簿）　何源（宜賓縣主簿）
向仕廉（順慶府通判）　李賢（崇甯主簿）　尚達（溧水主簿）

劉宣（重慶府檢校）　胡灝（清江知縣）　胡格（黃州訓導）
陳禎（弋陽縣主簿）

宏治
歐陽琦（有傳）　李慶　宋輝
盧綸　江潮（汀州府照磨）　賀表（息縣縣丞）
郭儒　楊文心　曹鼎（桐廬縣丞）
何聰　嚴端　甯璽（成都府經歷）

正德
宋端恕　唐濟　曹鸞（太平府經歷）

黃　榮華亭縣主簿　張　欽知縣　李長春理問
姚廷岡有傳　鄭　儼彭山縣訓導　曹　偉
嚴中泰
嘉靖
許　翔考授知縣　李太祥候選縣丞　馮正經候選照磨
馮正綸候選府經歷　黃　冕候選推官　李天祿候選主簿
車必榮　楊孔麟候選府經歷　鄭　芳候選訓導
楊孔鰲候選主簿　張　祥候選訓導　吳　祚候選主簿
陳　宣候選主簿　張　琛候選知縣　黃　裳候選主簿

周　憲　羅　鵬　黃　鰲候選訓導
何　吉　廖　禎　李榮春
車　星博學工文再選鹽井衛教授　汪　瑠
張大川有文名
隆慶
顧　仁候選訓導　熊一鶚　毋　壽候選訓導
黃　元
萬歷
劉東魯鹽城縣丞　馮　元　葛希賢有傳

晉　秉　龔　仕巴東訓導　陳　旨安陸教諭
黎　獻淹雅端凝不仕　毋　儀　李應兆
周希文　史希楚選貢有傳　吳九思有傳
葛希俊有傳　龔　偉　吳大濂
謝　滋沈邱教諭　李　宷雩都教諭　張耀然
馮世濂有傳　周宏謨順慶府教授　劉家相饒州教授
李　深崇陽教諭　黃大中墊江教諭　鄭餘慶有傳
梁國相彭澤教諭　梅遇春蒲圻教諭
補遺　王　僖恩貢選安縣令　王　任竟陵訓導

泰昌
黃之道拔貢
天啟
周　琮拔貢　金大赤甯州訓導　賀登元
崇禎
劉士奇拔貢　羅繼思　殷　芝
歐陽煥考校知縣　梁　焜己卯副榜　陶大賢湘潭訓導
白之彥拔貢　殷　埜安陸教諭　金門彥襄陽教諭
陳九章

國朝

順治

謝曰藻有傳　周毓鳳恩貢　廖養義枝江訓導

范念祖恩貢直隸保定府通判升松江府同知　詹南新田教諭

陶喆恩貢　周敬修德安訓導升直隸元城縣丞調山東益都縣丞

梁山金有傳　范文叔永州訓導　黃鳳岐恩貢

張吉宿瀏陽縣訓導升山東德平縣丞　劉鴻儒有傳

康熙

栗引之有傳　羅存素　范文英通山訓導

張肇元考授縣丞　熊虞　曹嗣吉舉孝廉原名一龍

詹若參　羅明慧　陳廷璧辰溪訓導

李作朋副貢羅田教諭　汪宗熹墀之父　陳大佐

陳大佑　梁晸通道教諭　李明賡拔貢雲夢教諭

汪墀辰溪訓導　胡作城　郭祺賢丙寅拔貢以上舊志

曹之琦後居鍾祥　卞士璵　黃中行遠安訓導

李宗藩　周敬祚　張必達

熊遂生拔貢　李德敷　周卜年黃安訓導

梁星有傳　王之臣恩貢　李通理石首訓導

許宗聖　劉聲美　李萬鵬有傳

牛天宿公安訓導　文際時　陳士枚

熊荷生有傳　李玉渭　熊之鐸恩貢

雍正

王炎拔貢有傳　楊枝蕃有傳　李奏敷

鄧祈賢有傳　金秉祚拔貢有傳　鄧禧賢恩貢

衛之璞　文大遇

乾隆

廖宏敏恩貢　文汝芝　劉續祖有傳

趙州景　嚴岱鄖西訓導　羅宏訓

馮衮　龔應奎德安府訓導　鄭宗仁有傳

楊昌明拔貢　郭以正　李和煦恩貢有傳

邱鍾芝　郭琛璟恩貢　劉寅

趙瑄南漳訓導　李自新恩貢　葉文在庚辰副榜有傳

趙執　符國瑾安州吏目　范于齊

吳士異　李光祖　沈繼皋有傳

劉邦輝　張鴻敏有傳　施萬箱

任之朝　黃映芝　張開佐有傳

劉學朱有傳　戴宗寬　張　金
郭孫璵　郭天問　張定謨
張起淵　劉學夔　羅啟鰲有傳
李傑臣　袁揆廷　陳學楷
張　寬　李集堂　羅思泳乙卯副貢
余國栟乙卯副貢有傳

嘉慶

徐開裕辛酉拔貢有傳　廖文雄癸酉拔貢　林時芳
熊經壁　羅開曙　張致青有傳

道光

聶光炬　聶寅亮　聶大中乙酉拔貢
張纘坤　張文理　余映甲
熊問世有傳　黃金堂　嚴大箴
張　金有傳　徐中嵩乙酉副貢　常元楚
劉德華丁酉拔貢　朱省鈞　王敬修嘉魚教諭
林一枝　郜元鳴　姜大閑
牛大煊　鄭宗岱己酉拔貢　羅承志
姚錦江

咸豐

趙和玉　吳沛榮　林栖鶴
高士繩　熊孝珍　廖培蘭
常元楠　賀　緘恩貢　胡炳輝

同治

張宗旭辛酉拔貢
楊敏之石首訓導　曹雲衢　汪南金恩貢
賀　繩　高士楷

武科 前代不可考

國朝

康熙 朱斌元 癸卯科武舉　郭達 丙午科

雍正 楊芃　宋楚材

乾隆 魏尚衡 戊申科

嘉慶 田長春 辛酉科乙丑進士　樊兆瑞 丙子科

孫錦章 戊寅科　郭鳴臯 戊寅科

張文治 己卯科　嚴昌輝 己卯科

道光 賀國栴 辛巳科　羅光禍 癸卯科甲辰進士

武選

明

鄭遇霖 字澤民明成化進士授侍衛致仕後居邑之柘林鋪

國朝

康熙 宿玉鎮 羅定州副將

劉舉 彝陵州守備　楊文美 大田所把總

道光 樊兆瑞 宜都千總升守備　楊大望 新堤把總

岳生璧 廣東督標守備　嚴登榜 均光營千總

雜選

明

正德 黃榜 池州州判

嘉靖 李梁 東鄉主簿　李棟 甯州州同　李科 衛經歷

張松 白州主簿　張校 邛州吏目　李玠 涿州吏目

宋庚 蘭州州判　馮庠 鴻臚寺序班　張百川 峽江主簿

聶豹 雷州府經歷　汪 池州州判

萬曆 張偉然 成都主簿　姚勝 北城吏目　饒銘 東鄉主簿

劉載 建昌府通判

崇正 張宗彥 鴻臚寺序班　徐文昭 衛經歷　聶登俊 鴻臚寺序班

黎敷化 徐州衛序班　熊隆應 鴻臚寺序班　李燿 楚府審理

國朝

康熙 汪若渲 平湖主簿　范文劍 丞 懷遠縣　趙州牧 泉州吏目

右二十五名見舊志

例職附

祁朝陽 州同　羅啟蘇 衛守禦　符光著 州同

田天華　羅思進　趙元明 以上俱州同

徐開第 布政司經歷

右七名見續舊志以後例職甚多不及備載

世職

關朝泰 江陵貢生 聖裔雍正十年巡撫王世俊 題准世襲五經博士

關 濤 泰長子江陵生員於乾隆十六年襲職

關 楫 泰長孫於乾隆二十五年襲職

關培先 楫長孫嘉慶二十五年承襲

關壂岱 培先長孫咸豐七年承襲

封蔭

元

金 善封武德將軍

金 聰封武略將軍

明

金 鏞封指揮僉事武德將軍

金 珊封指揮僉事武德將軍

國朝

金正權襲錦衣指揮

金 瑶以孫秉祚官

誥贈中憲大夫

陳大優以子士敷官

勅贈文林郎

郭祺賢以子孫俊官

勅贈文林郎

宋士獻以子楚望官

誥封奉直大夫

金有聲以子秉祚官

誥贈中憲大夫

陳士敷

勅授文林郎歸化縣知縣

郭孫俊

勅授文林郎都昌縣知縣

宋楚望

誥授中憲大夫常州府知府

金秉祚

誥授中憲大夫徐州府知府

朱　檽

勅授修職郎以上續舊志

樊安邦以子兆瑞官

誥贈武略騎尉

樊真祥以弟兆瑞官

貤封武略騎尉

向志甲

勅授文林郎其祖父待考

徐開裕

勅授文林郎

徐文翰

勅授文林郎

馮天盛以孫凌霄例職

誥贈奉直大夫

馮楚材以子凌霄例職

誥贈奉直大夫

當陽縣志卷十一終

當陽縣志 第　冊

當陽縣志卷十二

人物志上

宦蹟

仕宦之著稱非一端而已大者以文武方略炳旂常勒金石次者綰綬分符或守令丞尉所至皆能興造利澤遏絕弊端使吏民愛慕不衰又其次得博士官率諸生弟子稱述六藝砥礪名行此皆可以垂聲竹策輝映方來者也茲邑先哲雖宦轍區分咸彬彬乎質有其文萃而錄之

使前者勿替後者是傚誠激勸之大者作宦蹟傳

梁

鄧元起字仲居少有膽幹膂力過人任俠好賑施鄉里年少多附之爲槐里令遷宏農太守平西軍事西陽馬榮緣江寇鈔率衆討平之遷武甯太守永元末魏軍逼義陽自郡援焉蠻帥田孔明寇掠三關率銳卒攻之頻陷六城餘悉散去仍戍三關爲平南中兵參軍事每戰必捷勇冠當時敢死之士樂爲用命者萬有餘人義師起蕭穎冑與書招之部曲多勸其還郢元起大言於衆曰朝廷暴虐誅戮宰臣羣小用命衣冠道盡荆襄二州同舉大事何患不尅且我老母在西豈容背本若事不成政受戮昏朝幸免不孝之罪即日治嚴上道至江陵爲西中郎中兵參軍加冠軍將軍與高祖會於夏口和帝即位授假節冠軍將軍平越中郎將廣川刺史遷給事黃門侍郎中興元年以本號爲益州刺史仍爲前軍先定尋陽進至京邑建康城平進號征虜將軍天監初封當陽縣侯進

號左將軍刺史如故元起圍成都高祖赦劉季連罪即日開城納元起送季連於京師元起之克季連也城內財實無所私勤恤民事口不論財色性本能飲酒至一斛不亂及是絕之蜀土翕然稱之元起在荆州時與庾華不平大軍至京師華在城內甚懼及城平元起先遣迎華因厚遺之少時又嘗至其西沮田舍有沙門造之乞元起問田人曰有稻幾何對曰二十斛悉以施之時人稱其有大度元起之至巴東聞蜀亂使蔣光濟筮之遇蹇喟然歎曰吾豈鄧艾而及

此乎後果如筮子鏗嗣

元

張灝至正中以材德舉任江西道廉訪使振揚風紀名震一時

明

李讓永樂壬辰進士性端恪躬自砥礪初授大理寺評事歷廣東右參議居官清慎有治聲卒於官

姚廷用字舜卿由監生授四川嘉定州同知時守尚嚴刻廷用以慈和濟之遷衛輝府通判卒於皖城佐

州六載民甚德之

姚會字文甫廷用孫少號學性孝親疾輒侍立不寐無倦色嘉靖己酉舉人授四川嘉定州教諭即祖廷用舊治士民多敬愛遷南溪知縣有善政將奏績時有大宦歸里吏白故事當執手版會怒拂衣歸士民思其德爲立祠尸祝之

聶武字仁卿隆慶丁卯舉人任陝西富平知縣不避強禦發摘如神有僧匿婦人經年無問者武廉得其狀置之法火其居一邑稱快後以不能阿上官遂告

歸家居敦禮讓好施與里人重之

葛希賢字子良少工文年十四入鄉闈納卷時方伯見其幼奇之覽卷大驚賞既入彀填榜方伯不覺喜溢曰葛生獲雋矣主者引嫌罷去相顧歎惋而已萬歷間以歲貢授浙江紹興通判斷事明決上虞民有殺人應抵者親識懷金爲其地賢怫然曰人命至重鬼神難欺汝將墨吏我耶其人慚而退會上官某索賂於屬賢持不可曰嚇我者此官耳吾安往而不得乃拂衣歸弟希俊秀水縣丞亦廉平有聲

李應麟字振公萬歷乙酉以選貢中順天鄉試性高介絕跡公府初任四川井鹽縣知縣清廉有惠政遷鎮甯知州卒於官貧無以殮

馮世廉字淡如貢生任浙江仁和縣丞有幹濟才疑獄一讞立決甫滿歲即告歸優游林下二十年

吳九思字石泉以歲貢司訓萬岡俸入輒以資寒畯諸生鄒之易赤貧失偶九思助資爲之娶後之易成進士授合江令有士董翼者貧甚亦厚遇之及翼登第九思卒翼親拜其墓涕泣甚哀

史希楚字景猗選貢歷知莘縣敦俗勸學以德讓爲先後致仕歸里掃軌杜門吟誦不輟

梁國相字調元歲貢司訓萍鄉陞彭澤諭平易近人士林推重致仕歸里中後進多被其薰陶事繼母以孝聞卒年八十餘子焜燿皆有聲庠序孫山金甯國令

國朝

陳其美字公彥性孝友溺苦於學登順治壬辰進士司李浙江處州治尙清靜決獄多所平反分校秋闈

稱得士年五十五卒於官櫬歸惟圖書數卷而已以上舊志

楊州彥字倩公一字宣樓少有才思援筆成文年十五補諸生中順治辛卯舉人己亥成進士西郡觀察王公辛卯主司也會大軍入山剿餘賊須材木搆營房檄當邑發民夫運至郡彥力陳其不便詞甚切直觀察益器之時軍需繁重邑歲至四千餘金彥商推調劑省五之四民困以蘇丁未補任邱令明年河北大饑彥籍戶口上之大府家給米二斛口多者倍之全活以萬計北地火耗故重每兩至二錢五分彥悉除之絲毫無所取後以疎節忤上官思中傷之任邱糧額不滿萬而誣以取耗二千五百胥吏被逮不勝其酷死者四人無一誣服者罷官歸復坐追償南馬價產爲之盡彥性瀟灑一令雅非所堪嗜酒能詩尤工書法取古詩自漢魏及唐日誦數十首論析徵芒手訂至數萬言年八十卒著有澹園詩文集

鄧祺賢明孝廉之都子少通六經長工制藝康熙乙卯拔貢居家敦孝友和平接物閭里比之陳太邱後

授雲夢教諭其課士先德行而後文藝在官十載作育甚多解組日諸生祖餞有感泣者子二長孫俊有傳次孫偉廩生

梁山金貢生授甯國令多惠政士民懷之子梁星司訓崇陽以實行課士多所造就自鬻其產捐修本邑學宮上憲嘉之嗜吟詠有種梅軒草妻齊氏亦工詩

郭孫俊字甸方一字章菴中雍正丙午解元庚戌成進士授刑部山東福建清吏司主事陞授江西都昌知縣旋調安福署吉安分防府事所至以治稱性恬

淡解組後嘯詠林泉游心經術爨煙屢虛泊如也鄉里薰其德而善良者多彷彿邵康節居洛時晚年主講迴峰書院出其門者皆知名士邑令衛蘭町贈以聯云渾金璞玉人之望霽月光風士所師所著有涉趣園詩卒年八十一子天問明經

宋楚望字荆川一字恒齋雍正己酉解元登癸丑進士初宰句容教民種桑勸耕織調丹徒令歲饑賑貸單騎歷窮鄉察奸豪民得實惠嘗手注

聖諭十六條爲俚語使民易曉擢海州知州調太倉州請帑築海塘六十餘里民便之升知府奉檄查揚州水道時河道久塞累疏無效望往視旬日得其要領河督高公上其議奉

詔報可遂疏舊海口去其壅諸水果達海授常州府有政聲以親老乞歸養親沒終制適莊公容可自吳來撫楚重其才檄府促之仕署松江府數月案無留牘吏畏民懷境內大治調徐州府兼權淮徐道以年老乞致仕其留別詩有三章乞得老身閒之句士民攀轅祖帳幾半江南既歸杖履自適事繼母以孝聞朔望必跪拜年八十執母喪哭泣躃踊弔者感泣望卒畢秋帆尚書時方撫陝千里歸賻誄以召杜遺思畢公名沅望牧太倉時所器識也生平有八箴分途戒淫等書人爭誦之蘇撫陳公宏謀爲作序付梓

金秉祚字琢齋雍正己酉拔貢授知縣補興化縣是歲淮揚大饑故事賑貸戶口分極貧次貧而次者常多祚獨籍極貧戶八萬餘口太府靳之檄道府往拴汰僚佐幕客咸勸吏籍免呵斥祚持不可抗言減貸民且立餓死情詞慷慨取所懷印置案上曰願罷歸

不忍見此土人枕籍道上也道府無以奪卒如所籍調吳縣再調山陽山陽積欵地祚撤監員罷告訐嚴印記定里居敘次第經緯詳具以治行卓異擢邳州知州未幾升徐州知府徐州累歲災潦較淮揚尤甚祚浚蕭縣廟橋朔里等河開碭山義興永定諸渠通銅山塞河一百二十里濬范家窪蔡家莊引河八道百姓稱便嗣因河決銅山境內去官

詔仍留江南署潁州知府治如徐州卒於山陽寓館士大夫吏民皆爲之涕泣　見通志

嚴佖字魯山一字惺齋性誠愨嗜學寒暑不輟致志寢食爲文一準先正丙子選鄖西訓導卒於官櫬歸里諸生歸賻遮道泣送

林可法字行思一字恬巷雍正乙卯拔貢赴
廷試肄業太學大司寇總理監事合河孫嘉淦稱其器宇深厚學有淵源拔魁多士中辛酉舉人丙戌選粤東知縣奉檄查海上鹽艘及瀕海編戶積貯署澳門同知授仁化令歲旱設法撫卹歷窮鄉問民疾苦多所全活盜賊爲民害者悉除之境內肅然藩司歐公

手書循良額以奬之在官三年移疾歸性端嚴然喜接引後進所著詩文人爭誦之子孫皆有聲庠序能以勤儉世其家

趙瑄字璧六一字介菴邑庠趙良貴之四子兄弟十人孝友無間言少能文弱冠補諸生授徒於鄉出其門者多列庠序以歲貢授南漳訓導品行端潔表率儒林其遊荆足亭詩云懷璧誠有罪一獻亦已可胡不備其足愚哉物喪我解組歸卒年八十二

鄭宗仁字蘭亭力學篤行清苦自勵受知於邑令衛蘭汀以歲貢授監利訓導成就人才甚多卒於任衛蘭汀助之資扶櫬乃得歸以上續舊志

徐開裕字雨臣嘉慶辛酉拔貢充
武英殿校錄報滿議敘教職授巴東教諭巴東舊無書院自此捌建裕實贊成之顏曰信陵書院受聘主講席諸生從遊者衆裕爲之立條規端士習不徒以文藝爲先而文學亦蒸蒸日上士林益德之既歸授徒於家杜門讀書歷寒暑罔間年八十猶能燈下作小楷其書法亦老而彌工卒年八十二著有覺是山房文集

徐文翰字西林邑諸生嘉慶九年遵例就知縣職分發山西歷署十三縣及岢嵐州補岳陽縣性廉而惠以愛民爲本興縣士民爲立德政碑去臨晉時民遮道留一鞾以誌遺愛餘俱有循聲山西巡撫恆公稱爲循良最以勤勞卒於官櫬歸時士民夾道焚香數十里有感泣者

樊兆瑞字寶林忠義樊安邦次子中嘉慶丙子武舉授宜都營羊角洲千總洲介大江中爲盜賊出沒之

地道光初特設汎員資彈壓瑞有勇略以除莠安良
爲已任莅任後再擒巨盜傾其巢穴上下百餘里江
面賴以肅清俸滿奉文
陞
見擢守備回任候補以勞疾卒於官商民思之
岳生璧忠義岳士甲子以世襲補撫標千總道光二
十九年選廣東督標守備明年帶兵剿賊廣西多所
斬獲又奉調回廣東羅定州協剿凌匪屢立戰功咸
豐元年以勞疾卒於軍事聞奉
旨賜襲以八品監生子鳳鳴承襲所遺雲騎尉世襲長子
鳳翔嗣

孝友

古者取士以六行而孝居其首漢世因之設科舉孝史家列傳於是有孝友之目大抵得成周遺意云夫考邑中人行應順德者亦何衆也不惟搢紳先生與讀書士君子即閭閻小民其綢繆於毛裏顧復者雖值饑寒鋒鏑曾未少渝夫非風氣真樸天性肫摯發於不可遏之明驗與吁可尚也已彙次之爲人倫儀表作孝友傳

明

游龍飛邑人事母以孝聞人呼爲游孝子母有病割股奉之邑令　旌其門曰純孝

歐陽琦字獻修文忠公之裔祖希德自廬陵宦荆州因家當陽琦幼聰穎年十四籲邑庠宏治中膺歲薦或諷以仕琦曰吾有老母以祿養不若以色養也與弟祥朝夕膝下孝友之聲騰遠近晚年尤嗜學年八十有四自題墓碑而卒

國朝

鄧毓賢邑庠生乙酉避寇以死免父難事詳藝文志

郭氏孝子節婦烈女合傳

林大倫字序五邑庠生四歲父歿晝夜哀號若成人宗族咸異之及舅奪母志就傅外家稍長嗜學能自樹立弱冠入黌序有文名因少失怙終身布衣蔬食月必展墓歲時頻省問若不忍暫離膝下者母歿私服三年大司成孫公嘉淦稱其孝行如徐仲車云子四可傳庠生可法登辛酉賢書可道廪生

朱康雪邑庠生性至孝父歿哀毀過禮廬墓三年空山中時聞虎哮處之泰然啜蔬食淡三年如一日時

人或饋餉悉拒而不納

羅開斌邑合溶人母歿父守義不再娶斌抱痛益深躬侍父寢不入內者三十餘年父卒哀毀骨立前邑令周表其門曰孝行可風 以上舊志

陳應倫邑農民母李氏孀居三十六年年七十二久病不愈展轉床褥倫割股和粥以奉母病輒愈前令李奬勵之詳准上憲爲立孝子碑

張明詩邑鴻橋人幼失生母終身事嫡母無間言母齒脫詩日備麋糊親食母母臥病鄰遭火災幾及寢室詩呼天號泣風回火退得無恙鄉曲以爲孝行所感云

沈集皋邑明經居大蓮總幼失恃事繼母如所生家塾距所居數里晨昏必歸省年逾七十猶手抄經義及史記數十篇以課子孫出其門下者甚衆及親沒飲食必泣奠三年不見齒一鄉歎服年八十三自營葬地忽一日正襟危坐朗誦孝經數遍而卒

周次韓邑小蓮總人父性嚴譁受杖怡然母老無齒飲食必親奉冬溫夏凊無倦容嘗負母出周覽田園

以爲樂及居喪哀毀骨立葬祭皆以禮卒年八十四

張塘邑庠生家素貧竭力供甘旨父病噎或日一飯塘亦一飯若數日不食塘不忍獨食也父卒事母尤謹鄉里慕之

王國器邑官壋總人五歲失恃八歲失怙繼母教之力學弱冠入邑庠追念劬勞之恩猶廬墓三年以酬厥志其事繼母甚謹生養死葬皆盡其禮云 以上續舊志

王國鼎官壋人性孝友父母有疾左右奉養常背負以行兄素愚而事之益謹析產後撫兄子如已子衣

食必量給之及卒猶以友于勖其子焉
任之昇邑人居官塏總父早卒母復多病昇竭力奉養湯藥必親嘗衾褥必親浣其婦不得代之也其弟病疫方劇家人多避之昇往調治與同寢處卒無恙生平儉於自奉有餘輒周貧乏鄰里賴之
楊氏遠官塏總人年十四喪母其父有疾至老益劇不能起居者二十年家素貧遠勤耕作與妻馮氏日食饘粥以甘旨供其父晚年家漸裕子孫相繼列膠庠能以孝友世其家

嚴世寬官塏人未讀書而篤於孝家亦貧每冬寒晨起衣母衣以溫之俟母起乃以溫衣衣母數十年以爲常母年八十卒寬卒亦年八十餘
張文彥邑庠生父開佐明經有傳父沒事母尤謹年既壯猶受杖責母若提其耳輒俯首就之其順親類如此性廉正爲人排難常得其平同里莫不敬服
曹思闓字克剛嘉慶三年陝匪入境闓負瞽母避亂山谷中鄰里隨行者甚衆賊搜至積薪於門將火之火忽自滅賊舍之去人以爲孝行之報初闓居父喪甚哀書侍瞽母飲食衣服必親奉之夜俟母就寢潛趨父墓三年無異及母卒廬墓亦三年平日睦鄉鄰周貧乏猶其餘事焉學使王給篤行貽麻額以奬之卒年九十
盧秉鈺邑明經 旌表節婦盧牟氏之子也教匪之亂母以年老誓死鈺率子弟泣請乃背負諳方山率居民就山立寨全活者以萬計後以功給五品銜固辭不受士林重之
馮天盛邑人居週二總家素貧而事親能竭其力嘉

慶三年川匪入境居民皆引避盛從父母走數里遇險輒背負以行至得勝山回顧適見賊父母揮盛使避去盛不忍父母欲墮崖死盛泣挽之伏大石間計惟有代親一死耳未幾賊騎至若爲弗見也者而過之既免人以爲孝行之報盛勤於耕作妻劉氏稱賢助自此家漸裕以甘旨奉高堂有餘則濟貧乏無吝色鄉里稱善人卒年八十六以孫凌霄例職 貤贈奉直大夫妻宜人見壽母傳
盧秉科邑介賓持身端正篤於天倫其事親飲食起

居必躬奉之數十年如一日嘗赴戚友家歸時河大漲行人皆阻科百計覓渡夜半得歸其須臾不忘其親如此

盧先佐邑人親老令佐與兄析居分日供膳未幾兄漸貧佐獨養其親竭力供甘旨有餘則以奉其兄其篤於天倫如此里黨以爲賢

李億貴邑耆民其事親先意承志母年近九十飲食起居必親奉之昆季七人已晰居遇婚嫁事必量加佽助未嘗分畛域母亦顧而樂之子萬瞻監生慷慨

重義氣不墜先型爲同里所敬服

劉士純邑人事親以孝聞母病湯藥罔效純焚香籲天自割其股和藥以奉母母病愈卒享遐齡人謂孝心所感

佟金鏞邑廩生幼嗜學孺慕性成道光六年漳水大漲舉家没於河鏞遇救登岸聞其父母俱没號泣赴水死學使王表其門曰孝勇懷清

李傳祖邑柔林人四歲失怙家貧母曾氏撫育至成立性樸訥讀書不遇棄而爲農竭力耕作以供甘旨

母教素嚴稍怒則長跪請命俟色霽乃起每出見蔬果有時新者必擕歸先以奉母孺慕之忱老而彌篤也卒年七十八子南金邑庠

鄭廷順邑人幼失恃父朝佐病啞弟廷槐尚幼家赤貧父子乞食於外至帩兒嶺父病且死順年十六負父屍行風雪中數日無容宿者夜則相守而泣凍餒幾死比至家手足皆裂觀者爲之流涕

國永德邑農人未讀書而篤於孝母老而性嚴偶因他事盛怒德必婉言慰之不從則長跪請命俟顏霽

乃起鄉里賢之

忠義

嗟乎人誰不死或腐同草木或光爭日月豈非志士仁人尤爲難能可貴哉邑人士抗節致忠於前代者書闕有間矣自勝國至我朝乃最著地隘而衝頻有流寇邪教之亂其禍最深然邦之人往往援旗誓衆與賊酣鬬幸者村砦賴以保全不幸則裂軀湛族不返顧即單羸寡弱亦奮其空拳必死爲期恥爲降虜嗟乎殺身舍生可以作懦夫之氣高烈士之風者矣進綴比次無俾湮沒作忠義傳

明

熊穎捷字非熊崇禎丁卯舉人署江陵教諭崇禎末闖賊屯襄陽捷入遠安鳴鳳山與都司方應新據險協守賊環攻之砦將潰遺書與兄曰朝廷不忍負祖宗何可辱投崖死入祀邑忠義祠

王鎬字世求崇禎丙子舉人王司吳偉業奇其文癸未闖賊屯襄僞徵下不應僞令械之去至清溪市鎬餂解者酒乘醉遁南漳山寺僞令索之急親屬皆逮

繫鎬聞拍案大呼氣遂絶

聶登衢字瞿行少穎悟年十九補弟子員每試輒冠軍闖逆僞辟至僞令强之衢痛哭髡其髮自號江離和尚

金大赤字大純以明經歷任甯州華容教諭素以孝著年七十致仕母周氏年九十三崇禎甲戌城陷賊欲刃其母赤詈賊與母及子鑰俱死焉入忠義祠

陶鑄及其弟陶治邑人甲戌城陷俱被執不屈兄弟爭死賊兩殺之入忠義祠以上舊志

國朝

邱聯桂邑武生少有膽氣尤明大義嘉慶元年教匪先聚東門外楊啟瑞家謀不軌桂聞之挺身往喻以禍福語侵賊賊攢刺死即瘗於死所歲庚午邑令蔣遇春爲葺其墓立石以表之

熊經鹿一名映鏕字斷山性孝友持身高潔與兄經璧同入邑庠食廩餼授徒於家從遊者衆嘉慶丙辰之難賊入城肆殺見士林有聲望者必屈辱之鹿知不免先令其妻女自盡招所善汪聖瑞痛飲徹夜約

與授命次日投魚池中死其徒張致青爲作家傳載藝文志

汪聖瑞字不齎性聰穎出語必解人頤嘉慶丙辰城陷自投後園汙池中死姪孫天相亦以刃自刎死池邊

汪希夔聖瑞再從姪也與戶書賀國枏友善及城陷夔詣國枏痛飲相持而哭旋同縊於賀宅

賀國枏邑戶書少讀書艱於遇棄而爲吏性拓落嗜酒及城陷與汪希夔痛飲自縊死

張鴻鑑字沼亭少聰穎屢困童子試嘉慶丙辰城陷鑑同其繼母程氏姊節婦席張氏弟婦胡氏朱氏黃氏皆自縊時稱爲一門忠烈其母以下入節烈傳

李學淵邑人少任俠能濟人之急嘉慶丙辰城陷淵懸繯於城縋居民以出之所全活甚衆未幾賊覺執淵淵憤極大罵賊支解之

李焯邑耆民以忠厚世其家嘉慶丙辰城陷焯遇見辱與其嫂胡氏姪應台先後自縊死

羅啟鰲字鶴亭邑明經選應山教諭因病不能之官嘉慶丙辰城陷鰲杜門數日鬱鬱不食死

趙師彥紫蓋總民人　旌表烈婦王氏之夫性醇謹貧無以自給單身入城爲儒學齋夫及城陷彥誓不辱自縊於席國正之宅

楊達天字磊軒性聰穎喜交遊能赴人之急一鄉稱之嘉慶丙辰城陷達與賊辯論順逆語侵賊尋遇害其子永芳永華從死芳一名蘭幼嗜學工制藝屢困童子試及從父殉難聞者憐之

余國枏字琢山乾隆乙卯副貢家世業儒枏尤嗜學

重義氣嘉慶元年教匪陷城枏團於鄉得數百人三月初六日輸米詣行營且願助戰大帥義之會賊開東門拒戰官兵右移枏與數人陷賊中被執入城枏知不免乘醉罵賊賊怒搜其韠中得所團鄉勇名冊乃殺之解其尸投諸城外同時死者文生郭其香監生余瑾思思枏之從父也其餘數人今失傳

郭其香字琴亭邑諸生嘉慶丙辰之難香同副貢余國枏等領鄉勇赴行營賊突出掠入城香誓不屈與枏等同遇害

余瑾思字懷玉邑監生嘉慶丙辰春同副貢余國枬等領鄉勇赴行營爲賊所掠同遇害

張龍熙邑諸生嘉慶丙辰熙督鄉勇守卡東南繼以其衆攻城中砲死

謝方升字義池邑廩生居遇二總好學能文尤工書法體素弱而義氣激昂頗有立功之志嘉慶丙辰教匪據城升率鄉勇効力行營嘗單騎至城下反覆譬以禍福賊不從繼隨官兵攻城爲士卒先屢厄於石矢大帥以重賞募壯士救升乃得免時官兵新集募府需才文移往來多出升手以功給六品頂戴五月以勞瘁卒於軍

岳士甲邑人居沙溪總性誠篤膂力過人嘉慶元年率鄉勇隨營剿賊屢立戰功大帥特奬勵之稱爲奮勇最嘗身先登城投火毬於百步之外燒殺賊甚衆以功授行營千總加五品銜六月初八日復登城殺賊焚賊棚砲臺賊攢矛刺之重傷死事聞奉
旨照守備例議卹給予雲騎尉世職子生璧承襲

張有道邑人嘉慶元年充鄉勇隨營攻賊擒獲賊目周顯組等以功授行營外委乘間入城謀爲內應事洩賊支解之大帥奏其功奉
旨給與雲騎尉世職

劉國隆邑人嘉慶初充鄉勇攻城嘗負土築砲臺不避石矢爲賊砲所斃

汪炳珍邑人居呼兒總嘉慶二年領鄉勇千餘人堵賊於土地嶺賊由鄭陽山中竄出力爭此險鄉勇失利死傷殆盡珍被數十創猶扼險力戰及被執噴血罵賊遇害甚慘入祀荊門昭忠祠同時死者甚衆列名於後

杜啟瑞邑海堰人直而好義嘉慶二年堵賊於土地嶺戰歿入祀荊門昭忠祠

魏宗約滋泥總保正性勇敢好奇節言里中事甚公嘉慶初教匪蜂起同里有王某者兄弟皆賊目也嘗夜詣約誘以白蓮之術約怒縛送於邑邑令宥而釋之未幾城陷於賊王某者糾其黨將應之約團於鄉得數百人直入賊穴殲旃一鄉獲安約之力也三年春川匪入境所過焦土河溶巡檢夏永謙聞約名延

至公解與商防守約慨然曰諾廼以其義勇赴溶衆數百人會官兵失利賊冒其旗幟號衣晨趨溶巡檢以爲官兵也迎於道左尋遇害賊入溶肆殺一市鼎沸約衆方食倉卒不能軍死者大半約獨遇賊於賀家園賊以數十騎圍之約奪賊稍殺十餘賊餘賊引退約憊甚移時而死其子往收其骨猶身無寸傷云

張朝鼎字筠茂邑人居滋泥總性慷慨矜尚氣節嘉慶初充鄉勇搜賊黨於鄉多所斬獲三年春偕魏宗約應募守河溶詰朝賊猝至巡檢遇害鄉勇不支鼎

陷圍中其族弟朝全拽鼎與俱去鼎奮然曰走而死孰若戰而死吾知不濟要當殺賊而死死無恨全既去遥望鼎格殺數賊尋遇害其子宏遠號泣而往不獲其屍乃招魂以葬

陶學孔邑諸生嘉慶三年爲賊所掠脅之使降孔抗節不屈賊支解之妻詹氏節婦子玉薰邑庠

袁志道邑增生居鄉東總嘉慶三年川匪入境道舉家避林中賊搜得之欲掠以去道厲聲曰吾讀聖賢書豈靦顔從賊者賊怒殺之一家七人同遇害一子甫四齡得免

傅行桂邑庠生家赤貧居窖中讀書不輟嘉慶三年賊掩至桂正坐罵賊與妻王氏同遇害子大彥以身蔽父受傷幾絶而復蘇後十餘日里人爲殮其屍見桂正氣凜然面如生

羅文彬邑人嘉慶初教匪之變彬率丁壯籌防堵一鄉賴之三年賊大至執彬以刃脅之彬引頸受刃至死無懼色年八十四聞者壯之

樊安邦字尚信邑武生性沈毅嫻於騎射嘉慶初率

鄉勇團建樹以功授行營千總二年奉檄領本邑及東湖宜都鄉勇守卡於宋家埡屬東湖三載賊不敢犯升守備職五年春陝匪竄羅爾坪各卡戒嚴二月二十八日黎明天大霧咫尺莫辨賊冒霧繞出卡後卡勇不支邦力戰死之同時死者六品頂戴武生張順七品頂戴武生劉文祥監生王會元德一紹黃昌玉胡在朝陳時光鄉勇死者以千數本邑可考者二百餘人名見後邑令汪開雲上其狀奉文賞給葬祭銀有差並入祀荆門昭忠祠

汪之士　汪士盛　汪炳煥　汪炳然
汪之膺　傅朝舉　傅天縱　傅啟官
汪士和　傅啟字　傅天輔　傅啟鳳
汪之恒　汪廷全　傅朝耀　傅天榮
傅啟泰　傅朝緒　傅啟秀　傅天佑
傅貴英　傅朝青　羅應榜　田　錦
劉宏才　劉　珍　陳明澤　李啟明
胡敏舉　陳啟法　向應虎　向國星
向國明　陳邦輔　陳登秀　向國法

劉之心　丁明治　王可宜　方大星
黃元仁　曾廷貴　方有才　劉宗明
傅貴明　熊富士　熊遠安　黃國治
黃允吉　楊　體　袁　朱　向應胡
陳啟星　郭　進　鄭可玉　周廷見
周宗禮　程宗昇　謝盛魁　汪明梓
陳明安　何正山　毛允鳳　劉占先
劉奉先　何　珍　胡士榮　習文鳳
宋　珍　胡隆秋　王大榮　習光遠

陳大有邑文童居普通總嘉慶初邑戶出一丁堵賊宋家埡大有代父赴卡五年二月賊大至同遇害

許文學邑人嘉慶初充鄉勇守卡於宋家埡五年二月賊冒霧繞出卡後紳勇皆遇害學亦死

黃義盛黃石總保正咸豐四年粵匪入境盛以鄉團邀擊於余家坂賊卒至盛衆未集身被七創猶奮臂呼殺賊移時而死

附載嘉慶初年鄉勇陣亡姓名

馮錫佩　楊輝國　王士孔　費尚義俱邑人
周　山江西人石工

右五名嘉慶元年二月在本邑乾溪總陣亡

汪炳紹　汪之周　汪炳慶　汪炳珍
汪炳光　汪炳禹　汪廷堅　汪士純
汪之香　汪長青　汪之秀　汪士立
汪坤時　汪　棫　汪廷義　汪廷仁
汪炳福　汪士體　汪明倫　汪紹德

汪炳貴　李中錦　杜啟錦　李啟哲
傅天柱　傅朝綱　汪炳信　曹玉章
劉日升　左明珍　夏明典　朱其進
尚德柱　朱在廣　盧效志　李其萬
袁中明　向　貴　盧秉仲　崔以德
周顯治　韓明綱　馮兆舉　代光臣
盧炳志　李大信　伍登舉　李名山
熊啟榮　左明玉　李明章　盧效仲
鄭金榜　周廷洛

右一百二十六名嘉慶二年在本邑土地嶺陣亡
王　相　孔子贊　段　元　鄭元第
郭太文　謝賢光　楊宗福　劉承遜
謝進思
右九名在本邑土地岈陣亡
姜必祥　程天錫　許光緒　詹正常
毛之湖　劉正仁　關足義　余應理
胡敏士　盧秉謙　胡允錫　蔣文彬
葉天貴　易足清　涂朝舉　代廷華
關開來　涂國俊
右十八名嘉慶三年在本邑張王廟陣亡
文國梁邑庠生　余希明　張本乾滋泥人　鄭光謨滋泥人
右四名嘉慶三年河溶殉難者
潘光甸　奚大德　許顯功　蔣洪遠
梁必輝　翁士榮　周廷松　洪大國
宿應耀　尚萬太　石可文　丁在邦
施文朝　周俊璽　宋　相　汪炳潛
魏啟倫　劉萬禮　宋友焦　汪　潮

楊明相　余　成　齊之盛　羅國元
劉士學　王正升　鄒宋木　鄭君富
田良相　黃必富　艾純義　傅明遠
金日聖　張朝珍　梁應舉　向應順
劉國點　李允萬　熊澤玉　陳士寬
朱啟典　蕭學堯　翁國璽　周加官
沈明哲　洪大倫　胡　寅　余連虎
陳以進　金鳳林　史開周　鄭文柱
右五十二名嘉慶三年在本邑河溶鎮隨同荆州

副都統海陣亡
劉方太　趙廷恕　汪文全　黃茂清
謝起鳳　匡金貴　羅國太　廖　珍
王開禮　饒于龍　王開義　代盛傳
朱文邦　羅士富　王學進　張在宏
雷勝宗　車允茂　李時鳳　王在富
朱文林　李志學　熊士祥　王文秀
劉先考　周道正　謝汝松　黃一甲
牛大常　黃文榜　雷天輝　楊宗樂

丁代傳　魏登梅　魏希達　吳學詩
魏希卓　吳學易　魏邦鋭　魏邦模
魏邦宣　魏希正　魏自天　魏自宇
魏自統　蕭學文　楊聖重　劉文德
王艮學　余秀生　張一清　夏年元
吳廷善　張耀山　劉　要　馬大有
周文學　陳士方　陳士珍　汪文龍
徐德美　胡　全　王士高　馬廣勳
馬廣榮　艾月山　陳克仁　周家福

代世昌　吳興國　胡啟鳳　黃國太
喬博士　曾光龍　張正貴　翁長年
翁壽天　陳懷遲　呂應鳳　符祥龍
王光華　鄭　祿　席世龍　朱學志
陳大有　史允芳　劉士堯　靳洪福
徐懷明　楊士洪　劉允添　李士傳
熊澤書　賀天朝　朱廷珍　葉啟云
許文學　陳方定　葛方釆　盧昌仁
常車明　蘇日春　杜美仲　杜美宜

陳茂謙　楊士高　陳士鳳　袁文燦
國中臺　陳正照　陳華莫　譚開榮
李本貴　杜士亮　李興在　羅志萬
李清宜　羅興義　張豐太　石開金
謝大相　葉　玷　程安邦　張向成
甘志化　甘德輝　李士剛　楊　廣
張士倫　張　鳳　羅祖伯　王義寬
蘇獻瑞　徐素知　嚴大義　陳正仁
陳正烈　廖朝大　劉大太　陳之仁

陳之朝　陳士宇　黃大金　黃子盛
莊夫恒　陳之國　王廷英　葉尚禮
艾景福　陳之宛　金相吉　劉人進
李成周　柯之敬　韋國瑞　蕭汝珍
童士芳　洪廷順　黃大韶　朱日偉
陳時農　彭起國　曾習正　代良棟
胡澤明　代良文　艾世法　代良卓
官起學　代良懷　鄒文學　代良壽
熊正國　代勝舉　代大惠　代聖德

陳于耀　代聖傳　楊文榜　羅傳孔
李成畢　代勝臣　何日迪　羅士連
羅永文　周尙潮　胡大興　周廷櫟
許連佐　嚴向順　嚴正華　周廷棟
孫學元　陳得交　張榮貴　周添才
劉　思　任光彩　黃　祿　任光珠
黃中信　馮元勳　鍾起榮　姚　福
楊昌志　劉士才　金日聖　張榮朝
周廷現　姚時清　尹洪昇　姚時隴

周廷小　史天經　熊國珍　史大定
周廷見　賀開文　張朝正　蔣治選
李萬潮　劉士明　趙希華　林本玉
曹煥文　胡士科　胡在文　胡　才
萬文華　梅在科　嚴向升　劉文志
吳三子　葉　春　袁　成　高升富
周加盛　陳宗劾　嚴相田　張宗義
吳文亮　王安錦　龔慶安　李潮恩
梅士傳　楊位珍　馬廣才　羅天瑞

僧本福　僧昌引

右二百五十名係邑人五年二月二十八日在宋家塆陣亡

附嘉慶初年兵丁陣亡姓名

王定平　馬　貴　王　成　李如春

黄　升　張起雲　馬應圖

右兵丁七名邑人嘉慶三年在鍾祥石牌陣亡

關啟鳳　李明敖　嚴德勝

右兵丁三名邑人嘉慶四年在羅爾坪陣亡

李如翠邑人嘉慶五年在樂鄉關陣亡

以上十一名見荊門州志

義勇附

明

張一華邑人明季流寇之亂華率鄉勇捍賊身受重創弗恤也後遇賊至以身衛其母受傷幾斃竟以母免其勇於義如此

國朝

張良恕邑鴻橋人奇偉有膽略順治初餘賊小李二等伏西山出沒無常恕四路偵探有警則登高大呼居民皆引避一鄉賴之十八年大軍入山搜剿餘孽恕詣軍門面陳形勢故得掃穴無遺邑賴以安以上二名舊志列忠節傳

馮埥乾溪總保正嘉慶元年二月教匪陳德本等自東湖來已據縣城遠安賊首趙之國聚其黨將應之道出乾溪埥團於鄉得二百餘人夜襲賊於竹林口殺數十賊餘賊北竄鄉勇戰沒者邑人馮錫佩楊輝國王士孔費尚義及江西人周山山石工也精武藝埥以大義激之願爲先鋒以白巾抹額如賊狀躍入賊中所向披靡賊大亂鄉勇從之遂破賊餘賊竄至

長嶺岡爲官兵所殲帶兵卯姓官城中賊勢孤旋就撲滅
堉與有功馬同時受傷成廢疾者有楊均世

同文榮與弟文成邑鴻橋總人貌魁梧多膂力嘉慶元年教匪已陷城四鄉團勇籌防堵會有賊黨千餘自東來扛大箱十餘具陽爲避寇者榮窺其箱中皆軍器亟與文成聚鄉勇數百奪其箱殲於漳水之濱將軍舒公聞而壯之召至軍前給以頂戴使率勇攻城每戰輒先登身被火鎗彈入皮裏後成瘤卒年七十二

吳江泮邑漳河總人性勇敢能擊劍嘉慶初教匪新起官軍未集會有賊千餘自東來將與城賊合所過鄉里無敢詰者泮聚少年數百伏於漳水濱賊至突出奮擊殲旃

林可依邑人嘉慶初教匪之變民間習邪教有里黨皆然者依與鄰人姚啟惠率鄉勇捕匪黨於椒樹溝滅之繼隨官軍攻城有功授以官辭不受

王朝華邑人嘉慶初教匪四起各總設卡禦之華率鄉勇邀擊流賊千餘於㕑店覩無一逃者繼効力行營以功授六品頂戴卒年八十六五世同堂孫晉以下稱蕃衍云

王可法邑人嘉慶元年教匪之變率鄉勇殲賊於梅子埡繼赴行營以功授八品銜

楊盛世原名啟波邑武生嘉慶元年教匪猖獗世捐貲與族弟大望大第率鄉勇効力行營七月克復邑城餘賊西竄世追至十餘里擒賊首劉秀石以獻總督畢公嘉其功表授守備賞藍翎繼從將軍舒公勦川陝流賊所向有功以親老告歸大望大第俱授行

營千總望後補新隄把總

曹思懿邑增生嘉慶丙辰與姪肇率鄉勇攻城賊潰圍出懿逐北至四十餘里以功給六品銜後授河南通判以疾辭

佟步萬字占千邑廩生精悍有才智嘉慶初教匪方據城州牧張琴以兵駐萬家賊夜襲之爲萬所敗繼獻攻城策募壯士穴城西北隅納火器其中密與各營約七月十四夜穴中火器齊發賊踉蹌西奔兵勇逐之殲賊殆盡以功加六品銜後授鄜州州同因病

不能之官卒年五十四

傅志春邑人居胭脂總父資精武藝春尤魁偉有膂力嘉慶元年充鄉勇禦賊將軍舒公聞其勇署爲前鋒嘗巡哨猝遇賊從者皆散春挺身獨前奪賊砲手足俱傷竟以砲還營卒冒其功受重賞春無所爭人服其雅量

嚴登甲與弟登榜俱邑武生嘉慶元年同領鄉勇攻城爲士卒先及收復邑城以功授登榜藍翎千總後補均光營千總升蘄州都司以事罷歸

雷啟輝邑人嘉慶元年輝率鄉勇剪除匪黨一鄉賴之後隨營攻城以功賜六品藍翎

謝盛升邑人嘉慶初領鄉勇剿賊以功授行營千總子子坤鄉賓孫曾林立五世同堂衆至五十餘人

鄧芝瓊邑人嘉慶初領鄉勇堵賊以功給七品頂戴孫肇基庠生

當陽縣志卷十二終

當陽縣志卷十三

人物志下

篤行

昔王彥方以貞白居鄉里中不肖畏其知名司馬温公誠信自然陜洛間化之知篤行之感人深也邑之文采風流較他邑未能競爽而敦禮教崇信義猶有古人之遺風焉矩矱法乎高曾聞望著於里黨視世之弋名釣譽矜尚浮華者相去遠矣採而錄之可以覘一邑之士習民風云作篤行傳

國朝

謝曰藻字素生邑明經居合溶性謹厚明於大節明季流寇之亂藻載其宗譜掘地以藏之者三得不燬國朝定鼎後有薦藻於雲南逆藩者僞徵至藻力卻之子四其三子與兄子戲墮水死藻惟隱慟待兄子如初及長析產之半與之無稍靳壽至九十七三子俱邑庠孫永聰康熙甲午舉人（舊志列忠節傳）

劉鴻儒字介臣邑明經性倜儻明於治術邑令訪以

時務必直陳利弊於地方大有裨益時論韙之授淵鄉訓導未就卒年五十九

張遷喬幼嗜學敦尚實行嘗侍繼母疾月餘衣不解帶性好施與鄉里貧乏者賴之每建議多切時務當道常採用焉子孫遵遺訓能以詩書世其家

劉曰漢郡庠生幼力學小試輒冠軍父大名訓子有方漢卒教惟謹一時稱其孝友性復耿介居城中不履公庭邑令益重之子六四列膠庠成明經者二

張泰郡庠生好學能文志行純篤日手一卷泊如也

母病數年奉侍湯藥未離寢門及執喪哀毀骨立遂成羸疾未幾卒閭黨惜之

魏尚志邑庠生性沈潛篤於天倫以優行舉社學長其訓徒務崇實學遊其門者多謹飭士與兄同居家事必禀命館穀所入悉以歸兄自號許山樵子

楊枝蕃貢生前任邛州彥之元孫也家學淵源居心仁厚生平不喜聞人過每爲人排難解紛同里莫不悅服

馮袞邑明經立品端方平易近人與長兄相友愛終其身未嘗析居和樂萃於一門鄉里稱之

宋士獻字徵可邑諸生性樸直喜藏書籍延塾師於家課親故子弟之貧者助膏火焉值歲歉爲饘粥以食餓者寒爲之衣疾爲之藥小惠幾徧鄉里也沮水西有楊五寺隄實踞六隄上游丙子大水隄決數里下流盡爲洪濤獻倡議修復所費不貲及竣享其利者萬家以子貴封奉直大夫子楚望官至知府楚材武舉

郭祄賢邑明經明孝廉郭之都之季子伯兄毓賢以

死脫父難見孝友傳仲兄祺賢以選拔任雲夢諭有傳郭氏以詩禮世其家祄守訓尤謹子孫勝衣冠者雖燕見必冠家故饒子孫無衣紈綺者族有佳子弟必成就之姪孫俊成進士祄賢力居多子八孫璟恩貢生琛以文行重儒林有傳琦瑛皆廩生瑱貢生諸孫多列庠食餼當陽孝友文學之家必首郭氏云

任宏仁性孝友兄宏韜遠出不歸仁貸資齎詩於江南及至兄已歿號痛幾絕輿櫬以歸後與姪析產推腴讓美無吝色鄉里義之子之朝明經之超之烈俱

庠生

趙開祚邑廩生少穎悟工文小試輒列前茅屢膺闈薦性孝友立品端凝同里莫不敬服子州傳明經

侯登元邑人父啟珏嗜酒好交遊家資幾盡登元善爲治所獲利多具酒食以娛父其善體親心如此

任楚雄邑庠生弱冠能文八赴秋闈不售性尤樂施乾隆乙亥水泛朝陽山麓范家垸堤潰數百丈陷爲巨潭楚雄星夜募夫每日設餐一次共計一萬三千餘工隄成建 關廟於其上置田五十畝以供香火

當陽縣志 卷十三 人物 篤行 四

復糾垸民築沿河隄三百餘丈范家垸始成樂土家貲半耗不計也

曹之冕字服周性湻厚其事親委曲承志終身無間遇歲不登冕周濟鄉鄰設饘粥以食餓者分遣僮僕種蔬菜於涸澤中迨春二麥未熟飽菜羹以活者甚衆卒年七十

曹士焯邑監生負氣節重然諾能急人之難族弟士烈家赤貧或誣以盜幾不免賴士焯力事得白生平義舉多類此

祁朝陽例職州同幼嗜學性謹厚其父早世事母以孝聞偶逢母怒即以小杖奉願身受也性尤好施遇歲歉出穀麥以濟鄉里至數百石無吝色一方賴之

張志穀字方引邑庠生孝友純篤博涉羣書從無疾言遽色對者矜平躁釋享年八十四子玻孫崇職俱邑庠

黎適臣邑耆民性寬和持重尤喜施與生平領修橋梁甚多獨造結緣橋二有碑誌其事年八十餘卒

蔣士英邑合溶人性端方不出戶庭喜建橋有募必

當陽縣志 卷十三 人物 篤行 五

傾囊應之乾隆二十三年捐銀購石重修合溶上下街道及武公橋行人便之

楊永杞性醕古乾隆四十七八年大疫先後施棺百餘具親族不能嫁娶者必助之貲小惠幾徧鄉里也卒年七十八

劉學朱邑貢生性孝友訓子孫力敦本行尤樂義舉贊建 學宮書院勞怨不恤晚年主講迴峰書院獎勵後學甚多卒年七十五子經時邑庠生

劉九星字德軒邑耆民明山西按察副使煥八世孫

也博學篤行翰墨自娛所居魚兒總壤地交錯　國
初清丈田畝邑令造廬商摧一總田賦井井有條皆
其力也
黄映蓋邑庠生孝友樂善父早卒母教之嚴蓋卒長
跪待罪必霽顔乃起弟不善治生常私鬻其田蓋爲
贖還監修　學宮書院經費出入絲毫無所紊闕南
建石橋蓋捐貲獨多或請立石傳其事蓋辭謝焉卒
年七十二
何獻文邑耆民退讓急公時稱長者所居距城百里

而遥邑令苗重其人諉以督修　學宮書院文竭力
經營一年未嘗歸里同里有毀之者文輒自引咎子
正楚邑庠
任哲雄邑人樂善好施嘗於柳林港倡建石橋行者
便之從弟惠雄夭所遺孤僅三月哲撫育以至成立
鄉里義之
楊先佑邑介賓慷慨好義乾隆甲寅方脩邑乘佑襄
其事不憚勤勞未幾卒前令黄爲作墓誌詳藝文中
以上續
舊志

林一枝字杜亭　恩貢生家居授徒品學交勵及門
列庠序者四十餘人晚年課益密所得脩脯分資諸
姪於族戚中孤寡者益加厚焉卒年七十三嗣子茂
先邑庠生
曹世煥字承亭廩生力學負品望乾隆甲寅脩邑志
採輯北鄉事編次多出其手無溢美辭嘉慶初教匪
起煥籌資募鄉勇堵要害縣北諸境悉賴以安總督
畢公嘉其功給六品銜性復恬退每膺懋賞輒以疾
辭卒年四十有八

羅有臨漳河人性孝友周恤貧乏無德色升斗之惠
幾徧鄉里晚年好讀史晝夜不輟孫胥林立四世同
居卒年八十六孫驥鳴同治元年登孝廉方正科餘
多食廩餼能世其家法一鄉慕之
林時傑字豪士漳河人篤信和惠里黨之暴戾者悉
感化之年八十有三子孫相繼列膠庠
林大仲漳河人性廉潔取與不苟偶過市拾百錢於
道知爲貧者所遺佇鵠立道旁待遺者至與之其謹
厚類如此卒年八十有三

徐開祥邑廩生嘉慶初以軍功授六品銜性恬靜篤於天倫兄有疾親理湯藥左右扶持數年無倦色立家塾課子姪皆有聲庠序孫中慧道光乙未副貢中青庠生

鄭冕字旒周邑耆民年二十四妻黃氏物故冕誓志不再娶撫二子一女至成立持身高潔與物無爭鄉里稱長者守義至四十七年卒年七十子孫蕃盛能以耕讀世其家

牟登典字蓮溪性醕謹事親以孝聞嘉慶初教匪之難典隨父趨避中途相失號呼入賊穴賊酋義而釋之比歸則其父已在門性好義與葉開道捐置義田以充里中公費嘗應試歸拾金於道知爲貧者所遺守而待之及晡遺金者至詢知爲人傭也悉以歸之未嘗告以姓字生平喜吟詠耕釣之外惟以詩酒自娛所交皆知名士唱和無虛日著有山水堂詩稿卒年七十有七次子經瑞庠生

葉開道字梅塘邑監生勤學好施嘗置家塾顏曰百穫堂以課子弟道光初與牟登典捐置義田三石作

黃石總東甲公費一鄉稱之孫化中庠生

李祖修邑耆民居河溶鎮性端方好義舉嘗置田一頃施作義地監修河岸石磯勤勞七載經費不足則稱貸以濟之生平建橋梁修街道慷慨資助善行甚多卒年七十八子天保邑庠生

郭元鳴字仁山邑明經父應運性純樸元能繼之篤於孝友待人無畛域卒年六十子壽壬廩生

楊永清字知白邑耆民父達天兄永芳永華俱於嘉慶初殉難時清尚幼上事母嫂下撫弟姪辛苦備嘗家故貧讀書不輟既老猶吟詠自娛子孫繼起五世同堂卒年八十

鄭若蘭貢生性謹厚不輕然諾鄉里爭訟者得其一言而解遇貧乏必任卹之咸豐六年大旱人畜皆渴蘭有水半塘計灌田可穫數百斛蘭坐視其苗槁以水濟飲一方人畜賴以全活鄉里以爲難

曹邦詔字晴嵐邑監生少失怙事母以孝聞嘉慶初教匪之變詔爲義勇長防堵有功將軍舒公奏給八品以母老不求仕持身端正與物無爭子汝漢汝暄

俱邑庠孫曾繼起五世同堂邑令方爲題額以表其門卒年八十七

鄭光耀議敘國子監典籍性孝友昆弟五人晰居後任邮無德色遇義舉必解囊佽助其好善樂施爲鄉里所稱道卒年七十子以芬邑庠

羅驥鳴字雲騫幼嗜學年十五補諸生登同治元年孝廉方正科其事親曲盡其孝昆季相友愛常藹然如孺子時立家塾課子姪皆循循有法相繼列庠序咸豐初粵氛方惡遠近避寇者多主其家鳴力爲保

護歷久無德色生平重然諾識大體凡邑中盛舉如賓興膏火及加廣學額皆竭力籌畫務求有益於士林邑令常倚任之歲在乙丑重修邑乘鳴襄理局務甫及開雕以勞疾輿歸賫志而沒聞者惜之卒年六十五

朱志千邑鴻橋人幼失怙事母以孝聞尤好讀書不如其願謂其子在恕在恪曰詩書不負三代不久淹也卒年八十四孫啟墀以青年食廩饑曾孫成勛成覲俱列邑庠

文苑

茲邦文章之士著錄自

國朝始蓋前代傚流淪湮者多矣夫蜀得司馬相如始擅詞賦之聲閩得歐陽詹始以古文名二邦之士自此含英咀華如雲而起矣無他鬱之久者宣必暢也若茲邦者仰其山紫蓋玉泉孕靈而誕秀睇其川清漳曲沮噴珠而濺玉吾見自茲以往家雕龍而人吐鳳也況紛綸宿彥名播簡篇者已導其先路哉未沫前芬方揚後馥作文苑傳

粟引之字長伯前明孝廉聯芳嗣子也博學多聞由選貢考授縣丞性曠達不樂仕進移居青溪山中茅屋數椽泊如也每攜老僕背書囊入玉泉鬼谷諸幽處兀坐把玩發諸吟詠其陶寫天真不染塵氛如此生平惟與楊州彥稱莫逆交唱和無虛日初邑乘廢缺引之毅然重修兵燹後搜訪維艱得殘篇於劉鴻儒家摩挲考究彙次成書一切治亂沿革瞭如指掌而於賦役風俗土宜諸條尤三致意焉他如玉泉山

志亦出手裁著有大雲樓稿子宗高亦以能詩稱
熊荷生字擔人邑貢生幼勤學爲文一軌先正家貧
授徒於鄉出其門下者多知名士
謝申裔邑庠生篤學工文里黨知名
劉續祖字二史少失怙愛學於許白雲未冠補邑庠
嘗遊長林諸生方矜談石鼓文續祖證辨娓娓聞者
靡不傾折爲制藝規有明諸家神骨畢肖家貧授徒
能誘掖後進一語之合必奬勵焉初有志進取兩入
都門艱於遇歸輒放情詩酒嘯歌淸溪方山間所著

詩古文辭獨闢畦徑人爭傳誦卒年七十
牟萬鵬邑明經篤志於學師事長林胡僉先研窮經
義至於子史詩文經手考訂抉摘皆中肯綮藏有磨
心鏡教學譜
王炎字烈山雍正癸卯選貢少沈重寡言笑安貧耆
學尤潛心性理諸書發爲文字根柢深厚無蕪雜影
響之詞閒形於詩歌亦質樸有理趣結廬江上生徒
從遊者衆卒年五十餘
李和煦邑貢生少勤學敦孝友性復曠達不事生產
作業授徒於鄉歷數十年所成就甚衆
黃大經邑廩生嗜學能文家故貧事繼母克盡其孝
授徒數十年出其門者多知名士人謂文行兼長云
嚴方英邑廩生少聰穎援筆能文爲士林所推重從
之遊者皆有聲庠序未遇早卒
吳迪邑廩生立品端嚴不苟言笑一時從遊者多謹
飭士前邑令王深器之
劉容字伯度邑廩生少勤學受業於季父續祖以孝
友世其家讀書能强記周秦以下諸子史雖隱僻叢

雜事信手捃摭不譌一字其屬文苦心孤詣不落恆
蹊以數奇艱於遇年四十七卒
郭孫璨字湘琳邑廩生天資沈敏爲文刻摯小試必
列前茅其事親躬扶臥起調飲食每得佳味輒喜勸
加餐友恭諸昆亦本至誠自顏其齋曰弟兄師友家
藏外間人有異書必借觀儀禮通考册府諸大部皆
經手抄疾前二日猶搦管不輟年四十二賫志以歿
張開佐邑明經性沈靜七歲入塾即正席端坐目不
旁矚及長溺苦於學於大易啟蒙性理精義諸書尤

潛心焉家居授徒以正誼明道爲本其爲文亦恬雅深醕著有真積堂文集

曹思濬字巨川邑廩生性豪邁博覽羣書詩古文詞秉興寫懷如風雨驟至晚年造詣一歸於正乾隆壬長報明經旋卒

曹佩維字懋四邑廩生諸兄早逝撫孤姪如已出子弟有過不深責但令旁坐靜思各謝罪乃已其宗祠自明季燬於兵佩維捐貲倡建復捐田供祭祀有餘則以濟宗族之貧而賢者族中咸遵訓迪不肖者慚

其知名恩誼之隆稱於里黨也爲文精闢峭勁懇切不可磨滅著有深柳堂文集

張鴻敘邑明經爲人沈靜簡默少孤貧遇書皆手抄窮年攻苦卒徵博洽爲文骨氣嶙峋不拘常徑以明經終邑人惜之

盧嗣遜字方舟邑庠生少孤銳志於學有文名家居授徒所成就數十人族隷軍籍遂爲置義田以濟漕運又清溪之義塚地方山之起鳳橋皆其倡置也晚年精於醫所濟甚衆舉鄉飲正賓著有方舟文集醫方解補藏於家年七十無疾而卒當暑三日及殮面如生子效棟庠生　以上續舊志

葉文在字愛梅乾隆戊辰科副榜幼嗜學明於訓詁既而博覽羣書得其精義爲文一規先正爲士林所傳誦從之遊者以品學相高後多爲名宿焉

胡作材字棫村邑明經家貧嗜學小試輒冠軍前邑令衛肅才之稱爲士林翹楚性端嚴燕居必正衣冠其屬文一軌先正不屑從時尚家居課徒以品學相規從之遊者多知名士既老蒔花種竹吟諷不輟燹

煙屢虛泊如也卒年八十四

羅開泌字達泉邑明經性醕謹不以冥冥隳行遇事和平無疾言遽色其授徒精於訓詁最能啟發後進從遊者衆先後列庠序者七十餘人輯有西園講義待梓卒年八十一

張致青字涵清邑明經少有才思溺苦於學經史外惟嗜古文詩詞作賦必宗漢魏學使初公奇之稱僅見焉性高潔爲塾師必擇所爲主脩脯非所計課讀之暇輒攜酒垂釣盡日忘歸其書畫皆有異趣晚年

家益落衣食常不給惟日以翰墨自娱卒年七十

羅鵬程字雲岸邑庠生父承旨以篤學爲名諸生鵬程克世其業以禮法自持家居授徒喜奬勸後進一時從遊多知名士每自塾中歸先謁其兄侍坐移時太和之氣溢於庭除里中稱之

李森梓字蘭蓀邑廩生幼失怙事母以孝聞嘉慶元年教匪之變梓奉母避山中險阻備嘗而定省無闕性聰穎援筆成文文亦清澹刻摯爲後學所傳誦

熊問世字子才邑明經家世業儒問世尤純粹道光

中總督訥公閱兵過縣延致館舍訪以邑中故事晤對移時所陳皆有根據訥公深器之稱爲一邑名宿

嚴大箴字勤軒邑明經性醕謹溺志於學所作詩賦文詞皆有考據爲後學所傳誦書法亦工卒年七十八弟大訓邑庠生亦以能文稱

張金字雲程邑明經居心謹厚和平接物爲生徒講學務發明經義不沾沾於制藝晚主書院講席敦品勵學多所裁成卒年八十四子致峻致潔俱列黌序能以詩書世其家

聶子英字安業性沈靜持身高潔博覽羣書抉其精藴嘗謂讀經如侍嚴師讀史如對法官人能以史通經以經定史方不愧爲根底之學晚年益工詩自漢魏以降至唐宋各家皆詳加考訂論斷微芒閉戸吟諷垂四十年著有安業詩草卒年七十

張尚俊字梅岩性曠達喜吟詠所交皆知名士唱和甚多卒年四十七

李集堂邑明經性誠樸溺苦於學訓徒數十年門下多知名士卒年七十餘子嗣英邑庠

曹步瀛字星槎邑庠生幼英敏勤於學摹龍門史記百二十篇故其文皆有根據課徒於家從遊者多列庠序卒年七十八

隱逸

學古入官乘時利見士君子之恆軌也然堯舜在上下有巢許嚴陵處光武之世而以漁隱終亦各行其志而已邑之山水佳勝靈秀所鍾自應代有偉人而見諸仕版者顧寥寥焉知山林岩穴之間懷奇抱異甘心沈淪者爲不少也兹沿舊志掇其可考者得數人焉於以表章潛德且可以愧天下之逐逐浮榮者矣作隱逸傳

元以前不可考

衛應辰邑人博學篤行隱居弗仕有古逸民風自號臨沮散人入祀鄉賢祠

明

鄭克昌字伯賢原籍福州祖崇進士官本學教諭因家焉克昌少爲諸生屢赴秋闈不售遂棄去放浪山水間吟詠自適遠安鮑令慕其高數造訪皆不納本邑馮令思得一見終不報嘗采禹貢周官及管韓荀賈諸篇彙爲一書皆有見地子餘慶字五雲歲薦歷歷任教諭篤行有父風

楊誌字石父弟兄皆諸生誌獨耆讀書工詩不屑習舉子業及壯好遊嘗至吳越蹤跡多在湖湘間生平不喜見貴人長沙禹山宗王善詞賦誌乃以布衣取重郡邑有司造廬欲一見不可得子弟疑其倨誌曰予布衣又腹大不能長揖庸倨乎一日於遊次覽鏡見白髭驚曰予老矣堂上且有兩華髮人安可復出自是嘯吟田間十餘年卒年六十六誌爲詩澹宕有幽思無淒韻深得風騷之致遺草數卷大都沅湘間語多幽折田居語多和暢

國朝

張日旦邑鴻橋人敦倫樂道儉德傳家喜讀書年三十餘無意進取閉門卻掃凡五十一年自號雙河居士卒年八十四前數日呼子孫至榻前誦曲江感遇詩二章囑餘朱子儉德帖置座右　以上續舊志

耆壽
三代最重養老漢遂承之頒肉帛酒醪徧及天
下耆老此誠驅民壽域躋世福林之盛事也茲
邑山川相繆民生敦龐閭閻高年多以壽考著
稱非獨得諸地氣其亦優游於
聖仁德澤者深矣連類書之以徵休美作耆壽傳
文太常邑沙溪里人年百三十一歲明　間授壽
官孝廉瓚其十世孫也
彭際太邑庠生年八十六性節儉燈下能作蠅頭小

字乾隆庚戌
恩賜衣帛米肉
楊正元邑人簡重端方乾隆四十三年壽至九十
學憲洪錫以敦行壽臧匾額卒年九十五孫起嵩庠
生
莊方昇邑人好善樂施尊師重道晚年尤力行陰隲
卒年九十二
林可裕邑胭脂總人性耿介耽經史隱居自適不求
聞達終日危坐手一卷至老不懈

楊鉞字定西鄉賓楊先佑之祖端嚴和厚喜排難解
紛卒年九十以上續舊志
朱在聘邑鴻橋人康熙時庠生好讀書而艱於遇家
居授徒一以和鄉鄰息爭訟爲實務卒年九十有二
劉鉅邑諸生居魚兒總伯父尚衡父尚典俱年逾八
十鉅尤勵學鄉里稱善人夫妻齊眉卒年八十四子
三祝議敘六品
誥封奉直大夫現年八十三三世俱登上壽能以詩書世
其家亦門祚之盛者孫德華道光丁酉拔貢

朱玉成玉總人性廉靜和睦鄉鄰年百有十歲邑令
蔣遇春爲題養德天和匾額以表之
趙純懋安陸郡庠乾隆性廉介取與不苟孫曾林立
五世同居卒年九十八
游于清字春軒高祖逢盛康熙朝舉人清其元孫也
生子五孫十四曾孫十七元孫四目擊先後七代所
居猶是明時舊廬卒年九十八
林中文漳河總人性純孝耿介好義嘉慶初教匪犯
境文負耆母走百餘里避之嘗充鄉勇防守有功年

九十餘夫婦齊眉步履如壯者子栖鶴　恩貢生
柏山岱邑上總人性謹厚取與不苟不出戶庭者四十年見貧苦親鄰尤加周恤卒年九十
王鳳字稞蘭秉性耿介取與必嚴五十始娶年九十七已抱曾孫邑令董文煜爲書熙朝人瑞匾額以壽之
楊嗣緒邑農民年九十有二子孫蕃衍以勤儉世其家
王可望邑漳河總人以耕讀爲業卒年九十子孫相

繼列膠庠曾元以下日蕃衍云
謝子周邑三洲總人以勤儉起家年九十有七
陳應書三洲總人守正不阿年九十有六無疾而卒
熊遠朝邑呼兕總人厚重端凝子澤與亦年八十有五孫曾以下稱蕃盛焉
龔忠貴邑農民性謹厚寡言笑輕財好義鄉里稱之卒年九十有六
張大定邑農民性嚴正識大義嘉慶元年設卡堵教匪匪黨潛竄秋家砦右負固不動大定偕雷啟輝謝盛紳陳啟鳳共率鄉勇數千破砦滅之道光元年卒年九十有六
雷興邦三洲總人性質樸五世同居卒年九十有六
汪長讀邑人居呼兕總性廉介閭黨爭訟者咸質成焉現年九十子孫二十餘人五世同居鄉里義之
汪士杰呼兕總人父早卒事母以孝開置義田百畝以所入周窮之不責其償四世同堂卒年八十二
余之連漳河總人性質樸與物無爭幼逮事祖父母晚年抱元孫親見七代曾元以下日蕃盛年九十有

八髮妻劉氏亦年九十二壽考齊眉一鄉慕之
杜宏器字玉華與弟宏文相友愛終身未析居子孫蕃衍孝友一堂宏器議叙六品卒年八十八宏文舉仲賓卒年八十四
張自潔邑庠生少孤事繼母維謹數十年無間言性和寬與物無爭子孫相繼列庠序卒年八十七
賀志初邑庠生耕讀爲業不干外事卒年九十
咎志吉胭脂總人性溫厚能排難解紛子三孫九現年八十八猶稱康强云孫東明廩生

曾紹典邑人少孤習於勤苦妻馮氏稱賢助典性正直言笑不苟年九十有六猶耳目聰明步履如少壯時子五俱登中壽孫曾日蕃盛云

何明宣邑農人現年八十有九猶能負百斤終日不輟弟廷宣清宣俱年逾八十昆弟俱登上壽鄉里稱人瑞焉

宋良萬邑大蓮總人妻許氏勤儉起家夫妻偕老子四孫曾林立萬年九十六猶康强如壯者許氏亦享年九十三

張道成邑五總人居心謹厚篤於天倫嘉慶元年教匪之難舉家引避成年甫十七以一身保護之卒無恙生平課耕課讀家政肅然鄉里咸稱道焉卒年九十孫鳳寅文煥俱入邑庠

文志國邑四總人嘉慶初充鄉勇剿賊以功授藍翎千總不樂仕進其居家急公好義卒年九十三

曹孫蛟邑胭脂總人慷慨樂施無吝色閭黨蒙惠咸稱長者卒年九十

流寓

勝母則曾子不入朝歌而墨翟迴車古之人偶焉託足必慎擇其地里仁所以爲美也然風俗之轉移又往往視乎其人邑自仲宣作賦振起人文迨有宋名儒如唐質肅胡文定朱漢上諸公棲遲林泉以講明道學此邦之人承其餘緒百世下猶不失爲純謹之風蓋其薰陶涵育者深也憑弔遺跡心嚮往之矣作流寓傳

魏

王粲字仲宣山陽高平人獻帝西遷家長安善屬文蔡邕見而奇之曰吾家書籍文章當盡與之年十七辟黃門侍郎以西京亂不就鄉人劉表爲荆州牧往依之粲貌寢通侻表不甚重作登樓賦以自傷表卒劉琮降魏辟爲丞相掾遷侍中朝廷制度悉咨之建安二十二年從征吳道卒

唐

孟浩然襄陽人好義節詩名重開寶間王維極推之隱居鹿門山嘗往來荆門漳沮間陪張曲江遊玉泉

有詩
杜觀甫弟甫在蜀有續得觀書迎就當陽居止之作
五代
梁震蜀人後梁開平元年進士取道歸蜀時荊南節度使高季昌僭號開府荊臺慕其名留之欲辟爲判官耻不就曰震素不慕榮利明公不以爲愚願白衣從事許之震止稱前進士季昌亦禮重之稱爲先輩而不名昌卒子從誨時過其廬贈遺特厚後固請退築室於上洲嘗乘黃牛披鶴氅閒詣村墅自號荊臺

隱士
宋
唐介字子方江陵人嘗客當陽讀書漳水上仁宗朝登進士爲武陵尉歷平江任卹令入爲御史裏行轉殿中侍御史劾宰相文彥博賓緣宫掖諫官吳奎表裏觀望帝怒甚將遠竄介徐曰臣忠憤所激鼎鑊不避何辭於謫帝亟召彥博入介責之曰彥博宜自省即有之不可隱彥博拜謝不已帝怒益甚貶春州別駕帝旋悟明日取其疏入改置英州而罷彥博相吳奎亦出帝慮介或道死有殺直臣名乃命中使護之由是直聲動天下數月起歷郴潭復諸州尋復原官入對帝曰卿遷謫以來未嘗以私書至京師可謂不易所守矣久之請解職出知揚州徙江東轉運使及彥博再相薦介曰向介所言誠中臣病尋進天章閣待制復知諫院多所論劾旋請外職英宗立召爲御史中丞明年以龍圖學士知太原府夏人數擾邊境多築堡介悉撤之諭以利害不敢動神宗立以三司使召尋拜參知政事帝欲用王安石介言難大任安

石好學而泥古論議多濶使爲政必多更變帝弗聽自是數與安石爭辨帝主其說介不勝憤疽發於背卒年六十謚質肅子淑問義問孫恕皆有名
胡安國字康侯淵子也生有異質年十七入太學與伊川門人朱長文靳裁之講論學問月遂登紹聖四年進士崇寧間提舉湖北學使事牴官改湖南爲蔡京所擠除名遂退居漳濱迎父就養定省外惟經籍自娛宣和末廷臣交薦上坐便殿虛懷勞問甚渥奏曰明君以務學爲亟聖學以正心爲要上首肯之以

足疾乞歸至襄陽虜已薄京城時長子寅校書中秘賓客爲之憂安國愀然曰主上在重圍卿大夫之辱也余恨效忠無路敢念子乎聞者感動及高宗即位復論政有九失召爲給事中凡三辭紹興中促召未至復除給事就職旬日遂以疾求去有旨令纂修春秋以進先是王安石廢春秋防禁益甚安國獨留心是經研窮三十餘年曰此傳心要典也至是繕寫奏御上屢嘉歎有經筵正論武彝集資治通鑑補遺行世卒諡文定從祀孔廟子寅甯宏從子憲俱名儒

朱震字子發荊門軍人政和進士仕州縣以廉稱胡安國一見大器之薦爲司勳員外郎稱疾不至會江西制置使趙鼎入爲參知政事上諮當世人才鼎曰臣所知朱震學術深博廉正守道士之冠冕使位講讀必有裨益上乃召之既至問易春秋之旨震以所學對上悅擢祠部員外郎兼川陝荊襄都督府詳議官多所建白後謝病乞祠命知禮部貢舉會疾卒震經術深醕有漢上易解大旨宗程傳兼邵張之論上采漢魏吳晉下逮有唐及宋包括同異而於象數加詳云震嘗讀書玉陽學者稱漢上先生

侯仲良字師聖河南人嘗寓當陽顏其居曰時習乃二程之甥得其傳胡安國子宏師事之朱子每稱其人清端勁直不愧師門云

何參嶷陵人博學孝義不求聞達隱居當陽稱處士云舊志列隱逸傳

明

袁宏道字石公登萬歷壬辰進士歸益鍵戶讀書除吳縣聽斷敏決案無留牘未解官起順天教授歷國

子助教禮部主事歸臥柳浪湖上凡六年以清望推吏部驗封主事改文選尋移考功員外郎立歲終考察羣吏法疏上報可遂爲定制遷稽勳郎中移病休沐不數月卒於家年四十三萬歷中年王李學盛行宏道昌言排擊以爲唐自有古詩不必選體中晚皆有詩不必初盛歐蘇陳黃皆有詩不必唐人唐詩色澤鮮妍如旦晚脫筆硯者今詩纔離筆硯已成陳言豈非性靈剽擬所從來異乎一時聞者神解翕然宗之石公與弟小修嘗讀書玉泉柴紫菴又最愛紫蓋

青溪往來嘯詠甚多

袁中道字小修公安人十歲著黃山雪二賦五十餘言長通經史游情詩酒以豪傑自命嘗泛舟西陵走馬塞上窮覽燕趙齊魯吳越之地足跡幾半天下而詩文亦日進歸學李龍湖有志出世操觚應舉懷利刃切泥之歎久困鎖闈流離世故有憂生之歎萬歷丙辰始成進士授徽府教授遷國子博士乞南得禮部儀制歷官郎中旋乞休以疾卒年五十四有珂雪齋集朱彝尊謂其才不逮中郎而過於伯氏蓋定評云以上續舊志

仙釋

考諸史册仙釋多不載義甚嚴也然羽客緇流間有超越塵俗爲士君子所樂道者如太白之於元丹邱昌黎之於大顛子瞻之於了元參寥輩酬答往來形諸歌詠初何嘗以異端棄之邑之林泉幽邃爲修真逃禪者所爭趨方外奇蹤益令山川增勝矣擇其尤者附載於篇庶足以資博覽云作仙釋傳

仙

漢葛鉉字孝先句容人稚川從祖也有道術遇親朋輒邀止折草刺樹以杯承飲皆旨酒又取瓦礫草木之實勸客皆脯棗嘗脩真於邑之紫蓋山煉丹井存焉又有孝先閣

晉張薦字彥悅冀州人張華族也永康中隨父任當陽棄俗脩真南遊至寶蕊觀仙去

梁胡伯女年十四有悟遊當陽圓臺山築室環列羣書居七十年蛻解去

唐司馬子微臺州人嘗隱於內方及邑之三星山後

人因名其地曰馬仙村李白云余昔於江陵見天臺司馬子微謂余有仙風道骨可與神遊八極之表乃著大鵬賦以見志

樊夫人劉綱妻綱爲上虞令能檄召鬼神嘗與夫人較術卒不勝後偕仙去貞元中夫人遊湘潭隱姓字但稱湘媪止人舍十餘載以丹篆療病後里人棹媪之洞庭遇道士始知爲樊夫人也傳於紫蓋山飛昇云舊志

玉真公主唐睿宗第九女開元時嘗脩煉於邑之圓臺山今燦霞觀其遺蹟也

曹何二仙姑莫詳其始有洞在九子山麓暝旦時常以鐵舟浮堰中云

明朱風子不知何許人狀類顛者居青溪言人禍福多奇中時行乞於鄉有餘則以給衆丐一日謂土人曰我且死幸瘞我衆從之歲餘有見風子荷擔於道者衆駭之發其塚空穴而已

按郢書云朱顛者不知何許人萬歷末往來荆楚間衣百結寒暑不變不乞食與之食則食嘗臥叢蘭寺殿角下風雪累日弗起咸以爲死視之酣睡如故性嗜飲每出必醉醉則裸而舞口喃喃歌如云海外玉皇披象皮不知何謂羣以顛目之袁中道嘗遇於當陽燈市見其醉中自語云且混且混因問燈佳否曰燈甚明路不平燈甚明眼不靈袁歎爲異人焉有謀以酒困之者笑曰神仙醉不死費乃甕頭矣一日肩短椰挂不借之朽者十餘兩別所知入山去好事者從而蹤跡之見其行甚徐而衆奔馳莫能及移時不知所向或曰朱乃中州諸王孫殆亦謫仙玩世之流與以上仙

釋

晉慧遠雁門樓煩人姓賈氏師事釋道安及石勒將亂安與遠偕衆渡襄陽襄陽陷乃振錫南遊常倡道於邑之廣福山今清溪龍泉圓通諸寺皆其道場也後結宇廬山不復出八十三終

隋智者禪師名顗本陳氏荆州公安茅穗里人祖梁封益陽侯父起有子二次即顗童時出家從師南嶽誦法華經獨具慧悟將復遠遊母止之曰廿旨誰供

顯指茅化爲稻指水化爲油遂入天台又居金陵光宅寺隋開皇初晉王廣既平陳迎顗西上止玉泉山因爲表請立寺居數年復還天台示寂於石城

唐宏景玉泉寺僧懷讓惠真皆師之詔居京師王法席後俏道俊還山中宗命朝士賦詩以餞別

神秀河南尉氏人本李姓少爲諸生遊學江表年五十始受具於東都天宮寺問法於黃梅宏忍大師忍歎曰吾度人多矣懸解圓照無如秀者東山之法盡在子矣儀鳳中結廬玉泉之東曰度門蘭若天后召

至都許肩輿上殿命於舊山置度門寺中宗尤加禮重神龍二年示寂於天宮寺壽百餘歲謚大通勅歸葬楞伽峯之麓張說撰碑文盧藏用書禪門傳北秀南能兩宗分列獨孤及云秀公師弟兩京法主三帝國師度門之盛如此而曹溪寂如矣

按禪門謂神秀與惠能同師宏忍忍五祖也秀爲北宗能爲南宗俱稱六祖云

一行內黃人張公瑾孫初隱嵩山後住當陽山嘗奉勅考正前代歷法造開元大衍歷

五代齊己俗姓胡益陽人性耽吟號詩囊與鄭都官谷相友善晚年託跡江陵作渚宮莫問篇十五首以見志常往來玉泉題吟甚多著有白蓮集十卷孫光憲爲之序

宋道悟婺州東陽張氏子神姿挺異精脩梵行初棲禪於邑之柴紫山學徒嚮風時裴均尹江陵問法勤至師坐而揖之裴愈加飯向後歸荊州天皇寺元和丁亥四月示寂

慕容玉泉寺僧宋天禧末詔修玉泉寺賜三千金置

常住田畝賜龍眉龍角鎮寺

元廣鑄號鍾山玉泉寺住持時唐賢詩碑蕪沒於荊門鑄請昇回本寺

明正誨號無跡邑人劉氏子幼讀書多解義十歲祝髮於石寶山年二十詣荊南訪天柱和尚柱器之留三年遍閱大藏柱沒乃之兩都登講席慈聖太后賜千金修玉泉寺正誨自都歸省訪度門於玉泉東七里見古寺荒涼榛棘滿目慨然修復遂老度門閉關靜修天啟六年正月先期告逝至期端坐說偈說畢

而逝塔於楞伽峯神秀塔旁著有八識略莊子註及
詩文諸稿以上釋

當陽縣志卷十三終

當陽縣志　第一冊

卷十四列女志上
節婦
卷十五列女志下
烈婦孝婦附
貞女烈女
賢母壽母附

當陽縣志卷十四

列女志上

節婦

婦人之義從一而終不幸而琴瑟分離悲歌黃
鵠命也安於命而持之以禮飲冰茹蘖之死靡
他其一念之精誠足以格天地而泣鬼神雖古
之忠臣義士何以加焉已蒙
旌表者尚矣而窮簷陋巷中保無湮沒而不彰者光
潛德樹風聲又烏可忽哉作節婦傳

明以前無考

盧友傑妻曹氏曹勝之女居清溪里宏治十六年傑
死氏矢志守節嘉靖十八年奏請旌表建坊

李宗濂妻宋氏監生宋明之女適李生子耀年二十
七而夫故氏守節課子由庠入監任楚府審理卒年
五十八

庠生劉拱辰妻王氏年二十二夫死守節事繼姑克
盡其孝萬歷中事聞歲給庫銀二兩學使者屢表其
門卒年七十三

庠生張銑妻羅氏貢生羅鵬之女生子如松一歲而
銑死氏年二十七守節至六十一年卒

汪琄妻吳氏荆州衛職吳綱女歸汪一年琄死氏年
二十守節至八十六卒

汪銳妻王氏年二十夫故家貧無子勵志苦守嫁二
女無所昵撫嗣子慈愛不啻所生以上五名待旌

國朝

廩生梁暹妻陳氏貢生陳大佐之女年十八適暹二
十八而寡守節四十八年乾隆十年　旌表

鍾汝清妻朱氏年二十六而寡守節四十六年乾隆
十二年　旌表

庠生王燕妻莊氏年二十六而寡守節四十九年乾
隆十四年　旌表

王之培妻張氏年十九培亡守節三十二年乾隆十
四年　旌表

熊韜章妻杜氏年二十五而寡守節三十二年乾隆
十六年　旌表

賀君穀妻劉氏年二十七穀亡氏力持家政撫子永

奏以諸生列成均子死與媳郭氏冰蘗共勵媳卒氏
無依立嗣孫得祖以終餘年乾隆十七年　旌表
監生賀永泰妻郭氏貢生郭祄賢之女年二十三夫
故遺一子歲餘而夭氏痛孀姑無依苦心供養三十
載氏年五十四卒與姑劉氏同奉　旌表建坊
儒童張經度妻楊氏年十九于歸三載度亡苦節三
十餘年舅姑有疾日侍湯藥後奉繼姑亦如之撫孤
鴻敘至成立列明經乾隆十八年奉　旌表
儒童張㬌斗妻熊氏于歸四載斗亡一子甫六月氏

孝養翁姑姑病親嘗藥餌訓子坤度慈嚴兼至苦節
四十餘年乾隆十八年奉　旌表
楊一愈妻林氏年二十二夫故無子撫嗣子瓊林林
受室旋夭媳葉氏葉廷棟女青年苦守立嗣續祀孝
養孀姑姑病日侍湯藥衣不解帶稱孝婦焉兩世艱
貞閭里重之乾隆三十六年　旌表
陳先覺妻汪氏于歸三載夫亡遺子方襁褓養育辛
勤無如雙目皆盲子死又撫童孫棻苦備至乾隆三
十三年　旌表年八十六歲

李氏一門三節李本培妻吳氏年二十六夫亡遺子
愷尚襁褓氏孝事翁姑撫兩叔本埈本均備嘗艱苦
本埈妻李氏年二十一夫亡無子立愷次子久潤爲
嗣本均妻孔氏年二十四夫亡夫病篤時屬以無嗣
同撫姪孫氏剪髮自矢與吳氏李氏同勵冰操先後
濟美乾隆三十九年　旌表
監生陳建中妻梁氏通道教諭梁最之女年十九適
陳二十三而寡矢志守節撫遺孤學良受室而夭立
姪學重爲嗣飲茶茹蘗艱苦備嘗乾隆二十八年

旌表卒年八十三
席久祚妻田氏年十八祚歿遺子位榮甫三月氏教
育至成立事翁姑以孝聞乾隆　年　旌表
卒年七十九
儒童羅詔妻李氏邑庠李映臣女年二十四詔歿一
子繼天立兄子維藩爲嗣娶媳毛氏未幾維藩夭折
毛氏年二十立姪思進爲嗣姑媳同心相依爲命及
李氏沒毛氏盡哀盡禮獨居課子紡績不輟無何思
進又亡氏年已七十撫嗣孫馬聞者憫之乾隆五十

五年同奉　旌表以上已旌者
伍應蓮妻萬氏年十九于歸三載蓮亡撫孤至成立苦節三十九年卒年六十餘乾隆二十八年學使爲題匾額以表之
龔洪賡妻曾氏龔洪典妻趙氏賡典相繼亡賡有遺孤典立嗣子兩氏一心冰蘗同苦數十年如一日邑令爲表其門曰一門兩節
庠生李唐祚妻楊氏生一子而祚亡庠生李應昆妻龔氏無子而昆亡娣姒矢志共撫一孤補諸生娶媳宋氏未幾子復夭宋氏苦志奉姑邑令王表其門曰兩世三節
趙珥妻劉氏年二十二珥卒遺腹生一子撫育至成立其事親竭力供甘旨有疾則親侍湯藥邑令周表以瑤池冰霜卒年六十四
趙璥妻宋氏年十九于歸未幾夫亡氏撫孤子力砥清操備嘗艱苦邑令鄭以冰霜勁節表其門卒年五十四
曾應元妻李氏年十八于歸未幾元亡守節五十八

年邑令鄭給以皓首全貞匾額卒年九十
儒童曹佩綬妻陳氏于歸四載綬亡氏上事翁姑下撫二子及翁姑相繼歿鬻產以葬克盡其禮子亡復撫孫卒年七十八邑令衛爲題額以表其門
張天德妻郭氏開崇之嗣母歸張三載德亡遺腹生女旋殀氏輟泣慰翁姑以婦而兼子道焉翁姑沒夫弟悅尚幼氏爲之延師課讀及悅成立事之如母前學憲吳公額以蕙質冰心
李延裕之妾房氏其妻愼氏之媵也年四歲侍愼愼無出及房長裕納之三載而裕故時房年二十愼以其少也曰吾不忍汝留房涕泣誓死靡他愼益敬之孝廉林可法標其門曰南國雙貞
儒童劉出震妻阮氏年二十三而寡撫子及孫抱曾孫焉邑令　表以松年筠節卒年九十子繹祖妻李氏年二十四繹祖亡氏養姑撫子克繼其志邑令　額以守歲寒心卒年八十五孫媳林氏二十四而寡上事王姑及姑下撫幼子孝慈兼盡時稱爲一門三節

楊景顔妻劉氏年十八顔亡苦節二十餘年立姪承嗣學使李額以節操松筠

黄文元妻灰氏年二十適黄黄貧而貌寢氏敬之四載而元沒氏撫孤至成立翁年八十餘氏奉甘旨無缺值歲寒其兄遺以敝裘氏泣曰翁姑衣敗絮忍著此耶督學李公爲題額以奬之

邑庠姚士珩妻周氏年二十四而寡矢志柏舟子櫟亦入邑庠學使額以柏節松齡

邑庠余占鰲妻游氏年二十三而寡孝養老姑撫嗣

子國枏教有義方補邑廩生學使吳公　表以敦節維風國枏後中副貢有傳次子開雋補諸生邑令舒給以壼則聿昭額

羅宏巌妻趙氏年二十四而寡孝事翁姑義方教子

儒童王烈妻田氏年二十六而寡苦節撫一子事翁姑以孝聞邑令苗表以節壽雙輝卒年八十四子家珍妻田氏年二十四珍亡田氏節孝不愧其姑云

葉開明妻胡氏年二十明故撫子光德既婚而亡未幾孫亦殤立嗣孫撫之邑令額以冰操鶴算

儒童傅一傑妻吳氏年二十八傑亡家赤貧氏拮据撫孤皆得成立學使初　奬以玉潔冰清

金鑑妻何氏門昌之嗣母年二十二夫故無子氏奉養翁姑立嗣承祀前令苗額以節勁如松苦節五十餘年卒年七十三

李蓉妻袁氏庠生李世標之母年十七生標未彌月而蓉歿氏養親撫孤勞瘁備至學使胡錫以閨閫完人額

監生劉元吉妻齊氏年二十七夫亡遺二女立姪承

祀學使衛以松青玉潔表其門

郡庠龔兆魁妻楊氏魁卒翁姑欲奪其志氏以死誓食必祝其夫歲饑晝夜紡績易菽奉翁姑自啖橡實姑老不能食以口哺之卒年四十七

潘成名妻李氏年二十八名亡家貧勤於操作易粟以奉公姑撫二子一女至成立苦節五十二年卒年八十

郭孫傳妻李氏年二十四而寡事翁姑以孝聞撫嗣子及一女艱苦備嘗守節三十二年卒年五十六

儒童張錫玠妻熊氏庠生熊文泉之女歸張八載而寡值姑病日侍湯藥不離寢門課二子嚴而有法守節三十餘年卒

羅文錦妻楊氏適錦八年而寡遺孤甫一齡撫之成立卒年七十四

岳子静妻馮氏年十九静亡堅貞自矢翁年六十爲置側室生子氏亦立嗣承夫祀焉

張榮昇妻章氏年十九歸張三載而寡遺孤甫一歲撫育至成立卒年八十

胡景旦妻靳氏年二十六夫故遺腹生子松長教育至成立卒年七十餘

徐士信妻張氏庠生張邦傑之女年十九適徐二載夫故遺腹子三歲而殀撫嗣子觀國列膠庠卒年七十三

陳慎移妻劉氏年二十而寡無子立嗣以承祀苦守三十九年卒年五十八

庠生陶方旦妻王氏及其媳汪氏先後皆以青年喪夫矢志柏舟兩世同心時稱爲一門雙節

李希聖之妻童氏年二十二而寡遺腹生子撫育至成立家亦貧氏苦節數十年聞者憫之

宋廷爵妻嚴氏年十九而寡守節數十年其子因服賈死於蜀媳馮氏亦青年苦節能繼姑志

李后文妻鄒氏年二十而寡子友松既婚而夭婦馮氏亦年二十冰操相繼兩世一心

熊錫爵妻王氏庠生王維成之女年二十四夫故氏上事翁姑及繼姑克盡其孝卒年七十一子之泉庠生

高光祖妻林氏庠生林大倫之女年二十八而寡苦節三十四年子永崇庠生

盧宗融妻林氏庠生林大倫之次女年十八適盧二年夫故氏上事重闈曲盡色養殫心茹苦三十年如一日子嗣顯邑庠生

羅曰元妻龔氏庠生龔種瓚之女年二十二元亡二子又夭家亦貧年六十尚以縫紉自食

邱宗儒妻朱氏年二十七而寡苦節五十七年卒年八十四子龍文邑庠生

范萬應妻鄭氏年二十四夫歿守節撫一子艱苦備
嘗卒年六十餘
賀志永妻陳氏年十七歸永未一歲而永卒遺腹生
一子教育至成立卒年六十餘
陳學文妻李氏歸陳兩載夫故氏矢志堅守撫遺腹
子課讀維嚴卒年七十餘
余珵妻曹氏笄年歸余七載珵亡一子死立姪承祀
卒年六十餘
賀士價妻徐氏年二十二而寡守節六十三年卒年

八十五
閻成龍妻劉氏夫故事舅姑以孝聞家貧值歲饑則
攜兩孤採蕨爲食苦節四十餘年卒年七十餘
劉憲祖妻傅氏庠生傅純璞之妹年二十二而寡二
子又夭氏事繼姑鬻針黹以奉甘旨卒年六十
高光國妻張氏年二十九夫故氏與子紡績爲生苦
節三十一年卒
黄映纂妻李氏庠生李應春之女年二十五而寡無
子立姪爲嗣守節三十三年卒年五十八

楊揃妻劉氏荆門貢生劉效祖之女年二十七夫亡
氏矢志柏舟及舅姑卒鬻田營葬課子泳霖補邑庠
苦節三十年卒
胡正言妻戴氏年二十九而寡家貧氏守志奉姑克
盡其孝撫嗣文舉至成立卒年六十餘
孫傳一妻楊氏年二十九而寡上奉祖姑及翁姑下
撫幼子艱苦備嘗卒年六十餘
監生戴宗逸妻王氏庠生王兆富之妹于歸六載逸
亡氏奉姑撫子泳操自持卒年六十

張正廸妻焦氏年二十三而寡家貧事姑維謹訓子
有方苦節四十七年卒
周常承妻袁氏年二十七承故氏竭力奉姑守節不
渝卒年七十
張堂甫妻李氏于歸二載堂亡遺孤甫六月鞠育至
成立子死復撫孫守節四十年卒
張士林妻曹氏年二十二夫故無出家故貧竭力奉
姑年六十卒
阮大維妻袁氏年二十五而寡撫子琯補諸生次子

瑾卒媳李氏立嗣承祀時稱雙節袁年七十三卒李歷三十餘年卒

廖羽妻羅氏年二十七夫亡無出家貧紡績自給苦勵清操預鐫姓氏於其夫墓碑上誓同穴焉

胡景瑗妻李氏年二十三而寡事翁姑撫嗣子零丁孤苦卒年七十

阮瑀妻饒氏于歸五載瑀故氏奉親撫孤未幾子歿立嗣承祀卒年六十餘

侯之偉妻羅氏庠生羅日省之女年二十二偉歿氏

矢志奉親以猶子承祀卒年七十

庠生李元勳妻羅氏年二十六而寡苦節三十四年卒年六十一

李逃熹妻向氏年二十二熹亡氏奉翁姑撫孤子清貧苦守卒年六十

汪睿妻周氏年二十四夫亡無子氏苦節奉姑年七十卒

楊志高之妻王氏年十八適楊未幾夫早亡撫子際彥既婚而夭與媳盧氏共矢貞操課孫士林補郡庠

守節六十一載卒年八十七

朱亭泗之妻熊氏邑庠熊文泉之女年二十四泗亡矢志守貞奉姑撫子孝慈兼盡卒年七十一

丁正度之妻杜氏邑庠杜開蔭之女年二十三而寡矢志撫孤孤亡無依咽苦食淡縫紉自給卒年六十

劉世成之妻潘氏年二十七成亡奉姑撫子勤儉治家卒年六十餘

饒大申之妻金氏年十七適饒八月申故遺腹生一

子安貧守志竭力奉親苦節二十九年卒

劉之屏妻王氏年二十九而寡家貧子幼艱苦備嘗不渝其志

王士祈妻熊氏年二十五夫故氏奉姑撫子鞠育孤姪皆得成立卒年六十餘

趙榮妻羅氏年二十二而寡家貧氏奉姑撫子矢志不渝卒年七十一

李文任妻聶氏任亡氏守貞不渝事翁姑以孝稱苦節三十年卒

舒清和妻陳氏年二十五夫亡舒清順妻李氏年二

十四夫故娣姒同居殫心茹苦各撫一孤俱得成立
楊宗孔妻劉氏年十八適楊二十八而寡氏撫遺孤苦節三十五年卒
李如瑛妻胡氏瑛亡矢志撫孤備嘗艱苦守節三十三年卒
郭孫儻妻李氏歸郭三載儻亡遺一子復殀立嗣勤問教育有成及子入邑庠氏嘗恨不得親奉翁姑每言及必泣下苦節二十年而卒
林紹祖妻馬氏年二十五而寡守節四十六年卒年

七十嗣子昌世著聲膠庠孫上多亦補郡庠
邑庠張光國妻周氏夫亡無子立嗣承祀守節八十五年卒
程之璜妻江氏于歸五載夫亡僅遺一女家貧紡織自給苦節二十六載
趙瓊之妻嚴氏邑庠嚴承烈之女適趙三載而寡遺孤元位僅逾月氏上事翁姑下撫弱子冰霜勵節艱苦備嘗歷二十八年卒
羅希頤妻陳氏歸羅七載頤亡僅一女女適魏學莪亦二十四而寡姪女適張鳳楷年二十楷亡青年矢志同勵清操
張錫瑞妻范氏適張七載而寡遺孤承烈僅五齡辛勤教育俊入邑庠苦節四十一年卒
吳之璧妻屈氏年二十四璧亡家赤貧歸依母家紡績以爲食上奉其姑下撫二女苦節四十六年
趙艮瑛之妻楊氏庠生楊春景之姊年二十六而寡撫子奉姑備歷艱苦卒年七十三
郭應亨之妻劉氏年十八適郭甫一載亨亡矢志靡

他事親以禮立孫承嗣苦節四十三年
張國珂之妻傅氏邑庠傅正誼之女年二十珂亡撫幼子事孀姑苦節三十八年
張茂之妻曹氏年二十五茂故氏矢志靡他上奉兩姑一門敦睦撫幼子至有成苦節四十九年卒
段大秀妻吳氏年二十三而寡矢志奉姑立嗣承祀守節二十七年
李天倫妻戴氏貢生戴宗寬之妹十六適李三載夫亡矢志撫孤子殀繼嗣承祧冰操不渝卒年六十

賀志㲉妻趙氏㲉亡遺子甫一歲家貧紡績度日撫
孤成立苦節三十年
于亦可妻郭氏年二十二夫亡一子甫離襁褓田僅
四畝氏養親教子苦節六十餘年
徐天介妻王氏生子數月而介故氏撫子成立既婚
而夭立嗣承祀姑媳相依紡績以爲食卒年七十一
傅登璠妻朱氏庠生朱輝若之女年二十六夫亡遺
三子一女舅姑衰老竭力養葬後三子俱歿本支無
承祧者依贅壻焉苦節四十九年

嚴以臨妻李氏于歸四載臨故氏勵志冰霜敬事翁
姑撫一子至成立苦節三十六年
彭朝尊妻郭氏庠生郭禕賢之女年十八適彭生一
子而夫亡子既婚而夭立嗣承祧守節三十三年
杜祥開妻張氏年二十二而寡奉親克孝訓子有方
守節四十一年子士成入太學
庠生杜祺開妻張氏年二十六開故孝親撫孤守節
二十七年
王之瑛妻莊氏年二十三瑛亡無子氏安貧苦守節

庠生賀志尙妻趙氏年二十七夫亡奉翁姑以孝撫
二子以慈守節三十年
文倫之妻龔氏年二十六倫故奉親撫子潔守不易
子卒遺兩孫復夭氏與媳張氏立嗣續祀
吳澤元妻慎氏年二十六夫故撫二子以次子爲夫
兄治元嗣治元妻萬氏亦早寡娣姒同心冰霜共勵
年皆八十餘
甘士吉妻龔氏庠生龔志宏之姊年二十七吉歿氏
矢志撫子事祖姑及舅姑克盡其孝卒年七十

劉邦興妻張氏年三十六興歿奉雙親撫二子守節
五十年卒
庠生張錫玖妻郭氏貢生郭禕賢之女年二十九夫
故側室汪氏年甫二十三共勵冰操白首相依子承
楚孫永明相繼入邑庠
趙文魁妻龔氏年二十四而寡敬奉翁姑撫育兩子
守節三十一年
彭朝右妻謝氏廩生謝樹之姊右亡遺子尙幼家赤
貧氏備嘗勤苦守節三十三年

二十四年
張方吉妻高氏年二十六夫故一子復夭立繼承祀
守節二十八年
朱玉倫妻徐氏年二十三而寡守志事姑嗣子奴撫
孫男至成立苦節四十四年
趙元星妻胡氏十九歸趙四載星亡遺一子一女苦
志撫育歷三十五年
張文興妻曹氏年二十三夫故氏矢志柏舟清操自
勵計守節五十一年

曹思忠妻李氏年二十七夫故氏勵志冰霜歷三十
七年
邑庠曹之欽妾馮氏欽亡氏年二十四同嫡葉氏勵
志苦守洮歸愚修賢媛志按其節狀比之宋伯姬而
所處尤當卒年六十五嗣子兆庠生遷居鍾祥亦編
鍾祥列女志以上舊志
王錫鼎之妻莊氏鼎童年入泮氏年十六歸鼎生子
甫一歲而鼎亡氏孝養翁姑喪葬皆如禮子元旦入
邑庠

羅啟牖妻江氏年二十二牖沒孤子開浩甫二歲家
貧姑性嚴氏孝養倍謹守節數十年因泣血過度兩
目俱盲
儒童任宗太妻胡氏年十八于歸六月宗太亡遺腹
子世芳教育至有成守節四十五年
儒童趙州儒妻謝氏年二十于歸四載儒亡氏誓志
撫孤事舅姑克盡其孝卒年八十四子錦監生孫熙
成元偉俱列膠庠
儒童鄧慶壽妻謝氏年十八于歸未一載壽亡家貧
紡績養姑撫夫弟允康入邑庠立嗣承祀

儒童席位寬妻張氏于歸七月寬亡氏時年十七孝
事翁姑撫嗣子訓迪維嚴詳見後烈婦傳
儒童席位宏妻雷氏于歸五載宏亡翁姑老嗣子幼
仰事俯畜孝慈兼盡
儒童晉宗道妻杜氏年二十五而寡無子立嗣孫馬
守節二十五年卒年七十一
楊正荙妻李氏年二十一夫故苦節撫子終身不渝
楊枝綱妻張氏年十九而寡家赤貧氏操蔬養姑教

子有方子列邑庠
林大樂妻張氏年二十三夫故止一女衣食不給紡
績爲生
劉宗之妻曾氏年三十無子而寡家素貧守節七十
一卒
庠生劉佑世妻史氏佑卒氏年二十八安貧守節不
易其操
吳一鵬妻劉氏年二十五而寡撫子育孫卒年七十
陳[redacted]妻吳氏年十七適陳未經年夫遠出家貧歸

依母家紡績自給獨居數十年
曹之蓮之妻向氏年二十七而寡無子苦節六十三
而卒
徐士仁妻曹氏年二十而寡仰事俯畜孝慈兼盡年
四十八卒
儒童賀雋聯妻劉氏年二十六生子五月雋歿氏守
志奉翁姑姑病願以身代翁姑歿葬之如禮性喜施
予聞有義舉必捐貲助成
蔡文道妻盧氏年二十道歿遺腹生子家貧氏守節
奉姑溫清無缺姑病侍湯藥不懈其節孝皆本於至
誠云
焦正元妻馮氏年二十一而寡撫子育孫俱至成立
庠生吳觀國妻郭氏年二十六而寡守節三十二年
卒年五十八
儒童郭紹周妻宋氏武舉宋楚材之女年二十一周
亡一子國楨目盲氏守志撫孤備歷艱苦
儒童郭紹雍妻劉氏庠生劉日漢之女年二十四而
寡遺腹生男國賓既婚而夭與媳同守稱苦節焉

馮祖孔妻吳氏孔亡氏年二十四家貧遺腹生子俊
年三十始娶婦未幾俊亡撫孫至成立
姚皓妻閔氏年十九而寡立姪之狀爲嗣
楊枝達妻王氏年二十二夫故無子立嗣旋亡撫孫
民柱衣食維艱
趙文遜妻李氏年二十二而寡親老子幼守節四十
五年
儒童龔洪雅妻陳氏年二十二而寡家貧撫孤苦節
四十八年

儒童李信臣妻龔氏于歸半載臣亡身年九十五姑七十四氏孝養不懈立嗣億傑旋殁僅遺一女氏復立嗣孫以承祀

庠生楊盛光妻劉氏年二十六光沒子甫七歲氏事祖翁姑暨翁姑生養死葬皆以禮守節三十九年

李相朝妻劉氏年二十一而寡無出立姪炳道爲嗣紡績爲食矢志彌堅

庠生羅開楚妻戴氏年十九而寡父母慮其少諷以意氏以死誓紡績養親卒酬其志

儒童任士鉉妻莊氏年二十二鉉亡苦守數十載

熊經科妻張氏年二十二科亡無子立嗣承祀家亦貧苦節不變

曹思祖妻李氏年二十三而寡子邦仁甫四歲氏孝養翁姑撫子至有成

張逢吉妻周氏年二十六吉亡子甫二齡撫育至成立及老子媳俱亡復撫孫備歷艱辛卒年八十四

張之佩妻王氏年二十八佩殁無子立姪爲嗣守節數十年

任宗桂妻陳氏年二十而寡無子立姪世型爲嗣同里有逐妾者氏見而留之命子招其人至處以別宅使家焉至生子乃歸其人德氏如母云

任士方妻侯氏于歸三月方亡家貧曲盡其孝及姑殁哀毁骨立立嗣延祀卒年五十三

任元雄妻談氏年十九而寡立嗣子三皆夭苦節六十歲立嗣孫焉

儒童鄭天壽妻謝氏年二十而寡遺腹子病氏百計調護得成立事公姑以孝聞卒年七十二

袁述韶妻林氏年二十而寡撫子瑋瑋亡撫孫啟龍龍亡撫重孫龍妻林氏亦二十六而寡矢志守貞無愧祖姑焉

席國選妻胡氏年二十七夫故家貧勤於操作事姑以孝撫一子至成立

孫正容妻馮氏容有瘵疾立姪爲嗣童育無異所生年二十八容故家貧紡績教子稱賢母焉

任書雄妻徐氏年二十夫歿僅一女倚壻爲生數載壻女俱歿氏紡績養姑克盡其禮

張琳妻馮氏年二十夫亡無子家赤貧事姑以孝聞

盧嗣泂妻李氏年二十三而寡家貧奉養翁姑甘旨不缺撫幼子至於成立

羅一讓妻夏氏性貞靜年二十六讓亡子天成甫一歲家貧事姑以孝聞躬親紡績凡讓所負債盡償之其教子亦有義方云

楊永相妻李氏年二十五相亡子光烋甫二齡未幾翁亦亡氏展轉奉姑依母兄爲命不三年兄又亡自處斗室紡績爲生守節二十餘年

趙師表妻饒氏饒應洲之女年二十六而寡事翁姑惟謹繼姑性嚴能曲意奉之教子亦循循有禮法

謝希任妻高氏年二十八任亡遺一子僅七齡薄田數畝矢志守節卒年七十一

儒童陳維宅妻李氏年二十四而寡家貧事姑委曲就養一子文桂讀書能文未幾殀撫孫馬卒年七十

劉學富妻胡氏年二十四夫亡家赤貧僅一女氏紡績自給形影相弔不易其操

儒童范明斯妻徐氏年二十四而寡家貧撫子養親紡織不怠

儒童劉鴻禮妻左氏年二十二禮亡子女俱夭孝養翁姑立嗣孫馬

宋光彝妻郭氏廪生郭孫燦之女邑紳宋楚望之次子婦也略涉羣書雅嫻姆教生子未一歲而夫亡事祖姑暨翁姑以孝聞訓子嚴不幸夭同里紳議舉節孝氏聞之泣曰苦節命也孝益不敢蓋其至性如此

葉開德妻胡氏年及笄適葉二載而寡遺腹生一子十二歲殀是時祖姑已年近九十氏奉養不稍懈

周大璽妻劉氏苦節三十六年

劉春耀妻艾氏苦節三十年

孫維道妻楊氏苦節五十六年

王應瑞妻龔氏苦節三十五年

王國鎬妻鄧氏苦節三十七年

馬宗熹妻張氏苦節三十七年

張友熙妻許氏苦節三十五年

張復祥妻呂氏苦節四十五年

趙純妻袁氏適趙四載夫亡遺一女家貧姑久病奉

湯藥年餘不怠立嗣承祀未幾子婦俱亡撫嗣孫爲
卒年八十
高開國妻徐氏年二十一夫沒翁年八十餘家貧氏
紡績供甘旨立嗣宗一未幾夭復撫孫備歷辛苦
李文亮妻張氏年二十而寡生子尚品甫一歲撫育
成立娶婦王氏逾四載尚品歿無出與媳同守卒年
五十七王氏年五十二卒
儒童張師程妻齊氏年十九而寡立姪公智承祀娶
媳生孫未幾智又亡一門兩節共矢堅貞

朱之典妻羅氏年二十二夫亡無子紡績以養姑立
姪爲嗣承夫祀焉
張氏一門三節督糧分府張子堯之子婦及曾孫婦
也長子觀國之妻王氏年二十三而寡性孝其姑目
盲委曲奉之且教子有方子　恩襲世職暨曾孫俱
邑庠次子化國之妻馬氏年二十二而寡克勤婦道
立王氏仲子九鼎爲嗣弱冠補諸生孫四列庠序者
三邑令奬以松勁冰操觀國孫士琦妻林氏邑紳林
可法之女于歸後士琦苦學成疾而亡氏守志三十

九年撫嗣若己出自奉儉而好施與有賢聲
郭世安妻阮氏夫沒僅一女苦節二十八年
趙師晉妻張氏年二十夫沒立嗣啟智智又夭氏撫
嗣孫紡織自給
史呂泰妻張氏年二十四夫沒事孀姑惟謹以上續舊志
萬國甯之妻楊氏守節[redacted]十[redacted]年嘉慶十年奉
旌表
儒童盧效梧妻牟氏年十九夫故氏奉養舅姑曲盡
其孝後其繼姑病氏晝夜扶持至以手承痰姑爲之

感泣守節五十六年嘉慶十一年奉　旌表子秉
鈺邑庠生
皮朝祚妻盧氏年二十三而寡上奉翁姑下撫弱女
勤勞備至守節四十七年嘉慶十一年奉　旌表
虞珍妻姜氏年二十四夫故仰事俯畜艱苦備嘗守
節六十八年卒年九十二嘉慶十五年奉　旌表
王進佩妻姜氏孝子映蘭之母也年二十三而寡矢
志柏舟治家勤苦映蘭早列邑庠以孝行奉
旌表復登同治元年孝廉方正科皆閨訓之力也計

守節四十年亡年六十三道光二十年奉 旌表
盧先純妻曹氏嘉慶三年其夫隨父秉鈺領鄉勇堵
賊氏在家奉姑常背負奔走以濟於厄九年夫故氏
年二十六仰事俯畜艱苦備嘗子永楷入邑庠計守
節三十六年道光二十年奉 旌表
王心亮之妻劉氏守節六十年卒年八十四
陳學典之妻詹氏守節六十九年卒年九十七
鄭楚畧之妻譚氏守節五十二年卒年七十四
郭其香之妻白氏守節六十年卒年八十五

黄汝芝之妻許氏守節四十二年卒年六十六
文志邈之妻熊氏守節五十五年卒年七十六
文志瀆之妻王氏守節五十二年卒年七十
趙春林之妻熊氏守節四十九年卒年七十
廖軌之妻王氏守節五十六年卒年八十九
羅廷柱之妻謝氏守節四十五年亡年七十
傅若衡之妻孫氏守節三十二年亡年五十一
盧秉福之妻宋氏守節四十八年亡年七十四
王宗義之妻郭氏守節五十八年亡年八十四

盧先振之妻李氏守節四十一年亡年六十五
曹思賁之妻趙氏守節四十九年亡年七十
朱均任之妻熊氏守節二十四年亡年四十七
曹思畧之妻陳氏守節二十四年亡年五十一
潘榮桂之妻曹氏守節二十六年亡年四十一
黄鉞之妻杜氏守節三十四年亡年五十八
王進瑚之妻郭氏守節七十一年亡年九十九前任
撫部院胡公給有百年一日匾額
張永福之妻任氏守節三十九年亡年六十一

張開秀之妻莊氏于歸三日夫即故守節三十八年
亡年五十五
張開彬之妻莊氏守節三十八年亡年六十二
曹思介之妻張氏夫死無出立邦珊為子珊復夭折
氏撫童媳王貞姑立嗣孫馬守節四十五年亡年
六十六
曹引鋼之妻姚氏守節三十三年亡年五十二
張宏太之妻梁氏守節五十一年亡年七十一
謝世壯之妻徐氏守節四十三年亡年七十一

張開倫之妻王氏守節四十六年亡年七十四
陳魁印之妻黃氏守節六十七年亡年九十
王德選之妻陳氏陳魁印之女與其母黃氏先後皆
以節著鄉黨稱之守節三十六年亡年六十一
聶明鑑之妻嚴氏守節三十一年亡年五十六
張子柱之妻周氏守節三十八年亡年五十九
嚴太魁之妻慎氏于歸八月夫即物故計守節五十
年現年七十一歲現存歲數依咸豐十年詳案清册後倣此
張錫麟之妻陳氏守節三十一年現年五十三

胡秉周之妻郭氏守節四十三年現年六十五
文志勳之妻黃氏守節四十年現年六十四
張運化之妻汪氏守節三十年現年五十四
王光燦之妻席氏守節五十五年現年八十三
張子孝之妻李氏守節四十五年現年七十
李國全之妻雷氏守節四十年現年六十六
余天申之妻羅氏守節三十三年現年六十
林時鵠之妻曹氏守節四十二年現年六十三
武生韓朝炳之妻張氏守節三十一年現年五十五

楊紹清之妻尚氏守節五十六年現年七十九
曹邦楷之妻李氏守節五十年現年七十一
嚴昌義之妻余氏守節四十年現年六十
張文守之妻林氏守節五十五年現年七十八
傅志達之妻張氏守節三十一年現年五十三
林時燮之妻羅氏守節三十二年現年五十七
林永坦之妻萬氏守節三十七年現年五十八
高元吉之妻李氏守節五十四年現年八十
張敬善之妻鄧氏守節六十年現年八十一

魏大象之妻姜氏守節三十一年現年五十四
鄭永桐之妻賀氏守節五十四年現年七十五
鄭光謨之妻王氏嘉慶三年謨充鄉勇守河溶陣亡
氏年二十四守節六十五年現年八十九
徐廷符之妻郭氏守節三十九年現年六十四
熊永湘之妻鄭氏守節三十一年現年五十
鄭松先之妻熊氏守節三十六年現年六十
楊正書之妻侯氏守節三十一年現年五十
羅傳琳之妻李氏守節四十五年現年六十五

楊守基之妻樊氏守節三十一年現年五十
賀希均之妻黄氏守節三十四年現年五十四
陳魁全之妻凌氏守節三十一年現年五十三
以上六十三名咸豐十年彙詳題奉
旌表建總坊已故者入節烈祠
程榮德之妻傅氏守節五十三年亡年七十六
汪在堂之妻程氏守節三十六年亡年六十
張開仕之妻趙氏守節五十六年亡年八十
李大千之妻鮑氏守節三十六年亡年六十

羅傳名之妻齊氏守節二十九年亡年五十二
周廷浦之妻魏氏守節五十六年亡年七十六
傅天文之妻陳氏守節三十七年亡年六十
熊運富之妻汪氏守節三十九年亡年七十二
謝子敏之妻傅氏守節二十九年亡年五十三
曹家煥之妻佟氏守節三十三年亡年五十七
汪膺之妻周氏守節四十七年亡年七十
黄法唐之妻席氏守節三十五年亡年六十一
李成文之妻梁氏守節四十二年亡年六十九

劉國成之妻傅氏守節五十七年亡年八十一
傅天祐之妻汪氏守節六十年亡年八十七
宋傳逵之妻馮氏守節三十四年亡年六十一
黄法顔之妻席氏守節四十七年現年七十二
席久定之妻嚴氏守節三十六年現年六十
劉明保之妻程氏守節二十八年現年五十二
楊盛德之妻羊氏守節三十五年現年五十九
文生尹及鋒之妻許氏守節二十二年現年五十一
談國榮之妻姚氏守節三十八年現年六十一

王光林之妻羅氏守節三十六年現年六十
王邦瑞之妻劉氏守節二十五年現年五十三
汪長明之妻鄧氏守節四十九年現年七十
汪明長之妻熊氏守節五十年現年七十二
杜映蘭之妻王氏守節四十三年現年六十三
汪之林之妻鄧氏守節四十二年現年六十六
汪明輝之妻李氏守節五十一年現年七十四
李萬全之妻林氏守節三十二年現年五十三
齊永鑑之妻陳氏守節三十二年現年五十四

劉宗科之妻李氏守節三十四年現年五十九
羅聚懿之妻林氏守節三十年現年五十
以上共三十三名同治四年詳請旌表建坊已故者入節烈祠
以上已旌者
陳華崐之妻席氏守節六十二年亡年八十八
賀文治之妻黄氏守節五十三年亡年八十七
許文學之妻馮氏守節五十八年亡年八十二
吳大耀之妻慎氏守節五十八年亡年七十八

陳華菽之妻文氏守節五十八年亡年七十七
王宏道之妻李氏守節四十三年亡年七十三
趙師舉之妻張氏守節三十七年亡年六十一
趙邦林之妻王氏守節二十八年亡年五十二
趙師訓之妻牛氏守節三十七年亡年五十二
陳華崘之妻袁氏守節六十七年時年八十八
陳孝忠之妻靳氏守節五十六年時年八十
張文書之妻宋氏守節五十三年時年七十一
陳華英之妻尚氏守節三十八年時年六十八

陳懋昭之妻賀氏守節四十八年時年六十七
朱曰珩之妻賀氏守節三十四年時年六十二
孫國祥之妻陳氏守節四十一年時年六十一
祁子林之妻賀氏守節三十年時年五十九
陳友棟之妻胡氏守節三十年時年五十三
苗天佐之妻陳氏守節四十九年時年七十一
沈文燦之妻黄氏守節三十年時年五十
劉述林之妻談氏守節三十年時年五十
劉文祥之妻甘氏守節二十八年時年五十

樊恭寬之妻何氏守節二十三年時年五十
張致純之妻何氏守節三十年時年五十三
鄧開科之妻符氏守節三十年時年五十三
按以上節婦二十五名俱於道光六年經學使王題額示奬次年由縣造冊彙詳因冊式未合屢奉藩署札發更换兹查卷宗未見旌表明文姑依詳案入志其現存年數亦依原冊登載
孫儒明之妻盧氏守節六十二年亡年八十二
向德純之妻朱氏守節六十三年亡年八十三
周長紹之妻孫氏守節三十年亡年四十七
袁紹玉之妻鄭氏守節三十五年亡年六十二

王世成之妻馬氏守節三十七年亡年五十九
王正材之妻黄氏守節五十八年亡年八十一
李文達之妻張氏守節三十一年亡年五十七
楊永成之妻童氏守節六十一年亡年八十四
黄鈺之妻金氏守節五十九年亡年八十六
祁子元之妻文氏守節五十八年亡年七十七
劉先仕之妻張氏守節五十年亡年七十二前學使
王題額以表其門
王廣仁之妻劉氏守節四十四年亡年六十九

楊永芳之妻劉氏嘉慶元年教匪陷邑城芳與弟永
華從父死傳見忠義 劉氏矢志節守事姑以孝教子
有方子泰然入邑庠前學使王 賞題匾額許守
節五十年亡年七十九
汪學夔之妻黄氏嘉慶元年教匪之難夔抗節捐軀
時氏年二十矢志柏舟立嗣續祀前學使沈 賞
題匾額許守節六十年亡年七十九
趙啟綱之妻熊氏年二十一夫故無出時姑已沒乃
爲翁續娶生子啟梅氏撫之及梅生子萬碩以爲
夫嗣計苦節五十二年亡年七十三
曹長金之妻慎氏守節四十五年亡年六十六
魏光全之妻王氏守節三十九年亡年六十
楊啟聰之妻陳氏年二十二夫故氏撫孫子及孀媳
艱苦備嘗守節五十年亡年八十二前縣林晉表
其門曰貞壽之門
楊民德之妻牛氏即啟聰陳氏之媳也年二十二而
夫故氏繼姑志孝慈兼盡守節四十年亡年六十
姚成之妻許氏嘉慶元年成遇賊害氏事姑以孝聞

守節五十七年亡年八十
劉德修之妻楊氏守節三十四年亡年五十二
張士秀之妻盧氏守節五十八年亡年七十八
羅應榜之妻張氏嘉慶二年榜充鄉勇堵賊陣亡時
氏年二十二矢志守節歷六十二年亡年八十二
羅應朝之妻汪氏嘉慶二年應朝堵賊陣亡時氏年
二十四矢志守節歷六十年亡年八十四
龔顯貴之妻周氏守節四十年亡年六十六
張必秀之妻陳氏守節四十八年亡年七十四

史崇義之妻曹氏守節五十六年亡年八十
汪文耀之妻傅氏年二十四而寡子宗綱甫三歲撫
之成立守節四十七年亡年七十
鄧世詹之妻汪氏守節五十二年亡年七十六
鄧盛槐之妻王氏于歸六月而寡遺腹生子廷瑞撫
之成立守節四十二年亡年六十一
朱雍然之妻張氏守節六十五年亡年九十有四
周國文之妻彭氏守節五十三年亡年八十
李方白之妻陳氏守節五十九年亡年八十有六

楊達約之妻席氏守節五十八年亡年八十二
陳大有之妻熊氏年二十三夫堵賊宋家埡陣亡苦
守二十餘年卒
杜啟端之妻傅氏嘉慶初瑞充鄉勇守卡陣亡氏立
嗣續祀苦守六十五年亡年九十
劉登之妻留氏年二十七夫故氏事翁姑撫孤子躬
親耕作辛苦備嘗守節二十年亡年四十七
劉三錫之妻溫氏守節十七年亡年四十六
劉錫之妻嚴氏守節四十五年亡年七十一

楊祖德之妻孔氏守節六十六年亡年九十一
劉朋慶之妻杜氏守節五十二年亡年七十七
李越之妻羅氏于歸八載夫故苦節至七十四而卒
張志達之妻章氏守節七十年亡年九十四
雷作材之妻陳氏守節四十六年亡年七十二
監生汪芝輝之妻盧氏守節五十一年亡年七十三
鄭永昌之妻汪氏年二十七夫故至道光八年守節
已三十一年學使王爲題匾額以獎之
尚勝祖之妻孫氏守節四十七年亡年七十前學使

王題額以表其門孫兆熊邑庠
龔兆魁之妻楊氏守節二十七年亡年四十七有碑
記載州志
張本乾之妻鄭氏嘉慶三年乾以鄉勇赴河溶陣亡
氏年二十一子鴻元甫數月氏撫之成立入邑庠
計守節六十三年亡年八十四
莊敷華之妻姜氏守節六十八年亡年八十七
傅天周之妻汪氏年二十二而寡守節四十二年亡
年六十三

汪廷秀之妻王氏嘉慶三年秀堵卡陣亡氏年二十四負尸歸葬誓以身殉其姑慰止之逾三月生子長城撫育至成立孫曾繼起以耕讀世其家皆氏詒謀之力也守節五十五年亡年七十九

趙榮之妻羅氏年十九夫故子甫一歲守節數十年前邑令苗題額以表其門孫政瑄職員

張永燦之妻徐氏守節四十年亡年六十五前學使王題額以獎之

曹思才之妻周氏年三十夫故守節三十七年亡年六十六

羅士棠之妻國氏守節六十三年亡年八十四

張學文之妻聶氏守節四十六年亡年七十

汪明德之妻曹氏守節五十二年亡年七十七

鄧芝萱之妻史氏守節二十七年亡年五十二

雷興太之妻傅氏守節五十二年亡年八十

謝世壯之妻徐氏守節四十三年亡年七十一

徐中倫之妻田氏邑進士田長春之女前岳陽令徐文翰之長子婦也翁以清廉卒於官自此家益落氏事姑以孝聞未幾夫故時氏年二十七守節三十三年亡年六十

童士成之妻曹氏守節五十六年亡年七十有三

王學周之妻姚氏守節五十二年亡年七十有九

吳江藻之妻何氏守節四十年亡年六十有三

魏登選之妻王氏守節三十八年亡年六十有四

周國恒之妻李氏守節五十四年亡年七十有七

李傳綱之妻張氏守節三十五年亡年六十八

劉永立之妻王氏守節五十年亡年七十八

曹引紳之妻嚴氏守節三十三年亡年七十

席學侃之妻祁氏守節五十餘年現年八十餘

劉仁年之妻金氏守節四十七年現年七十二前撫憲胡公爲題匾額以表之

龍開棟之妻蔡氏守節四十二年現年七十

汪長順之妻傅氏守節四十九年現年七十

朱希斗之妻曹氏守節五十年現年七十五

雷作亨之妻鄧氏守節四十七年現年七十一

鄧以美之妻魏氏守節五十年現年七十五前學使

江給以匾額
何之重之妻趙氏年二十而寡姑老且病氏侍湯藥
至廢寢食課子讀書備歷艱苦守節四十八年現
年七十五前學使馮　題額以表其門
劉選慶之妻常氏守節四十六年現年六十八
王志德之妻趙氏守節三十八年現年六十三
鄧盛虞之妻郭氏守節三十六年現年六十
熊盛林之妻李氏守節四十八年現年六十八
林時祥之妻常氏守節三十八年現年六十

李良現之妻黃氏守節二十八年現年五十六
馮正德之妻蔡氏守節二十八年現年五十六
苗鈞元之妻劉氏守節二十九年現年五十六
唐宗欽之妻趙氏守節二十八年現年五十二
彭有珍之妻金氏守節三十年現年五十二
趙萬釗之妻文氏守節三十二年現年五十五
符大煒之妻徐氏守節二十四年現年五十一
蕭光慶之妻陳氏守節二十四年現年五十
韓維忠之妻萬氏守節二十七年現年五十

朱本堅之妻朱氏守節二十六年現年五十
張繼香之妻朱氏守節二十六年現年五十
陳有詩之妻王氏守節三十四年現年五十八
李春福之妻劉氏守節三十三年現年五十五
儒童慎其仁之妻李氏年二十六夫故無出立姪世
延爲嗣娶婦萬氏未幾延故萬氏亦青年潔守李
氏現年七十五萬氏現年五十二
符大瑚之妻洪氏守節二十六年現年五十三
傅治安之妻陳氏守節二十三年現年五十一

汪作球之妻嚴氏守節二十一年現年四十八
姚永魁之妻陳氏守節三十年現年五十七
劉在紀之妻楊氏年二十六而寡家亦貧饔飧不給
而矢志彌堅苦節三十年現年五十五
李廷香之妻張氏守節二十九年現年五十五
武生劉楚珍妻曹氏遠邑庠生曹開運之女合巹時
夫已病篤强扶成禮旋即物故氏堅貞自矢奉姑
撫嗣孝慈兼盡守節四十八年現年六十七
馮錫銳妻王氏年二十五夫故氏孝敬奉姑曲盡色

養嗣姪於襁褓視之若已出馬守節五十年現年
七十四
艾正驥妻張氏年二十一夫故家赤貧氏盡瘁操作
俾俯仰不致有缺苦節五十五年現年七十五
儒童趙鳳儀妻馮氏年二十一夫故青年厲節孝慈
兼盡守節四十五年現年六十五
吳東方妻周氏年二十一夫故守節三十五年現年
五十五

當陽縣志卷十五
列女志下
烈婦
嗟乎結髮而稱未亡已不幸矣一旦惡氛驟廹
白刄縱横或强暴突起於不意非禮見偪以屠
弱之軀抗摧折之凶雖號爲烈丈夫猶凜凜焉
當是時潔與汙直俄頃間事耳婦也慷慨奮起
拒之肉可糜名不可玷骨可碎心不可撓此則
極事之尤不幸然名益高心益白矣邑中烈婦
若而人皎皎焉與崐玉秋霜比潔彼鬚眉男子
靦澀求生者將自居何等哉感之作烈婦傳
明
蕭宗禹之妻龔氏庠生龔種德之妹也歸蕭甫半載
禹故氏矢以身殉不食七日死
粟春芳之妻劉氏歸粟生二子其次子升之甫七日
而芳故氏年二十六矢志柏舟及崇禎甲戌流賊陷
邑城氏抗節不屈與二子俱死
邑庠劉賢之妻鄭氏崇禎甲戌城陷賊欲脅之氏入

室衆火白焚侍婢奪其懷中子逃出不知所終賢亦死祀遂絕

邑庠汪若溶之妻張氏甲戌城陷罵賊死之以上舊志

劉鴻儒之妻鄔氏明末流寇之難儒以鄉勇從督師楊嗣昌討賊賊入境訪儒室㙛之氏抗節不屈遇害甚慘

國朝

庠生郭毓賢之妻陶氏甲申流賊之亂毓賢以身代父陷賊中氏伏叢葦間得免及聞夫去撫膺號泣曰

我夫義士必死於賊尚冀生還乎沈水死詳見藝文郭氏合傳

林春報之妻汪氏及其弟春卉之妻任氏賦性幽貞素明禮教甲申流賊之亂娣姒同避河干蘆叢中爲賊所掠義不受辱路過深潭同躍入水死之賊歎息而去至今死處猶稱兩烈故蹟云

王明遠之妻馬氏爲强暴蕭某所侮氏力拒憤而死前邑令范廉其狀寘蕭於法事聞奉

旨旌以貞心炳日

趙師彥之妻王氏家貧勤於操作有强暴王某誘以金且逼之氏含憤投水死師彥鳴於官王某遠誅事聞乾隆四十二年奉

旨旌表建坊入祀節烈祠詳見藝文建坊序

李作材之妻高氏年十八于歸甫一載材故氏誓以身殉絕口不食七日家人强進以勺漿旬餘歸甯遂垢弗飾其父母慰之但泣不言夜靜投繯死以上續舊志

張程氏張鴻鑑之母嘉慶元年教匪陷城氏與其媳胡氏朱氏黃氏女席張氏闔門自縊子鴻鑑見忠節

傳女席張氏有傳

席位寬之妻張氏本節婦嘉慶丙辰之難氏適歸母家同母縊死十年詳奉　旌表互詳前卷節婦傳

李杜之妻嚴氏杜故氏撫三子至成立嘉慶丙辰教匪入城氏令其子俱避去旋入室自縊其長子世珍之妻金氏次子世蘭之妻李氏同日仰藥死

楊國昌之妻馮氏節婦也居負郭與賊目楊啟瑞爲鄰嘉慶元年賊謀益露氏懼禍作徙城中避之及城陷閉門自縊其二子尚幼卒免於難

吳正風之妻李氏年二十五夫故氏矢志守節正氣凛然嘉慶元年教匪入城氏恐見辱以其子玉恒託其族長令避去閉門仰藥死時年三十一道光十年詳奏　旌表

楊昌祖之妻孫氏孫碩做之女也乾隆三十一年歸楊嘉慶三年川匪擾河溶氏厲聲罵賊遇害甚慘咸豐十年詳奏　旌表

羅德新之妻聶氏邑庠聶子英之女歸羅年餘德新物故氏不食數日死子英哭之以詩曰千秋稱烈婦

一死作完人如此光門戸何須淚滿巾

鄧昌憲之妻李氏年二十三夫故氏誓以身殉既葬數日潛赴墓側自溺於水

孝婦附

高士策之妻周氏于歸後克盡婦道姑病三載百藥罔效氏焚香默祝自割其股肉以奉姑病尋愈前邑令王爲題苦孝二字以表其門值歲歉復給米以卹之舊志載節婦中

趙師槐之妻白氏事姑以孝聞姑陳氏年至九十一氏左右奉養常夜起進膳數十年不倦卒年八十一子啟瑄例職

庠生杜寶田之妻徐氏孝於事姑姑盧氏病甚湯藥罔效氏割股肉以進病得愈然秘而不言也既卒寶田哭而誄之邑庠徐中青李天保作詩以誌其事

馮正舉之妻符氏姑病篤氏割其股肉和藥以進姑得愈現年六十八

監生楊玉溪之妻劉氏性貞靜言笑不苟姑楊氏病

甚醫藥罔效氏默祝於神割股以愈姑後玉溪病危氏復割股進之亦得愈其孝行出於至誠鄉里以爲難現年四十四

王廣舉之妻李氏孝廉方正暎蘭之子婦也于歸後克盡婦道姑病割股以愈姑現年三十

貞烈

女未結褵而自誓守貞雖過高之行然聖人猶亍之若衛共姜是已其有待字閨幃猝與賊遇懼辱身遽死之此其志節益崒矣雖以之刻君華銘彤管可也茲邑靜女以貞烈著聞者不一其人豈非圖史之光哉亟登之庶久而益彰作貞烈傳

貞女

李絳邑人李愷之女幼字儒童楊昌慶未婚昌慶夭女年十七聞之但飲泣念楊氏祀絕因適楊爲之立嗣毀容易服執喪甚哀其宅爲鄰火所延女撫棺號泣風返火滅聞者異之守貞數十年足不踰梱有遺宅值四百金捐其半以廣黌宮雲路乾隆中經儒學牒縣詳奏　旌表

汪蘭英汪艮構之女幼字傅經國之子啟立未婚而立夭時女年十五守貞不再字固請歸傅執子婦禮傅故寒素其姑憐其少也將改字之女執不可卒成其志立從子潮甫爲啟立後前學使吳公倡置義田

詳見藝文碑記嘉慶十七年題奏　旌表時女年七十有一計守貞已五十七年矣亡年未詳

黃二姑黃鈺之女守貞不字亡年四十八咸豐十一年詳奏　旌表

郭大姑郭宗順之女性沉靜夙嫻姆教幼字儒童陳文容將笄而容故女誓志守貞父母不能奪送歸陳入門拜翁姑執子婦禮撫嗣子以奉陳祀子夭撫孫四以至成立數十年未嘗過戚家遇慶弔即歸省亦未嘗信宿母家晚年家益落衣食常不給躬親操作辛苦備嘗道光六年沮漳氾濫夜溺於水明晨拯出經時復蘇人以爲貞節之報計守貞五十七年卒年七十有五前學使王公爲題松貞永茂以表其門咸豐十一年題奏　旌表

王貞女王開道之女幼字節婦曹張氏之子邦珊女年十三就養於曹曹母愛之若已出未婚而珊夭女年十七不忍離其母也守貞不再字立嗣撫之咸豐十一年詳奏　旌表時年五十七計守貞已四十一年矣現存年數依詳案清册

賢母

孟母之賢弗可及也已即丸熊畫荻亦不數數覯是何聞訓之有傳有不傳也夫必有令子而後能顯揚其親子以母賢母亦以子賢矣爲人子者可不勖哉茲沿舊志作賢母傳

廩生趙開祚之妻汪氏邑庠汪振新女明經州傳之嫡母也幼精內則能誦毛詩詁祚早亡遺子州傳氏撫之不啻已出躬自課讀如塾師然稍長始令就外傳弱冠游泮叨歲薦及氏沒傳每言及必涕泣學憲于爲題栢節松齡額以表之

邑庠熊健中之妻羅氏鄉介賓羅謹女明經壁之母也年三十夫亡氏上事繼姑下育幼子擇師課讀晚歸必親課之尤以安貧勵其子子經壁映鑣同食廩餼氏日以課讀爲樂孫繩世亦髫年遊泮

張姚氏邑庠張大慶之母荊門貢生前臨淄令姚相帝之孫女也識字解書嘗養諸子字畫必教以楷正長就外傅偶歸省必促之赴塾宗黨賢之

廩生曹佩維之妻饒氏荊門進士饒應賢女孫也幼

彭貞女彭啟瑞之妹幼字汪汪遠遊不歸時女年及笄守貞不再字嘉慶五年其兄守卡陣亡女上事父母下撫兄子家事皆身任之及兄子成立事之如父亡年八十餘

烈女

郭二姑孝廉之都之女順治甲申歲流寇入境舉家避亂舟中女年十七爲賊所掠脅之以刃女泣且罵曰恨我爲弱女子不能殺賊言未竟賊刃其首奄奄兩日死詳見藝文志三烈合傳

李姑李良忠之女嘉慶二年川匪入境舉家避難中途相失女年十八與母盧氏一嬸一嫂兩弟一從妹匿尙家岩山谷間賊搜得之以刃脅女欲載以去其母叱賊賊殺之女呼天大罵手石擊賊與諸人同遇害一弟創而復蘇歸述其變父兄收而殮之

孀内則年三十患目疾生中饋精潔如常割肉未嘗不正其長子入庠時維已亡氏戒以不與外事每朔望焚香拜祖訖旁立命子孫庠拜垂老無間年五十目復明卒年六十八

孫江氏廩生孫斯亨之祖母性慈惠好濟窮乏同里有蔣姓者貧且病癱自投於水氏呼僕拯起飲食之二年無德色其族姪孫亦病癱爲之延醫一載得愈其善行類如此卒年八十

張曰旦之妻朱氏貢生開佐之母也家初貧氏事翁

姑能先意承志教子力學聞子有名師友至則喜極供盤餐常夜坐聽子孫誦讀奬勤警惰若嚴師焉卒年八十二

曹佩緩之妻徐氏監生士焯之母也性儉素識大義佩緩早世時焯尚幼氏治家勤苦教子有方七十後猶夜績不輟卒年八十 以上續舊志

邑庠高元燮之妻陳氏于歸後事姑維謹及燮卒氏仍躬親操作訓子讀書至成立次子士純邑明經四子士楷廩生敦品勵學無墜先型皆氏閫訓之力也

卒年八十

監生文璜之妻蕭氏邑庠子潤之母也性端嚴以勤儉治家次子步雲由邑庠貢成均皆閫訓所致卒年七十三

壽母附

庠生曹之睿之妻靳氏性恭謹慈愛生子七人友愛無間癸未年氏年九十子孫拜祝長子年七十少亦五十餘孫二十曾孫四十餘元孫九五世同堂鄉里羨之卒年九十四

曹項氏増生曹思懿之祖母性嚴肅門內整潔諸孫聞訓廸無敢怠者卒年九十三

莊鼎明之妻胡氏生員莊士榜之母孝事舅姑生養死葬竭力治家義方教子卒年九十餘 以上續舊志

孝義馮天盛之妻劉氏　誥贈奉直大夫楚材之母也馮故貧氏勤於耕織艱苦備嘗中年家漸裕無何夫與子相繼歿氏撫兩孫至成立家事無鉅細必躬親之生平自奉儉約而周濟貧乏至老無吝色曾元繞膝五世同堂卒年九十二以次孫淩霄例職

誥贈宜人

邑人陳士元之妻楊氏忠義陳大有之母也嘉慶五年川匪竄楚境其子守卞宋家埡陣亡士元以憂死楊氏撫節婦熊氏孫光宗至成立初氏以哭子喪明既老愈康强卒年九十六

張楊氏維仕之母年十七夫故守節撫子至成立卒年九十八

邑仲賓杜宏文之室王氏性慈惠好施與課子孫讀書端品子德中監生次映蘭邑庠三映藻由廩貢候選教諭孫曾繼起循循有家法皆閫訓所致也卒年八十九

邑庠郭藩周之母程氏性慈而和勤於持家子孫日蕃衍卒年九十二

馮孝之妻王氏精一之祖母也勤儉持家慈惠待下既老猶勤紡績以故家漸裕孫曾繼起循循有法皆氏詒謀所致也亡年九十五

當陽縣志卷十五終

當陽縣志　第　冊

卷十六

藝文志上

賦

碑文

碑記

每類以朝代爲次

當陽縣志卷之十六

藝文志

立言居不朽之一文詞特其末爾然大者闡明至道潤色王猷次亦摛華掞藻照耀簡編並爲邦人所豔稱茲邑自仲宣作賦首振大雅逮燕公曲江襄陽諸賢碑碣詩歌輝暎川巖至漢上易胡氏傳出則羽翼六經抉精蘊超百家矣士生其間景慕前徽而沮漳二川揚清滙淑輔以玉泉紫蓋諸峯磅礴元氣含孕秀靈於是懷文

抱質者不啻人擷春華士藏秋實采其尤者著之於篇令稽古振奇之士雖千百世文采有所表見焉志藝文

藝文志上

登樓賦 魏 王粲 字仲宣山陽高平人

登茲樓以四望兮聊假日以消憂覽斯宇之所處兮實顯敞而寡仇挾清漳之通浦兮倚曲沮之長洲背墳衍之廣陸兮臨皐濕之沃流北彌陶牧西接昭邱華實蔽野黍稷盈疇雖信美而非吾土兮曾何足以少留遭紛濁而遷逝兮漫踰紀以迄今情眷眷而懷歸兮孰憂思之可任憑軒檻以遥望兮向北風而開襟平原遠而極目兮蔽荆山之高岑路逶迤以修迥兮川既漾而濟深悲舊鄉之壅隔兮涕橫墜而弗禁

昔尼父之在陳兮有歸歟之歎音鍾儀幽而楚奏兮莊舄顯而越吟人情同於懷土兮豈窮達而異心惟日月之逾邁兮俟河清乎其未極冀王道之一平兮假高衢而騁力懼匏瓜之徒懸兮畏井渫之莫食步棲遲以徙倚兮白日忽其將匿風蕭瑟而并興兮天慘慘而無色獸狂顧以求羣兮鳥相鳴而舉翼原野闃其無人兮征夫行而未息心悽愴以感發兮意忉怛而憯惻循階除而下降兮氣交憤於胸臆夜參半而不寐兮悵盤桓以反側

紫蓋山賦 以丹崖百丈翠碧萬尋為韻　　廪膳　郭孫燦

佇中區以元覽景高岸之華丹陰陽闔闢而莫究元氣變化而無端融而為川瀆結而為峯巒嗟紫蓋之奇挺實神明之大觀配十大而稱勝與六六而共嶓結根比於華岱之廣博直指侔於九嶷之巑岏挾清漳之逦浦倚曲沮之長湍明月亭亭而直炤堆藍巍巍而屈盤爾其山之為狀也則岩嶤岌嶪絕壁斷崖岑崟岪鬱崗巒崔嵬彩借雲霞碧分薜苔含谿藏霧觸石雲開青霄秀出丹氣聚隈洞峪岈以杳冥紛轇

轕其若迴綠嶂數重青山萬堆企木之猿百臂相接歸飛之鳥千翼競來怪石嶙峋孤峯累百嵐烟飄渺紫氣滿壁交錯紛亂之勢盤礴峻削之迹惟玆山之秀峙冠荆南而獨闢獸嘯龍騰風雲之所吐納霓裳鶴蓋神仙之所窟宅渺天台與四明疑蓬萊與方丈石壁堅柱而雄聳衆山奔騰而直上峭崿崢嶸穹窿疊嶂白雲靄翠於幽草青松垂黛而蕩漾廣大無垠萬籟絕唱惟燕語之綢繆聆泉聲之響亮其山所產則栝柏冬青梗楠夏翠燦奇葩於幽谷聳修幹於岑蔚迤而望之若瑤林琪樹凝雪霜之菁英近而卽之若珠宮玉闕蓄金銀之瑞氣飄渺兮同廣寒清虛之府皎潔兮似　麗三素之異爾其大概也則羣峯皆紫林石盡碧時而翠微隱見時而巖厲峭直時而窈窕幽深時而童頳堆綠時維春也則淡泊而如笑時維夏也則蒼翠而如滴秋則明淨而如妝冬則慘淡而蕭瑟四時佳景氣象千萬南望巫峽江流斷岸北倚方山千峯熳爛東界綠林之險西桃青溪之觀極聆睞於中天窮江山於一覽妙不能盡之於筆奇不

能寫之於腕爾乃釋域中之常轡暢超法而高尋踞虎豹之嵯峨披蒙茸之荒榛踐莓苔之曲徑搏壁立之翠屏攀栖鶻之危巢瞰仙人之層城一縱一橫兮石碁未改或飛或瀑兮丹井猶存過靈溪而一濯滌煩囂而神清倚幽巖而凝思臨清流而朗吟亂曰蔚矣名山亭亭拱秀千峯目擊萬嶺神逗彩霞下拂神泉旁漱元聖所棲仙靈所伏元玉為膏芝粒作糗洞天福地比跡句漏遊覽既周風生兩袖清虛自娛喬松比壽

玉泉寺智者禪師碑文

隋 皇甫昆 當陽縣令

蓋聞乾元資始三辰著象於天坤道資生萬物動行於地皇王於是建國賢聖所以垂文起名教而莫同制威儀而有別至如畫卦觀爻蓋取隨時之象綜經織緯會通爲政之辭大禮同和大樂同節安上治民移風易俗斯迺生前之事略矣可言死後之間仲尼弗語縱使絳雪紫空玄霜拂樹餌金丹而九轉吞玉髓而千年乘雲也駕九色之鉝龍游漠焉控三山之素鵠逍遥瑪臺之上容與珠闕之間未窺解脫之門

終趣蓋纏之境唯正覺淵冲真如妙有不生不滅無相無言隨緣應質則假色成形隨類觀音則因聲亦說故有白銀千尺之體紫金丈六之身八部般若之文四種悉檀之義神通自在慧力無窮因導化行開示悟人皈依者盡發菩提迴向焉普登常樂是以彌猴建墖遂生忉利之天野雁銜華復往彌陀之國豈直日藏沙門孤遊正道月光童子獨見如來四生因茲度脫六道藉此超蘇實火宅之高車昏河之大筏若乃周室昭王之世影奪恆星漢朝明帝之時光夢如日使旋西域化漸東都貫像南宮申心北面自摩騰入洛羅什游秦名教更宏道風斯熾經臺像閣寶墖香山麗溢巖阿綺盈都邑豈期後魏真君之歲後周建德之年靈廟一除伽藍再滅形容廢毀文字散遺響落瓊鐘聲沈寶鐸修禪者舊卷其舌而不談護戒先賢襲其形而晦影世絕調心之路時虧汲引之途無出世之津粱失生民之大望我隋皇帝乘乾御宇握鏡披圖友愛蒼生君臨赤子天地同其大德日月合其重光鼓之以雷霆潤之以風雨除暴亂致太

平張四維朝萬國功成作樂治定制禮正道無爲區寰有截闢泥洹之路開般若之門宣十二分之經流四千年之法精勤者舊捨俗歸僧淨住初童持心秉戒非直法輪再轉法鼓還鳴四海於是無虞兆民因而有賴委羽乘毛之國慕風化以來庭靈禽嘉貺之祥應圖書而萃苑巍巍也非境智之思量蕩蕩乎豈言談而能盡玉泉寺者基此山焉智顗禪師之卜居也敕旨正名著額其山嵬崿嵯峩崎嶇崱屴峰巖偃蓋巒似覆船巨力窮奇之象洪崖譎詭之形岡曲抱

而成垣水縈迴而結乳脫一鶯啼碧樹之間日月爲之蔽虧霄液由之散聚前瞻江路卻望荆岑左帶昭邱右逼巴峽禪師本姓陳氏潁川人也少稟生知童眞剃落從師南嶽蘊道天台睿智洪才之譽非直播於江南知機妙辨之聲固亦聞於河朔皇帝次子太尉公晉王性稟孝慈情包惻隱能臣能子匡國匡家蘊神機之智垂洗愛之心布君子之風偃生民之草往以僞陳納版受律行師策妙指縱威稜江海遂剋定金陵化平銅柱三吳霧卷百越塵淸師乃因王利涉

王遂因師受戒師至此而投院王奏聞而起寺於是異域才情之客慕其道而雲臻他鄉鍊行之僧味其風而雨集師精研道理盡意談元語證禪支心開定本幽宗博義若抱海而無窮辨句淸辭似懸河而自瀉居朋之友雖盈量以爭飯處少之徒從窮崖而莫反爾乃信心檀越積善通人咸施一材俱投一瓦憑茲衆力事若神功營之不日而成飾以經時而就層臺迴閣複殿連房寒暑異形陰陽殊制雕簷繡栱與危岫而爭高鑿礎鐫基共盤巖而等固風光出其戶

牖雲霧生其棟梁華炫耀於金盤氣芬芳於玉樹工圖相好湛若金僊匠寫眞容凝如滿月殿起三層之柱簴懸自響之鐘堂開千葉之華蓮捧飛來之座燈光不滅灌海逾明剎柱俱低承幡自舉吉祥柔滑之草爛熳依庭逆風和氣之香氤氳滿院斜通洞穴直注凝泉色似瑠璃味同甘露波投鼎涙瀉壁堂飲腹消痾洗軀愈疾石柱銅梁之狀影入蓮池桃源菊浦之華香浮柰苑可謂山類耆闍寺同離越似龍宮而出現疑鹿野以飛來竊以前王鑒鼎惟論體國之

功介共刊碑永記菩提之道余任宰屬城寺居所部文雖寫意書不盡言其詞曰二儀開廓四氣氤氳方以類聚物以羣分通賢通聖明后明君隨機設教觀化垂文樂章既造禮儀方制定彼親疏決茲凝滯披圖辨物屬辭明例唯化一生不論三世玄都玉簡紫闕銀經解尸遺骨飲波吞精乘龍萬紀控鶴千齡終非實相猶是塵情唯有大雄湛然常住不生不滅無來無去千門妙旨一音演諭度脫衆生涅槃雙樹夢逼劉后感應姬王恆星掩耀滿月澄光寫形東國指

聖西方慈悲願海善逝津梁法顯還晉摩騰入洛花
散經臺香流像閣釋教鬱起桑門盛作露泫珠幡風
吟寶鐸真君建德運鍾滅道淪沒四生毀除三寶我
皇啟聖德侔穹旻玅法更宏真儀再造陳氏僣號王
赫斯征句吳霧卷閩越廓清因逢智者延謁山庭珠
生浮漢玉出深荊華峰峍屹石洞淵懸芬芳菊浦滴
瀝瓊泉盤渦似谷覆嶺疑船來儀宴坐觸地肅然玅
辨悉檀深窮般若緇素雲會挹其河瀉或施之材或
投之瓦經始不日翻成大廈更起龍宮還開鹿野山

連紫蓋江抱黃牛西臨月峽東接昭邱春窗夏牖水
殿山樓旃檀圍繞琳碧還周座吐芙蓉龕懸石鏡白
毫相好紺髮輝映銀燕徘徊錦鱗游泳騰猨心靜怖
鷗影定猗歟哲王命也蕃屏自天生德孝誠俱秉旦
奭非傳何平詎并出總連晉人調鐘鼎搆此伽藍實
資力請魔殿嶬嵯須彌鬱律倏覩刦終俄看燒訖豈
如彼岸生死皆出金石不朽天地可畢鐫勒岩阿永
垂懋實

度門寺大通禪師碑文　唐　張　說（字道濟洛陽人左丞相）

夫總四大者成乎身矣立萬始者主乎心矣身是虛
哉即身見空始同妙用心非實也觀心若幻乃等真
如名數入焉妙本乖言說出焉真宗隱故如來有意
傳要道力持至德萬劫而遥付法印一念而頓授佛
身誰其宏之實大通禪師其人也禪師尊稱大通諱
神秀本姓李陳留尉氏人也心洞九漏縣解先覺身
長八尺秀眉大耳應王伯之象合聖賢之度少為諸
生遊問江表老莊玄旨書易大義三乘經論四分律

儀說通訓詁音參吳晉爛乎如襲孔翠玲然如振金
玉既而獨鑒潛發多聞旁施逮知天命之年自拔人
間之世企聞蘄州有忍禪師禪門之法胤也自菩提
達摩天竺東來以法傳惠可惠可傳僧燦僧燦傳道
信道信傳宏忍繼明重跡相承五光乃不遠遐阻翻
飛謁詣虛受與沃心懸會高悟與真乘同轍纏指忘
識湛見本心住寂滅境行無是處有師而成即燃燈
佛所無依而說是空王法門服勤六年不捨晝夜大
師歎曰東山之法盡在秀矣命之洗足引之并坐於

是涕辭而去退藏於密儀鳳中始隸玉泉名在僧錄寺東七里地坦山雄目之曰此正楞伽孤峰度門蘭若蔭松藉草吾將老焉雲從龍風從虎大道出賢人覩岐陽之地就去成都華陰之山學來如市未云多也後進得以拂三有超四禪升堂七十味道三千不過是也爾其開法大略則惠念以息想極力以攝心其入也品均凡聖其到也行無前後趣定之前萬緣盡閉發慧之後一切皆如特奉楞伽遞爲心要過此以往未之或知久視年中禪師春秋高矣詔請而來趺

坐覲君肩輿上殿屈萬乘而稽首灑九重而宴居傳聖道者不北面有盛德者無臣禮遂推爲兩京法主三帝國師仰佛日之再中慶優曇之一現然處都邑婉其祕旨每帝王分座后妃臨席鵷鷺四布龍象三繞時熾炭待礦故對默而心降時診饑投味故告約而義領一雨溥霑於衆緣萬籟各吹於本分非夫安住無畏應變無方者孰能至爾乎聖敬日崇朝恩代積當陽初會之所寘寺曰度門尉氏先人之宅寘寺曰報恩軾閭名鄉表德非偏爲猷諠華長懷虛壑累

乞還山既聽中駐久矣衰憊無他患苦魄散神全形遺力謝神龍二年二月二十八日夜中顧命趺坐泊如化滅禪師武德八年乙酉受具於天宮至是年丙午復終於此寺蓋僧臘八十矣生於隋末百有餘歲未嘗自言故人莫審其數也三界火心四部水背椽崩梁壞雷動雨泣凡諸寶身生是金口故其喪也如執親焉詔使弔哀侯王歸賻三月二日册謚大通展飾終之義禮也時厥五日假安闕塞綏及葬之期懷也宸駕臨訣至午橋王公悲送至伊水羽儀陳設至

山龕仲秋既望還詔乃下帝諾許宴遂宿心太常卿鼓吹導引城門郎護監喪葬是日天子出龍門泫金櫳登高停蹕目盡迴輿自伊及江伏道哀候幡花百輦香雲千里維十月哉生明即舊居後岡安神起塔國錢嚴飾賜逾百萬巨鐘是先帝所鑄羣經是後皇所錫金榜御題華幡內造塔寺尊重遠稱標絕初禪師形解東洛相見南荆白露積晦於禪山素蓮寄生於坐樹則雙林變色泗水逆流至人違代同符異感百日卒哭也在龍華寺設大會八千人度二七人二

祥練縞也咸就西明道場數如前會萬迴菩薩乞施後宮寶衣盈箱珍價敵國親舉寵費侑供巡香其廣福博因存沒如此日月逾邁榮落相推於戲法子永戀宗極痛慈舟之遽失恨漏墻之遲開石城之歎也不孤廬山之碑焉可作竊比夫子貢之論夫子也生於天地不知天地之高厚飲於江海不知江海之廣深强名無跡以慰其心銘曰頷珠内隱匪指莫效心鏡外塵匪磨莫照海藏安靜風識韋樂不入度門孰探法要偉哉禪伯獨立天下功收密詣解御名假詣

無所得解亦都捨月影空如現於悟者無量善衆爲父爲師露清熱惱光射昏疑冀將住世萬壽無期奈何過隙一朝去之嗟我門人憂心斷續進憶瞻仰退思付囑靜不離定空非滅覺念茲在茲敢告無學

重修玉泉關廟碑記

唐　董挺　大理寺評事

玉泉寺覆船山東去當陽三十里疊嶂回擁飛泉迤邐信荆人之淨界域中之絕景也寺西北三百步有蜀將軍都督荆州事關公遺廟存焉將軍姓關名羽河東解人公族功績詳於國史先是陳光大中智顗禪師者至自天臺宴坐喬木之下夜分忽與神遇云願捨此地爲僧坊請師出山以觀其用指期之夕萬壑震動風號雷虩前劈巨嶺下堙澄潭良材叢樸周帀其上輪奐之用則無乏焉惟將軍當三國之時負

萬人之敵孟德且避其鋒孔明謂之絕倫其於殉義感恩死生一致斬良擒禁此其效也嗚呼生爲英賢沒爲明神精靈所寄此山之下邦之興廢歲之豐荒於是乎繫昔陸法和假神以虜任約梁宣帝資神以拒王琳聆其故老安可誣也至今緇黃入寺若嚴官在傍無敢褻瀆荆南節度使工部尚書江陵尹裴公均曰政成事舉典從禮順以爲神道之教依人而行攘彼妖昏祐我蒸庶而祠廟堕毀厥懸斷絕豈守宰牧人之意也耶乃命邑令張慎始經其事爰從舊址

展式新規㰤㮰博敞容衛端肅唯㚇時禪定之樹今則延袤數十圍矣神明扶持不凋不衰胡可度思初啓建之口白龜出於刹橋若有所感寺僧咸見亦爲異兆尚書以小子曾忝下介多聞故實見於紀事文豈足徵其增創制度則列於碑右真元十八年辛卯

加封英濟王碑記　宋荆門軍教諭　蕭軫

爲臣而忠於君世固有之均於忠而處之難者爲可尚衽金革至死不厭非難也當其利義之未分是非之莫辨而見之在我者一定誠難也否不盡忠於楚而盡忠於吳不足推也乎不謀於項而謀於劉義不足取也三國鼎峙漢祚已移天下英雄豪傑雲合響應孰不願爲曹公執鞭弭以驅馳者壯穆嘗受曹之恩矣是其於先主君臣之分未定也惓惓於主不渝其初非見之明守之確行之剛者詎能爾耶天數人事不符功業垂成山廟一質遺英餘烈猶足爲千載之福澤何其盛哉記謂能禦大災能捍大患者祀之郡人於王食焉必祀事焉必咨奚求弗獲奚禱弗應曰雨而雨曰暘而暘王之力也疫厲不作饑饉不臻王之恩也盜賊屏息田里舉安王之蔭隱也淳熙十四年襄陽王公銖世其家擁郡麾謂王之有功於民也遂列其狀於部使者上之朝廷以求加封褒崇節槩不吝爵號賜曰英濟寵渥極矣誥命以十五年十一月二十四日下奉命之日遐邇歡騰老稚夾道縱

觀舉手加額咸曰非王之愛其賜民之愛其賜也其得民之深也如此哉王廟食當陽覆船山之玉泉寺任山比卯慶思來請記於軫且以彰王之德侈朝廷之命於王之墓古人觀書之際辨姦諛於既歿表忠義於已往不於此記而又奚記茲軫之心亦太守王公之心也故書淯熙十六年正月上元吉

當陽縣儒學碑記

元　無名氏

學以化民縣以長民而民地之本也當陽望邑古爲平州事簡俗醇先王道化之國宋慶歷中州縣立學教養生息英材如菁莪棫樸之盛厥後漢上朱公震以易名世同時文定胡公安國時習侯公仲良講道於龍潭之上河洛之學被於東南大賢倡之也中更分裂重以乙未兵火邑境遂墟矜佩佻達田卒汚萊廢已久矣大元混一崇儒重道詔江南興學校立提舉獨徭役有司祇若德意惟謹獨當陽生聚僅完學

未遑也至元丁丑保定張公奉命佩印來職長民所部荒落墟坻七家公勞來還定百爲克開不數年間戶增七千有奇慨然又曰斯民既庶且富教可緩乎乃議興學縣尹王君元賓實贊其謀於是景岡相基得遺址於玉州之陽凡山清爽帶水環會雖寸鎡粒粟役甚難也公赤手經營視爲已任爲有王事屢輒賢勞於外未嘗一日不儆厥心薦領省符董飭數萬事畢還邑謂學之不建非吾責耶晨夕坐於學躬莅其役寒暑易節堅忍督勵用不足割俸以濟工不給

掲牓以周材弗備厚直以充惟誠惟一感動人心僚吏協贊士民畢力鄉社以下不調而服勤不徵而恭事會按察使者行縣勉勵庠公勤勞而亟成之遂旣厥役正殿儼如廊廡翼如有宏其門有殖其堂營創規畫視舊加壯廟貌禮器率應圖式正朔款謁二丁奠祀春誦夏絃有典有則盛事鉅觀燦然復舉而人不知勞豈勢廹之哉蓋得人之深樂爲用也昔周大夫不說學閔子馬憂之戰國時不信道孟軻氏距之學乃人心天理於不遑暇之中自有不容已者况公

未嘗爲言語文字之學始建成邑而能約已自勵以敷教勸學爲心所就乃爾若其弄筆以徼利達莫適於用可少愧矣張公此舉賢於人矣夫使人如公用心何患美化之不行也刻治狀告之司學轉於憲臺將聞諸朝廷以俟褒嘉公論韙之舍菜考成興學之士蒲英等辭曰子立學者也宜記敢攄實而書至元二十八年辛亥立

重建明倫堂碑記

元　徐驥　邑人

在昔聖人申命司徒敷教寰宇厥後家塾黨庠術序國學風化以陶人倫以厚潤澤漸被靡間遐邇古者門閭有塾里中有道德者教焉業擅專門生則師沒則祖而祭故三代詳於設學漢唐是因選賢與能文翁治蜀常袞師閩事業有成芳潤青簡唐武德中詔州及鄉皆置學宋仁宗二十有三年復詔州縣立學時守令自堂而構由齋而棲家詩戶書文風郁郁故實可考今也混同文軌惠恤章縫內而辟雍外而侯

泮以及州邑罔不修舉崇化興賢四方風動而當陽西枕峽山東帶漳水古曰玉州始因兵燹士民挈徙隣郡逮至元丁丑郡邑政平還定安集遠近聞風負粒屬礎列市受廛剪蕪剔蓍日就倫理夜無犬吠春有犢耕邑令王君元賓議教化本原莫重於學乃相舊址始建禮殿宮門伉作東西廹述前軌嚴嚴翼翼制度復舉奠祀有義厥後銅梁趙珪繼任其事始搆堂設講席衿佩來遊執經待問矣歷歲滋久風雨震淩邇來屢施營飭簡陋猶故棟折榱頹勢將就圮咸

謂弗加作新胡以經久至順初元秋九月縣監侯某
資性通敏器局整嚴爲政有經臨事有畫衆服其信
今年春謂縣直李茂實曰國家以法化爲宏綱台省
以學校爲機要當陽小邑甚簡而靜今前廟謹嚴獨
明倫堂左欹右側弗稱瞻視吾將撤而爲新然學計
涼薄奈何茂實對曰兹事舍公其孰爲自有胸中樓
閣奚憂地上宮室哉侯哂曰固當勉爲匪唱孰和乃
縮俸金屬寓士衛琦是贊毗由此士友聞者樂奉芝
楮願相其成獲多助矣匠石行山訪求大木拔尤良

者不足則遠市江瀆瀟湘良材度可給用審視舊規
湫隘爰加恢拓畫工於堵斧斤刀鋸昕夕展力旬月
就緒柱石平正梁棟穹隆陶瓦帡幪氣象巍峩庭宇
軒豁如跂斯翼如翬斯飛黝堊膏澤光彩輝映師壇
增高賓席加整先進後進各以序次肇工於癸酉暮
春之初底績於是歲八月既望不擾不煩事皆克集
將涓吉日合樂以落之在鄉善士謀曰是舉也邑長
首建嘉謀同寅官屬羽翼宏多盍識其事爲吾邑榮
僉言曰然衛琦來諗曰邑庠堂成大夫張圭力也爾

縫織悉夙夜究心職教力也須書以示來裔敢草創
以請驥以老疾辭不獲而曰聖道行乎天下日月有
明容光必照詎以褊邑爲間哉昔子游宰武城聖人
樂聞其絃歌學道愛人語意深遠則知治邑必有教
晉杜預以平吳大功封當陽侯則知當陽古爲名勝
地時宰不以及㕓爲傳舍而以修泮爲急務眞見超
卓遠邁時流矧今朝政嘉靖化瑟更張文科取人一
十載餘矣士由是途紆青拖紫者衆吾玉州士來游
來歌如琢如磨升斯堂者巍冠而講唐虞州貢鄉英

身登高第足躡亨衢必有自楚望出者吾黨懋哉元
統元年十一月

重新宋胡文定公廟碑記　劉　績字熙明

人生所以參贊天地者也六經載參贊天地之道者也六經無傳則人道滅而天地或幾乎息矣故天地不能一日無人人不能一日無六經述者發揮經旨亦不能一日忘功不祀也周衰孔子道不行取魯史成事筆削寓至當之理立不易之法救末世陷溺納而歸文武之道孟子以其功並禹周公蓋無位則明道正人心有位則行道去人害一而已矣後莫究其說左氏敘事雜以俗禮公穀釋義多拘日月斷斷焉

倀倀焉甚至人主不得聞諫說學士不得相傳習至宋高宗時胡文定公奉詔著述用事精嚴發意暢快謂是書乃百王之法度萬世之準繩可以處大事決大疑得作者心於千載上破蒙者惑於千載下然後大綱炳炳如日星微公則是經不傳矣公沒去今三百餘年墓在當陽北十五里成化丁亥有司奏請立祠繪像於側春秋祀以少牢越四十年憲副安成劉君時讓讀公書師其人觸權貴屢僨與觀風過拜遂拓舊址有寢有堂有廡有廳官屬其役民樂其事不日克成以安公靈非以圭爵而尊非以族屬而親是故澤在本支有時而斬勳在社稷有時而泯功在六經則歷千萬世猶晨昏也公諱安國字康侯建寧崇安人地志謂父淵寓蹟荆湖間至公爲蔡京惡退居當陽之漳濱淵墓在焉誌傳父沒築室墓傍耕種自給若將終身即今龍泉寺所攘田也公自云平生出處內斷於心浮世名利如蠛蠓過前其行可知矣作楚歌使士人享公辭曰漳水濛濛兮遠公堂骨肉野土兮氣昭明鬱金酒兮灌地貢燎蕭光兮達紫庭求

上下兮不可得公何之兮憂增內華兮外夷君尊兮臣卑道亨莫亨兮此時公復來兮何期松柏兮挺然獨秀遺像兮生氣若舊食此土兮非能天壽從則吉兮悖則凶世復世兮人心同

重修漢壽亭侯廟碑記　明　孫繼魯 號松山雲南人提學副史

松山子校士過當陽自彝陵午憩玉泉寺周覽壯麗特勝荆南以覆舟山祀漢壽亭關侯也乃詣玉泉觀侯廟將頹於草木莽莽中乃言曰山如覆舟玉泉出焉侯致命地也玉泉寺勝以侯致命覆舟山則寺因侯勝多年矣浮屠立不經說誣侯願護法玉泉弗治其廟豈知所自與乃屬承天知府吳君惺督知縣侯嘉祥董洮門修葺之兹落成時予朞月竣事全楚歸節武昌嘉祥以知府意來求記予惟古今人臣未有不

本於精忠而能射精光於霄壤與日月爭明者也侯之精忠從昭烈於四海鼎沸顛沛流離中雖操權百計私交不一少渝從致昭烈跨有荆益祀漢偏安固孔明籌策膚公而侯之熊虎疆場眞如雲雨擁翊蛟龍此其功豈小補於昭烈哉及以新得荆州留侯鎮後天若祚之則威震華夏有終荆州之軍必向宛洛益州之衆得出秦川乃高帝南鄭入關中光武南陽定河北筭也而孔明草廬計不徒矣無何吳魏合謀掩侯不備孔明所謂擁百萬之衆不可與爭鋒賢能爲用而不可圖者一旦戮力傾侯矣使照烈巻蜀土甲兵恐亦應援之難觀於華峽窺吳一面在事可知矣況侯圍樊俘罷孤軍當此兩雄乎其致命覆舟山者天也故侯亡則荆州失荆州失則宛洛無東向之望宛洛無東向之望則益州之衆竟不能出秦川而興漢室也昭烈孔明所以竭力經營者未捷無成焉耳已此侯亡漢室不興之兆先見矣何待永安駕晏渭濱星殞哉故侯之精忠信昭當年其精光宜射霄壤間與日月爭明者也魯愛侯廟成輙論其大較俾

艮牧奉之覆舟山以表侯　忠精光以風天下後世爲人臣者因以警玉泉寺俾勿壞侯廟毋重忘所自毋誣侯願護法云嘉靖二十二年癸亥正月

重建義勇武安王廟碑記　明徐　階（華亭人大學士）

義勇武安王有廟在當陽縣之西五里蓋王於是葬焉古所謂章鄉者也廟始建於成化丁亥凡曰殿者三曰門者二曰堂曰祭臺者各一請於朝詔得以春秋薦俎豆事載於碑其後屋漸圮而有司莫能葺嘉靖丙辰春司禮太監黄公太保都督陸公出其祿賜之餘得白金二千五百兩屬守備太監張公方撤而新之又建坊於其前作鐘鼓樓作諸廟祀之具咸備繚以周垣而守之以僧若干人其冬十月告成事昔

韓昌黎推尊孔子以爲祀而徧天下者惟社稷與孔子爲然按史王葬於漢建安二十四年至於今千四百歲矣其褒贈之典代以益崇而廟祀亦徧天下與孔子等何其盛也自古有功德於人者死則必食其報然其功德有及有不及則其廟祀亦必因之獨忠義之士接於耳目而有激於心則不必功德之及我而慨想感泣自有曠百世而不能已者所謂民之秉彝也當漢之季謀臣策士知天下之勢必歸曹操而王獨以正統所在委身照烈及爲操所執操禮之甚厚而王迄無二心去強歸弱繼之以死非忠義之尤者乎孔子述六經垂訓萬世感人以功德王感人以忠義其廟祀徧天下固宜也世或疑孔明翼德與王同事昭烈其忠義亦同而廟祀之盛皆不及王以爲事同而報異者夫翼德非王比也孔明之事著在蜀爾王始見執於操其刺顔良舍而歸蜀魏之人舉能言之至降于禁斬龐德操欲徙都以避而吳之君臣日夜謀王以死爲快王歿操日以強吳亦遂臣於魏識者於是咎陸遜而思魯肅之慮遠則吳之人又無

不知王者父老子弟轉相告語傳之四海流及後世而各有激於秉彝之良此王所以著於孔明者歟故曰王廟祀徧天下宜也廟繫牲有石二公請予書其重建之歲予因論王所以至此者系之詩俾歌以祀王黄公名錦在司禮務德而奉公陸公名炳有文武才其志在安社稷覩於茲舉可以得其人之槩矣詩曰王之廟兮何所枕崇岡兮俯遥浦左旗張兮右懸鼓王廟兮儼然生中處兮神在天從昭烈兮日周旋邦之人兮聚正氣春秋兮奉王祀牲牷肥兮酒醴吉

王自天兮來下青龍刀兮赤兔馬長髯飄兮顔渥赭
王至兮入廟鐃鼓喧兮管嗷嘈飲且食兮不嚬以笑
於嗟兮明神下爲河岳兮上爲星辰伊降福兮獨此
邦之人扶天常兮植人紀億千萬年兮相我天子秩
廟祀兮自今維始嘉靖戊午仲秋

重建儒學碑記

明　王在晉　字岵雲黎陽人尚書時爲督學

當陽舊有學宮居縣右偏風氣宣鬯會梟署雲連比
肩並峙形家言縣治匪宜右昂學宮當徙而之宅地
脈綿薄巳又遷之郊出郭六七里巳又遷之城南學
蓋三徙矣城南面北榛棘中薙築爲宮垣棟傾鑽窿
衢墊側深盛之爰越在草莽廣文之氊寄於蕭寺被
衣冠而𡟹聖術者與牧樵之趾交錯於塗諸生時從
沙中聚語曰先王之道不北面大學之禮雖詔於天
子無北面文明向離而幽之其奚以妥素王之靈去

習坎而應重明之運盍徙諸諸士子以告令君令君
白諸當事曰經始勿亟其計所以程材鳩工之費令
君捐而前願自克任毋煩我穡民於是舍故墟易地
直捐月俸蠲鍰金以肇茲役而諸學博亦減苜蓿之
需佐土木之急卜基縣治之左筮吉陽月望辰羣力
畢張戒期立庀欞星門內闢爲廣術饗殿聿成兩廡
並列啟聖祠明倫堂兀坐後山敞一亭尊經閣雄鎮
左角鑿泮池開雲路沮漳之流繞焉浮鬱壅閼之氣
朗然宏達矣廟貌既飭官師之長率子弟詣督學使

者請有言以紀成事使者曰懿爍哉令君之有是舉也藉地靈之贏羨補人力之纖嗇人文其有興乎多士其彬彬競奮乎荊山之陽有美玉焉探其穴抉其藏而霧奇珍異造物不能以自秘故大塊閒氣之鍾必有人以宣之導之有開必先開人者天也成天者人也荊郢之墟埒於神皐奧壤先皇帝乘乾應運天紘地維揭揚震厲山川苞孕亦既雲興飈發矣茲邑分荊郢之餘毓清英之秀層巒叠巘從西陵飛度矗接巫雲南標紫蓋西挺冠玉綵水珠泉清空瀲灧巴

蜀荊襄之絡繹而江漢沮漳之紆縈傳稱楚望詎不信然余以沅湘雲夢蒐獵楚材以及竟陵雲杜之豪其能抽演微言敷揚藻麗者於京灊荊沔之間得巨擘焉然京灊荊沔士材固張士氣稍謐風會之靡波流不返而安居百里之地猶存渾噩樸愿之遺夫樸者至文所由生而眞材之所輩出者也在中之美含而未露得人以宣之導之而連城之寶現矣道不虛行時維有待諸士不聞爾邑寓賢所爲漢荊州文學記者乎有漢荊州牧則象天地軌儀憲極設教導化敘經志業用建雍泮焉立師保焉宣德音以贊之隆嘉禮以範之五載之間道化大行童幼猛進武人荷面總角佩觿委介免胄比肩繼踵川逝雲涌叠叠如也兢兢如也於時當長坂戎馬在郊而立教興賢博求儒術聞人流寓名士雲集負書荷器自遠而至者三百餘人保釐一方六路咸秩而矧大道中天聖化昭明之日乎令君嘉惠人文裁盈數畝布以施立豐其甍宇勤其教植濟濟莘莘爰居爰處勤學謀議庖厨六經異饌百家詳延方聞之士咸登諸朝漸漬被

化者奚啻三百竟陵雲杜之豪不得獨擅其美矣故以地氣之奇贏補人力之纖嗇責在令君因地氣之纖嗇振之以人力之奇贏責在多士荊山有璞吾將剖之清廟瑚璉有所底授豪傑之士必應運而興于於令君及諸學博翹首以觀其成焉是役也所費八百鍰爲時六月令君李啟元福建安溪縣人教諭舉人余蛟咸寧人訓導陳大賓永州人廖世卿石門人督工生員劉家相李琛黃大中梁國相金大赤者老羅世卿王大節栗寶美例得并書萬歷庚戌仲春立

修城四公祠碑記　明　東莞人夔知州　袁昌祚 號莞溪

余自鄂渚遷西陵方濟漳水望玉山之陽屹然崇墉其下有祠趨而問之曰以城祠也夫城也百堵畢力民顧不稱勞焉而祠之此何以故其士民曰茲四公之大有造於吾土也其敢以忘報祀曩日者劉石挺亂阻兵襄漢之郊暨施南土孽憑恃其篁筰谿谷鳥張橫噬而當陽以無城故日岌岌也然此猶以震業之時言之爾今天子卽位詔天下郡邑城及江南郡邑適承平之弗戒盜掠其藏累纍竊逸於是沛然下

令溥責諸守宰及按布之使者更寅之而當陽故曠然衢衢也縣官懍懍恐不足以固膚圉其齊民蒿然慮不足以愼蓋藏咸夙夜屬其力以守而未暇也自中丞趙公問俗下邑始畫城議而守藩巡臬及我郡伯先後協謀以授事於任參軍而祗役焉負山帶河紐以隄防其上環數百雉司警之子持柝而夜擊則狂夫瞿然無敢易慮故縣官得以安意齋閤而一其政齊民得以安居於坐息而奉其教則四公之遺也其敢忘報祀余語之曰有功於民則祀之禮也顧四

公所爲功孰有大於斯者卽若祠豈直爲當陽尸祝哉荆襄表介江漢扼東南上游而當陽中距若牙樞焉臂引宛洛腋控秦韓背洞巴蜀膺拊襄沔脈維吳越蓋昔人所稱用武之國也昭王紹霸始築麥城自伍子胥有驢磨之役而麥城弗守王奔於隨迄於三國則關某糜芳保阻築渠稱重鎭矣國家既平劉石之亂尚書白公始議緣漳河寘封人徙遠安數百戶守之而城未之議也肅皇帝邸受天命而當陽始隸興都爲湯沐邑視昔彌重乃歲未有城懿惟四公始

協謀而墉之用以拱翼陵廟而施及於東南非淺尠也故曰卽若祠豈獨爲當陽尸祝哉於是士民喜曰吾儕知報功未識其大信若是言是四公大有造於家國也其敢以忘報祀祠之制中丞趙公居中守藩王公巡臬鄧公左右之郡伯趙公又左之皆同堂異室各正南面距玉山之陽其上爲三公之臺以中丞及藩臬二公向問俗登茲山設甲帳云參軍既畢城又能世四公之功於祠中其能足紀因并紀之趙公名賢汝陽人王公名璇太康人鄧公名林喬內江人

趙公名庠涇縣參軍名夢椿休甯人

重修儒學碑記　楊州彥

卜子夏序詩至鄭之第十七篇曰子衿刺學校廢也廢學校有刺則興學校其有美矣我四明俞公令吾邑以下車之次日昧爽謁文廟肅躬展拜詣講席博士弟子員以次問業已周視廊廡顧諸生曰宮圮矣不葺將頹俯仰移時意擬約計其所以鳩工程材者諸生退而喜曰頖宮起色矣越數月吾友易公巽倩適司邑之鐸與令公茶酒間咸有馬廐蔬圃之歎曰載色載笑

實在我侯余雖減盤中苜蓿坐客寒氊亦勉出家布不以土木費獨累長官也各捐俸有差計所新曰櫺星門曰正殿曰明倫堂曰啟聖祠拓地若干畮爲垣幾十丈工告竣問記於余余謂浮屠家刱搆叢林其間比邱二六時之課誦昏定曉報之鐘聲生人齊遨令單有偃僧院多喧衆卽金椳玉題可稱清淨道場否今辟雍鐘皷蔚爾復興尚冀棟宇修而多士之廉隅亦修俎豆飭而多士之簠簋亦飭當必好文學敬長上

肅政教順鄉里出入不悖所聞如漢公孫宏之所云者將處爲理學出爲名臣匆負令君與司教者棫樸作人至意予日望之

玉峯書院碑記　楊州彥

古今之氣運係文章人物之鍾靈由山水在昔之不敢以名字呼者卒志以地東萊之呂廬陵之歐陽眉山之蘇氏父子昆弟無智愚皆然者言其受是氣也當陽幅員縱横不百五十里而泉巖競勢頗甲諸邑往余讀書山寺涉青溪水望瀑布涵痕頹波秀蠻令人悽澹迤邐走烏道往復玉泉老谷堆藍名泉珠沸不能自絶於其側或復攜酒紫蓋峯頭氣象渾大樸老而鬱莽蒼蒼不可涯涘蓋嘗歷四時之變以盡其態大約於草木青溪蘭蕙玉泉菡萏紫蓋禿松於文字青溪諸子玉泉左國紫蓋六經於世代青溪魏晉玉泉秦漢紫蓋鴻濛且迺水會漳沮平分楚望氣候所鍾自應清慧而文而科第晨星幾疑維嶽降神生甫及申之句詩人臆説矣歲丁己四明俞公尹吾邑勸農之暇登高按眺遍遊境中佳勝謂邑之三面環山而東南獨敞拽雲裊裊奔赴江陵水如絃直不稍瀠洄爰聚士

大夫與上下降觀喟然曰馬之逸也銜控之客
之酒闌也轄投之睽理之不密也葭莩補之僉
議於郭關外鎮以文峯城之南隅枕以書院工
告竣院額廻峯堂則主敬則麗澤塔則青雲青
青子衿悠悠我心侯用是良苦矣繼自今都人
士尚其力敦理學勿以雕蟲爲絕業勿以誠意
正心爲迂談俾濂洛關閩復見今日行將絃誦
之聲聞於比戶尼父驅車當爲我侯莞爾一笑
也院鳩工於某年月日成於某年月日爲室若
干楹例應書於碑陰

胡文定公墓碑記

國朝　李　遜　邑令

當陽縣北十五里龍泉上有胡文定公墓與春
秋祀自明成化三年始也余令當陽在康熙十
五年丙辰四月時彝陵逼近敵壘軍需蝟集未
暇考稽先賢古蹟至秋八月余又公出越明年
二月余親奠墓所見周遭有古松三四十株謖
謖有聲墓之外荒烟蔓草矣余佇立欷歔者久
之邑有先賢而春露秋霜祇餘此一坏土也有
司之過也又邑西三十里有玉泉山亦邑勝槪
也他日至玉泉見有負擔紛紛運木石工料者
匠斲之聲響振山泉問之曰某官某將某士大
夫捐銀若干兩修玉泉寺也余曰嘻吁哉道之
不明也如是夫文定公功在萬世春秋二百四
十年襃貶予奪爲仲尼家子夫人而習之矣不
待余言獨怪吾儒博衣韋帶講仁義號道德者
不知凡幾而食六經之澤者掇巍科取明經衣
綺縠食粱刺肥詡詡然誇里小兒嚇人酒食錢
財問之吾某科習某經起家也獨至先賢遺蹟

崩圮泯没令出一錢得多少潤飾不墜則却顧搖頭蹙額而去而緇流羽客走人如騖如所謂玉泉寺者自王公大人以至窮鄉野老不憚捐項踵脱婦人簪珥如雲如雨竭蹷奔事不極其華麗不止曰此某某所建功業也何說也豈吾儒之道如日經天如川行地反無以聳動天下不敵彼功果二字歟非也吾儒之道堯舜禹湯文武周公孔子之道也堯舜禹湯文武周公孔子之道如天之元氣也元氣貫春夏秋冬四時

四時調百物若萬彙日食元氣之福不覺也如鑿井耕田出作入息帝力何有於我之說也天地有戾氣疾風暴雨驚雷震電陰霾瀰野黃霧染塵人鮮不慄慄危懼若有罪戾犯天譴者今緇流羽客走人如騖亦猶天地之戾氣乘人也若吾儒區區與彼爭形迹之末則亦淺矣此文定公之遺蹟零落於荒烟蔓草祇餘此一坏土者正所謂吾儒之教也吾儒傳心也彼二氏所以走愚夫愚婦者傳迹也若命其迹而没之則佛老二氏澌滅久矣然則天地之戾氣不能盡絶而二氏之形迹終不澌滅也無怪也然老之教曰清淨佛之教曰慈悲亦未可盡非也獨怪夫今之王公大人卿大夫長者皆坐而食彼暑雨祁寒胼手胝足嗷嗷待哺之民耳取彼暑雨祁寒胼手胝足嗷嗷待哺之民之財之力以重崇建某寺某寺曰我功果也不極盡輝煌壯麗之觀不止夫功愈大則民益殘費益嚣於彼清淨慈悲之旨安在爲此者或亦二氏之罪人也

余因感胡文定公之墓之勝蹟不存也並及此所以明吾儒之道如天地元氣亦不在其跡之存與不存也而不可不修飾使不至於泯没者吾儒企慕先賢之意也余令當不及一載遂罷去亦不及修今於閏八月余行矣屬余同年友楊宣樓名州彦爲余搆石記其説俾後之覽觀者知吾儒固不與二氏爭形迹之末而亦不可不修飾不至於泯没者以重吾企慕先賢之意也

重修玉泉山漢壽亭侯關公廟碑記

蔡毓榮

荊州爲漢壽亭侯關公捍患禦災馳驅經營之地而其以死勤事則在當陽今縣治西侯墓存焉按志隋開皇初侯顯烈於智者禪師此玉泉寺顯烈祠所由建也當侯攻曹仁於樊決漢水灌于禁屯七軍皆没斬魏將龎德梁郟陸渾間羣盜皆遥受印號威震中原曹議徙許都避之一時功烈赫然盛矣顧天不祚漢因不佑侯而

卒以其身及於難此古今忠臣義士馮弔其地所爲流連悲憤而不能自已也夫侯自許先主以來不自有其身久矣死而化爲日星河嶽之氣充塞天地無所不之何有遺體之足念又何侯智者之顯烈哉而人心有感而動於侯所歸藏與所顯烈之處尤無不肅然敬喟然嘆若侯之降鑒馮依專在是者故侯廟祀遍天下惟玉泉山最著於祀典亦最合乃歷年既遠廟漸圯而余執掌治戎未遑修舉廢墜適天官尚書郎邵君鳳翔待御史高君永徹鑲黃旗叅領郎君應斗卯命來捘廢興之感具有同心遂各捐俸錢若干緡鳩工庀材經始於康熙十五年十月興工落成於十七年六月金碧輪奐視昔有加侯之赫聲濯靈儼然如在將使人人知所觀感而激發於忠義亦侯之心也哉方今亂臣負固禁旅南征正率土臣民抱忠思奮之日而侯之廟貌適當其時於以見忠義激發之端天人協應之象

指日執訊獲醜底定南服余將與諸君子飲至而告成功於廟焉不獨當陽一邑蒙被神庥已也是爲記

重修儒學碑記　國朝　許登雋　邑庠代

當邑原分自江陵於楚屬郡縣爲最古歷唐宋
徙寘不一至洪武初始復舊治儒學亦經三遷
始卜宅於邑治之左介江漢而控荆梁山川形
勝前記已詳不具述维乙酉秋欃槍布㪇吾楚
獨烈當城遂再陷雉堞樓櫓毀爲平址災及學
宮僅遺明倫堂數楹爾雖春秋展祀而先聖先
賢分祭未妥諸士子懭悢於邑閲十餘年無能
爲也檇李唐侯來自甲午冬甫至境周視太息

日有土若是不亟亟議保聚豈刻楮三年始成
一葉乎欲建宮墻必先營城邑經文緯武將次
第及焉進邑人而謀之咸貟鍤樂趨不數月而
竣言言其城湯湯其流荆以北郢以西屹然保
障矣越明年集諸子衿曰城既固圜冠方履尚
越在草莽辟雍鐘鼓其共勉之爰是邑人士感
侯廣勵通學弟子員共捐費助修縉紳及里民
咸佐之費凡殿廡門牆無不宏麗備具是役也
不煩稽事經營諸務分給以董其成適學憲狄

公校士如郢侯見當庠寥寥力請加額以廣譽
序俾遊其門者環橋講課非門人弟子之樂事
哉在昔廣文之席寓於別館非制也侯復構寘
兩學署較舊舍而宏大之不但憑城講學凡蒞
茲土者同官有快闍之安而胥舍芸䆉生師蒙
祉爰賜固不多歟考學宮前制下天子一等郡
邑有成例不敢過侈也明天啟間有請祀孔廟
三代者未果惟啟聖祠遵嘉靖輔臣議今尚未
舉將有待也夫君人者上注臣人者下注無入

而藏無出而陽人情以官爲傳舍矣侯獨拮据
三年沐風雨而奏績是以守藩宋公巡臬李公
與司禮周公行部至縣皆稱侯之簾於官而勤
於治直指張公嘉侯治行拔於薦剡發金至當
佐修遺師環甲守之光朝廷之封域而彰侯之
勷勞也衆士頌侯鐫之石問言於某某不敏然
職在學義不能辭敢載筆直書至於蒞當如請
折漕折麥減徭清糧諸善績邑先生方別有記
不悉載侯諱彥袞字倚旭己丑進士桐鄉人

楊公祠碑記

邑增生　李希晟代

余承乏茲土者廿載矣昔人所云政通人和百廢具興者未之逮也而有志焉然往往有蒐羅所不及至於遲久而復謀興復者如溶鎮楊公祠是也余嘗閱邑志知明季有楊公諱正芳者艱難捍賊以身殉國宜其歿而崇報載祀典中而有缺焉殊爲恨事雍正元年冬余以修理塘汛至溶士民環集請曰觀音閣之右原有楊公祠堂三間以祀楊公當明季逆賊猖狂殺人如

刈草公以鎮筸副總提一旅師來駐合溶以少擊多每以奇兵取勝公體貌魁梧長鬚髯賊經累敗望鬚輒奔潰公適他征賊乘虛來圍溶市有壯士摔長鬚建楊公幟鼓噪而進賊疑公猝至皆驚走其先聲奪人如此溶之生靈卒賴保全以有今日皆公之所留貽也而公勠力逐賊汗甲捐軀遂死王事溶士民不忍忘立祠報德

國初猶架有數椽士子課會其中經歷歲月風雨漂搖棟折榱崩久之而昔賢尸祝之所寖至爲今人射利之場願我侯其復之甫白其事而昔年木主忽得之佛龕塵封中豈公之靈爽實式憑耶衆議僉同舊主可稽爰捐一月之俸修復祠宇設新主而奉之嗚呼公功在國家澤在斯民雖人往風微而士民感泣未忘猶踴躍圖報瞻斯祠者忠義之心可油然而興矣余因諭以前地暫借爲營防而士民竊有疑焉恐其以塘而妨乃祠也余曰不然祠爲政而塘特權宜之計耳塘可易而祠必不可易也異日者溶之士

庶嚮義恐後大其棟宇高其閈閎更足以誌楊公於不朽是尤守土官長所厚望也因紀石以垂永久焉祠地坐觀音閣右前中俱六弓一尺後三弓一尺中長三十五弓四尺

重修關陵碑記　吳省欽

臣舒常言當陽章鄉有　關帝寢墓以後裔世
襲博士一員承祀居春秋官祀縣令來詣行禮
伏思我
皇上崇德酬功於　關帝再加號謚允昭誠敬當陽
既有寢墓與他處僅有祠廟者不同請以距當
陽百二十里駐守之宜昌鎮及該管之安陸府
就近輪往承祭以昭敬重
制曰可越二年舒公與今巡撫姚公暨藩司永公捐
廉倡輸自堂斧兆域暨門塗垣棟齋房庖湢之
所靡不整治如制蜎蜎肸蠁式憑儼若省欽謹
記之碑曰周官禮小宗伯職成葬祭墓爲位冢
人職凡祭爲尸註一以謂先祖形體託於此地
故祀其神以安之一以謂禱祈蓋冢人之職於
始竁爲后土之尸於凡祭亦爲后土之尸曰凡
祭則非一祭乃二鄭以墓祭無明文故不敢曰
墓祭而第曰禱祈自宋儒主古不墓祭之說謂
始自漢明帝之上陵然間考武王行軍祭畢曾

子言椎牛而祭墓孟子言東郭墦間之祭者皆
在漢明帝以前若魯世世相傳以歲時奉祀孔
子冢光武祀李通父冢則不特子孫固祭墓即
遠而國人上而天子亦得祭墓致禮誠以體魄
所藏覗廟中之祀其精氣無所不之故禮不容
以闕也今京師府州縣衛下至百家之聚遼絕
異黨之域胥立廟祀　關帝其長吏所治曾曰
武廟與文廟等然武廟立自唐開元中祀太公
尚父取名將十人爲配建中初顏真卿請以名
將六十四人圖形配享帝始與焉宋開寶中詔
定前代功臣烈士二十三人各置守冢三戶而
帝復與帝有墓在華陽見趙忭成都古今集記
序至今歸峙往嘗展拜而記之而章鄉之兆於
禮得尊曰陵裴松之所云孫權葬以侯禮者於
是乎在樵蘇有禁香幣有司迨至我
朝數典甚備我
皇上褱柔耶格事神如在既册加封號以祇答乎帝
之靈其吏臣舊謚得

旨改謚忠義布告天下釐正籍版夫乃知卅繆之稱
卽使從後鄭繆穆通用之訓而仍不足以誅行
也信者民之所以立也亂臣賊子天討之所不
赦也帝不幸生亂臣賊子之世而氣塞天地光
爭日月惟此春秋之志焉今春秋官祭與上丁
並垂而章卿一卯孔林是埒墓祭之典隆誼美
陵與廟亦於是乎訖工然則審禮文之譌而紀
崇祀之盛視學者可得辭其責耶廟殿二重門
三重陵高測計二丈縱廣三百二十步率前人

姓氏官籍並錢各若干詳具他石董是役者湖
北永方伯慶武昌汪太守獻琛為時凡七閱月
云

公置汪貞女義田碑記　吳省欽

貞女汪氏名蘭英父艮耩母袁以乾隆七年壬
戌生蘭英字傳經國子啟立啟立殤蘭英固請
歸傳守志時年僅十五姑汪老且病薄田四畝
饘粥不繼蘭英樵蘇灌汲夜績輒達曙越三年
姑憐其少與經國弟竊許陳氏子蘭英覺而赴
水急救始蘇俾遂其志養姑十餘年送死無闕
禮辛丑冬予歲試安郡蘭英從兄炳科者諸生
也請予扁獎予以嫁殤非古而艱貞致孝蘭英

更為其難詢之郡縣人不啻口出其明年五月
按科試予以廿八緡倡置義田介諸生之應試
者人率數十百錢權太守富公惠率其屬又得
二百九十三緡檄當陽范大令鐸置田膳俾都
人士女於孝義廉恥之行舉有感起云

新建考棚碑記　知縣　董文煜

國家以經術取士肄天下之人之秀而文者俾童而習之於四子五經之書而所學一軌於正及其含英咀華而發爲文章則周情孔思佐之以濂洛關閩之緒言故能駕漢軼唐爲不朽盛業而其取之之法又甚詳縣試其首重者也當邑舊無試院余莅任來典試者四試之日多士例於縣署露坐湫隘喧雜至不可名狀又往往爲風雨所妒則掩卷疾書而出余茲憫焉此年來

歲幸屢豐瑞麥嘉禾三兩其穗閭閻頗覺饒裕乃以公餘觴邑中父老謀所以位置多士地者咸踴躍稱善遂營治之東厥位面陽鳩工庀材爲號若干坐踰年成夫勤恤民隱廣厲士風者守令之責也令爲天子親民之官凡一切養之教之之權胥於令是寄爲令者必周知百姓患苦乃不負一官又其上者則雅意作育俾多士皷舞奮興爲

國家蓄有用材故漢制守令特重詔舉孝弟賢良茂材異等亦即責之郡縣有司漢以此多循良吏余之令是邑也愧無以休養吾民而兢兢嘗此者亦欲使都人士知所觀感益以蓄道德能文章沃其根以竢其實無徼利達無謀躁進庶通經致用不負

聖朝尊賢養士之至意此則余之所厚望者爾多士其各自愛無迂吾言且是舉也其費不貲余大懼無以副士庶望而邑之人醵金無難色且若因之德余者亦可見我

國家之教澤深涫涵濡於數百年之久而窮鄉僻壤風化亦駸駸日上也余且以是卜當邑士風矣於其成也爲片語以誌諸石時咸豐貳年壬子仲秋月

當陽縣志卷十六終

當陽縣志

第　册

當陽縣志卷十七

藝文志中

唐賢留題玉泉詩序　　宋　張　田大理評事謫郢

田少與中州士人品第天下佳山水處或道荆門之玉泉昇之棲霞齊之靈巖臺之國淸諸寺以爲四絕景德中天子知其地勝異詔擇名僧居之明年復表其額故結方外之遊者一或不至不足爲好事慶歷七年冬田自武當再謫郢且走荆州甯毋兄荆去玉泉方再宿心竊幸之意平昔之慕今遂適焉又明

年春始造山山之雄絕崛峻上薄氣象長松萬株夾道十里如六師介胄中令既令奮然將作高盤孤撐一徑西北玉泉之源纍纍明珠直出數竇風霽月皎虎鳳軒翥寺掛巖腹翠微旁來危樓橫橋下走淸瀨鑑人毛髮時無友人獨攜二三子留山中攀幽覽勝下上晦顯或嘯天外卻醉水邊回頭身世使人羞恥之郢之明日道出軍下軍守曲臺謝公好古博雅君子也喜田之遊且曰玉泉子之境土恨守符未能往前使寺僧錄唐賢留題自曲江而下止近代浮屠貿巳方得八篇僧云異日詩殊多第往天水漂去予惜其遂散亡欲鑱石以紀其事予爲我序焉敢拜命因道山之崖略慶歷八年七月七日謹序

爲烈婦王氏募貲建坊序　謝方升

烈婦姓王氏紫蓋總民人趙師彥之妻也族本寒微秉性幽貞年十七歸趙敬事翁姑踰年而姑逝家故貧婦勤於操作俾薪米無闕稱賢婦焉值歲歉翁就食西山中其夫亦外出婦與夫弟師材居材甫七歲耳有强暴王某突入其室嚮以金田誘之婦方業履變色而作厲詞以拒王怒挽其袪將强之婦奮呼力拒衣碎乃得脫奔訴毋家毋家惟一季父時方醉坦然置之

婦憤極氣絶移時復甦奮袂而出沿途號泣過清水潭以石鎮業履於岸而慷慨赴水死師彥歸鳴於官官以公出故經五日始驗其潭澄澈砂石洞明見婦屍端坐水底浪湧不稍移拯而出之正氣凛然面如生觀者莫不感泣既葬數月精靈不遠泯每午夜輒聞號冤聲迫定讞置强暴於法聲始寂然邑令上其狀大憲聞於
朝乾隆四十三年冬奉
旨旌表給銀建坊並入祀節烈祠師彥以貧故建坊未果然其心終不敢忘也今師材亦漸長矣兄若弟欲泣叩仁人義士助之貲以玉成之而先囑余爲之序嗚呼其烈也其天地之正氣也通都大邑衣冠名流一遇禍難猶或有所遷就而失之而窮鄉僻壤衣敝食淡之弱婦獨能潔身取義視死如歸雖古之忠臣烈士何以加焉既蒙
恩獎足以光潛德樹風聲又得所資助以底厥成俾乾坤正氣常昭然於斯民耳目之間而後起皆

有所矜式其有關於風化豈淺鮮哉凡我同人其竭力焉是爲序

鍾山長老獻關廟鎮物記　元　僧寶淵 玉泉寺僧

皇慶改元壬子歲春孟玉泉當代住山佛光慧日普照永福大師鍾山長老捧鎮山壽亭侯印龍眉龍角繪寫寺圖赴宣政院蒙開府儀同三司上柱國太尉平章政事會福院使宣政院使安晉國公導趨鳳闕瞻覲龍顏捧一瓣香祝萬年壽親聆天語顧問丁寧宣賜金盂甘露馬乳奏降御寶聖旨護持住山謝恩而歸爾時姑蘇靈巖堂上止巖禪師同在京城賦詩餞別錦還荊楚榮擁江吳遠近禪門次韻贊慶繼而

荊門太守奉直杜公州判忠翊李公涓諸名儒賡和盈軸通泉懶翁先生跋語題跋增重叢林寶淵藏拙西寮獲覩盛事歡喜踴躍亦曾續貂邇者當陽達魯花赤那懷忠翊公勸諭立石命叙原起斐然直述題於端云癸丑歲皇慶二年艮月既望當山首座比丘前住建康能仁禪寺古源寶淵謹題

移立唐賢詩碣記　元　衛應辰 邑人

僕嘗聞昔唐太師顏魯公製祖亭文勒石於江州祖將軍廟其後典州吏遷此於九江驛磨之以刊其修驛之功歐陽詹作文以弔之蓋痛前賢芳迹不幸而泯而悼小人無知殊不辨乎蘭鮑之美惡也荊門之玉泉爲天下名山四絕之冠有唐賢曲江張丞相及孟襄陽諸公留題詩韻備道其美宋慶歷間郡守謝公好古博雅君子也始命匠鐫碑文請於大理評事張君爲文序之以立石於荊門蒙惠二泉之側用增

江山之勝俾往來賢士大夫遊者獲爲美觀兵火以來屹然獨在若有神明護之莫之廢也元運更新車書混一郡治復古碑乃粲然豈謂有負力遷之他所欲泯其舊而圖其新幾與顏魯公祖亭碑者同罹其害當代住持鍾山長老聞之見義必爲不遑他恤亟到州命役徒挽歸寵跗如昔而立石焉此較於顏魯公祖亭碑何當時不幸而張曲江孟襄陽諸賢碑文雖經異世塵劫獲遇斯人而何其大幸也歟吾聞君子樂道人之善吾黨不可無一語以述其事因不自

撲爲其概並借張丞相留題五言古風詩韻輒成一
章以頌其美知我罪我幸無以其僭爲誚云

張侯濬河記　明　王可大

利民之生孰有重於建城導河者哉他郡邑與河毋
不相涉也卜地而城之順流而導之因其勢度其宜
而已爾楚之郡邑盡濱於江之南北蜀江自岷山而
下至枝江而分流爲患愈滋楚之荆承二郡承之被
其溢蕩者十九溺已積歲矣乃當陽邑治故無城賴
土垣以爲防又當漳沮二水會流之衝漳水出於南
漳沮水出於房陵左氏稱爲楚之望自古而已重視
之其二水去邑爲甚迫夫水勢分則柔合則奔突勇

悍若下無所洩其駛而四氾也不可防已邑舊有河
去土垣可一里許歲自庚申以來江水大濫而諸河
亦泛舊河遂湮塞不能受其橫流水散而薄於垣當
事者爲石礟於垣之東北以障之蓋邑地東北平下
土疏泄滲斥水亟而礟決遂食垣之半并及官舍民
廬是水之不利於民者久矣在宋元於江陵路開九
穴十三口以洩其怒而民患稍息況大水之會者可
不導其舊河哉水淺則盜熾邑令張君崧設穽獲盜
踰二十人而餘盜尚滴滴也乃謀於郡伯顧菴何公

夫損曰松無善治不能弭盜然多自他所來者又不能回災沴河壅其故道內侵於土垣及於公私之舍公其謂何公曰噫是在我矣不建城無以衛民不導河無以得地然則導河其最先且亟乎乃告之守臺仰明李公公又曰噫是在我矣然久歉之際不可重困於民也吾計之廩有穀千石以備賑者今散以濬河卽所以賑恤也又計之總居民及里夫共二千名假其力以食此穀卽可無饑矣於是上之撫按兩臺兩臺僉曰守道之言是也乃下之顧菴公暨荆門州

守袁君一虬督之張令及衛經劉日南日程其工不三月而河復其故道起自西口至東口止袤一千五十弓抵東南舊河深四丈廣八丈徑達合潞市與川江合尋將濬河之土築爲南岸長堤廣十丈高三丈頂有三丈不必他有所營而屹然外郭矣又以其餘上起新堤於邑之西北山嘴可三百五十弓高廣及頂亦如前堤其當奔決之處捍以竹木更樹楊以實其根兩堤相帶內以城外以河害實弭也蓋河成而可以舟得以化居有無不至坐嗇也可以溉卽有旗

申之水無虞也可以溉不爲旱魃所窘也民之樂而安之也其利可勝數哉由是量地爲基相勢爲工以墳以石以畚以築弁其東北者而盡城之他所之盜將聞而遠遁也以故邑之人垂白及髫者皆欣欣然曰令之功太守之德也至其成者兩臺之績守臺之仁也令走謂予曰松無善治重爲上官憂茲河成矣城可建矣公幸紀之以無忘虜功予曰噫予遷楚四載凡三建城未有不得地而可施工者況予今責在水利哉是在我矣太守德之守臺仁之兩臺是之令

功之予樂其成雖不文不敢沒其美也河成而巡臺南山趙公來按都府毅菴馬公亦以遷客至實相其成者也乃爲之歌使邑之垂白及髫者歲時伏臘歌以世之歌曰漳水洋洋沮水瀼瀼以匯以出當我孔陽河伯殄我食我舊疆河飫而墳地遜而荒太守曰吁爾毋庸傷上籲下成爲爾之臧乃鳩爾工乃豫爾梁乃淑爾具乃定爾方河伯告順水復爾常還爾舊疆永妥無殃爾舟爾溉爾浮爾方爾魚爾鬻爾穀爾秧爾收爾穫爾食爾倉爾朝爾夕爾祀爾常婦歌於

屋夫歌於場農歌於野士歌於房以石以甃以瓴以
箱以墉以阜以崇以翔闊爾之戶露爾之藏靡有盜
賊於萬斯箱我巡我守不卽我艮我守我令不我能
忘百世保之以永福慶時隆慶四年

遊玉泉記　　明　袁中道

出當陽城西陟重阜見諸山翕負象峙而其中一峯
尊特竦秀氣宇如玉妍美如冠者卽玉泉山也其上
時有異氣非烟非霧如兜羅綿與諸山特異山以泉
得名故二十里外得泉爲入沮道皆莽莽修澗至巴
公嶺下西泉之水繞度門而出會於玉泉其水較洪
岸畔多石水始汩汩有聲從此兩掖多坦迆之山泉
出其左遊人不復與泉相捨時見磚埒皆先朝所修
馳道近寺得嶺如龜背起村市駢列逾此如一竇諸

山左右障泉聲始厲嚙右壁半落如赤霞左爲諸山
窮處得圓阜以精璆冶窣坡其上中如永巷是謂寺
門入門泉自東來帶寺有危橋正殿依山如屏兩峯
袖遶上有智者道場四字黃太史筆昔智者從天台
歸荆州登紀山望當陽山色如藍上有紫雲輪囷如
蓋遂杖策孤征過玉泉至青溪欲建道場意嫌廹隘
送還玉泉止金龍池趺坐枯樹中致關公皈依冥建
福庭湫潭千丈化爲平址棟宇煥麗巧奪人目昔王
尊立水劾子堤完眞王應運滹沱冰合世法猶然況

人天眼目百靈護持者乎當時尺一有事出神心理
應塋表語而畫家亦傳關將軍起玉泉圖叚亦有以
其後北秀復居此地天后作檀越金榜玉題侔於鬼
工是固一時也宋明肅劉后蜀人少隨其父入都過
此寺僧慕容禪師見而異之爲之禮及撫育仁宗正
位長秋大加護持重爲嚴飭是又一時也浸至近代
僅存一殿欹側欲頹跡公居度門傷其荒蕪有志繕
修北走神京大開講肆時黄平倩及予兄弟三人過
之跡公言及此寺幾欲墮淚於是平倩中郎各草一

疏不盈一期宮府朝野金錢麕集其始終營綜中郎
極爲苦心今遂焕然復還舊觀雖不同當時之靈必
亦大有異緣山後一壁舊多喬木作殿時伐以資用
正如剪髮緇衣甚可悼惜近禁采屢年穉松孀姹能
增黛色寺固大龍湫也雖累土爲基今尚如珠在函
拾級登後山始可瞰遠僧存大士閣基夫殿不毗陽
以含冲氣閣不毗陰以瞩原隰闕一不可姑待來者
殿左有吳道子畫大士碑作天男像衣褶最古殿右
爲藏經閣尚方新頒金礬爛然左右各一池清泉從
殿後出涯爲池注於玉泉或云那伽之宮在焉故一
山出泉甃之以種芙蓉最佳相傳卽金龍池出護寺
殿得前橋復與泉遇東行二百餘步爲乳窟窟中石
作珂色懸乳如蠟淚前一壁如幻霞玉泉之水嚙其
根而後出時作壯籟其絕壁有坎相當云前人穴以
架閣下隱隱有字盡駁予謂是張孟及元微之所書
自可惜若是俗筆能疥烟雲冰霜苔蘚亦大解意憶
元微之遊此山詩云松門接官路則當時官路原在
門外曰泉脉過僧房則當時僧房正對清泉流水周

於戶下光景可想今重墻圍裹惟恐見泉乃知塡蟬
翼帖規方竹杖者何代蔑有過洞兩岸多石骨較狹
累以石丸渡至響水潭有巨石亘溪中去地丈餘泉
從石墜忽作大聲墜而復躍激爲浪花濤雪沾濡衣
屨山行稍倦童子以蒲團從坐泉上稍瞋目疾雷破
山急雨隨之大似振秦皇帝驅山鐸也過此兩崖愈
狹雷泉以出石骨爲泉所蝕作篆籀文乃捨溪復上
山徑至關侯廟前水始寂是謂泉源過橋撫掌皆如
珠串上沸侯所封當爲漢壽之亭侯而宋紹興中洞

庭漁人網得一印上一鈕方二寸有竒其上一大環
徑四寸下連四環皆繫印上製甚竒文爲壽亭侯印
不知何故豈唐宋間不識字人作贋物以入神廟者
耶廟外列名人詩碑依稀見張孟等字不暇讀去廟
數十步泉聲甫寂而石泿逼人矣道有二其左卽走
籦叢道也其右往智者洞諸幛圍之從一罅入如花
源道旁怪石磊磊色或如墨如烟可坐可卧其立而
欹者下可逃雨右嶺上爲宋脩傳燈録院今廢又里
許至智者巷旁爲智者洞石理甚堅若夏屋洞下有

井與大江爲盛衰春水漲逼於玉泉爲洪流緣洞後
登山石欹不受足屧陟至一處稍平卽朝曦閣舊基
萬山層疊中忽見山口近林遠水甚暢迹公與予議
復之以祠中郎覺孤危難住下智者洞右得少平地
乃喜曰蘭若在是矣相與少坐洞中予謂迹公曰此
地是與吾邑人有緣蓋智者亦公安人也智者俗姓
陳爻名起祖梁封益陽侯居公安以公安卽舊華容
地故亦曰華容人有二子長曰鐵次曰道光道光卽
智者其母夫人瓮鬣在公安牛頭里今猶稱聖母墖
旁有智者所建報恩寺其爲邑人無疑若禰中郎於
此信乎與邑人大有緣矣尋舊路歸復於乳窟看月
泉得月如曉溪濃雪晚宿於講經臺

戕之處亦少蘊藉矣此山爲三十三洞天以南北二山四垂如蓋林石皆紺故名紫蓋予自山後嶺上來不見垂蓋之美而林石亦無紺者所云綠水甘馨亦僅存眢井爾山頂有仙祠卽葛稚川鍊丹處予記列仙傳鍊丹紫蓋乃葛稚川祖葛僊公鉉字孝先非稚川也孝先既行屈氏二女作履施之後分餌丹二女皆仙去至云山王爲劉綱樊夫人劉綱爲上虞令亦非是中人不應作山王俱誣甚且此寺肇基於遠法師天皇悟從荆州天皇寺移居此往時樹木極茂後

盡伐去今新栽松嬌姹如綠雲寺僧等頗嚴守護不過十餘年後又成佳叢林矣夜宿於藏經樓下曉送寶公歸公安予歸玉泉行嶺上復望見遠山晴雪殊快至聖水寺從徑路趨玉泉輿中於諸山外見玉泉屹立有若久客望故鄉暘適不可言喻豈非宿緣邈金家溪畔兩水合流處得一小菴少憩過此山峯多茂樹無童者蹁光石嶺石淨滑不受塵下嶺卽玉泉寺田

遊紫蓋山記

袁中道

往玉泉入春數日走度門商畧遊事首紫蓋度老不能從與僧寶公偕沿途多峻嶺回望玉泉甚尊特其後爲青溪芧平諸山上帶殘雪日光映射寶公云大似晴雲映覆山巒予曰雲色稍陳不若雪山之鮮霽照人也過聖水寺相傳葛稚川鍊丹於此取水又數里爲吳王墳岺隆隆起吳王不應葬至此豈吾王之訛耶楚都在沮漳間宜此地有王家陵墓所云昭卽皆相去不甚遠也此地望沮漳兩岸之樹分行交樾

不可紀極路從山後以達於寺蓋自大行少室伏牛元嶽諸山蜿蜒而行至此地忽止其前平原千里江南諸山皆不可指數若天日晴明可望見江上風帆數日滿眼峯巒忽見平曠如掌亦覺爽豁往時有客至玉泉清溪紫蓋來者吾卽問三山孰佳答曰皆佳不能優劣及予親至然後知品題烟雲非慧人不能大都紫蓋寬博玉泉尊特青溪秀媚紫蓋門戶也玉泉堂奧也青溪園囿也遊者以漸而入彌深彌妍若欲紫蓋爲青溪是以亭臺花木之娛而寘之戀旛列

元荆門州守聶韞夫先生墓記

教諭南海人 黄聖年 字逢永

當陽城西十五里黄沙舖有元荆門守聶先生之墓焉卽先生致命之地也先生没至今殆三百年先生之廟食當在本州而封樹於茲不宜闕然卽志牒亦僅辨先生姓名而已至於先生之行履文章邑之人罔耒之詳也余小子職在掌故讀先生之文竊感先生之節而懼是邑之文獻未周先生之封樹或弗戒也稍爲增治蓬顆拂拭遺碣因采拾先生之大都以

驗於邑之人焉按傳先生姓聶諱炳字韞夫江夏人元泰定四年進士初授承事郎同知平昌州事先生早孤母改適自平昌還始知之卽迎母以歸久之轉寶慶路推官會峒猺寇邊遷湖廣行省理問官時悍卒多掠民爲俘先生言於禿赤釋其無驗者數千人至正十二年遷知荆門州纔半歲淮漢賊起荆門不守先生出募土兵得衆七萬復荆門又與四川行省平章咬住復江陵其功甚多既而斬黄安陸之賊復熾俞君正合兵來攻荆門先生率孤軍晝夜血戰援絶

城陷爲賊所執極口罵不絶賊以刀抉其齒盡乃死左臂而支解之先生登第時試大別山賦其文曰歷功馮翼孰元孰黄清濁既凝高下以彰融然而江河流液峙焉而山岳儲祥維大別之名山獨巋然於南荒爾其氣通淮漢勢壓荆楊總江陵之統會奮衡岳之輝光深根浸淫乎后土雲彩洞燭乎圓蒼高標迥出於九嶷倒影傍接於三湘昔聖賢之經歷雖千載而不忘爾乃層巒岧峣疊嶂巑岏石痕欲駁土花若殷藍膏綠液紅注碧珊樓臺翬飛於翠巘石梁龍矯

於蒼灣浮屠聳其側僊臺峙其間睇靈柏之茸茸雜蒼苔兮班班幽芳野草秋菊春蘭至若地利之富物産之珍以守則阜以財則殷殊形詭狀不可殫論靈蹤神跡曷可弁陳吾嘗凌絶頂賦遠遊呼鵬鳥以逍遥招黄鶴而夷猶酹宋玉於秋興之亭邀太白於郎官之舟洞庭之水未波蒼梧之雲不流烏林烟滅曹瞞之魂已冷赤壁風高蘇仙之句嘗留登高作賦把酒澆愁嗟乎娱樂則有加矣感慨亦有之矣其有德神禹之德而憂神禹之憂者乎當其九州爲壑四海

一堙而神禹出焉巨靈奔天吳繼截天柱之巉嵓擘巀嶭之嶙峋其導水之功孰爲之耶然吾徒今日得囿於禮樂之教者非前日手胼足胝之功狃於衽席之安者非前日克勤克儉之庸乎噫嘻時移事殊風流雲徂撫乾坤其瞬息觀古今於俯仰蓋猶迹神禹之迹於千百載之下矣豈無心神禹之心於千百載之上也哉嗟乎郎先生斯賦其浩氣奇節固已槪見矣輓近之士競驅馳於尺幅一愛事輙苟且持祿及至危迫首鼠反面者毋論郎捐七尺以殉亦計無復

之爾非能盡力竭謀至於莫可爲而後已也以視先生收拾餘燼於屠城敗邑之後晝夜攻禦力盡舌繼甘受支剜之慘而靡餘憾焉其名實相去何如也嗟乎若先生者無愧其文矣享於斯土者若關壯繆若胡文定咸以坏土之故有司得以請於朝飭廟貌祠春秋而先生至今闕如也毋亦掌故之失職以至是雖然先生之節義文章久而彌著讀其文聞其風將必有表章先生而俎豆於關胡之列者余小子又焉能爲有無時崇禎庚午十一月朔日記

清溪青雲閣記　曹世煥

方山以宋賢唐子方讀書名下有清溪鎮居民鱗集其間善陶朱術者代有人而能如古讀書方山者則自

國初迄今寥寥焉幸得一二儁才矣卒累市井習不得成或成矣復短折說者謂文風不振茲士子冬居人士謀即故雲樓遺址建青雲閣[illegible]仍以茹納清溪之水內祀　文昌以木主取星神照臨爲萬里雲程計也閣建屬余記余曰是

則然矣邑之書院名迴峰近東城上建文昌閣峻宇隆起望似尖峰聳秀直遏汎流胥此意也風水形家言誠有之第讀書種子不絕者不徒以形而以心果心在斯文乎自必尊師重道而善端起矣父兄以善氣薰子弟子弟以善氣承父兄自必上邀神鑒冥冥中若啟若翼行見戶誦家絃直與方山讀書之流風餘韻相接續於登青雲也何有不然文昌星也光在天幽隱靡不燭所謂祿命將相有於不善讀者命之祿之

乎即以後世道家言梓潼帝君主文昌梓潼帝君晉人也以忠死英靈不沒或有之然讀陰騭文觀功過格諄諄三致意者正有在是欲振文風勿謂閣之建遂可續讀書種子也語及此衆躍然曰然哉然哉盍并記之合後之人益以心力挽頹風也閣始於吳君山柏房兄清如成於張君艮臣房姪端熊子文哲嚴君允中堂姪中孚補遺

遊萬壽山記

吳沛榮 恩貢

方山之陽重岡疊阜蜿蜒七八里屹起而聳秀者萬壽山也三面壁立頂坦夷如盤可坐千餘人其上有寺相傳爲有明時始建鄉先生輩率以佛堂爲學舍知名老宿多出其中曾生東明山主人也家於山之麓余過其家卽欣然登山拾級數百步至寺中摩挲殘碣周覽殿廡雖不逮玉泉紫蓋規模宏偉而數楹完整蓋自崇禎八年重修而後風雨兵燹土人又幾經葺而新之矣山之左爲南北通衢行人絡繹其下聞山上呼喔聲輒佇立久之然後去其右則近山一水瀠洄有泉自山下出者名胭脂湖深數尺廣數丈袤十餘里其流四時不涸可濯可釣石橋橫亙其中俯瞰清波如明鏡照人間產玉蝦晶瑩晃朗隱約水濱漁人網得之稱奇欲獻瑞焉湖外平原千頃烟樹蒼茫村莊歷落綠野芳疇彙堪指數又若香爐一峯對峙於東青谿諸山列障於西而漳河如帶環流其間凝眸斜陽中

遥見風帆上下遊與爲之一暢斯則玆山勝槩
矣抑余思之山靜鎮有常何山不壽而玆獨以
萬壽名意山之靈者人自傑其鍾毓之奇居人
士騰茂蜚英必有特壽於天壤者若二史恬菴
之學有淵源南堂三山之競爽濟美殆皆秉玆
山之秀而卓卓當時者歟然是遊也適與曾圭
偕生夙慧而早達者也其接武數先生而後先
爭耀者乎則庶足增光是山而不負是遊也巳

老人府記　袁瓚

天下曷爲重讀書者哉重其能用世重其能傳
世尤重其述他人之事而爲文以傳於世不然
古人之遺聞何以瞭然於今日也且窮鄉僻壤
苟無讀書者處其間何以寂寂無傳人也紫蓋
山左王氏者其先隸楚襄王麾下後析居半徙
於此數世孫名志遠年一百四十餘或云年二
百有八十正德朝方啟壽宴帝經其門題聯云
壽逢三甲子眼觀七代孫並敕建老人府當時
榮之
國初吳三桂兵屯紫蓋府燬於火巋然存一樓耳
樓之脊飾以鐵羊角俗稱爲鐵角樓旁有樹數
株皆合抱葉三尖兩叉因呼椏杈樹地近山坑
遂以王老名迄今三百年樓無恙焉夫得山川
之間氣者恆主壽顧絳縣疑年商山高隱其人
初不顯當世而獨能以壽傳何志遠之壽至一
百有奇而邑志未之登知採訪所不及也其鄉
無讀書者矣志遠裔孫香畹數君工文章稽覽

故將葺是樓而新之爲余道梗概其鄉自有明中葉以來罕少讀書者讀書者自徵君始而余之得聞志遠之年也亦自徵君始甚矣書固不可不讀而足爲一鄉之人所賴也記此以勖來者

郭氏孝子節婦烈女合傳　沈德潛

郭之都字石乳湖廣當陽人也中崇禎丙子鄉試行己端潔以忠孝節烈訓其家歲甲申值鼎革流賊破當陽所在殺戮城中無孑遺居人避寇乘小舟栖泊港汊蘆荻間冀翳蔽免禍賊至搜貨財斷肢體血流於湖濤浪半赤時之都偕其配汪暨子諸生毓賢媳陶氏女二姑共乘一舟賊至舟大呼獻金全爾命之都嘿不能言示腰間槖賊不待解槖即刺及破之攫其金兼脅

使去時子在旁默揣父去賊必置之死已無金必不免欲乞哀救父恐賊不知天倫難以情理動因睨視父若漠不相關者語賊曰此翁羸老隨將軍去安能併力殺人吾有力願隨將軍往賊不知爲子也因釋翁及媼擄子去平定後竟不歸知必死於賊方賊始至舟陶氏竄身叢荻淺水中得免賊散僕救之登舟問僕曰相公安往僕應不知或紿之曰去即歸耳氏且泣且望久之終不得音耗因拊膺長號曰我夫守義必

不與賊俱死賊手矣尙望生還曰乎沈水死前此賊擊舟時二姑年十七賊曰爾願生抑欲死姑曰生死由汝賊曰從我去生不則死姑泣且罵曰恨我爲弱女子不能殺賊言未竟賊以刃斫其首首幾平分奄奄兩日死至今死處風雨夜隱隱聞嗚咽憤恨聲後　王師平定之都歸里側室生子二俱明經今孫曾三傳有以文行聞者宋州牧楚望同鄉人也恐其事久而湮沒乞予作傳予舊史臣有發潛闡幽責因節其語傳之以告天下後世之偷生而棄倫常者

論曰明季當思陵死社時天地易位平日居高位負盛名侈言氣節者或至掌面喪心矣乃士人婦女能子死全父妻死殉夫女死守志一門之中人道備焉且天佑善人卒昌其宗郭氏之與卜其未有艾也嗚呼人如郭氏一門始可以死然人如郭氏一門至今未死

熊斷山先生小傳

張致青 涇清

吾師熊公諱經鹿庠名映鏞字景朱號斷山玉陽宿儒而嘉慶元年殉二月之難者也公祖籍江西自始祖成化二年遷當陽傳三世庠生五玉公爲公高祖拔貢我復公爲公曾祖庠生仁輔公爲公祖增生絅菴公爲公考絅菴負士林望年踰三十早逝自絅菴出者長畊心先生次則公也母羅孺人長育教誨皆及成立事實詳載邑乘賢節志及湖北通志公生而穎異甫學爲經義便脫去凡蹊諸先輩歎謂生氣鬱然定泱遠到乾隆乙未公與畊心先生同遊泮旋食餼五試棘闈不售遂絕意進取友有勸駕者公則听然笑曰此事思之爛熟公舊廬在城教誨猶子繩世等而從學者日衆公亦不拒循循無倦垂二十餘年歲甲寅元旦詩有云安貧兼守拙知足不求餘舌畊田是硯學殖圃惟書竊意公即不出而得所處也乃今春教匪陷城而公竟以身殉焉其絕命詩曰皇王恩父母德一死

何足以塞責矧予體之孱弱兮欲求生而不得兄其善事老母兮委曲以延先澤勿疚懟之已甚兮致令宗絶而祀滅按城陷在二月十五日午時公招所友不齊汪公飲酒徹夜相約同死十六日晨刻驀至青家慘然謂青曰汝善謀我將死也比歸羅孺人適憤絶於地公與畊心先生親殮畢取族譜授畊心先生旋令次女自盡既羅孺人復甦公已端坐金魚缸死矣公事親孝一言笑惟恐逆其意與畊心先生友愛無間

負性高簡持身端謹雖極放蕩者見之皆自斂善書兼及畫蘭或有乞者未嘗必擇人鄉黨有婚娶喪葬事未嘗不酬應也至良辰美景登高臨流凡吹笛鼓琴蒔花養魚諸韻事悉樂而忘疲是以人敬公之介而益愛公之和黄太史曰視其平居似無所表異於俗人臨大節而不可奪人弗之及也歲寒知松柏洵有然歟公座右銘云凡事較之最苦則樂一生聽之有命則安嗚呼公真安命者矣公死難弟青較諸弟子知最悉故敢僭述之以俟後之操觚者時嘉慶元年歲次丙辰仲冬月

王母姜太安人傳　　袁瓚

安人姜氏爲當陽王徵君映蘭母年十九歸贈公鳴珂越五年贈公歿家固稱小康顧孀姑年高子女幼弱安人性樸誠力不能禦外侮值饑歲貧戶就食者常盈室無虛日焉嘉慶辛未至甲戌尤荒歉寇盜四起安人徹夜紡績召戚族之困乏者與之食而預爲防幸無事而家計漸中落矣自是晝夜操作勤苦倍於前輒以一身兼數人之勞而未之或倦徵君年既長令就塾

師有戚好至必延至家設饌以禮之其事師之加敬益不待言訓女嚴于歸於陳僉具外無私與徵君爲之請弗答也女亦以爲固然者不觖望於母知其秉母教深矣夫大廈之重一木不能支疾風之來勁草當其變安人守節閲四十寒暑其所任也重其應變也難慮患操心積而成痼疾雖饔飧不乏與苦節何殊鄉之人述安人之事姑能盡孝述徵君之事安人與安人之事姑同徵君不言人固罔弗知宜乎舉孝子登孝廉方正科也余與徵君善爲作傳敘梗槪以示其子若孫子若孫其敬識之安人歿年六十有三

李貞女墓誌銘　衛天民

方公名璲者與余同里言李貞女事甚悉余時爲諸生聞而異之歲在癸卯適授是邑司訓莅任後睹

恩建石坊離黌宮數武知即貞女宅也過其門肅然起敬楊李兩姓戚族多列膠庠爲余道厥始終迺知貞女生於雍正甲寅年其聞訃歸楊也在乾隆辛未歲冰霜自矢有烈士風躬理家政井然有條嘗以不得孝養翁姑爲痛其立嗣延祀

也在甲申歲嚴慈並用期於成立雖受室生子不忘教誨論者輒比諸陶歐云後經闔邑紳士公舉由學申詳各憲題請

旌表維時貞女年未五十奇節已達

天廷矣而貞女旋於癸卯臘月棄世其子盛智將以甲辰孟冬謀合葬焉請誌於余夫砥礪廉節此學校事也闡揚潛德由學官始也往者方公所撰編入邑志待梓已久余豈敢有異詞爰就貞女之始終於楊氏有功於名教者而爲之紀其歲月焉爾

銘曰貞魂已仙貞心不滅何以擬之冰清玉潔鬱鬱佳城在屺在岵既固且甯嗚呼千古

鄉賓楊先佑墓誌銘　邑令黃　仁　吉堂

歲辛亥余膺簡命宰是邑公餘間與士人接見楊君咸齋脫略不羈諄言質直心異之後過邑之官塘鎮君率其子弟來謁觀其氣象類皆恂恂雅飭詢知伯叔兄弟不異財男女數十口雍睦無間益重之壬子冬上憲徵邑志余擬開局纂修討理局事非强有力者不能勝特延君君即毅然曰是在我此盛典也文獻攸關當事有大於此者乎亦曠

舉也百年未輯當事有急於此者乎於是勞怨不辭凡局所需無大小身任之癸丑春三月稿成時局與君永朝夕者曹生世煥也歸爲余言局無此人不得然病矣僃欲梓志速爲之余心識生語而猶以君氣厚神健必可畢乃事詎逾數月而君病革矣其姪盛世以行狀隨進哀而請誌於余嗚呼君死矣余以爲雖死而未死也聞疾革諄諄不忘遺令子啟淵延匠治棗梨俟省鐫工至即赴局董厥成君何勇於義雖死不貳如此耶嗚呼世之知巧者多矣讀書考道議論風生以析是非宜不難乃知當爲之而卒背而去即不背而去而有初鮮終又不解其何以故況時當易簀方寸亂矣遑計公若君者其亦人傑也哉孔子曰見義不爲無勇也君之勇於義其亦死而不死者哉向使策名太學即走京師與當世賢豪遊以此不貳之誠益以學任天下事必可觀惜乎止於是悲夫然余以爲有其不朽者君之志此志與志並存焉可也夫余宰

是邑凡賢者皆欲表而出之爲邑勸則君之見於余文也又其宜也君諱先佑字克聲咸齋其號也膺鄉介賓以癸丑冬月卒

銘曰孰不死君自別見之明爲之決以此銘也名不滅

舊志田賦論　栗引之

當陽去郢二百里而遥四封不越一同大都東南易潦西北易旱每春夏間沮漳兩岸萬山層疊土枯石瘠小暵輒槁其沿陂埂而耕者一當淫雨汪洋澎湃陵谷異狀若滋泥魚皃水天一色矣其平原沃壤半屬廢藩强軍民之操畚鍤而從事者不過山谿間搰搰終歲猶時有崩塌之苦至若荒石諸山皆不毛地明萬歷清丈時以刁民告訐皆得攤糧一登籍遂爲成案矣至

箕斂之法最甚者當年斗級兩差十年輪應一歲之費咸出其所籍甲日久弊滋已派而重派小費而大派暫行而久派私事而公派糧之所徵有定額民之所納無成科破產流亡率多坐此幸司邑者憫其苦上聞檄下盡革之規爲畫一自康熙五年始抑閒之賦於常賦之外謂之艤使里胥仍得以爲政其欲不諱而爭也得乎當陽之病不在腠理或且治其標方治標而雜投方餌其爲生也幾何矣畫一之說治標之說

也按脈察徵而調劑之是所望於醫之聖者早設事焉庶其瘳爾

舊志防禦論　栗引之

郡邑立民壯凡以衛民也乃昔以衛民今以禦民矣設之以爲禦也而得禦焉奚賴此民壯爲哉當陽斗邑上下千餘年間亂多治少大率荆豫梁益有事則此土首當其鋒他不具述

清與乙酉之變舉數十萬衆潰不旋踵較三國南宋時受禍更烈然後知當陽徒有百年之險實無一朝之恃也

聖天子軫念疆域雖伏莽已翦凡郡縣扼要處所皆令置兵偵守誠安不忘危如欲以遣呼之能而望以防禦前之爲謀不甚疎哉

舊志人物論　栗引之

或疑陳仲弓亦太邱長耳苟非門第高顯苟陳文學亦安能聲施至今乎余曰是誠有之然苟以高顯而已何復有公慚卿卿慚長之論故知太邱之德不可誣也叔孫穆叔以德功言爲三不朽余以爲總一不朽耳世固有無德之功無德之言亦安在其不朽也茲數公者惟鄧以功著其他皆以德重不竟其施其文詞亦不顯於世然余以爲有其不朽矣故論著之窮鄉孤嫠飲泣沒齒彼豈有覬於後世顧其志操雖與日月爭光可也余因次於士夫之後非徒女訓亦爲烈丈夫勸焉

舊志鄉市論　粟引之

邑之民食其土之毛利不出四封而四方之異物無從至化居惟視合滲然米鹽布帛外亦無奇貨可居曩有保甲之設弭盜也今則疲於句攝矣復有鄉約之設宜

諭也今則朴之公庭矣孔子有言觀於鄉而知王道之易易也夫王道者修其教不易其俗齊其政不易其宜故易易耳觀於鄉者不於其鄉也夫亦知所從事矣

玉泉闢異說　李　遥

天下何正人君子明智特達之人不概見而愚夫愚婦去正入邪厭平常喜奇異惘惘汨沒於誕漫不經之說蓋未聞堯舜禹湯文武周公孔子之道中庸至正之理也惟精惟一允執厥中君子中庸君子而時中帝王聖賢授受相傳之旨君子而外凡人未知也若夫　關夫子三國人傑值羣雄角立之日識天下正統慨然以恢復漢業爲己任終其身至殉難而死浩氣孤行流貫今古由侯而王而帝凜凜與日月爭光迄今千百年自天子以至庶人自中國以至蠻貊浸入乎人之神明激發乎人之志氣也尊禮與孔子等何浮屠創云智者從天台歸荆州望當陽山色如藍杖策過玉泉至青谿欲建道場嫌迫隘還趺坐枯樹中關公稽首皈依冥建佛庭一夕湫潭千丈化爲平址棟宇輝麗巧奪人目噫此巫覡跳神符咒之說欲以愚鄉里愚夫愚婦恍惚人耳目攫人金錢粟帛耳又何異於徐

禍人東海求藥誑秦皇李少君欒大之所以愚漢武翩翩然神仙可下能致不死也然玉陽好巫得無沙門好事者創爲此說以愚其俗與否則智和尚故爲荒唐之言以籠罩隋皇也考玉泉寺歷唐而宋元而明或頽或廢或圮於飄風疾雨或零於蔓草荒煙修建殊代政觀易故不知凡幾豈帝顯神通變化驅鬼役靈一夕所建金玉道場皈依沙門之處任樵牧兵火風雨崩塌必藉後之人修葺補綴方得以不墜歟何顯

靈於前而偏不顯靈於後也抑神之靈有時靈有時不靈歟無是理也惟帝之有顯靈諒不皈依釋氏也大抵異端之鼓惑天下必思所憑故學二氏者動假吾儒以爲說闢佛則有傅奕與韓愈矣後魏後周靈廟除伽藍形容廢毀文字放佚矣至若帝之威神固與日星河嶽並明並麗並流並峙者也千百世而後或有不信佛法毀玉泉寺者曰此關帝冥建所也鮮不消然阻矣此浮屠家創爲誕漫不經之說之原也凡鬼魅魍魎依草附木之妖誘惑世人莫不假作人形或託爲神語否則人得聲而指之矣夫何惑之有今智者玉泉寺爲關帝冥建之所亦猶草木魍魎鬼魅之妖假人形託神語以愚當世也余令當陽洞察其事因闢其說俾後之學者知非堯舜禹湯文武周公孔子之道皆可絕之非中庸至正之理亦當絕之也或曰此不但鄉里之愚夫愚婦崇信即能文章講道理赫赫有聲者亦不乏余曰此亦鄉里愚夫愚婦之說也天

下有正人君子明智特達之人自有以伸吾言矣

當陽胡侯惠政紀略　明朱光祚號上愚江陵人尚書

先是萬歷壬子春余以奉常使獻陵取道當陽遊玉泉不勝穆然咨嗟歎寺僧之無與講淨業也哀哉欲淨而不能有驅之者矣於是以方寸爲傳舍二三㒷日操刀行屠伯事哀哉安得惠人而與之引噴珠之泉洗生殺之業乎暇讀李本甯太史遊寺詩飯牛依磬鉢牧豕辨租庸酥酪清齋少袈裟俗禮禁歲當饑饉後地扼往來衝上客頻傳食空王豈素封是詩也可以興矣歲維癸亥去余經行之年一紀有蜀德

讓君子胡君諭選宰當陽過而問余余曰此去以不忍人之心行不忍人之政當戒殺玉泉罷僧寮續食爲第一義君頷之今甲子九月余駸駸蒙惠道中聽輿人之誦凛凛德讓者必曰胡君曰胡君會弛擔里門有子衿數輩揖余而曰先生有大造於吾邑也夫何以故曰吾邑侯賢何賢乎曰悉數之不終其姑舉大略如革合潴地保革催糧排年收頭茧玉泉僧人供具墾荒田抵積負而逋民不擾平百貨之價而市不知有官價保約而人爭孝弟力田野息萑苻之警至羣諸士於仲宣樓作賦論文剖倅授精則又非治辦俗吏所能企然侯皆不言所利而曰先生之教是先生有大造於吾邑也余避舍而曰夫政言之非難行之爲難令君以忠厚敏肅之資行清甯惠一之政蓋天錫非人力余何力之與有然以數百年無人爬梳之痛癢余誠言之侯聽之輒決江河以行之不可不紀雖然見任官例不得立碑聞諸輿儓事觀察使君允移刻榜夫榜以木不終歲之計惟石乃永夫永非以爲侯也爲有害已而去其籍使後之人無所考

據者設也即欲不碑不可得矣此邑人自爲意非以爲侯余亦爲當陽之人不爲侯故它壞政不具書侯名如川字汝濟蜀之安居人

唐賢詩碣跋　　元　僧廣鑄號鎮山玉泉寺僧

玉泉覆船蓋龍神宅也自智者大師開山二神護法高僧碩德繼續提倡遂爲楚漢叢林之首由古而今殿堂樓閣歲時增修曩昔方丈而上峭然懸崖亭觀相望曰楞伽峰曰慈雲曰山月曰松風曰惺惺曰彼岸曰寒亭危徑曲折迴隔塵凡巨棟飛甍修篁古木突兀於煙雲杳靄間得唐代名公曲江諸賢題品而覆船之名增重於晉迨宋朝真宗景德初元頒加寺錫賓茅瓦二莊田地實慕容禪師住山時也越四十

餘載慶歷八年荆門太守謝侯命當代悟空本禪師抄出唐賢題詠八篇大理評事張公爲之序鑱石於郡之泉亭至大辛亥又歷二百六十餘年矣近歲泉上碑刻率皆散失而此碑亦爲好事取去深慮珠璣錦繡久則漫滅殊負前賢立碣之盛心於是請於郡侯奉直杜公迎載而歸蕩拭塵垢表而出之以補山中之缺文至大四年辛亥良月既望

舊志跋　　栗引之

邑志前不可考明萬歷丙子留後參軍五安任公蓤榛城功既竣督事纂修越崇禎庚午郡别駕海澄晉公應賓攝邑篆踵而新之時學博南海黄公聖年偕諸貴彦遍探博采書成視昔稱備

清興二十年伏莽在郊舊章放佚司邑者奚暇談及文治西征一舉兇壘悉平殘編剩簡尚越在草間丙午檄徵當志始購求遺籍得之劉子鴻

儒笥中多散漫錯譌不可讀如理敗椽蠹爲補葺而已功未就也己酉夏五月州司馬山陰婁公會縣正缺來茲土登眺之暇喟然歎曰江漢沮漳楚之望也當其古邑哉仲宣有樓子方有臺武安文定松柏存焉俯仰今古犁犁然以修廢爲念而邑志尤其首務爰命小子暨我師友哀輯前文旁搜近蹟歷年屯兵百戰　由亂就治諸大事更爲加詳公復參以郡乘綮者削之漏者補之手編成帙授諸梓以備輶軒之采

嗟乎自丙子至今百餘年志凡三修皆覩成於代署者之手斯文廢興良不偶矣周公瑾曰哀定多微詞有所避也牛李有異議有所黨也是舉也據事直書無黨無避則公之大造於吾邑不徒以簿書爲功徵發爲能已昔楊堯臣諸人作唐書歐陽公以宋祁共事久遂得列名人謂其能讓善余小子濫竽論次俾附簡末諒亦諸君子遜美之意也夫時康熙八年己酉孟冬月吉日

按楊堯臣三字疑有誤考歐陽永叔代晉公亮進新唐書表內稱編脩官歐陽脩及宋祁范鎮王疇宋敏求呂夏卿劉羲叟未有楊堯臣其人也當時晉公亮乃提舉官故表用其名又按楊堯臣或是陳堯咨王堯臣之誤抑此二人同時在史局檢校耶

隋鐵鑊字跋

阮　元

丁丑春余過當陽玉泉寺得見隋鐵鑊字楊之凡四十有四字每字方徑二寸許其文曰隋大業十一年歲次乙亥十一月十八日當陽縣治下李慧達建造鑊一口用鐵今秤三千斤永充玉泉道場供養考此鑊乃彼時民間所造民間所寫其寫字之人亦惟是當時俗人其字亦當時通行之體耳非摹古隸者也而筆法半出於隸全是北周北齊遺法可知隋唐之間字體通行皆肖乎此而趙宋各法帖所稱鍾王者其時世遠在此等字前何以反與後世楷字無殊耶二王書猶可云江左與中原所尚不同若鍾書則更在漢魏之間其僞也不爽然可想見乎

書熊斷山先生小傳後　嚴壽春公安

嗚呼安貧致命非得志於時者之所爲也陋巷之子不與賓興西山之士不銘旂常愚於斷山熊子而悲其遇之窮也雖然張君稱熊子之爲人也高簡端靜介中有和閒居教授泊於宦情授命之日以毋囑兄以死命女師弟朋友雅歌言別非真有得於中者未能超迥安詳若斯也夫士生已不能益於時而孑然孤行夫已意不爲名愚不爲死摧所謂行已有恥不辱其身者非與熊子亦復何恨於窮厄哉抑愚尤有疑焉當陽之被賊也其先時絕少傳聞其亦變起倉卒或魑魅潛形使人不覺致一時名流玉石俱焚耶乃張君於熊子之死歲時日月所誌纂詳而城陷之由未有原及遂令讀者哀賢者之時窮節見而有幾事未早之痛焉則又史氏之缺筆也悲夫

書熊明心先生詩後　黔南劉廷模

方予未至當陽已耳書院掌教熊明心先生名知爲一邑文獻甫履任即訪先生於家接晤之下歡若平生不啻霽月光風明我懷抱因仍聘主講席以爲後學模楷繼乃出其所爲嘉慶元二年間教匪陷城殉難諸公詩予受而卒讀之竊悲夫諸君子慷慨激烈之志百折不回下至婦人走卒亦能奮其忠義之氣以與賊抗是蓋秉彝之良時窮乃顯而

國家久道化成涵濡教澤之深更有以培民風而端士習故能決死生於呼吸之際而不爲少挫然古今來遇難捐軀名湮沒而不彰者何可勝道莫爲傳之孰從信之則是詩一編實可以當信史其所關豈淺鮮哉異日太史陳風即以上備輶軒之採而修復邑乘者更資考證焉此數十人者固將藉先生名作以傳而先生之志切表微樂道人善亦於斯略見云時嘉慶乙亥季秋月

卷十七終

當陽縣志　第一冊

當陽縣志卷十八

藝文志下

四言古

贈士孫文始　士孫萌字文始年十五能屬文初父瑞知王允必敗命萌將家屬至荊州及天子都許昌追論誅卓之功封萌為澹津亭侯萌當就國粲贈以詩此因詩中有遭於荊楚在漳之湄二語故錄之　漢　王粲

天降喪亂靡國不夷我暨我友自彼京師宗守盪失
越用遁違遷於荊楚在漳之湄在漳之湄亦克宴處
和通篪塤比德車輔既度禮儀卒獲笑語庶茲永日
無愆厥緒雖曰無愆時不我已同心離事乃有逝止
横此大江淹彼南汜我思弗及載坐載起惟彼南汜
君子居之悠悠我心薄言慕之人亦有言靡喆不思
矧茲嬿婉胡不悽而晨風夕逝託與之期瞻仰王室
慨其永歎良人在外誰佐天官四國方阻俾爾歸藩
爾之歸藩作式下國無曰蠻裔不虔汝德慎爾所主
率由嘉則龍雖勿用志亦靡忒悠悠澹澧鬱彼唐林
雖則同域邈其迥深白駒遠志古人所箴允矣君子
不遐厥心既往既來無密爾音

五言古

過龍泉寺精舍呈易業二公　唐　孟浩然

停午聞山鐘起行散愁疾尋林采芝去谷轉松翠密
傍見精舍開長廊飯僧畢石渠流雪水金子耀霜橘
竹房思舊遊過憩終永日入洞窺石髓傍巖采蜂蜜
日暮辭遠公虎谿相送出

答族姪僧中孚贈玉泉仙人掌茶并序　李白

余聞荊州玉泉寺近青溪諸山山洞往往有乳窟窟中玉泉交流中有白蝙蝠大如鴉按僊經蝙蝠一名僊鼠千歲之後體白如雪棲則倒懸蓋飲乳水而長生也其水邊處處有茗草羅生枝葉如碧玉唯玉泉真公常採而飲之年八十餘歲顏色如桃花而此茗清香滑熟異於他者所以能還童振枯扶人壽也余遊金陵見宗僧中孚示余茶數十片拳然重疊其狀如掌號為仙人掌茶蓋新出乎玉泉之山曠古未覿因持之見遺兼贈詩要余答之遂有此作後之高僧大隱知仙人掌茶

發乎中乎禪子及青蓮居士李白也
嘗聞玉泉山山洞多乳窟僊鼠如白鵶倒懸深谿月
茗生此中石玉泉流不歇根柯灑芳津采服潤肌骨
叢老卷綠葉枝枝相接連曝成仙人掌似拍洪崖肩
舉世未之見其名定誰傳宗英乃禪伯投贈有佳篇
清鏡燭無鹽顧慚西子妍朝坐有餘興長吟播諸天

玉泉道中作　元　稹

楚俗物候晚孟冬纔有霜早農半華實夕水含風涼
遐思雲外寺峰巒渺相望松門接官路泉脈連僧房
微露上弦月暗焚初夜香谷深煙靄淨山虛鐘磬長
念此清境遠復憂塵事妨行行且前路勿滯分寸光

題文定公書堂　宋　張　栻

入門認碧溪循流識深源念我昔此來及今七寒暄
人事幾經變寒花故猶存堂堂武彝翁道義世所尊
永袖霜雪手琴書賁邱園當時經行地尚想笑語溫
愛此亭下水炯若玻璃盤暗看浪花凉靜見潛鱗翻
朝暮迎日月俯仰鑑乾坤因之發深感倚檻更無言

登玉泉來青閣　明　雷思霈　彝陵人 翰林

石磴幾千級滃勃夾長柏奔泉泠山骨臥聽知水脈
夕陽空翠生滿身變衣色俟鼓豐隆怒四顧膚雲黑
驚起老蛟精倒捲銀河瀉素朝天開霽亭檻俯石壁
乍聞深澗濤乳山山欲劈峰饒林木青溪藉沙路白
我家萬山中終日對山碧別來已四載見此欣有得
塵土污緇衣城中車馬客

遊紫蓋山　楊　讚　邑庠

我望紫蓋山朝朝山色紫及乎陟其巔漠漠蒼煙裏
丹泉瓢飲豐盈虛有至理凭闌呼孝先孝先呼不起
一練裊秋空居人指沮水

宿龍泉寺　柏　溪

仗劍賦遠遊名山資幽討側聞龍泉勝江山極夙好
列嶂獻奇姿千峰勢相抱碧澗蟠蛟龍青林隱猿鳥
山嵐滋石芝晴日曬瑤草雲封石門幽月傍佛樓小
老衲解人情石榻爲予掃煮茗荐松花焚香分麝腦
平生西方願稽首白足老暫謝塵世心跏趺坐青曉
何時解天刑繕性息煩惱古鼎篆煙殘鶴夢青未了

謁關侯墓　黃聖年

立志在春秋取義恆幽獨凜凜煙霄間耿光灼人目
剡茲登崇封森森羅宰木靈衣颯神爽閟宮儼肅穆
驚飆紫騮怒陰霆寶刀煜流眄感霸圖山川阨全蜀
漢爐自不然丹心此馬燭誰云數尺土英聲馳九服

坐東郊　楊　誌 字石父 邑人

人境各氛雜絕無開口笑蕭蕭草莽間寂寂抱幽抄
耤地作穩眠登高極清眺俯仰從所欣滄浪與同調
宿鷺解避人潛鱗不上釣所以山澤心何嘗慕廊廟
有酒滿青罍欲醉復大叫何物送殘杯明月出孤嶠

遊玉泉山　國朝　陳大佐 邑庠

西來千萬峰堆藍獨尊特在昔鬐亂時亂離走澤國
飽聞玉泉勝蠟屐殊未得乘間采真來會際烽煙息
翻如遠游人鬚眉乍相識石壁俯青泉蒼松染黛色
茫茫塹馬中靜喧分晷刻何時賦歸田誅茅北山北
結伴隨緇流世路任傾側

丁丑八月再往玉泉山有作　李　遥 邑令

病廢從人媿肩輿往玉山目極秋郊迥數峰出雲閒
哀蟬厲清響春燕已知還高下路逶迤溪流水潺湲
青林茅舍出空谷足人煙頗略成佳趣究兀已在前
青遊何倉卒形拘區內緣始信達生者逍遥反自然

和李襄水明府游玉泉見寄　楊州彥 邑進士

巖壑有佳處領要唯異鄉嗟彼住山人不知山低昂
誰能解此趣吾聞李雎陽案頭厭公事率性解要章
走馬忽西來披榛踰崇岡脫鞍踞石坐秋水照衣裳
冥心託長嘯天宇曠茫茫賦詩紀山志聊寄劉柴桑

寄玉泉般若上人　方　璲 字深柳 邑學博

堆藍以㒒尊層嵐森卓絕鬱鬱復蔥蔥中含太古雪

一井儲珍珠四時長清冽曩爲智者居隋唐等一瞥
我來黃鐘候正值吹葭節萬木漸就彫孤峰如立鐵
樸被憩僧寮霜月兩澄潔赤髭頗解事玉笋爲余設
所愧手版疲腰瘦向人折不作桑下戀一宿遂長別
幾思續前遊塵網苦羈紲猶記登般舟欲喜逢圓澤
握麈妙談空坐永爐煙滅回首已三年南華徒願切
會復打包來重理無生說爲我致山靈幸勿掃車轍

漳上耕讀吟　林可法 邑孝廉

詩書饒寂寞稼穡亦艱難漳上多舊族星棋住河干

家世習耕讀途徑詎云繁朝向家塾裏夕從陌上觀
學殖防將落田功課未完兼營誠所誠交資得永安
不讀墮俗流輟耕貽饑寒勿謂儒術闊聖謨昭簡端
邠風深可味無逸卷非殘休明治禮樂稽事寶琅玕
富教何循循王道異申韓重知詩書旨一唱復三歎
六經真世業百畝繞文壇農譜須成誦硯田肯暫乾
勤勞應思善吾伊足承歡慇懃督子孫他道從此刋
謀身惟兩策亟作一體看伏則稱良士出不愧衣冠
珠玉荒年給河洛指上攤及茲日華富努力勉加餐

志莘復希顏野巷天地寬古人樂斯在尙與其盤桓

登西屏山　葉文在 邑副榜

巉巉西屏高仰窺一線路捫蘿梯絕巔目眩回頭顧
攀危困力稀隨意歇雙樹突起雉驚鳴逢人猨似怒
偶爾喚老僧老僧知何處但見白雲陰紛紛結寒霧

題郭孝廉傳後　許廷鑅

民生無節孝何以立人羣至性誰不具臨難喪其真
當陽郭孝廉家訓夙所申數窮節以見灑血扶大倫
妻也爲夫死子也代父身娥娥小弱女罵賊雙目瞋
賊怒揮白刃螓首竟平分至今風雨夜冤憤聲如聞
三綱漸陵替一旦光乾坤節孝自古難而乃聚一門
激昂表風烈百世垂後昆

弔趙師彥 事詳忠節傳　熊經壁 邑明經

醴泉本無源芝草詎有根正氣之所鍾何必屬清門
師彥寠人子食力住荒村其婦曰王氏辛勤共晨昏
忽遭狂且侮一旦折雙鴛澄潭風雨夕歷歷泣煩冤
邑侯廉其實次第達
主尊縶匪寘之法

錫旌沛殊恩名標列女志至今生氣存師彥苦無室鐵驅
那足論側身入城市黌宮效趨奔大亂一朝起學舍
成賊屯斯文真掃地到處賊語喧行行值空宅結繩
繫高軒從茲辭人世地下晤真魂卿旣不負儂儂敢
效犬豚各還清白體同是玉無痕作詩紀芳行長令
風教敦

玉泉山寺雨中即事　張致青

山低雲幕天春風夜陡怒雨挾溪聲飛客同山僧宿
斷續上方鐘到枕風吹去曉起怯輕寒爰著繞廊步

時聞山鳥聲來自空濛處卻愁溼雲重壓折山頭樹

胡文定公書堂　呂紹新 荊門人

古樹傍檻青亂山當戶紫我來訪遺蹤碣臥荒苔裡
憶昔推大儒著書標宗旨論事本春秋魄令奸佞褫
代遠復年湮父老談芳軌高風不可追斜日淡遺址

弔黃安宅先生 事詳忠烈傳　王懷孟 四川舉人

人生僅百歲疾病免不得朝廷萬萬世那使全無賊
賊平亦已久馬散犁鋤鐵驅車玉泉山緬彼死臣節
黃公余長親卓犖人中傑操刀宰當陽時逢潰癰裂

太平百餘年傲戶夜不竊誰知白蓮池沉濫蒼生血
白蓮根蔓延鬼道煽羣孽公實擒其渠投教狴犴囓
手無尚方劍擅殺不能決一旦起白巾野火燒城熱
城中穴鼠狐城外環犀兕空有張睢陽竟乏霽雲使
十上請兵書不曾到一紙搥胸可奈何坐殉空城死
公子欲相從公曰胡爲爾執取漢節歸爲余報
天子鼙鼓坐堂堂虎口磨牙齒罵賊如罵奴臣力盡於此
紫骨斷蔣侯碧血濺朱泚趙壁澄臣心泰山重青史
畢公 秋帆先生 收當陽居鯨等斬豕快哉無一逃白骨高
熊耳
天子嘉死綏雲騎錫恩旨丹旐若長虹馬華還桑梓我來
訪遺愛巷祭尚不止忠魂定未歸日落關林紫

登玉泉山頂　聶子英 邑庠

人夢不記年而今乃一踐所求雖已獲所歷非一險
一身旋若蟻萬山翼如卵古來人何處茫茫不勝感

珠泉 三首　姚錦江 邑明經

朝陽輝山頂堆藍成畫圖蒼翠撲人面幻成色有無
清音忽到耳泉來自西隅遊人一鼓掌纍纍如貫珠

其二

珠圓可以掬曲水穿其曲智者握智珠何能混魚目
秋來此挹爽爽籟亭中宿塵世只箏琶空山有琴筑

其三

人生不百年苦以忙易閒誰知出岫雲不及在山泉
泉清珠錯落泉沸珠盤旋問珠來何處疑是合浦還

長坂雄風　盧永楷 邑庠

託孤白帝城顧命諸葛輔長坂微子龍蜀漢無後主
前後兩託孤子龍先報補不獨仰雄風忠義足千古

長坂　　陳啟瀛 湖南諸生

將軍昔熊虎孟德其如何重圍不能困所至皆倒戈
膽氣褫敵魄英風留山坡我來懷往事長坂碣摩挲
太息經百戰扶漢功居多

丹井

仙人豈有術此翁但全真所以北骨換相傳金丹神
紫蓋玉之陽當年春復春鉛汞不復留古剎莽荊榛
汲井井其胥茲事徒惑人

七言古

謁關帝祠　　明 余一龍 新安人

天不少延赤帝子雲長事業空傳史麟經幾向夜挑
燈漢鼎那容人染指威懾阿瞞避欲遷神誅吳將封
還死當陽遺墓尚依然寄語奸雄休過此

遠公洞　　明 張松 邑令

天作法洞亦太奇金窰玉嶂相參差石臺啟兮雲爲
扉鴻濛開闢伊誰爲僕人篝火乃敢入洞裏一徑何
逶迤縱目春光真浩蕩丹青圖畫未可狀松濤萬斛
吼如雷彷彿飛泉巖壑上伊予乘輿一朝來躡衣拉
友步莓苔洞裏乾坤長不老壺中日月且常開瑶草
瓊花儘堪掇森芝秀蕨亦堪𫒯忽聽元鶴唳九臯又
見神蔡飲泉洌間日遠公傲紫霞搗鍊山中歲月賒
丹成白晝乘雲去洞口猶開昔日花山寺盤迴幽且
僻探奇索異多騷客題鐫何妨破石雲酣飲始知月
既白幾載提攜方外遊局促猶愧親行役躊躇把酒
問春暉遠公升寵今曾赤

黄平倩至玉泉以書見邀倍道趨之馬上感舊

有作　袁宏道 公安

曉枕濃和發清嚏知是家人呼我字翻然一鶴自東飛銜得巴江牋子至臘花滿幅堆明霞邀我共蹋青溪翠怒帆一挐截長波馬不待鞭捶以轡頹藍疊緑瀉平田纈林稠葉點青膩當時京國好兄弟謝堂佳月城西寺幾年拋沒歎吹雲又作飛鴻留爪地老去怕逢緣熟人夢回每說金華事欲知銷折幾番心看我衣衫重疊淚

玉泉鐵塔歌　鍾惺 字伯敬景陵人提學

五金惟鐵最愚劣化爲浮圖萬象列立山水中精神孑瘦幹高莖竦其節日星散氣冰霜結佛數恒沙萬生滅鮫人出波鱗介別商周墨玉漢凹凸似非鑪冶出鐫鍥臥鷲盤螭不損屑元氣淋漓取精竭呵青之鉢藏敢泄鬼物司之莫能竊其中出入風雷截流出峨嵋神僧挈闕係運數汙隆闕匿光送影大地閉摩挲情文耳目悅如几案間可擺撤巨細靈頑理難挈勿云巧力傷樸拙請尋其本仍古鐵

五月十三日玉泉道中　袁中道 公安人

千山萬山雨忽至大珠小珠溪裏沸此是關公洗刀雨霑身也帶英雄氣疾雷先雨雨如霆停車且認玉泉樹志士奇窮避地時將軍血戰灰心處

玉泉即事　梁耀 邑庠

汲山井陟山嶺虎豹橫野人警追追去城市鼎沸連鄢郢短笻欲忘歸松掛夕陽景閒披鶴氅裘饑餐松花餅一枕臥匡床晨鐘發深省

沮漲吟　國朝 楊州彥

西潭昨夜老蛟怒黑雲翻落秋霖注雷銜一派雨聲飛千溪萬壑奔不住黃河水色灩瀩波移來沒卻臨沮路細魚顛倒駭洪濤巨鱉車翻失故步疑如三家村裏兒乍蹋都城生恐怖洄湍蝕岸入崩沙橫流直下拔根樹土不勝水木不生遂使五行惩氣數野航如葉競先登逢人舌做公無渡眼花逐浪掉頭看怪底一身坐雲霧

覆舟山行　梁霨 邑人

堆藍山色絕比擬西南林壑信尤美如何其形覆如船爲問何年曾覆此我聞古人善藏舟將誰戚杙將

誰蟻迸出流泉珠萬斛遥飛瀉澗雜宫徵蒙茸竹樹冠其巔晴朝雨暮圍羅綺僧從大漢建安來寺自楊隋大業始門前車馬足轢碌強半高官稱時宰景物攖心各有託風雅淋漓艮可侈我來騎驢到山巔偃掌旋烹玉泉水詰曲蘿徑行欲徧躨跜老樹同凭倚斑駁古鐵何時物内有青蛙鳴不已癸未迄今廿載餘九轉光陰一何駛疇昔遊者今淪亡爾獨泊此將焉俟將欲乘爾泛滄溟直蹋神山三萬里

登漳上雙冢　郭孫俊邑進士

西馬度芳郊側見兩高阜峍兀並峙立培塿俯無數古刹右之巔左阜荆榛護乘興一登臨夕陽照春樹春天樹色依依綠長川掩映村村曲晴嵐如雨氣濛籠煙波杳靄迷人目一時春意入懷中舒眼遥看大地空惝恍忽憶蘇門月一聲長嘯落歸鴻茫茫寄囑天涯裏渾忘攀㕘身在此何年此地冢成雙鳥比鴛鴦枝連理唐虞以後羲皇前知是誰生復誰死白日易黄昏千年歷成毁雌雄難辨非與是不然可有豐城劍對壘長埋待雷煥闕斂精華歲月多夜深氣應冲霄漢泠泠野曠山鬼驚光芒曾有幾人見吁嗟乎蒼梧峰九疑風景繫人思晡冢七十二徒貽後世嗤蒼涼望古移情入俯仰千載曷勝悲春風霎時飄不住倏然詠入前村去

玉泉鐵鑊歌　劉續祖邑明經

渾淪一點胎胚結五行斑駁陰陽血天物精多暴則殄楊家阿麼真横絶鳳舸龍舟木欲竭鑿汴浮鷁水土裂金火再恣樓上屏餘殄叉冶堆藍鐵嗟然一腹飽千兕指鼎饔飧應萬劫禍災柴知歲時棄擲荒

郊成跛鱉霜月煎熬秋復秋贏得遊人認大業人生今古何分别古非獨巧今非拙愚智由來邪正岐岐陽石鼓千秋烈

祝家坂古松　郭孫俊

孤根盤鬱旁無倚屹立一幹蟲空峙虬枝倒披逼層霄龍鱗半蝕枯不死爪拏煙雲勢伸縮籟發天風浪奔駛黛色年深成老翠犯雪干霜不知紀憶昔屐齒暫經過下馬摩挲情無已浪跡歸來鬢欲斑柯葉不改尚如此世途平頗多殊形大運升沈靡定理功名

事業貴有終慙對貞松汗欲泚

關陵聽灘水　張鴻叙 邑經明

灘水薄暮起煙霧淒聲偏向帝陵訴西嶺寒鴉驚滿樹臨流聽此誰忍渡

題郭孝廉傳後　徐　堂 元和人

乾坤正氣鍾碩彥奇行表彰逢世變勁草無風等凡卉志節多由亂離見當明西賊流南東襄陽既破傾藩封萬落千村遍荆杞烽煙處處途路窮當陽郭丈丁卧勤孝廉船泊蘆葦旁舊傳一經無長物賊至東

縛嗟無償有子毅然請行役一去不還良可傷婦悲夫去神魂失回首小姑禍倉卒罵賊祇愁爲賊污水火刀兵非所恤翁家不幸蒙艱貞惜哉野乘無其名住傳幸得大手筆讀之齒頰猶餘馨君不見倪尚書劉中允一門殉節並多人至今青史名耿耿

遊遠公洞　金國瑞 新安人候選縣丞

沮北龍泉之西山峭壁寒巖千尺懸巖半有洞險而仄蒼茫薄暮浮層煙扶醉笑問遊山侶云是遠公趺坐所中有殘碣臥莓苔模糊不解作何語伊予探奇輕躋攀捫蘿緣磴何其難撫碑長詠聲激越石竇響應羣峰寒惆悵面壁人何在洞口雲影空盤桓

題郭氏三烈合傳後　馬　棟 大興人邑尉

汾陽著姓稱舊族孝義貞節本世篤當陽孝廉曰之都守此傳家講求熟苦遭明季百六時流寇焚掠最慘酷買舟竄叢荻間冀同兒女免屠毒詎料賊蹤邏卒來罄橐獻金未饜足叱喝翁媪隨之行一時口禁計窮蹙賴有孝兒名毓賢願代父行無觳觫烈女二姑年十七賊復持刀脅使逐聲聲罵賊語森嚴頭

顱倏破遭其戮賊去翁媪適倖存有媳陶氏遁蘆澳歸舟聞夫爲賊俘秀才此去安可贖義不從賊必受戕破鏡復圓事難續毅然沈死沮水濱孝子被擄卒未復吁嗟爾時國運衰君父抛朧少心腹甚且偷生闖賊前對此能無增慙恧一門三烈何其盛死而不死人競述迄今事隔百年餘令我肆津仰芳躅

弔張裕亭 名鴻鑑事詳忠節傳　熊經壁

君之祖母我族姑秋霜烈日節堪俱芳名已入烈女傳

帝勅崇坊表通衢從來苦節無不報一子篤生五丈夫五
人之中君其長少小人誇汗血駒文場馳突輕餘子
理窟貫穿愧老儒無奈大器說晚成滄海年年泣遺
珠居家惟事耕與讀兄弟和樂及妻孥大亂一遭起
倉卒合家聚泣淚眼枯君忽大言謂諸弟祖宗禋祀
宜早圖諸弟倉皇舍君去細弱安能涉危途次第投
繯繯共結玉隕珠碎在斯須君覩見之乃大笑理繩
從容自捐軀人生自古誰無死用文山句文節烈自與常
人殊地下重逢君祖母悲不待言喜何如

沮漲行　張致青 邑明經

丙子六月朔五日黃雲壓城雨不息殷空動地聲驚
雷濁浪浮屍排山來橫溢勢欲沮山城長官冒雨拖
泥行手把朱提催舟子爾多拯人多予爾邑侯石公名煦捐銀百餘兩錦屏山南長坂北男婦奪出蛟龍窟誰何上樹
誰升屋呼號聲聲聽不得爾槳少緩篙少停樹連根
拔牆屋傾絆得長官駐沮西沮東還倚鄭公隄須臾
忽報古堤潰奔流下與溢水會東北鄉連浩漫漫城
頭聚觀空駭歎蔀屋千家失安堵河伯嗔怒爭此土
我指洶湧問父老乾隆辛卯災較小翼日逢人慶無
恙又聞漳江同日漲田禾圃蔬歸沙泥今不苦寒亦
苦飢罪彼陽侯聊作歌福星移照當如何

弔戰場過當陽作　王懷孟

弔戰場戰場非往古白蓮禍發始於楚傷哉吾鄉之
人罪羅苦峻嶺深山養豺虎豺虎之先小於狐與鼠
一朝野火不撲滅從此三州震金鼓蒼生百萬賤如
壘鬼神造劫天無語冤魂鬱鬱守骨不肯散日月爲
之變風雨

天子神明立當宁虎臣桓桓士卒武九年征討十年平宇
宙瘡痍元氣補至今人還鄉物歸主惟有戰場草猶
腐亂墳壘壘埋不盡未必兒孫識宗祖朱睛惡犬不
避人咆哮聞醒向風舞劫灰盪盡血未消此間萬古
多紅土

擊賊行爲李烈女作良忠之女有傳　聶子英 安業

漳之水日東注一村一姓水邊住李家有女穠如華
豈知心是後彫樹戊午三月蝗賊來黃霧連朝天不
開倉皇知誰落虎口全家骨肉散如灰阿女娉婷阿

母老驚魂飄向荒山道傷心賊更恣窮搜山靈不護幽蘭草刀光如雪繡領邊有心人肯作瓦全但恨不得甘心死阿母咫尺賊馬前兒死何敢累天只老人早辦一身死奮唾賊面不顧生死後但求作厲鬼白髮杠觸虎狼威斯時兒尚顧阿誰自忘雙腕生來弱九泉不肯束手歸手石擊賊鬼神泣可憐身死猶握石屍香數日何足論石上血痕今猶積男兒枉自誦詩書貪生畏死何足無君不見逆豎頭破段太尉千載幾人扶大義

關陵　　李暎棻 字香雪四川記名道

萬古詩人難下筆公名大與尼山匹我特蜀人敢妄言拜公如拜天中日公之忠義滿天宇公之精神貫今古彝陵雄郡古荆州知公死不忘斯土斯土遥遥障蜀東當年伐魏表精忠天下三分心一統我公所見武侯同可惜襄樊功頓棄捧頭痛哭見高帝直拚一死殉中原凛凛千秋有生氣何物仲謀太無恥么麽安足令公死靦顔偏肯拜曹瞞甘作亂臣與賊子花草吳宮豈尚存百世唾罵江東孫恨不收聚六州鐵鑄彼阿蒙跪墓門墓門屹對當陽縣俎豆江山長不變永安風雨惠陵煙忠魂夜夜往相見靈旂拂拂捲風雲白帝曰王豈樂聞不見墓前一片石特書大漢前將軍將軍往矣聲靈在位號重重加歷代玉泉山畔土一坵婦孺咸知望陵拜丹心浩氣干雲霄今代神功尤顯昭臆語測公公應笑煌煌漢統在熙朝

石龍灘　　王焜燿 邑庠

飛湍激波散作雨殷若雷聲急若鼓由來有龍臥中

流流欲直趨龍不許龍形之高一丈餘龍勢蜿蜒晝不如沙爲鱗甲石爲首中有魚口口多魚漁師日日跨龍背捕魚喜看魚爭避儵然一葉劈流來懸空陡落驚心碎見說巫山三峽長更聞灩澦並瞿塘灘勢不知誰險易我欲與此相較量奇險似經神禹鑿龍門突兀噴珠瀑呼起灘頭漱石人爲霖徧錫蒼生福

過土地嶺有感 在呼兒山西與遠安接壤白巾之變鄉人設禦於此死節者甚衆縣令汪曾查勘詳報先載州志　　汪培鑑 邑附貢

西風埡上雲堆墨蟻聚蜂屯白巾賊猖獗遥從川陜

來旌旗蔽空山嶽黑卓哉我民矢盡忠孑有袍澤我
與同裹糧擐甲伺嶺側誓殲一戰殲羣兇無那鄉團
疏步武匪徒詭譎馳如雨烽飛綠野矢流星血染青
山淚沾土淒風苦雨剩荒邱定有英魂此去留栽得
空山松竹滿貞心勁節幾千秋

五言律

送沙門宏景道俊元奘還荆州應制（宏景玉泉寺僧先是景表請高僧十四人同住寺）　唐　宋之問

一乘歸淨域萬騎餞通莊就日離亭近彌天別路長
荆南旋杖鉢渭北限津梁何日紆真果還來入帝鄉

宿玉泉寺　周　樸

野寺度殘夏空房欲暮時夜聽猨不睡秋思客先知
竹逈煙生薄山高月上遲又登塵路去難與老僧期

題玉泉大師智者影堂　五代　僧齊己

大化鍾華頂靈蹤亦玉泉由來負高尚獨向好山川
洞壑藏諸怪松杉列瘦煙千秋空樹影猶似覆長禪

玉泉寺　明　張四知

寶地何年結祇園此日逢泉流飛瀑布墖勢湧芙蓉
野鳥來深竹閒雲出遠峰塵纓如可謝從此託孤蹤

玉泉寺　李維楨（字本甯京山人禮部尚書）

策馬不能去徘徊雙樹間地偏芳草合天迥白雲閒

其二

開徑惟聞鳥閉門猶見山長松挂明月一鶴夜深還

西來山盡好復此一峰幽水月心俱寂金銀氣自浮
嵐光晴不夜春色淡如秋雙頂青冥上孤雲任去留

過關王廟　楊 州

三國由來遠英雄跡未沈西風吹雁過黃葉擁堦深
山帶吞吳氣天知復漢心當年有遺憾憑弔欲沾襟

清晨登玉泉山先日大雨　孫文龍 常熟人木府知府

雨過溪流急山開曙色分寒煙依澗樹飛旆出松雲
鍾乳清猶滴仙茶翠不聞玉泉疑倒噴晏坐欲斜曛

平將軍祠　黃 輝 南充人翰林

嗚咽沮流過低徊椰蔭攢一坏存化碧百戰付圖丹
有子宜陪食無人語禮官未應忠孝魄長共國殤寒

正月四日紫蓋道中　袁中道

野客遊山興還隨春草生近雲遮馬過遠樹照人明
西嶺眉如疊南田掌似平斷鴻零落甚仗有道林兄

胡文定墓　袁中道

長袖峰如折寒枝翳古邱徑荒麋跡亂堦淨鶴翎留
風氣有時息松聲不肯休春王正月裏一盞酎康侯

題聖水寺 無跡法師薙髮地有田四十畝　雷思霈

聖水何年寺深山半夜鐘有僧開法席無地即田農
天眼千山月潮音兩澗松僧來籠小栗為說草茸茸

遊慈化寺　雷思霈

一入臨沮境嵐煙似黛鬟村村皆佛土處處是仙山
暮雨隨舟至春雲逐鳥還漫遊存野性濁酒笑酡顏

初夏偕栗生聯芳遊紫蓋　李 達 字生培安居人御史

紫氣蒸如蓋雲鬟插翠峰藤深無徑入丹熟有人逢
楊靜閒敲月風輕漫度鐘伊人知有在且自溯洄從

登孝先閣 在紫蓋寺　栗聯芳 邑孝廉

閣在最高頭江帆一望收石林虛綠水煙樹臥荒邱
境僻堪逃夏樞空別貯秋孝先呼可起肯令此生浮

玉泉寺　栗聯芳

曲澗流泉白重巖野洞幽燈懸雙樹曉葉落萬峰秋
冬至風常冽春來草自柔那知生滅相無不是浮鷗

遊麥城　楊 誌 邑人

霽色分江口長歌走麥城野花誰是主芳草不知名
路轉人煙溢沙乾馬足輕勝遊咸已醉村笛兩三聲

望音寺崖　僧正誨

一意成孤眺放懷天地寬人家住山腳鳥路入雲端
烽火勞宸慮皇圖鞏石磐清時真有味白首欲彈冠

三公臺晚眺　張鴻敘 邑貢

凌空氣象開羣嶂抱高臺沮水碧千頃錦山翠一堆
暮雲寒樹影粉堞峙煙隈幽賞情無已數聲牧笛來

真武洞　卬種芝 邑貢

真武何年洞今來興自豗雲飛常近壁樹老自生花
剝蘚看殘碣捫蘿帶斷霞徘徊無限意寒堞夕陽斜

佛耳巖　葉文在

路僻行人少洞深暮靄多黃茅如細麥碧蘚似圓荷
山鬼深藏箐野猨渴飲河鴿灘清見底坐石濯流波

玉泉寺贈闢曙上人　李奏敷 邑貢

亭午啟松關閒來參老禪金池堪掬手鐵墖任當肩
空盡想非想再開天上天長留獅子窟勿負此山泉

西屏山　李青

素心依白社曲徑接層巔怪石封苔古孤雲出岫寒
雨過鐘聲靜風細鳥聲歡問法逢支老秋高興未闌

春日遊西屏山　熊經壁

說是隋朝寺稜稜在幾層村連雲起伏山接水奔騰
覆嶺千盤樹橫崖一挂藤半峰荊棘路歷望不堪登

將發玉泉　徐鑛 字眉雲江陵人吏部

曠遠江城北名山望已通稻翻千頃綠花發一溪紅
晚照人行處春光鳥語中前村好問宿籬落霧濛濛

聖水寺尋遍雲和尚結菴處　國朝　栗引之 邑選貢

絕頂流清梵梯危費討尋山能豁鈍眼水亦壞塵心
落葉三秋雨奔濤一帶琴茅菴何處是洞口暮雲深

夜宿紫蓋精舍兼懷深柳　王廷相 邑少尉

恐負山靈意禪房借榻眠俗情除筆底吟興動燈前
月上昏如曉雲開洞有天勝遊思友共遲舞讓先鞭

迴峰書院對月　方璲

玉陽長作客漸減故園情對此瑤華夜偏令旅思生
乾坤雙鬢白江海一輪明不礙微雲點何嘗滓太清

方山　劉績祖

探奇曾種種晚乃得方山塵自無緣入高非不可攀
竹青光欲滴松老韻都閒祇有雲來往勿庸更閉關

其二

漸覺行人少山雲冷未開平岡將盡處一面破空來
隱約浮嵐氣分明絕點埃登高須踴躍歧路莫徘徊

其二

到來渾不見野店兩三家竹外鳩呼雨壚頭客喚茶
巖分山骨斷徑劈石梯斜甫覺危坡盡奇峰一望賒

弔賀國楠 事詳忠節傳 熊經壁

賀監蕭疏甚終年在醉鄉危能敦大節行不厭清狂
佯自生前結名因死後芳一言聊慰女愛子幸無傷

弔楊磊軒 名達天事詳忠節傳 熊經壁

往事從頭想論交子最真那堪尋舊夢不復見斯人
慷慨翻成累聰明乃喪身人生誰不死慘酷實傷神

其二

更有傷心事臨危兩子從巢傾完卵少雪積肅霜重
白骨支頹壁秋風語亂螢可憐泉路客聚首恨何窮

其三

長子予高弟能文世共知方期成遠大不道值艱危
熱血應成碧書腴定化芝及門重聚首遺事豈堪思

弔謝義池 事詳忠節傳 熊經壁

大義人皆識申明實賴公讀書方樂道聞變即從戎
灑淚羣心奮橫戈膽氣雄 三月初六日賊由東門出倉卒無備東營幾潰南陽馬隊救之射殺數人賊始退公入夜呼集散旅守備單薄反弛衣而卧聞者壯之 至今同志
者長自說英風

其二

兩至危城下心雄命轉輕高談羣賊怖策馬萬人驚
大帥資籌策殊方識姓名可憐身死日功已居垂成

登堆藍山頂 張致青

搔首青天近羣山倒地平帶長曲沮水九大玉陽城
往古人何在臨風我欲行悠然盪胸臆靄靄白雲生

玉陽八景 錄二首

堆藍曉翠 王朝栴 邑令四川人庶吉士

好山如畫裏曉景倍清酣落日含蒼翠諸天擁蔚藍
泉聲爭漱玉塔影倒遮嵐指點郵亭路征人欲解驂

鵠岸漁歌

兩岸漁歌起扁舟下急湍幾家楊柳曲十里蓼花灘
午夢驚鷗醒秋聲和雁酸好攜黃鵠侶醉舞傍江干

過當陽長坂 刑部主政 王柏心 子壽監利人

得人似高帝強對憚曹公夏口奔難達滎陽厄正同
蛟龍乏雲雨豚犬誤英雄回首橫矛處千林激大風

同馮展雲學使遊玉泉寺　王柏心

鷲嶺鬱蒼蒼諸峰拱梵王法雲彌郢鄀山翠壓沮漳
鐵塔風煙古花臺澗壑芳昨聞青犢過龍象竟無傷

其二

曲江吟賞後使節復登臨各有陽春奏同追大雅音
高軒停壑谷遊屐歷山林野客才衰謝徒然喜盍簪

偕觀珍珠泉　王柏心

漱玉臨丹壑跳珠溼白雲光澂寒愈潔響細靜方聞
鳳刹垂空映虹梁界道分未能尋乳窟仙掌鬬靈芬
玉泉山有乳窟產茶名仙人掌

當陽懷古　李暎棻

蒼莽當陽縣沮漳楚水通崎嶇歷長坂喪敗哭英雄
生死妻孥寄君臣患難同我今尋舊壘一路捲悲風

丹井　姚錦江

仙蹤滯嶺薺紫氣孕金丹妙悟花千疊功成月一丸
松雲護春曉梧雨滴秋寒莫作非非想心清慧葉完

仲宣樓　賀緘 邑明經

倒屣憐才子登樓一愴神文章高漢魏書劍老風塵
烽火秦川路煙花楚塞春王孫歸未得惆悵曲沮濱

張燕公碑 在度門寺　賀緘

萬里銜王命諸天列上方泥封傳絕塞手筆冠三唐
苔蝕豐碑古花開驛路香龍蛇遺蹟在山翠映沮漳

唐子方讀書臺　賀緘

白髮江湖老丹心魏闕憂九州傳諫疏一代仰清流
野寺寒煙外荒臺勁草秋讀書期報國嘯傲寄滄洲

玉泉寺　賀緘

梵宇知何處疏鐘出遠林山隨雲影活春到寺門深
隋鏤荒苔暗唐碑古道尋珠泉清淺水一為洗塵心

登萬壽山　劉在鎔 邑庠

百丈渺雲際倚欄澄遠眸林園空外障廟占古時秋
地僻書聲迥天低鳥語幽胭脂湖上望新月朗如鉤

五言排律

紫蓋山還經玉泉寺　唐張九齡

指途登楚塞策馬傍荆岑稍稍松篁入泠泠澗谷深觀奇逐幽𨐾歷險忘嶇嶔上界投佛影中天揚梵音焚香懺在昔禮足誓來今靈異若有對聖僊其可尋高僧聞逝者遠俗是初心蘚駁經行處猨啼燕坐林歸真已寂滅留跡豈湮沈法施自此廣何云千萬金

陪張相公祠紫蓋山遊玉泉　孟浩然

望秩宣王命齋心待漏行青衿列胄子從事有參卿

五馬尋歸路雙林指化城聞鐘度門近照膽玉泉清皂蓋依巖憩緇徒擁錫迎天宮上兜率法界䆖幽明欲就後焉志先聞智者名人隨游水沒山類覆舟傾想像若在眼周流空復情謝公還欲卧誰與濟蒼生

遊玉泉寺僧談征調供億之苦因賦　明李維禎

徑曲泉能遶山迴寺忽逢舟誰藏大壑玉自倒羣峰翠壁蒼苔淨丹崖紫氣重登高窮下界選勝擬南宗梵宇隋唐構伊蒲楚蜀供嵐沈不辨塕風定一聞鐘樹古曾棲鶴溪深尚卧龍殿陰寒薜荔簷際墮芙蓉蘚駁生金碣藤牽化石松天花春已樹雲碓夜猶舂藻井纏蟲網珠林過虎蹤傳燈遥乞火伐木近支筇問道無閒士營生亦老農飯牛依磬鉢牧豕辦租庸酥酪清齋少袈裟俗禮恭歲當饑饉後地扼往來衝上客頻傳食空王豈素封攢眉今夕酒蓮社暫相容

文廟告成恭紀十四韻　國朝方璲

十載黌宫念今朝耆落成賢侯倡締造多士費經營檽棫規模大齋庖結搆精昔年傷草茂一旦見芹

清馬肆方無歉奎文煥可驚但期斯道重頗覺此遲輕傳舍奚容戀甘棠詠足貞聖靈自兹妥愚悰不忘誠咸仰膠庠肅還看孝秀盈窮經爲正業講藝乃餘情惟在敦儒行何嘗薄世榮曩賢崇廟學後代豔科名輪奐勿徒羨淵源好自宏關閩多墜緒紹述望羣英

春日登玉陽山　黄映芝邑廩生

最是探春好玉陽高處行提壺邀舊侶步屧趁新晴小阜多幽徑單椒半倚城川遥吞漢沔洞古翳榛荆

荒刹寒煙靜殘碑野蘚橫曠觀情獨渺憑弔與彌清
三妙欣能聚四難喜得并歸來不厭晚鉤月女牆生

七言律

覽玉泉張孟二公題版　五代　僧齊已

高額雙懸張曲江聯題兼是孟襄陽後人才地誰稱短前輩經天盡負長勝景飽於閒採拾靈蹤消得正思量時移兩杖成塵迹猶掛吾師舊影堂

報恩寺　明　沈　慶餘杭人副使

荆楚西南第一峰梵宫森列案重重聞經清唳松陰鶴聽法香翻鉢水龍徑曲每憐蒼樹合林深時有白雲封凭高撫景情無盡回首檻廊遞晚鐘

報恩寺步沈公韻　鄭　崇懷安人進士本學教諭

梵宫深隱玉陽峰駐馬閑登紫翠重祇樹風生聞唳鶴空堂雲出見降龍地幽應少紅塵到碣古偏多碧蘚封自是勝遊歸路晚半林殘照度疏鐘

龍泉寺　方　豪開化人僉事

爲訪高賢駐使車因愁落日造禪廬龍潭夜逼軒窗冷鼉鼓秋傳澗谷虚竹徑獨行僧定後松花飽啖月明初吾生未必真凡骨何事頻年理簿書

仲宣樓　童　時

登樓四望欲銷憂極目平原草木秋歲月忽驚人已遠江山如待客重遊峽中水接濤聲迴城上雲連樹色稠公暇幾回傷往事不堪爲客更淹留

謁關帝廟　鄭克昌

英雄非數誰能死拭淚封陵倍慘愴袞祚三分噓火德一綫繫春王青天燭照丹心色白日爐焚汗血香堪笑孫曹多智意揶揄蹤跡總荒涼

度門漫興　僧正誨

天詔曾聞下玉泉一回經此一潸然斷碑有字埋荒

草廢墖無名起暮煙衣白六傳滄海變法當千載鬼神憐今人不識唐朝寺只把金沙作墓田

同雷大史徐上舍宿紫蓋寺　劉芳節 宜都人孝廉

衡岳飛來第一峰峰形如蓋紫蒙茸樵山舊侶迎徐孺蓮社新盟得次宗百丈倒窺丹井碧一龕深照佛燈紅松篁也解賡禪韻卻共簷鈴話夜風

百家洞　栗聯芳

望中雲窟出巖巔馳馬還從頂上旋一壑朝來能溫日千山圍處不遮天只堪樵徑依雲闢恰好僧房對月眠已識周何皆有累誓於此地學參禪

登仲宣樓　劉楚先 字衡野江陵人大學士

西京新命重鳴騶何向危城作寓遊華衛顛虞傷去漢詞人通侻尙依劉疏楹自拭昭邱月離黍空含消井秋名在江山猶借勝芳華遥挹麗譙頭

龍泉寺過胡文定公墓　楊　誌

羸馬迢迢一徑偏萬峰深處見諸天山頭白鶴飛來雪潭底金龍噴作泉叢桂有情留小隱松楸勿語怨南遷登臨莫問興亡事煙雨霏霏度石田

登仲宣臺　黃聖年

彈丸四塞本巖疆荆首西來抱玉陽編郡陰森權口遠沮漳迢遞楚陵荒金砂漫意仙攀井石馬猶驚古戰塲惆悵王孫歸計錯山川搖落賦空長

遊紫蓋寺　國朝　梁　焜

古道青莎過雨痕上方登步未黃昏禪心不比階前草逸興偏尋嶺下源春至藥苗常自種夜來貝葉幾人繙欃槍四合天難問且坐山扉聽鳥言

遊紫蓋寺　汪士傑

策杖閒探紫蓋奇白衣隨處染松脂遊山戴雨頻傚骨載酒逢僧不鍚眉採藥問人收幾種談禪傍我坐三尼夜深頓覺諸緣靜疑是雪峰是見時

謁胡文定公墓　楊州彥

西風颯沓弔忠魂閒拂殘碑剔蘚痕蔡耿深讒名愈重春秋絕學道長尊千層嵐影留華表一脈泉流繞墓門舊是先生結茅地亂鴉古木正黃昏

其二

皂帽青衫拜棘叢忠魂應繞舊邱中循環治亂今同

古換轉艱難我夢公龍老臥殘從噴沫松寒禿盡尚號風深山是處傳豺虎愁近黃昏山月空

堆藍山　楊州彥

到處名巖推險峭堆藍翻以樸成尊安禪趺坐降諸衲短髮蒼顏俯眾孫亂石觸泉醒鶴夢蠶雲帀樹冷山魂幾時移向濤聲裏小結茅亭倒掛門

玉泉寺　梁山金

欲譜名山恨未全堆藍絕勝可人憐細尋石路無雙寺不讓茶經第一泉意到忘時方味偶身經劫後且逃禪從今穩作煙霞計載酒長吟踞此顛

玉泉寺　栗引之

堆藍不與眾峰羣涎玉沫珠眼底分雲裂鐘聲銜斷壑樹迴嵐氣湧層雲典型拜指前朝鼎苔蘚斜封短碣文萬古名山誰護法臨風卻憶漢將軍

智者洞　汪鴻映邑庠

春深人事頗從容信步禪扉問北宗怪石巉巉蹲虎豹蒼藤曲曲舞虬龍佛書讀罷山花落僧飯熟時野客逢趺坐伊人不可見空餘洞口暮雲封

尋桂過大通寺　李芳邑令

公餘眺靜不關扉爲訪天香到翠微十里坡長官路窄三家店冷野田肥丹楓半染黃沙樹夕照全堆藍水磯雙桂千年山寺裏大唐留碣長苔衣

萬壽觀　劉續祖

當年先子藏修處他日哲人提命堂謂徐白雲已向夢中悲手澤還從笛裏哭山陽蛙鳴湖水依前綠雨過山松照舊蒼回首生成空彷彿何堪燈火影涼涼

玉泉後山道中　李作人邑孝廉

朦朧曙影啟霜天躅躅衝寒向玉泉松響千山成爽嘯野燒十里剩孤煙藤蘿仄徑我初入虎豹沿溪人蚤還策馬雲窩翹首望羣峰四合總蒼然

登三星寺後山　李作朋 副榜

葛衫箬笠手相牽喘步巉巖倒地眠茗椀清涼來下路漁舟欸乃指前川荒邱一碣魯魚字狻窟千年野狐禪躅到絕巔談往事三星可摘欲捫天

郢亭夕照 玉泉寺　郭孫俊

斜日諸天已半昏空亭殘照帶山門泉沈霞影凝花

片煙鎖林光作雨痕倦客指村急飛鳥野樵歸徑亂啼猨上方鐘磬松梢度晚誦遙應貝葉翻

楚昭王墓　林可法

漳濱立馬望昭邱封樹依然傍細流溪水有情咽今古土人無事話春秋賢將六百崇書社教及三千重楚侯南國舊成文物地未應齊魯是中州

謁葛真人廟　王廷相

不能皈佛擬依仙洗洗塵襟叩洞天千古雲霞常會合兩山龍虎自盤旋疏鐘古磬風聲遠豐草長林日影遷丹竈久無智井在許誰重達已枯泉

長坂懷古　劉學朱 邑貢生

坡前聞說舊軍屯血戰當年蹟尚存長使精誠迴日月直教膽氣壯乾坤祠堂擬報千秋烈營壘難招萬古魂憑眺茫茫無限感鴉聲歷亂正黃昏

拜聶韞夫先生墓　劉學夔 邑貢生

雲斷寒空滿目秋閒來剔蘚拜荒邱粉身惟有月心在血戰長將浩氣留漠漠山猨啼夜月泠泠花雨淚溪流低徊欲作招魂賦黃葉西風一片愁

郢亭夕照　葉文在

蒼涼古道置郢亭落照茫茫滿野汀客子愁聞楊柳曲老僧高說涅盤經空山寂歷人全少野店蕭條戶半扃莫道夕陽歸去早晴空水浸一天星

仲宣樓懷古　李玉林 知縣

沮漳流水自悠悠人往風微盛概留當代英雄能輔漢天涯才子不依劉一篇錦繡傷心賦萬里河山極目憂割據興衰長已矣山城千載仲宣樓

拜聶韞夫先生墓　楊宗濂 荊門人

艱難未造一身輕坏土千秋浩氣生孤挺黃沙支大
廈滿腔赤血奮長城雲旗尚繞蒼碑斷古賦堪澄漢
水清（公有大別山賦見原志）俎豆荊南綿永祀冠裳一望肅彝
榮

弔馬雲浦少尉夫婦事（詳忠烈傳） 熊經壁

一失孤城萬姓殘呼天空自泣卑官漫言事急捐軀
易須識時危措手難白練雙投千古恨黃泉對語兩
心酸褒譏自有公評在若問臣衷死即安

弔羅鶴亭事（詳忠節傳） 熊經壁

名場耆舊悵凋殘遺恨如公死豈安辛苦半生方入

選纏綿一病未之官身當危處眉長鎖賊盡誅時骨
已寒最是諸兒勞記念無家空自告人難

玉泉山寺醉中書懷 張致青

狂歌走入梵王宮兩耳非因棒喝聾陳迹偶然留勝
士（公安袁中郎兄弟本邑栗宋諸先生）名山自古屬英雄（漢前將軍祠）從來
憂樂關天下多少榮枯在眼中醉裏夢魂都不擾塵
寰毀譽任雷同

麥城弔古 聶子英

白衣搖櫓泝江波奈此芳仁貳賊何受敵磨盧（謂驢城磨）
城悲氣數出師宛洛恨蹉跎兒童尚說還魂記（謂演義諸）
（奇）蹟草木疑揮落日戈杜宇千年啼不斷吳宮魏闕總
成莎

遊玉泉山（甲寅亂後作） 李映棻（字香雪四川人）

九死餘生萬念刪驚魂纔定且躋攀泉聲綠瀉鱗鱗
玉樹色藍堆面面山漢將丹心靈蹟在隋僧白足道
場間經樓悟得無生旨欲買楞嚴日閉關

九日與諸友人登玉泉山 賀緘

選勝攜朋與不孤斜斜野徑問樵夫路逢烏讓風還

阻人似蝸行屐並無小住半山分石坐病身一葉仗
雲扶松濤響處泉聲細蕭寺回頭似畫圖

其二

相對茫茫百感生登臨到底是閒情無窮心事拚成
醉如此溪山竟得名草白憐將秋色老時清剩有庫
雲平英雄幾點千秋淚灑遍楓林一路橫

玉泉東堂桂花 賀緘

鼻觀微聞風露涼木樨參透費思量花從僧舍開無

俗樹帶秋容病亦香（樹病蟲葉盡脱僧以疏黄薰之得愈）招隱許同孤
月靜留人遍閲使星忙（高軒往來皆館其中）前身我是如來否
金粟叢中態更狂

石龍灘　王廷彦

千尋石脉走來龍有客觀瀾此拄筇風捲浪花驚雨
灑日圍樹影有雲從濤頭直接寒山雪岸脚如喧古
寺鐘間抱一竿垂釣便灘前鱗鬣挺長松

盤龍山（在小坂窩山勢起伏如龍之盤）　汪南金 邑恩貢

青山一帶擁崚嶒龍脉離奇澗氣騰本有風雷生四

壁也教鱗甲露千層君真高臥同諸葛我本無才愧
李膺出岫有雲能作雨應多膏澤慰黎蒸

白龍洞　胡炳暉 邑貢生

黄茆秀出與天齊繞郭人家一望低象嶺西來饒爽
氣獅山東駐壓深溪狂風捲水驚龍化華表干雲想
鶴棲勝境留人重轉眼翠微深處草萋萋

白龍洞　鄧犖基 邑庠

仙源高迥水溶溶自是天開第一峰此地幽棲疑鬼
谷何年騰躍見神龍石懸鐘鼓隨聲應山溜金銀照
眼濃靈物雖然飛去也千秋未了白雲封

遊玉泉山寺　賀纙 邑明經

劫換紅羊古蹟空堆藍不與衆山同唐碑字沒蒼苔
裏隋鏤光騰夕照中西望彝陵嵐氣合東來漳水淡
煙籠晨鐘暮鼓泉聲外唤醒迷途恨不窮

五言絕句

堆藍　明袁中道

朝自堆藍去暮自堆藍還堆藍無所處祇處樹遮山

乳窟月下聽泉　袁中道

一月在寒松兩山如畫明欣然已成行樹影寫石上

仲宣樓故址　聶登第

東景已西馳南棲懷北鳥空憐倒屐迎疇達薦賢表

梯兒巖　王應麟邑庠

朝看山色青暮看山色紫山色本無情余心得妙理

其二

煙深山徑幽葉落風林響一旦步階梯直到青雲上

玉泉山中早起得句　國朝聶子英

曉起山雲白對面失山樹野鳥無數啼聞聲不知處

入玉泉山效袁公安體　聶子英

歷歷路旁山重重面上路尋山未到山喜見山頭樹

七言絕句

寒亭在玉泉山　無名氏

朔風凜凜雪漫漫未是寒亭分外寒六月火雲天不雨請君來此凭欄干

四賢堂　劉巽邑貢生

父子康侯朱弟兄象山輩出號明經直言抗疏燈籠錦諸老遺風尚典型

白社　劉巽

易貌凝鉛妙出神玉津不夜枕長春漉巾白氎林泉

隱千載高風白社人

報恩寺留別鄉僧　任翰

仲宣樓下水如煙細草平沙接梵天老去蜀僧歸未得清秋魂斷楚雲邊

子胥港　孔克孝

春漲瀰漫帶雪流柳陰終日繫扁舟伍員已去英名在都付溪翁看白鷗

初得玉泉響水潭　僧正誨

到處名山策杖行歸來還愛玉泉清乞錢買得蹊三

畝流水聲中過一生

其二

斷巖曲水石磷磷好向茅廬寄此身綠樹不翻紅葉雨青山還照白頭人

歸經玉泉　鍾惺

猶是山中九月秋來時流水夜中幽泉聲不在有泉處督向林蟬嶺月求

大水謠　邑令屈懷瑞

九子山中鳩亂啼合溶鎮上馬頻嘶涯霖十日沮漳泛時有衙官來護隄

玉陽八景

紫蓋晨鐘　國朝方璲

織蓋垂垂護紫峰洞天舊有葛仙蹤曉風乍起晨鴉醒時送一聲雲外鐘

龍泉夜月

月到上方分外妍尼珠朗朗映寒泉當年文定讀書地惟剩清光照墓田

堆藍晚翠

松風石鼎妙聞香頻歲南華願渺茫督記覆舟山下宿牛天空翠落禪堂

長坂雄風

突出重圍絕代雄錦屏草木識英蹤至今長坂坡前路膽落常山趙子龍

鵠岸漁歌

鵠灘彷彿舊煙波客是當年張志和爲愛漁舟爭唱晚西屏山下夕陽多

錦山牧篴

彌望寒山掛落暉無腔短篴放牛歸牧童那識興亡事閒逐飛鴉下翠微

玉橋秋雨

紛紛落葉滿山椒一帶寒林已半凋無限客心淒絕處秋風秋雨玉陽橋

金嶺朝煙

數聲嗅起攪人眠鳳嶺春光覺早妍一片迷離三月暮垂楊垂柳帶寒煙

方山八景　錄二首　劉績祖

化鶴歸來應自傷何須世事歎滄桑只今瘞劍曾留
石劫火燒殘字幾行　黃冠斷碣
七級何年筆太空亭亭揣雨復揣風仗伊還點東山
景界破斜陽兩半紅　夕陽塔影

梯兒巖　宋光鰲
山寺層層傍水灣雲樓百尺起松間客來漫逐憑高
目獨鶴秋空意自閒

夏日珠泉即事　熊經壁
活水溪邊一徑斜寒巖古木護僧家風來檻外輕如

許醉後呼童好試茶

秋日憩鳳凰山麓　熊經壁
滿岫歸雲掩復開長歌隨意踏蒼苔牧牛兒向山邊
笑沽酒人從郭外來

鍊丹井　張致胥　邑庠
紫蓋峰頭一井乾仙人曾此鍊金丹祇今勺水歸何
處化作石林煙雨寒

望青溪　張致胥
一抹白雲西復西遥從天半認青溪不知古木森森
處若箇幽人得所棲

漳上詞　錄二首　聶子英
二水中間古麥城岸花汀草帶愁生孤舟莫向城邊
泊夜月千家擣練聲
仙女廟前草長時昭姬港上柳如絲掃鬣須趁清明
好莫怪農家上塚遲　俗以清明日上塚

方山雜組詞　錄二首　張致青
秋江淼淼蜡帆行上水船輸下水輕日暮煙籠烏桕
樹門前立地望歸人

登山臨水春復秋閒披青史把風流醉中忽抱千年
恨百尺臺傾未補修

玉泉大士閣二月十九日燒香詞　錄二首　張致青
菩提菴址石重重智者洞門鬼斧工人語不知何處
落山樵立在翠微中
遊塵攪亂一溪雲顯烈祠高護紫氛何處健兒飛馬
到觀音不拜拜將軍

葛仙樓　方外清蓮

爐中仙藥足延年一度烹來一度然想見功成丹出
鼎香飄何止徧山川

慈雲片片護春田不負農家拜井泉一掬能分千頃
潤綠楊村落雨如煙（每逢旱時鄉民禱於丹井甘霖即至）

石龍灘　王汝章　邑庠

禹鑿龍門雙石破茲灘之石尚猶龍浪花吹作條條
雨溼透溪雲第幾重

望青溪　汪培鑑　邑附貢

疊嶂層巒望欲迷白雲深處是清溪而今講易人何

在惟聽猨聲不住啼

響水潭（在呼兒山南溪有石龜水流響徹數里）　汪煥然　邑庠

鳳凰山下水潺湲（前有鳳凰山）不減廬山瀑布泉俗耳箏
琶都洗盡聲聲漱玉徹雲天

當陽縣志卷十八終

當陽縣志卷末

雜錄

叢談

明洪武十三年邑既徙復舊治其萬城甎石移修荆
州藩府毀至北門忽有毒蜂擁出紛紛螫人懼而止
或謂此乃高氏舊城其上有關廟爲神靈所憑云今
北門尙存

永樂辛卯元旦治北沮水之東忽有三虎同行共逐
之不知所往是科則李讓同志俔孝儒同舉於鄉人

以爲三虎之應

大通寺塔前相傳有謀侵其地者以火爇張說碑忽
雷雨滅火懼而止

隆慶丁卯方開學有一兔自櫺星門躍出共異之學
諭吳瑞云此科中式必卯生者及邑庠聶武中式果
辛卯生

玉泉山有獸狀如鹿上下陵谷如飛每鳴於澗谷則
雨鳴於岡阜則有高軒過驗之不爽

萬歷乙卯五月玉泉柴紫菴老桂忽花大小各一枝

寺僧以報邑令令曰雙桂聯芳此科中式必粟生矣及秋粟聯芳果獲雋明年公安袁中道亦登春榜此菴乃袁氏所建也 以上俱舊志

國朝

榴花總白鶴山側有井相傳井中有異物一夜[illegible]僧夢物告之曰浹旬我當行汝等可遠避旦以[illegible]人蔓亦同有道人教以犬血瀝之覆以鐵釜[illegible]須臾有赤水湧出如血近水草色皆赭至今[illegible]大旱井不涸號曰龍井

乾隆丙子歲邑合溶民人向先時家喪一婢既殤二日有聞其壙內作號咷聲者以告其家亟掘塚視之女已微起且云板壁甚緊喊不出得青衣媪助我耳負歸形容如舊 以上續舊志

乾隆五十九年有妖降於西門外順城街狀如人惟不見其首聲如老者言禍福多中繼令居人分日供茶稍褻則詬之甚至火其居其人謝罪火立止衆苦之居數月衆以鼓吹送之河干見其渡沮水而去未幾有丙寅城陷之變

補遺

方輿古蹟

唐吳道子畫觀音像石刻在玉泉寺

三星院石塔 省志云在當陽昔堰 其石柱刻云唐貞元十七年葬智壽和尚舍利塔

方輿祥異

道光十[redacted]年五月陰雨浹旬玉泉山生大菌徑尺餘厚五寸許高尺有五寸面白如銀裏赤色味甘而芳

建置隄防

永興菴隄在河溶上游漳水之西距沮水里許每決則水匯於沮下流淤塞舟楫不通道光十六年邑令王朝栴倡率修復水患稍弭二十九年邑令董率士民加修遂稱鞏固云

職官循良傳

周真[redacted]人乾隆中任邑令勤慎愛民有古循吏風初河溶苦徭役真悉爲蠲除溶人思其德常尸祝之今木主猶存

職官忠烈傳

夏永謙河溶巡檢事詳本傳有墓在河溶鞏阜門外

選舉

張定謨恩賜舉人年代未詳 盧秉鈺 林時純 羅開泌

以上俱嘉慶貢生

人物孝友

張士孔鞏河人事母以孝聞母有疾割股愈之後母

臥病三年孔奉侍湯藥無一息廢離咸豐十年詳

請 旌表

人物忠義

李成文邑兵書嘉慶元年教匪陷城邑令黃仁遇害

文倚縣署頭門指賊大罵賊支解之至死罵不絕

口

列女節婦

王德耀妻張氏年二十五夫故長子二歲次子遺腹

生翁姑皆年過八旬氏孝慈兼盡備歷艱苦守節

五十三年同治四年 旌表時年七十九

文生陳鳳鳴妻王氏年二十九夫故氏奉侍孀姑愛

敬不衰督其子精一刻苦力學早列黌序守節三

十五年同治四年 旌表現年六十五

何先鳴妻黃氏年二十夫故時姑患腫病子在襁褓

氏仰事俯育極盡其道守節四十年同治四年詳

請 旌表現年六十

藝文

義勇武安王墓祠記碑二在 關陵內一爲明成化

十六年湖廣提刑按察司副使薛綱撰刑部主事

吉水周巽書一爲成化十八年湖廣布政司右參

議泰和楊琚朝用撰文并篆

重修關王廟記在 關陵明宏治十年縣學教諭孟

鏞撰知縣劉和書主簿虞□篆額

唐賢留題玉泉詩八篇序見藝文志中

張九齡祠紫蓋山途經玉泉寺載藝文下五言排律

又冬中至玉泉寺屬窮冬冰閉崖谷無色及仲

春行縣復往焉故作此詩

靈境信幽絕芳時重暄妍再來及茲勝一遇非無緣

萬木柔可結千花敷欲然松間鳴好鳥竹下流清泉

石壁開精舍金光照法筵真空本自寂假有聊相宣
復此灰心者仍追巢頂禪簡書雖有畏身世亦俱捐

孟浩然陪張丞相祠紫蓋山途經玉泉寺見藝文下五言排律

常建留題玉泉

清晨入古寺初日照高林竹路通幽處禪房花木深
山光悅鳥性潭影空人心萬籟此都寂但餘鐘磬音

白居易留題玉泉寺

雲樹玉泉寺肩輿半日程更無人作伴惟共酒同行

新葉千萬影殘鶯三兩聲閑遊意未足春盡有餘清

周朴留題玉泉寺

寺還名玉泉澄水亦遺賢物尚猶如此人爭合偶然
溪流雲斷外山峻鳥飛前初日長廊下高僧正坐禪

南嶽僧齊己題玉泉大師智者影堂見藝文下五言律

又已丑歲十一月二十六日因禮大師真迹獲覽張丞相孟襄陽二公聯唱題板遂有降歎而作是詩見藝文下七言律　僧齊己

通志論曰碑在當陽玉泉寺中乃皇慶元年本寺任持廣鑄重立者碑載唐張九齡以下詩八篇然常建白居易二首尚屬假借也其旁刻云萬歷元年御史中丞西蜀張佳允新安任參軍夢榛同觀湖北金石存佚考

謁雲長祠在墓門右四絕石刻　明邑令　張松湛源

一辦心香酒一尊臨風何處覓忠魂停杯話到當年
事長嘯山空氣欲吞

古柏青葱帶曉烟祠堂秋老一荒天維持漢鼎名猶
在花自清香水自潺

松杉鬱鬱護雲邱斷續江雲去復留滿地午陰清喚
鶴一聲驚醒夢中愁

蓋世英雄莫在茲穹碑讀罷令人思御憐四蜀三吳
日惆悵西風酒一巵

當陽縣志卷末終

方輿古蹟又補遺

玉泉顯烈祠前有石表高一丈有奇四方各徑一尺一寸正面刻漢雲長顯聖處六字旁刻當陽縣知縣吳士忠主簿徐上選典史聞應膚仝立二十字左面刻當陽縣知縣今陞福建建甯府同知李一陽十七字右面刻與都留後參軍署當陽縣印潘雲章題十五字背刻萬歷丙辰年孟秋月吉旦建立十二字　按玉泉顯聖見唐董挺碑記明時所立望表在玉泉山陰之麓與顯烈祠對峙中隔一溪通以榭橋珠泉經其下亦勝景也

政典學額又補遺

同治六年本省　三院會　奏以當邑紳民捐餉銀數遵例請加文武學額各一名八月奉到　部覆合原額共十七名

選舉又補遺

劉有蔚邑廩貢生中同治丁卯科經魁李傑臣邑貢生任利川訓導張定謨邑貢生任雲夢訓導林榮邑廩貢生任京山教諭郭世會文望嘉慶貢生郭紹道道光貢生

武選又補遺

嚴懿華中嘉慶辛酉科武舉任明河口千総

列女節婦又補遺

謝宗直妻王氏年二十九夫故氏盡孝操作孝慈兼盡子監生桂林克遵懿訓家漸優裕道光十八年

舉方題以砥節懷清匾額守節四十三年卒年七十二

周經國妻劉氏年二十二歲夫故遺腹生子光楚家赤貧氏備歷艱苦撫子成立後光楚物故氏復撫孫慈嚴兼盡以故家至少康守節五十二年現年八十三

熊天成之妻袁氏守節三十三年現年五十六

莊作善之妻任氏守節三十七年現年五十六

胡源清之妻陳氏守節四十三年現年六十四
鄭永美之妻任氏年十九于歸十月而夫故守節四十年現年六十五
鄭文華之妻周氏守節三十五年現年六十一
張瑞之妻趙氏嘉慶元年瑞遇賊受害氏矢志守節事姑以孝稱
楊運福之妻龔氏守節三十一年現年五十八
以上現存節婦七名依咸豐十年採訪冊内年數
劉希道之妻蕭氏守節二十八年現年五十有四

當陽縣志卷末終

荆楚文庫

〔光緒〕當陽縣補續志

〔清〕李元才 修

〔清〕李葆貞 纂

前言

《〔光緒〕當陽縣補續志》四卷首一卷，清李元才修，清李葆貞纂，清光緒十五年（一八八九）刻本。内封題：『光緒己丑補續當陽縣志板藏賓興館』。

李元才，安徽六安人，同治拔貢，光緒五年（一八七九）官當陽知縣。李葆貞，邑人，光緒貢生。

秦昭襄王時始設當陽縣後，其行政隸屬及縣名曾數度變更。明萬曆四年（一五七六），邑令任夢榛始修縣志，入清之後，康熙、乾隆、同治三朝歷有纂修。光緒八年（一八八二），李元才奉檄續修邑志，『以備通志之摘取』，遂囑邑内學者廣爲采訪，勤加搜羅，并取前志相互印證，因『距前修志時僅十餘年，事蹟不多』，故未成書。後因『歷年來日增月積，隨得隨録』，至光緒十五年（一八八九）『裒然成帙』。

全書總四卷首一卷，計分十二門六十餘目，約五萬七千餘字。内容囊括方輿、建置、政典、祀典、祠宇、職官、選舉、人物、列女、藝文等。《凡例》有云：『補續縣志距前修志時僅廿餘年，創建事少。仍依前志分列十二門，有續者續之，無續者仍之，其有補前志所無者，亦各從其類而已。』是志接同治阮志，唯武備一門無續，另將前志政典門之學宫改入祀典門，還將前志告竣後增刻的補遺分類彙入補續志内。

據《中國地方志聯合目録》載，該志國圖、北大、天津、遼寧、湖北、武大等館有藏。一九六七年至一九七五年臺灣學生書局據此本影印彙入《新修方志叢刊》，二〇〇一年江蘇古籍出版社影印彙入《中國地方志集成·湖北府縣志輯》。此次影印所據底本為湖北省圖書館藏本。該藏本版面清晰，書品較好，僅少許頁碼有破損，用省館另一藏本相應頁碼補之。

（彭余焕）

目録

卷二

光緒己丑補續

當陽縣志

板藏賓興館

當陽縣補續志序

歲壬午余捧檄補續邑志距前修志時僅十餘年事蹟不多惟據所採者上聞故未梓行歷年來日增月積隨得隨錄裒然成帙將謀鋟梓余不禁顧而喜曰自來國史之修條目紛繁源委洞澈其間彰徵闡幽之類罔不搜求詳註以示風化於後人矧一邑地非遼遠覈察尤易爲功乎以余前修志時証以舊志僅節孝篤行數則

旣而採輯又若干卷指事雖實有美亦彰而學校規模猶覺偏而不全於是竭力經營盡心培植凡有裨益士林者無不俱舉故數年來人才蔚起比戶絃歌乙酉戊子己丑科文武報捷夫事機之發有開必先自茲以往其乘事利導必有連鑣彙征爲沮漳紫玉生色者今日之志較前志不大相徑庭也乎顧或謂節固重矣孝更美德臬使李次青編先正事略一書得孝子僅七十餘人其中有刲股聞者不過十之二三夫以九州之廣

聖朝涵濡二百餘年之深其所獲如此而當邑數年來有刲肝救親之孝婦二是固名都上縣所希聞者不亦難能可貴也乎然方望溪曰聖賢之事親也亦盡其心與力之所能爲而已全受全歸曾飫聞其語彼愚夫婦一念之誠極之殘身毁體不恤所謂大孝尊親顧如是乎馬文淵

誡姪書曰吾愛之重之不願汝曹效之故予所望於都人士者恒欲處爲理學出爲名臣俾揚名顯親以追古人之孝之大且遠者而區區一念之誠無取焉時棗梨告竣因復識其言於簡端

光緒十五年歲在己丑季冬月知當陽縣事六安李元才撰

補續當陽縣志序

濼臣仁憲之莅茲土也十有一年矣其視當邑如家然邑之人亦戀戀如赤子之依戈母深恐仁憲舍諸懷而他去蓋其實心實政有以入民竆寀者深而非一二言辭所能形然即其可形者形之亦非俗吏所能爲也夫士習民風之不古若豈盡運會日下哉法積久而弊生上之人不能因勢補救耳自 仁憲下車後切切以興利除弊爲已任門丁撤之胥吏減之緩催科而愼簡訟牒其牙角細故恒諭紳耆排解以釋其嫌故比年來政簡刑清幾於比戶可風矣至捐俸育士如增膏火添賓興給試卷諸善政則又無美不備尤可感者新生印卷一事欵鉅費重措辦維艱 仁憲不憚數年勤勞集資置産俾遊庠者無絲毫顧慮貞每一念及但恨早生數十年春華虛度遇此遭際而心長髮短未免耿

耿不釋耳前 仁憲奉檄續修縣志任貞以分編之役局中諸先生囑貞識一言於簡端貞自揣謭陋附驥尾已深抱歉何敢承讓不辭顧有不能已於言者憶貞少應童子試時露坐縣署廊簷間湫隘囂塵文思輙爲風雨所敗爾時買座有費投名有費案房學署費更不貲試未終而資斧已告罄矣今幸逢 仁憲曲意培植纖悉俱備應試者但持數日糧即可鏖戰名場以歸若平昔雍容筆硯又別無支絀以紛誦讀心坐此惠風時雨之中而不爭自振濯勉圖上進以仰副 仁憲作人之雅意是坐廢盛時也蘇長公云得君如此何忍負之貞雖白髮種種而一息尚存此志未懈敢不勗我同人相與共勉乎哉

光緒已丑仲秋月治下晚生李荼貞謹識

補續當陽縣志序

宇宙間山川積鬱磅礴之氣鍾之於人顯則爲名臣爲碩儒麟麟炳炳黻家黼國隱則爲篤行爲奇節堅貞潔烈之操亦足式浮而振靡故名公卿之經天緯地與愚夫婦之苦詣孤心品誼各殊其與日月爭光則一也當陽爲荆楚名區玉泉紫蓋蒼鬱綿亘沮漳清溪諸水縈洄如組練昔人謂風景畧似豫州洵不誣也予於己卯歲奉

天子簡命莅任茲土見夫桑麻遍野民氣純樸美錦學製予深幸焉特文風未暢每屆大比諸生率觀望不前爰召集紳衿商所以鼓舞振興之而比年來賓興有加矣膏火有增矣卷價者費有出矣且修金贄敬爲新生謀印卷者捐輸又將告成士生其間咸感發激厲爭求聞達巍科上第豈不可跂足俟乎今歲春

上憲檄修縣志以備通志之摘取因囑邑之有學行者廣爲採訪勤加蒐討編次之餘復取前志一一印證之覺山川之勝方物之殊戶口賦役之繁簡寺觀古蹟之廢興閱時不多犂削易就惟篤行奇節挺堅貞不拔之操者則比比相望層見迭出而不窮因不禁有感焉古今來節孝之後篤生偉人斷機畫荻無論矣

國朝如湯文正畢秋帆其尤著也蓋貞下起元寒極生春其理昭然不爽而況膏火賓興諸鉅典所以培植士林作育人材者無不歷歷畢舉乎異日者山川積鬱磅礴之氣與閭里堅苦卓越之行絪縕交達其雲蒸霞蔚而起者則必煥爲文章發諸經綸不獨潛德幽光足以照耀史册已也然則此一役也雖距修舊志之時僅十餘年而續先啟後獲食福報

於將來也庸有冀乎因聊撰數語附諸簡端
以爲都人士左券之操
光緒八年冬知當陽縣事六安李元才撰

當陽縣志
補續姓氏
主修
特授當陽縣知縣李元才安徽六安州人
協修
當陽縣學教諭蕭風儀來鳳貢生
當陽縣學訓導洪安瀾蘄水舉人
分編木梓
舉人王金鍊
恩貢江榮栴
貢生曹沐三
分編
恩貢李葆貞
監局
孝廉方正陶賡唐
貢生羅忠藎
庠生胡映南
參訂

舉人徐中銓
貢生高士楷
拔貢羅毓衡
分校
貢生曹華國
庠生郭廷輝
採訪光緒八年至十五年兩次採訪
貢生徐朝楷
貢生王金銳

貢生張瑞紳
貢生張銘西
貢生鄭宗星
貢生李識韓
貢生史佩蘭
貢生程明德
貢生袁之杰
貢生曹翊清
廩生萬文茲

廩生傅凌雲
廩生彭　焜
廩生張厚存
廩生李宗伊
廩生張宗齡
廩生張巨川
廩生童雲路
廩生吳元培
廩生林際春

廩生張治培
庠生杜寶田
庠生楊發甡
庠生王運昌
庠生嚴向松
庠生周宗濂
庠生鄧光煜
庠生游森然
庠生楊榮槐

貢　生馮錦春
廩　生曹炳萬
廩　生熊金鑾
貢　生王瑞麟
庠　生沈華芹
庠　生張儲英
庠　生袁榕山
庠　生張青選
庠　生鄭映輝

庠　生傅礪金
庠　生曹樹聲
庠　生羅心德
庠　生羅希彥
庠　生汪培厚
庠　生汪楚湘
庠　生王化麟
庠　生尚攀桂
庠　生劉丙寅

庠　生陶耀南
庠　生徐向陽
庠　生劉輝章
庠　生羅輝光
庠　生林栖鳳
庠　生彭登甲
庠　生李天保
庠　生張金鑑
庠　生張映奎

庠　生張伯謙
庠　生羅逢源
庠　生胡玉蘭
庠　生盧　敏
庠　生張若金
庠　生趙金相
庠　生徐中興
庠　生王步香
庠　生王紹連

庠生高志德
庠生鄧義芳
庠生高志伊
庠生朱勉之
庠生程艮玉
庠生陳煥之
庠生席聯輝
庠生彭悳榮
庠生敖慶雲
庠生朱映木
庠生陳芸香
庠生劉光鎣
庠生劉含章
庠生向龍光
庠生劉春霆
庠生李懷清
庠生傅作梅
庠生宋翙鳳

庠生陳精一
庠生楊炳奎
庠生張景昌
庠生謝樹榮
庠生雷沛霖
庠生楊金聲
庠生周兆鸞
庠生高丙暉
庠生張鵬霄
庠生劉宗錫
庠生曹宗文
庠生王耀南
庠生傅文剑
庠生席梁輝
庠生陳丙圭
庠生周玉森
庠生史位三
庠生李慶蓉

庠生李湘傑
庠生胡長庚
庠生姜行乙
庠生齊國栱
庠生唐暉南
庠生汪焕新
庠生湯鵬翊
庠生彭德元
庠生萬精一

庠生周曰庠
庠生姚啟琳
監刻志板
從九品銜徐培榮

當陽縣志
補續凡例

一補續縣志距前修志時僅廿餘載創建事少仍依前志分列十二門有續者續之無續者仍之其有補前志所無者亦各從其類而已
一選舉門文選一類政典門卽卷一類均係補前志所無餘皆接續前志其無續者惟武備一門足見太平日久劍戟悉鑄爲農器也
一前志告竣後復採有事跡因梓又補遺一帙以續之而寥寥短章未克成卷今分類彙入補續志內劃去卷尾數則庶前後不至錯亂雜出
一文廟刻祀典門學宮宜依類相從而舊志雜入政典門致前後不相聯屬今改移祀典庶不兩歧

一補續志依舊志十二門作四卷一卷首方輿次建置次政典有土此有財有財此有用卽富然後教意也二卷首祀典次祠宇次職官次選舉次人物誠以行誼者聖賢之始基聖人者人倫

之極致也三卷專志列女以闡幽光四卷專志
藝文以彰潛德然物必襍始成文故以雜錄終
一志內事蹟有爲本年采輯者有爲前數年采輯
者至所編舊志又補遺數條且在二十年以外
凡有現年若干歲均係隨採隨書幸勿刻舟以
相求
一斯志既曰補續似宜各續各類因去續修時未
久棗梨鋟然並作一册未免糜費有識者諒之

補續當陽縣志目錄

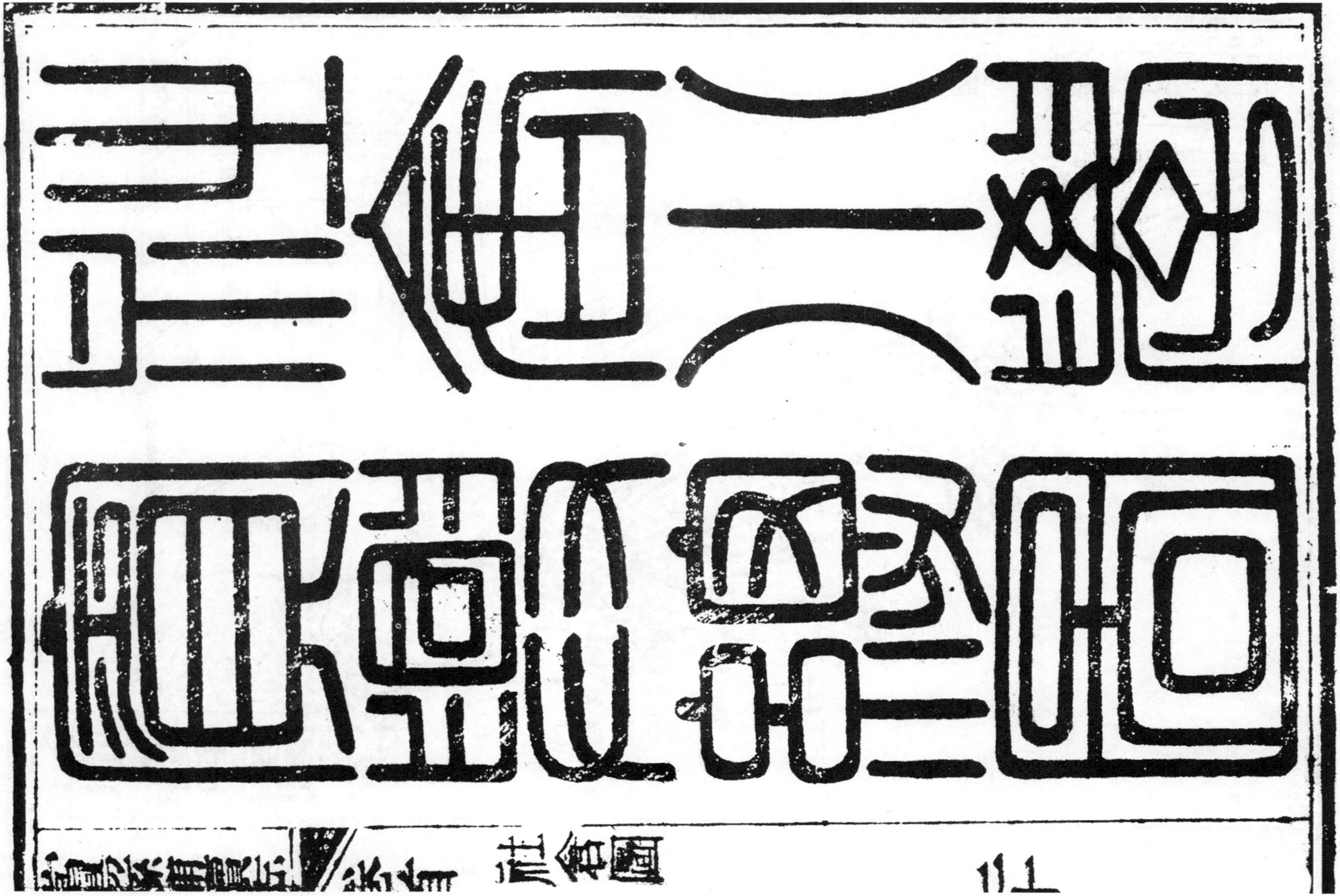

當陽縣補續志　卷首

社倉圖

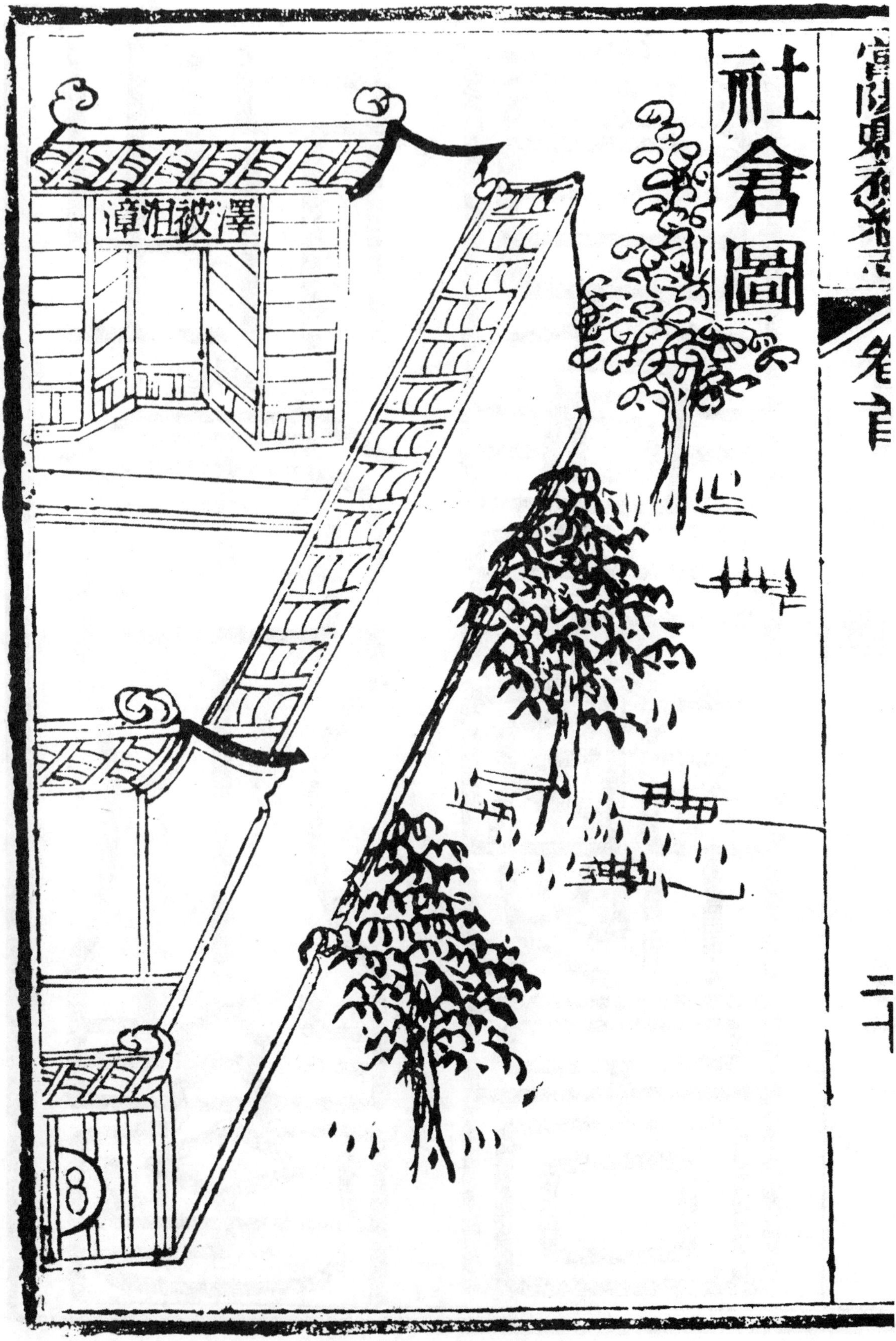

三十

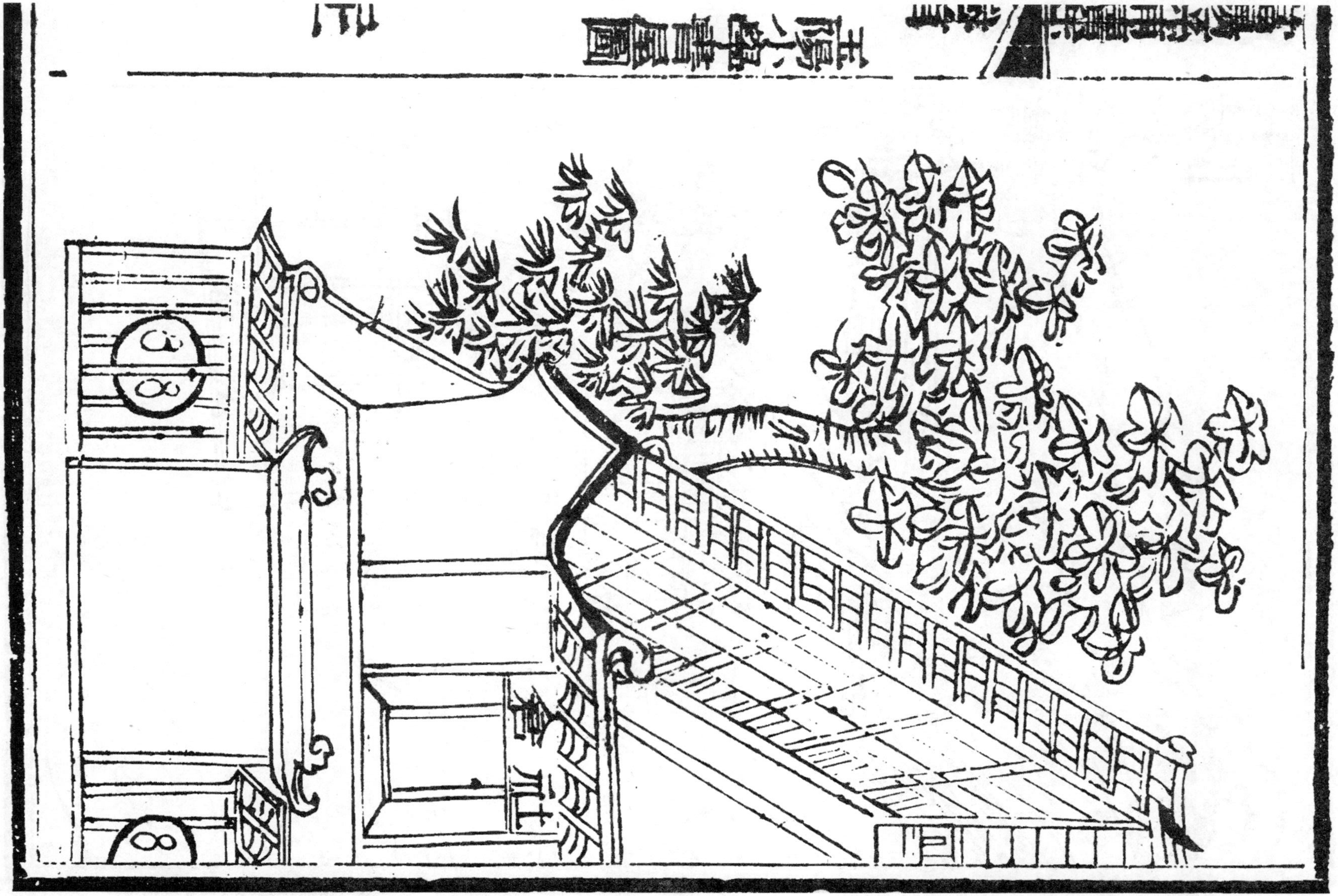

玉陽小學書屋圖

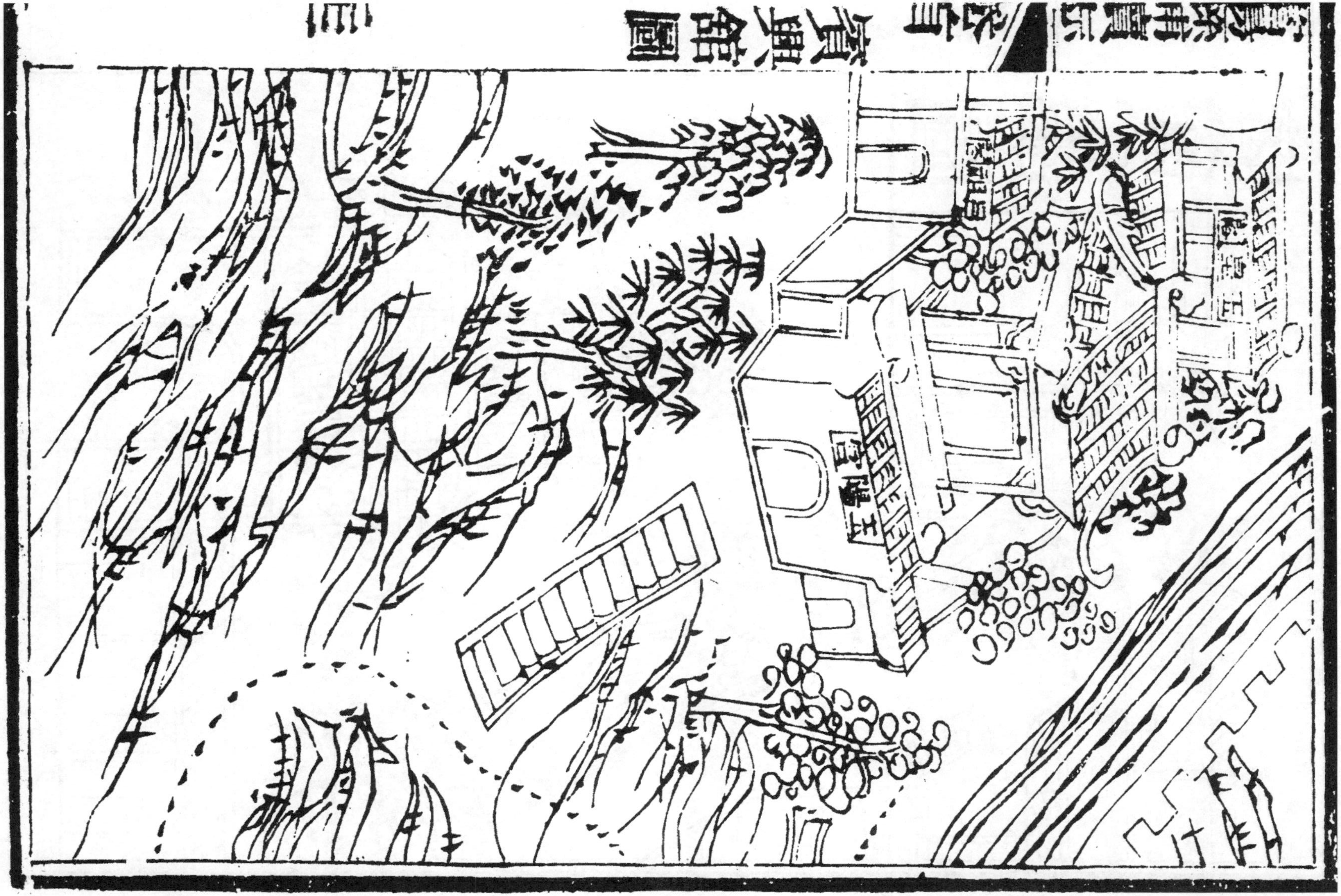

賓興館圖

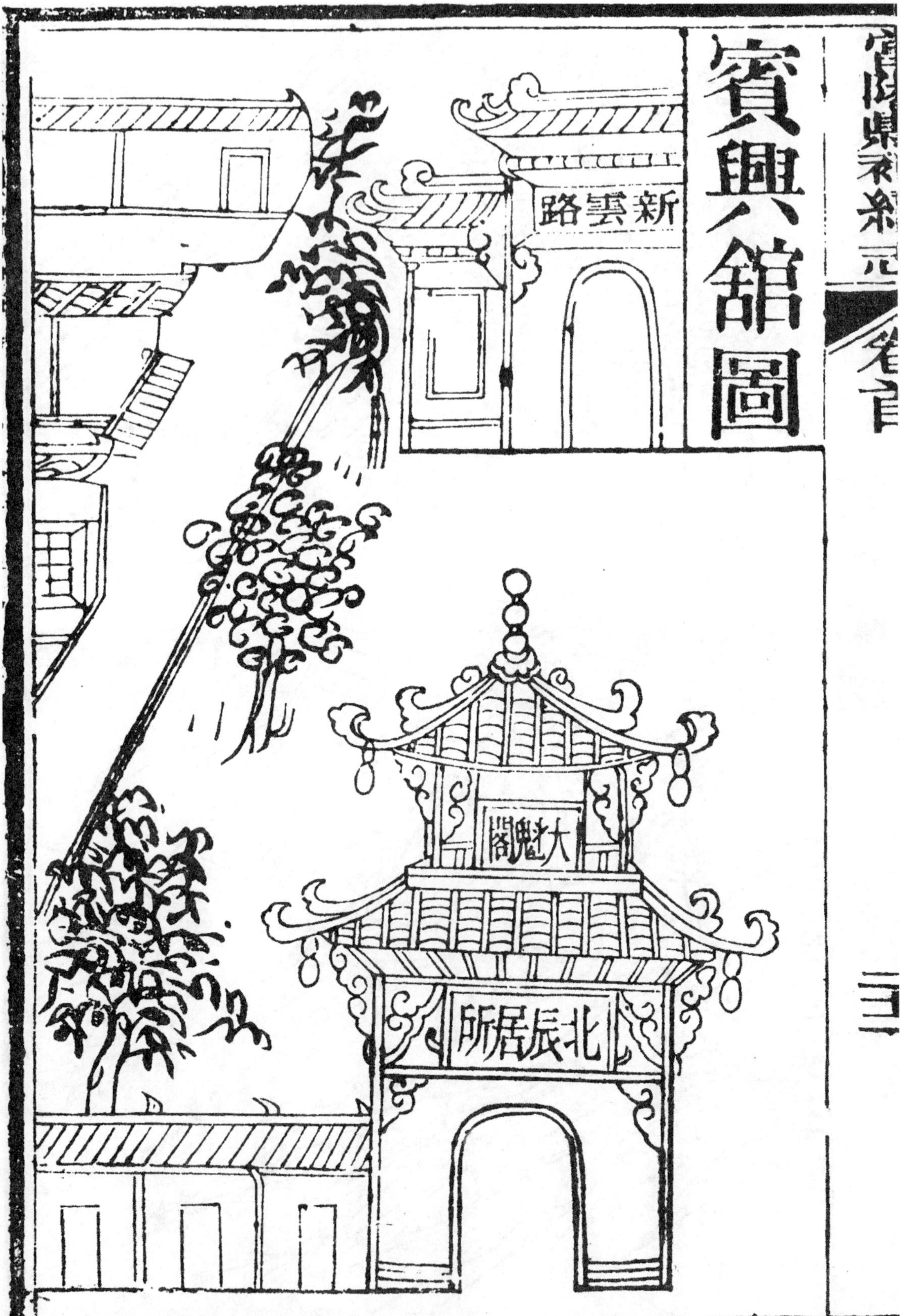

卷首　賓興館圖

當陽補續志 卷首

三三

當陽縣補續志卷一

方輿志

古蹟

糜夫人井在治西里許踪跡不可考

太子橋在治西長坂坡下趙常山救後主處

漢壽亭侯墓道碑在治西長坂坡上明萬曆丙子夏日立

玉泉顯烈祠前有石表高一丈有奇四方各徑一尺一寸正面刻漢雲長顯聖處六字旁刻當陽縣知縣吳士忠主簿徐上

選典史聞應庸仝立二十字左面刻當陽縣知縣今陞福建建寧府同知李一陽十七字右面刻興都留後參軍署當陽縣印潘雲章題十五字背刻萬曆丙辰年孟秋月吉旦建立十二字

按玉泉顯烈祠對峙中隔一溪通以榭橋珠泉縈其下亦勝景也

胡文定公墓道碑在治北二十里清水塘同治六年縣令鍾傳益建

孝子碑在尖山西南境舊傳爲陳氏碑道光丙午年增生沈瑞林路遇起視之上鐫陳孝子處四字餘糢糊既而文生陳煥之重刻以紀其蹟

邑侯李公德政碑在治東龍神祠前光緒十二年四總士民建

山川

泉河在小蓮總魏家坂平地湧出東西對溜合流入澗溉田無算由東南達三义河入于江

祥異

光緒六年四月二十一日平原出水沮漳泛濫淹没

人畜甚衆

十五年六七兩月沮漳二河蛟水泛漲數次兩岸禾苗人畜多被淹没沙倒滋泥等處更甚

建置志

城池

縣城光緒十一年知縣李元才捐俸補修

街衢

老河新街自西門外望兒坡下至河

文明通衢自東門內文昌宮至大魁閣

津梁

欄杆橋在治東二十五里光緒丙戌年沙溪總紳耆募資創建

三善橋在治西二里許光緒十四年縣令李元才倡捐鼎建

廻龍翹鳳望鵠駐馬諸橋在關陵四維各里許久圮咸豐初漳鄉總紳楊國立募建望鵠一橋立旋故光緒十四年總紳耆及廟僧募建廻龍翹鳳二橋修補望鵠橋惟駐馬橋闕如

公署

縣署光緒七年縣令李元才增修東花廳三間重修頭門儀門大堂二堂坐樓二堂前左右門房各三間大堂前左右科房八間儀門內左右班房六間土地祠三間照牆一座

坊表

希聖育賢二坊在學宮前左曰希聖右曰育賢久廢光緒十四年知縣李元才復建

雜建

廻峯塔在治東南五里玉泉入沮處嘉慶元年廢同治辛未年縣令鍾傳益倡捐復建

福佑局在北門內大魁閣旁同治十二年城鄉紳耆

置並置田數處設義學一堂即以田租作義學資暨有碑記

隄防

鄭公隄道光六年夏大水隄壞縣令牛燾琨重修光緒六年四月二十一日蛟水肆虐隄潰十餘丈縣令李元才倡捐補修頗稱完固餘貲置禾田三畝坐落傳家崗碑亭右田付姑嫂壋之壋頭承種每年秋穫後浚溝東壋水以灌城濠即以此租作修溝資

政典志

戶口

光緒元年造報民數三十一萬九千八百四十一口

光緒五年造報民數三十二萬四千六百七十六口

光緒十年造報民數三十二萬九千二百八十五口

光緒十五年造報民數三十三萬一千五百八十九口

社倉

社倉在東門內文昌宮後面北光緒七年縣令李元

才倡首鼎建後構神樓三間內置倉三座前構大廳三間內置倉二座左右兩廊各七間分置倉十四座外立有照牆開東西二門因歲修無資門左右復構舖屋二所以所收租錢備之

按社倉舊本在鄉領以各總倉長圖便民也至法久弊生黠者居爲奇貨愞者畏如陷阱抵冒侵欺爭訟不已　邑侯李公欲除其害適奉　藩憲察倉之檄因即改建新倉之意以上覆之旋諭城鄉紳耆集資若干於城中建一總倉俾倉長各將所有穀數盡運入總倉聚儲之節次收穀四千二百餘石復捐俸三百串置屋收租以資歲修自此變通後而四鄉果安堵無爭不可謂非法之善者也若夫因時制宜或糶或貸後之任是邑者不患無術處此矣餘詳藝文內建倉記

書院

玉陽書院仍改爲迴峯書院頭門內左右廂房久圮光緒四年縣令陳樹楠倡捐改修圍牆牆外構舖面二所光緒七年縣令李元才重建主敬堂三間復砌

堂下左右花牆二座牆各開一圓門東曰敬業西曰樂羣

書屋

玉陽小學書屋在北門內玉陽山麓同治十二年縣令謝家蘭倡捐鼎建座樓三間左右二廂房未竣光緒元年縣令周鴻英捐俸二百串續修前廳三間

新增膏火公田

板總田家坑水田七石 縣令阮恩光諭捐存典之錢於同治六年置

每年驗籽稞穀二十八石

淸洋總胡家椰林水田十石八斗 縣令阮恩光諭捐存典之錢於同治六年置

每年驗籽稞穀四十三石

以上水田二分係舊志載同治四年縣令阮恩光存典生息錢一千八百串所置

黃石總北坑水田三石何家坑水田三石 同治十一年簡夏氏簡天祥捐充

每年預支租錢十四串四百文

黃石總南坑松林灣水田七斗 同治十三年簡夏氏簡天祥捐充

每年預支租錢四串

上總長坂坡水田五石二斗 光緒元年增生萬文璜之妻羅氏義捐書院內有義捐碑記

每年預支稞錢二十串

謝栢總李家臺坦堰水田三石二斗 監生郭鳴謙捐當價錢二百串

光緒五年置

每年預支稞錢十串

書院左右舖面二所

每年佃錢十二串

又光緒十三年冬縣令李元才捐俸二百串並發恩樂舘錢二百串作本生息以爲增補膏火之資

按書院束修膏火章程隨時增益詳見碑記

增補縣試卷價公田

漳鄉總沙灣水旱田十四石 光緒三年置在州試卷價公田內撥補

每年預支租錢三十八串

乾溪總佛耳岩禾田八畝 光緒三年置在州試卷價內撥補

每年預支租錢八串

按舊志載咸豐七年在文峯塔經費內撥錢一百串作本生息自咸豐九年起至同治年間逐屆敷補無存具稟在案因於州試卷價公田內撥田二分以補不足

州院卷費公田

黃石總中一甲泰山廟水旱田八石光緒三年置

每年預支稞錢三十八串

黃石總石龍坑水旱田十二石五斗光緒三年置

每年預支稞錢六十串

洪市總學子坑水旱田五十畝光緒三年置

每年預支稞錢四十串

板總田家坑水旱田七石五斗光緒三年置

每年預支稞錢三十二串

黃石總東一甲水旱田十二石光緒三年置

每年預支稞錢四十四串

黃石總東一甲葉姓水旱田七石光緒三年置

每年預支稞錢三十串

洪市總鄭公隄外旱田九畝光緒三年置

每年預支稞錢十串

鴻橋總井溝河水田三石五斗光緒四年置

每年預支稞錢十三串

按卷價舊係楊公興捐錢四百串復撥文昌宮錢

一百串存典生息以作州試頭場之資光緒二年邑侯周鴻英將此項改作院試另集闔邑紳首募資籌辦州試五場卷價置田如前擬定州試頭場縣結州票共需錢九十串二場四十八串三場二十六串四場十九串二百末場十二串通共計錢二百零五串二百文至武童縣州院三場毋次需錢一百串其有求覆補考仍由各童自備卷費餘詳碑誌

賓興

賓興館在城內二總大魁閣東後抵城墻前向正街舖面三間廂房二間前廳三間設倉四座廂房四間正廳三間廳後廂房二間厨房二間後院一所光緒七年經管賓興衆紳首置

賓興公田

清洋總易家壋水田十石光緒三年置

每年驗籽稞穀二十八石

洪市總余家坑七石五斗同治十二年置

每年驗籽稞穀二十四石

乾溪總官田陸田二十三畝三分（同治年間肇河總楊欽之捐充）

每年預支租錢二十三串三百文

黑龍總龍王廟北羅家坑水田一分（係高嗣萬捐充）

每年預支租錢八串

黃石總東一甲水田七石光緒六年置

每年驗籽稞穀二十六石

洪市總莊家洲禾田二十六畝五分光緒六年置

每年預支租錢十八串四百文

黃石總東一甲水田六石光緒六年置

每年驗籽稞穀二十四石

漳鄉總胡家凹朝北灣水旱田一分光緒六年置

每年驗籽稞穀二十二石

深港總兎窑坑水田五石光緒六年置

每年驗籽稞穀十五石

漳鄉總朝北灣禾田三畝五分水田六斗（光緒六年置）

每年預支租錢五串

謝柏總仙女廟水田四石光緒七年置

每年驗籽租穀十六石

易家總劉家榜水陸田十五石三斗光緒七年置

每年預支租錢六十一串

漳鄉總水田一石二斗禾田七畝光緒十三年置

每年驗籽租穀四石八斗預支租錢十串零五伯

普濟寺田三十石（海堰總光緒八年寺僧繼峯捐）

每年預支租錢八十串

（光緒五年紳首王丙壽高士紀等稟請向沈義捐有典之錢六百串撥入賓興公收息如書院有山長任院司業則饋錢八十串不任院司業仍歸賓興項下動用奉憲批如稟立案書院內竪有碑記）

按舊志載鴻橋總琵琶洲水田二石光緒三年縣
令馬鴻英准賣王照原價贖回董公書院內有贖
取碑記此欵合原存生息之錢均已增置田產

思樂舘

士無贄不見禮有明文自世風日下禮教也遂
變爲利途矣後生入學謁師借束修爲口實每
揣家資之肥瘠以索贄敬之多少師道不尊非
一日也當邑壤地僻陋生多寒畯釆芹食餼時
師弟輒形齟齬孰謂名教中有樂地乎　邑侯
李公惻然憫之集資籌欵俾新生咸遂其樂因
取魯頌泮水之句而以思樂名舘焉置田若干
詳列於左餘載本舘章程册內

思樂公田

海堰總田一分計十六石五斗光緒九年置
每年騐籽稞穀七十石
謝柏總水田十一畝四分九釐光緒九年置
每年騐籽稞穀八石八斗
清洋總田一分八石八斗光緒九年置
每年騐籽稞穀三十二石
清洋總田一分二石七斗光緒九年置
每年騐籽稞穀九石

清洋總田一分三石光緒九年置
每年驗籽稞穀十二石
清洋總田一分三石二斗光緒九年置
每年驗籽稞穀十二石八斗
清洋總田一分一石九斗光緒九年置
每年驗籽稞穀七石二斗
謝柏總田一分一石光緒十年置
每年驗籽稞穀四石
清洋總田一分十石光緒九年置

榴花總田一分五十四石四斗八升五合五勺
每年驗籽穀三十四石
又田四石七斗五升光緒十年置
每年共計預支稞錢二百三十串零八百九十文
兎窑總田十畝光緒九年置
每年預支稞錢十八串
兎窑總田一分九畝光緒九年置
每年預支租錢十六串
漳鄉總田一分六畝六分光緒九年置

每年預支租錢八串五百文
胭脂總水田四石禾田十八畝光緒十年置
每年預支稞錢四十四串
漳河總田一分十六石光緒十一年置此田隔城太遠原議將來準其自續
每年預稞錢一百二十串
金沙總田一分一石一斗光緒十一年置
每年預支稞錢四串
清洋總田一分二十一石六斗光緒十一年置
每年預支租錢六十串

洪市總田一分七石一斗光緒十一年置
每年預支稞錢二十三串
易家總田一分八石光緒十二年置
每年預支稞錢叄十二串
普通總田一分十九石光緒十二年置
每年預支稞錢六十六串
週二總田一分四石二斗五升光緒十年置
每年預支稞錢十一串
普通總田一分十三石光緒九年置

毎年預支稞錢五十串
清洋總田一分四石光緒九年置
毎年驗稞穀十六石
按此項原議置產量入以爲出計垂久也然又恐旱乾水溢入不敷出故於買田二百一十餘石外餘錢七千串存典及殷實戶生息以備不虞如年久利豐仍以置產爲歸至毎年按季按届用欵並羨餘詳載本館章程册

當陽縣補續志卷二

祀典志

文廟

同治十三年縣令楊應桓重修啟聖祠大成門禮門義路牌坊暨明倫堂光緒十四年縣令李元才募資重建大成殿大成門泮池左右兩坊東西兩廡啟聖祠明倫堂左右義路禮門及周圍垣牆

東廡先儒

張履祥位孫奇逢之次　許　慎位后倉之次

張伯行位陸隴其之次　陸世儀

西廡先儒

袁　燮位呂祖謙之次　劉　德位董仲舒之次

輔　庚位黃幹之次

文廟表

朝代	封謚予附題額賜	祀典	立學
國朝 同治七年		以袁燮從祀	
十一年		以張履祥從祀	
光緒元年	勅懸御書斯文在茲		

二年
三年
五年
六年

額於天下
文廟

以陸世儀許
慎從祀
以劉德從祀
以張伯行從
祀
以輔廣從祀

名宦祠

國朝

董文煜朝邑舉人光緒十二年入祀

胡文定公祠同治六年縣令鍾傳益重修並敦勸士民捐錢二百串生息添設民祭每年秋後官紳奉祀一次以其息作歲修齋夫祭費之資又於基左清水塘豎立基道碑

武廟

關聖陵廟同治五年宜昌安總鎮稟請籌款重修中丞郭栢蔭飭委張倅東甲劉令宗元劉主簿繼爔重修 陵墓亭銅殿殿前左右廊兩亭大殿拜殿殿前左右畫廊馬殿左右鐘鼓樓三元門左右角門佛堂伯子祠八角碑亭啟聖祠春秋閣碑亭客堂齋宿所周圍垣牆七年八月興工八年四月告竣伯相李鴻章藩司何璟均有重修碑記同治十年縣令鍾傳益敦勸該總紳民程春榮等捐置田畝酌議供應每年春秋二仲月與祭各官隨從兵役等飯食章程稟奉 上憲核定泐石於廟十一年縣令戴開基修葺銅殿光緒元年縣令周鴻英補修春秋閣紅牆數處七年縣令李元才集歲修資修銅殿春秋閣碑亭栢子祠紅牆數處十年重修春秋閣拜殿官廳前後走廊十三年修葺銅殿八角亭碑亭春秋閣栢子祠週圍紅牆

封號題額對賜予

嘉慶 年奉

敕懸
御書靈威攸宅額
封樹依然明禋崇奕禩
威靈儼若浩氣壯乾坤對道光　年奉
敕懸
御書聲靈如在額咸豐　年奉
敕懸
御書萬世人極額六年奉
敕加封精誠七年奉

敕加封綏靖同治九年奉
敕加封翊贊
御書威震華夏額光緒六年奉
敕懸
敕加封宣德

文昌宮

文昌廟宇同治十年縣令鍾傳益諭捐重修殿後新建青雲閣啟聖祠祠前左右廂房周圍垣墻

祠宇志

古祠

赤帝宮在縣城南門內文昌宮右同治十年縣令鍾傳益募貲鼎建正殿三間拜殿三間僧房數間光緒七年縣令李元才諭捐續建山門及大觀樓一座殿後鋪面一所北臨正街

文星樓在清溪下街光緒丙子年縣令周鴻英諭清溪紳商捐資鼎建

呂祖閣在治東北三十里尾窑總同治十二年縣令

謝家蘭諭紳耆鼎建餘資置田閣內竪有碑記

寺觀

天符廟在城外東南隅同治五年縣令阮恩光倡捐重建

職官志

佐表

	佐	巡檢	典史
同治五年	曾紀瓚 湖南人監生代理		
	鍾傳益 福建武平人道光甲午副榜咸豐元年孝廉方正補授		
九年	陳元章 直隸宛平人代理		
十一年	戴開基 貴州平越人辛酉拔貢署任		陳凌衢 江西德安人附貢生
十二年	謝家蘭 貴州正安人丁酉拔貢署任		陳鈞 陝西三原人
	傅鍾漢 湖南湘鄉人戊午舉人補授	劉漢釗 四川人現任	
十三年	楊應桓 江蘇金匱人己酉拔貢署任		
光緒元年	周鴻英 四川巴縣人選授		
四年	陳樹楠 陝西鄠縣人辛酉進士署任		
五年	李元才 安徽六安州人同治癸酉拔貢補授現任		
六年			陳正柏 湖南永定人
八年			李煥章 陝西渭南人現任

循良傳

董文煋字賓生陝西朝邑舉人舊志有傳光緒十一年十二月內撫部院彭題奏已故原任當陽知縣董文煋治績事實一摺於十二年二月內奉
旨依議欽此相應抄錄原奏知照湖北撫部院裕札飭當陽縣遵照奉行入祀名宦祠

王朝栟字讓生四川璧山人道光十四年以翰林院庶吉士宰當邑明敏剛直以廉能稱時私鑄盛行公嚴爲收草宿弊立除至培學校葺書院置膏火建修文昌宮尤爲士林所矚仰十九年奉調麻城士民咸攀轅焉

任道鎔字筱沅江蘇宜興人己酉選拔咸豐九年莅任當邑舉止閑雅器宇宏深判訟明允寓忠厚於刑賞不縱不擾民咸愛戴之同治元年奉調順德府士民感泣者衆後任至山東巡撫

儒學表

教諭

- 同治六年　曾學鎔　江夏人庚午舉人署事
- 九年　沈長禧　松滋人廩貢生選授
- 十二年　陳懋森　蘄州人廩生署事
- 十三年　劉貞幹　崇陽人歲貢選授
- 光緒元年
- 三年　李應春　通山人癸酉拔貢選授
- 八年　亢兆彬　棗陽人丁卯解元署事
- 王汝霖　咸寧人癸酉舉人署事
- 九年　賀萬春　天門人貢生署事
- 十一年
- 十三年　蕭鳳儀　來鳳人恩貢選授現任

訓導

- 易祥光　公安人廩生署事
- 胡毓英　武昌人附生考取教習署事
- 國芬　通城人恩貢署事
- 熊文駿　松滋人廩生署事
- 洪安瀾　蘄州人壬戌舉人選授現任

武職表

守備

- 同治
- 光緒

千總

- 王超然　遠安人行伍補授
- 劉如義　鄖陽人行伍補授

把總

- 李成棟　遠安人行伍選授
- 趙廷凱　宜昌人行伍補授
- 魏盛明　遠安人行伍署事
- 曾光耀　遠安人行伍補授

選舉志

舉人

乾隆癸卯　向志甲

同治丁卯　劉有蔚

光緒

乙亥　陶賡唐 孝廉方正　杜熙春 孝廉方正

戊子　徐中銓 乙酉拔貢中順天鄉試

貢生

嘉慶　郭世曾　文　堂

道光　郭紹道

同治

賀　縄　曹汲三　嚴有煦

熊吋兆 恩貢　羅忠信　羅毓衡 癸酉拔貢

光緒

曹沐三 恩貢　李葆貞　文渭堂

曾東明 恩貢　徐朝楷　江榮栴 恩貢

王金鋭　張瑞紳　張銘酉

徐中銓 乙酉拔貢　鄭宗星

文選

明

建文

李　讓 甲申進士任大理寺評事廣東右參議

向志安 壬午舉人江西建昌府教授

洪武

劉　煥 貢生山西按察副使

張　濬 貢生刑部員外郎

何　毅 貢生漳州府知府

劉　謙 貢生戶部員外郎

永樂

向　志 戊子舉人四川井鹽訓導

朱　玉 甲午舉人應天府尹

蔣　賢 貢生蔡城知縣

成化

胡　灝 貢生清江知縣

胡　格 貢生黃州訓導

正德

張　欽貢生知縣
鄭　儼貢生彭山訓導
嘉靖
姚　會巳酉舉人南溪知縣
張　楠乙卯舉人直隸宿松知縣
聶　武丁卯舉人陝西富平知縣
許　翔貢生考授知縣
車　星貢生鹽井衛教授
萬曆

李應麟乙酉舉人四川井鹽知縣
周際明戊子舉人廉州推官
龔　仕貢生巴東訓導
陳　旨貢生安陸教諭
史希楚拔貢知縣
吳九思貢生黃岡訓導
謝　滋貢生沈邱教諭
李　宋貢生雩都教諭
周宏模貢生順慶府教授

劉家相貢生饒州教授
李　深貢生崇陽教諭
黃大中貢生墊江教諭
梁國相貢生彭澤教諭入祀鄉賢祠
梅遇春貢生蒲圻教諭
王　僖恩貢遷安縣令
王　任貢生竟陵訓導
天啟
金大赤貢生寧州訓導入祀中心義孝友祠

崇禎
汪士傑庚午舉人山西靜樂知縣
李大年癸酉舉人永州教授
郭之都丙子孝廉新寧教諭
歐陽煥貢生考校知縣
陶大賢貢生湘潭訓導
殷　萃貢生安陸教諭
金門彥貢生襄陽教諭
國朝

順治
陳其美壬辰進士司理浙江處州
楊州彥巳亥進士直隸任邱知縣
廖養義貢生枝江訓導
詹　南貢生新田教諭
梁山金貢生寧國知縣入祀鄉賢
范文叔貢生永州訓導
康熙
游逢盛戊午舉人授內閣中書

陳士敷丁丑進士福建歸化知縣
謝永聰甲午舉人澧州學正
范文英貢生通山訓導
陳廷壁貢生辰溪訓導
李作朋副貢羅田教諭
梁　晟貢生通山教諭
李明賡拔貢雲夢教諭
汪　埏貢生辰溪訓導
葛禎賢拔貢雲夢教諭

黃中行貢生遠安訓導
周卜年貢生黃安訓導
李通理貢生石首訓導
牛天宿貢生公安訓導
雍正
朱　標癸卯舉人東湖教諭
文汝蒸癸卯舉人涇州知縣
郭孫俊庚戌進士授刑部山東福建清吏司主事改授江西都昌知縣
宋楚望癸丑進士江南常州知府

金秉祚拔貢江南潁州知府
乾隆
林可法辛酉舉人仁化知縣
金維岱壬申進士翰林院檢討
嚴　岱貢生郧西訓導
龔應奎貢生德安訓導
鄭宗仁貢生監利訓導
趙　瑄貢生南漳訓導
張定謨貢生雲夢訓導

向志甲 癸卯舉人山西興縣知縣戊午科同考試官
李傑臣 貢生利川訓導

嘉慶

徐文翰 山西知縣歷署十三縣一州補岳陽縣有傳
徐開裕 辛酉拔貢巴東教諭有傳

道光

王撤修 歲貢嘉魚教諭

咸豐

王金煉 丙午舉人蒲圻教諭嘉魚教諭

同治

汪南金 恩貢房縣訓導
林　榮 廩貢生京山教諭
杜映藻 廩貢生黃梅訓導署大冶教諭
楊欽之 歲貢石首訓導
廖培蘭 歲貢署鄖西教諭宜昌府學教諭

按舊志科甲則行藏並著間或載其官於某科名下宦蹟則文武禠錄至有官而無傳者概等闕如仰止高山殊覺惘然茲做舊志武選例另立文選一類在官者志官自詞林以訖俊秀科第之高下弗計也其有官而候選者不與即由正途而改佐貳者入禠選此選亦不與庶後起者有所觀感云

武科

嘉慶

嚴懿華辛酉科

光緒

阮坤元乙酉科　阮乾元己丑恩科

武選

嘉慶

嚴懿華辛酉舉人任兩河口千總

雜選

明永樂

向　文貢生無錫縣丞

何　銘貢生慶府典儀

姚廷用監生衛輝府通判

正統

劉　英貢生布政司檢校

劉　佐貢生濟南府檢校

唐　禮貢生上高縣主簿

鄭　經貢生分宜縣丞

周　冕貢生歸安縣丞

成化

馮　亮貢生寧羌州判

趙　旭貢生唐縣主簿

何　源貢生宜賓主簿

向仕廉貢生順慶府通判

李　賢貢生崇寧主簿

向　達貢生溧水主簿

劉　宣 貢生重慶府檢校
陳　禎 貢生弋陽主簿
宏治
江　湖 貢生汀州照磨
賀　表 貢生息縣縣丞
曹　鼎 貢生桐盧縣丞
甯　璽 貢生成都府經歷
正德
曹　鸞 貢生太平府經歷

黃　榮 貢生華亭主簿
李長春 貢生理問
萬歷
劉東晉 貢生鹽城縣丞
葛希賢 貢生浙江紹興通判
馮世濂 貢生浙江仁和縣丞
國朝
順治
范念祖 恩貢松江府同知

周敬修 貢生山東益都縣丞
張吉宿 貢生山東德平縣丞
乾隆
符國瑾 貢生安州吏目
光緒
張宗旭 辛酉拔貢四川直隸州州判
張宗海 廩生湖南巡檢

世職
關聖裔世襲五經博士
關啟端 肇岱長子同治七年承襲

人物志

宦蹟

汪南金號鍊齋邑恩貢秉性正直學養兼優同治間選授房縣教諭解組後主迴峯書院講席成名者與族黨均賴維持子培鑑附貢培厚孫鞠生俱邑庠咸謂其教有義方焉享年七十有三

廖培蘭邑歲貢家赤貧辛苦備嘗同治丁卯任鄖西教諭癸酉任鄖陽教諭己卯任宜昌教諭解組後貧如故年七十餘而終

張宗旭號寅谷登辛酉拔萃科朝考報罷猶鋭意進取因秋闈屢蹶遂就州判職分發四川試用州縣蒙其賢聘掌文衡者不一而足迭主二酉鹿巖二書院講席尤受沈鹽青太守知文卷書札課試皆倚辦焉未幾沈陞授甘省安肅道邀旭偕幾歷萬里旋奉川藩檄權汶川縣茶稅接委西充鹽亭二縣鹽務戊子科調辦闈差畢卒旅邸同官惜之賻甚厚時年四十有九

孝友

徐忠玉號盤田性肫誠謹厚寡言中年失恃事老父羹湯親調不假手於人侍疾數月不解帶弟二俱年踰六十猶和靄相接有大被同眠之風子孫數十人同炊共飯無一間言前縣令鍾以孝友克敦表其門

張有美字如玉天性純篤父監生必斗早卒事母靳氏極孝母病湯藥必躬親母飯已乃飯延師教子禮遇優隆子啟春府知事銜恂恂儒雅好善樂施孫厚存廩生道存心存邑庠

杜應成性謹厚事嗣母傅氏以孝聞傅七十病盲成周旋扶持必躬親雖家貧屢空而菽水承歡歷年不倦孫鴻藻鴻儒俱列庠

郭宗德邑仲賓性純和事親甚篤諸父析居有力有不足者德延至其家養葬皆如其父弟蕃周爲擇師教之以英年補弟子員子蘊壽能承父志

杜齊昆邑介賓性端嚴舉動必遵禮法事親尤篤父與叔白頭友愛同居一堂昆温清定省事之如一伯父兄弟六昆延師教之皆學成名立季弟暎藻以廩

貢歷署黃梅廣濟教諭子熙春由附貢登孝廉方正科里黨榮之

張萬懋字敦勉性醕謹少失恃事繼母以孝聞偶觸母怒必長跪俟霽顔乃起執父母喪哀毀骨立孫鵬霄庠生

曹邦愷邑從九秉性冲和尤敦孝友髫年出嗣二房及長諸伯叔皆物故諸母動相牴牾愷委曲調劑必使各得其歡心而後止四房中絕嗣者三愷以諸孫繼之且遵先祖世煥志修宗祠立墓碑使一族皆重

其所出推廣孝思如此及卒人皆思之

文章馮漸逵貧不廢讀事親常得其歡心父病彌留割股和藥以進壽愈見性摯遠接以婉容和好無一間語里人皆賢之

傅天佑之子貴禮甫九歲遭匪入境父以鄉勇殉難巳祀入荆門州昭忠祠佑事孀母無違禮鄉黨以孝稱母享年八十三節登縣志忠孝節義萃於一門如此

郭蔭壽字樾生邑監生少失怙事母曲盡孝道侍寢問安不離左右母目盲壽日以舌舐之數年不倦母目復明鄉黨皆稱其孝縣令周詳申　上憲奉
旨旌表

忠義

鄉民陳之琬少有胆力忠義自負嘉慶教匪之變設卡宋家埡募有力者充鄉勇琬應募賊乘晨霧迷漫繞出卡後殲勇殆盡琬猶殺數賊而亡無子以兄子世綜嗣後議叙鄉飲仲賓嗣孫炳奎邑庠

張開序士橋人少有勇力咸豐四年夏粵匪突至其兄達序爲賊擄開不屈遂攖賊鋒死鄉黨義之

盧秉義住漳河濱家素饒父周早卒兄粹忠厚樸誠兄英恂恂儒者惟義年最少豪健饒膽畧嘉慶之亂

教匪至腰店觀一鄉惶惑無主義奮然曰賊故農夫爲無賴子所誘耳苟合謀齊力可聚而殲也衆懼焉僉乃踴躍壯其議義率衆渡河一鼓而潰殺賊二千七百餘義抵家嘔血數斗卒時年二十一鄉里至今惜之

篤行

邑庠生王映蘭號香畹性端方少孤事母姜安人能養志咸豐十年中丞胡給額以嘉其孝越三年登孝廉方正科邑中有公事有司恒倚以爲重而清操凛然無毫髮私居鄉正己率物有訂族譜建支祠立義田諸善舉一鄉觀感數十年無訟事焉沒年八十有三子步香孫鳳鳴俱庠生

湯之科字登雲性渾厚好善樂施道光辛丑年邑荒歉出穀二百餘石以全活鄉人子鋭材孫鵬翎均庠

生咸謂厚德之報也卒年七十二

吳山高字行之爲人純樸持身尤謹嚴產不逾中貲而慷慨好施一族待以舉火者數十家橫暴相加悉含忍不與之較沒年七十孫元培邑廩生

曾雲衢號芹圃邑明經忠厚純謹兄邦佐早卒衢撫其兄之子若孫如己出俱教之成名家無擔石儲而安貧樂道怡然自足爲文一本先正從之遊者多知名士年逾七十而沒

曹金鑑號寶臣由廩生保舉訓導事父母以孝聞兄

弟之間藹藹如也有司欽其品望公事恒倚以爲重子家寶國學孫東明邑庠道南廩生

盧先訓字紹道生平好施嘗備棺木製寒衣造河船善舉甚衆方山麓有起鳳橋爲往來通衢遭圮捐金倡首行人便之舉鄉飲介賓子永珩國子監典籍

羅聚華號協亭翰林院待詔銜性孝友事繼母陳能得其歡每盛怒之下華至即霽顏兩兄早世撫諸侄如已出治家嚴明遇事能斷尤好施與歲饑糶米鄰省濟貧減本售之弗恤其善行多類此卒年七十三

子忠信由歲貢登光緒元年制科忠藎忠正俱貢生忠耀廩生孫希藻廩生希彥希倫旵璋俱庠生

傅朝育少失怙時遭匪入境擄去數年始歸家貧甚以辛苦起家積而能散嘗捐錢五十作本每年收息以助里人徭役里人感戴立碑誌之後迭遇凶歲施穀百餘石以賑至若培荒塚修道路善舉尤多享年七十四孫凌雲邑廩生人品端嚴舉有八子人以爲積善之報

楊國學字肆山號念農人品高潔好讀書不求仕進善寫竹蘭人以酒遺之必應工吟咏詩草甚多無力付梓家極貧不妄受一錢卒年七十八

賀繩號木臣與弟緘俱邑明經性肫摯事母能孝與弟緘互相切劘和而不同平居無一慢容戲語待人推誠相與雖橫逆不與之較也耄猶好學爲文悉秉先正從遊甚衆服其教者無不以禮法自繩焉

傅天龍字秉陽由捐貢加理問銜少失怙事母以孝聞視膳問寢動遵禮制母享年八十卒後屢荐齋醮以資冥福雖年近七旬拜跪總不假之他人性樂善

貸不責償親族待以舉火者數十家若因貧廢讀必假膏火束修之資以成全之至于施棺木設義渡種種善舉尤多艱于嗣息晚年連舉三子人以爲積善之所致云

羅廷斌號緯臣邑庠生家距縣百餘里俗獷悍不事詩書斌振鐸其間從遊日衆俗遂革至今絃誦不絕卒年七十二弟廷玉邑庠生少從林竹盧太史遊深見期許性恬淡不染塵氛閉戶謝客者五十餘載精易理事多前知常總戎詣門請卜目爲水鏡卒年八

十斌子驥鳴孫忠信俱列制科孫毓衡癸酉選拔曾孫遊庠食餼者尤衆

王敬修字慎齋歲貢生善持家政家百餘口五世同堂數十年無間言署嘉魚訓導官聲遠著年八十八終長子金鍩附貢次丙壽號小川丙午舉人揀選知縣心氣和平謙光可挹居家守乃父風歷任蒲圻嘉魚教諭卒年六十八孫士溉邑庠

楊經嬿邑庠生廩生赤玉之子品行端楷取與嚴明中年父故母年九十餘躬親奉養未嘗一日離左右

前憲任　聞其賢舉孝廉方正科辭不受後以孝義可風額其庭享年八十六無疾而終子司鐸庠生早殂

姚錦江字春浦邑明經品行端方學養深純與人接善氣充溢令人矜躁俱平至立教以根本爲先不尙浮靡故遊其門者皆成名士性尤清淡閉戶課讀非公事不輕履城市士林皆推重之壬戌歲以軍功議敘加國子監學正銜著有樹人堂文集壽八十一

耆民沈正巳號敬安舉止端方言動以禮里中有爭端見之輒肅然起敬事親尤純篤父憲嘗以書緣未結識巳巳識之不敢忘後憲卒以家事冗廢學而終以此爲憾嘗建塾延師朝夕飲膳必親視塾有乏修金者恒代出不冀其償生子三長玉林廩貢次少林三瑞林孫華芹曾孫鴻儀俱庠生

鄭倉號東海邑庠生性端嚴浮狂者見之衣冠頓肅設教泮子山唱和皆一時名流從遊者半列膠庠著有課餘詩草待梓

馮天鑑少業儒州縣試屢列前茅學憲朱考取佾生

後棄儒業農品行端方現年八十八

范紹勲號垂可邑廩生事母以孝聞性廉介教讀外不妄受一金薰其德者多化爲善民焉

鄭思豐議敘修職郎孝友傳家好善樂施五公橋置田一頃以爲義地卒年八十八孫以芬附貢生

佟映漳號月川邑庠生性純謹舉止端方言笑不苟爲文一本先正其教授生徒以小學孝經爲宗遊其門者多知禮法卒年四十五

邑庠湯銳材之科子也正直端方訓子姪有法非公

不入城市前令任公道鎔以公正額榮之卒年七十有一

熊叶兆號磻卿邑恩貢性廉靜敦品勵學不染塵氛教讀外無他圖焉卒年五十四

監生金相鈍字煥然性孝友其父八十餘躬親扶持毫不諉諸僮僕弟相鑑齒繁受累鈍以己所餘者與之親戚借貸概不責償鄉里德之子二教督甚嚴長嘉會試用縣丞次玉麟廪貢就職訓導

儒士曹魁邦字占元敦孝友性復寬厚强悍者不與之較族黨悉賴維持年五十七卒子家岸恪守家風孫樹聲庠生公正廉潔邑中公事多倚重焉

馮步瀛號淡齋邑增生敦孝友家貧而介取與不苟宗族悉賴維持邑中要公尤倚重之屢考優等未獲食餼士林惜之享年七十有三

林時豐漳河農人性和而介不屑較錙銖與人無忤義不可者輒形諸辭色家中落習牛痘不索謝沙商爲避亂計向豐購産易邀重貲豐弗較按常價售之子孫純謹世守其家風

邑庠朱子醇號訥臣天性孝友父病痢雖極尷尬必躬親之歷久不懈父没哀毁骨立盡哀盡禮母馬氏無疾而終常以未侍湯藥爲恨侄若孫教訓若已出無分畛域享年七十有八子茂南邑廪生

曹邦援號達菴邑監生少小失怙事母孝事必稟命佃户有欠租母戒以毋索置弗問有兄二次兄性拗援委曲求全終身無間言性尤直遇事能斷族黨有事輒以一言決之罔弗聽其敬服如此長子華國貢生次子家珍監生

朱永延行三性渾厚多義行其父士元家中落有子五人惟長子定親延以傭工積資先爲諸昆季娶訖並贖田分給家人賴以裕後乃自娶得一子名昌明没年七十六

仲寅舒玉書字金簡邑庠開華子也華性剛毅善守貧書委曲承顔能得其歡心持已儉待人忠尤篤於倫義中年妻故誓不續仰事俯蓄維艱子樹德有乃父風現年八十五

文苑

劉德華拔貢生饒才學工心計萬城堤係荆州城保障華家於其旁荆邑官民恒倚賴之子有蔚丁卯科舉人文名噴甚中年殂謝士林惜之孫滙成庠生

賀緘號默亭性潁異未弱冠補諸生科歲試輒列優等文筆傲岸詩古尤不落恒蹊邑中知名士多從之遊屢薦不售以明經老士林惜之

羅忠厚號崇菴邑廩生性孝友事繼母能得其歡課子弟甚勤成名者十有三人歲科試屢冠軍張孝達

學憲尤奇其才賞賚甚厚著有訓蒙草爭傳誦之

嚴正憲字乃憤邑廩生能文章負性孝友親疾子弟雖多必親侍湯藥善教誘受業者多知名士子大鐵孫有煦俱明經弟正叙侄大訓俱庠生

恩貢林栖鶴號立亭候選直隸州州判性質樸克敦孝友父嚴毅能曲得其歡兄早世撫侄如已出其文清真雅正一以簡鍊爲宗士無遠近咸則之著有萃生堂文集行世卒年七十有六

朱守闓號小松邑廩生性清潔工吟咏不求進取所交皆一時名士著有帶雨山房詩集待梓年三十餘而卒士林惜之

高士純號賓甫邑恩貢性揮霍能文章主廻峯書院講席十餘年成名者衆享年七十有八弟士楷歲貢子志伊志偉俱邑庠

恩貢吳沛榮家貧力學長於教授從遊甚衆入泮食餼者不下數十人鄉闈屢膺房薦未獲一第暮年壯志猶存卒年六十有五子丙楚邑庠生

恩貢江榮栩號賓卿温文爾雅從無急言遽色與其

兄蔚栩均以書法鳴兄早逝榮栩卒年七十有二

朱守濂號小溪邑廩生詩古文藝屢見賞於宗工而戰鎖闈輒北授徒精講貫詩古悉綜漢魏文以先正爲歸故門下多知名士卒年四十四士林惜之

壽考

徐鼎鑽居心忠厚持身儉樸事親竭力盡志雖菽水亦能承歡積數十年如一日子三俱能以孝友世其家孫向陽邑庠生卒年八十四

楊士祥性沉靜少事詩書有志未逮遂以處士終接物平恕有犯者處之坦然現年九十二

胡珍　文定公之後裔居心忠厚治家儉樸子孫衆多教之皆有義方卒年九十孫映南庠生

張道進性端方勤於農事子孫蕃衍卒年百有一歲

其兄道成卒年九十有四其弟道志現年九十一門壽考稱人瑞焉孫鳳寅廩生文煥庠生志孫啟漢庠生

李以俊字輔軒邑仲賓業儒少失怙恃昆季五最友愛至老雍睦無間言居平不妄論人得失里黨有爭訟折以片言莫不悅服年八十猶能挑燈作蠅頭楷書且精堪輿卒年八十九孫芳邑庠

彭可行號敦善昆季六人終身無間言而公尤善氣迎人恂恂有長者風卒年八十二其長兄可道號環溪爲邑諸生卒年八十六餘皆八十七十餘而終一門壽考誠邑中所罕有也姪文燦孫德元均列庠生

貢生舒樹德字滋圃鄉賓金簡之子也性樸誠雖起家貨殖而悃愊無市廛氣幼失怙事父以孝聞親黨有貧者咸周恤之子孫繁昌五世同堂卒年八十五

周維棟字良材性廉正嘉慶年教匪入境鄉勇隨官軍勦賊棟與有力焉卒年八十八子汝淮廉正有乃父風一介不取積學三十年未遇棄儒業農怡然自足卒年九十二孫純士現年七十有二

張啟暄字旭亭積學三十餘未遇乃開館授徒出其

門者入庠食餼亦間有人生平多善舉重然諾元配徐氏勤儉溫良以爲內助教子孫以耕讀世其家現年九十夫婦均康强見元孫焉

楊達寬號小泉幼見知於王讓生邑侯屢拔前茅不售授徒悉本先正出其門者多知名士晚年愛詩酒不履城市者三十年卒年八十有九邑庠楊炳奎其猶子也學其學早售現年六十四

千總銜杜德芳性誠篤好施與親族有困乏者周恤之從無吝容無德色現年八十有八

羅傳惠邑人性渾樸善課農桑克勤儉足不履城市耆數十年時年八十八子家暄有乃父風多義行現年六十有三

流寓

明

黃輝字平倩四川南充人萬歷十七年進士官編修中年妻故不復娶尋以少詹事乞歸遨遊山水寓邑之玉泉柴紫菴與袁中郎昆季結詩酒社題詠甚富

國朝

袁瓚號康叔江蘇奉賢人登辛酉拔萃科朝考畢學憲清聘掌文衡來楚旋經粵匪亂留鵠垣邑侯任道鎔聘作教讀至當援經邑侯阮恩光聘主廻峯書院

講席凡志書文衡尺牘諸筆墨事均任之取士重純樸論文悉本先正及門有以時藝請者屏棄之弗令讀也故從遊多知名士暇日課雜著把酒談詩登高作賦雖時興故國之思渾如也善書法尤工八分待人如行雲流水活潑潑地其詩賦書之風流怡蕩感如之梓白燕巢賦草行世寓當甫五年藩司何璟其受知師也敦逼到省歸候補縣入巡撫曾公幕教讀三子奏草名益嘖甚丙子攝篆黃梅有慈惠聲年餘補授來鳳蒞任方二載卒於官子萊奉殯歸故里

釋

明常鎮字玉菴風儀挺秀士人咸推重之隸邑之玉泉寺三十五年名播朝野世以鐘山目之每講涅槃等經聽從者衆萬歷九年逝

慧林號祇園邑人依玉菴出家凡爲虛巳從人人恒從之王玉泉法席時重刻隋唐宋元常住田界於石晚年無疾而逝

了凡本邑靳氏子總角時依報恩寺廣通祝髮研精內典策杖南遊遇僧無跡與語言下見諦得續北宗

正泒著有楞嚴講錄傳世

清祖裕號鼻源白衣庄人十歲出家玉泉師事僧惟心開東禪堂爲十方叢林以接衆道行孤高不與人爭卒年五十七

能安王[illegible]作也性古樸從不受人知亦不屑有號中年受具朝山歸司大佛殿香燈及鐘鼓十餘年所稍有蓄積即以之助修佛殿六十餘一日如厠後凈手口念阿彌陀立而逝

當陽縣補續志卷三

列女志

節婦

儒童張啟元之妻曹氏年十四于歸十五夫故無子以弟啟春之長子嗣氏容止莊嚴以孝事翁姑接其範者莫不肅然起敬教子尤嚴每篝燈課讀夜半乃休邑侯任給以輝肇清河匾額歿年五十嗣子厚存邑庠生

儒童潘文苑之妻吳氏生子女各一二十四夫故氏

一慟幾絕其不以身殉者欲撫孤以延夫祀也家赤貧不受人憐惟饘自母家者弗却居恒毀粧斂迹與母家同里未嘗輕歸歸亦即返晚年兒女婚嫁親朋團集非至戚不出與語故生平鄉人罕識其面卒年六十有二

曹高鴻之妻陳氏遠邑鄉飲賓陳登梯之女也年二十四夫卒氏堅貞自守事後姑以孝聞後姑遇之嚴氏曲意順承不稍懈子翊清方成童氏延師課讀隆其館穀後列邑庠現年六十

儒童李國本之妻楊氏年二十五本以童子軍屢拔前茅不售遂嘔血卒子甫二齡氏奉姑撫子孝慈兼盡現年六十三歲

施興章之妻熊氏年二十一而章逝遺一子家猶薄翁姑衰老氏勤於紡織視章存時有加章有叔祖父母寄居鄰縣目俱瞽其孫尙孩提氏倩人迎歸奉養與翁姑均且以勤儉率子弟以致家資漸裕現年六十九歲

阮繼世之妻劉氏年二十三而夫故家亦貧子甫三

歲清操自矢翁姑欲強嫁之多方逼迫氏不得已轉居母家焉母家亦貧氏以十指度日甚至乞食於外拮据備至現年七十有六

彭可章之妻熊氏年二十六而夫故無子翁姑亦相繼亡以族人子嗣焉嘉慶時土匪過境氏毀形匿跡以免道光咸豐年間饑饉頻仍氏攜子遷徙累至絕食迄今子孫成立家亦小康卒年八十有四

黃玉柱之妻張氏年二十四而寡遺子淮清甫二齡姑熊氏早寡氏事姑撫子零丁孤苦守節四十六年

童陳氏童寅元之母也年二十六夫故遺一子家亦貧有勸其鬻子而他適者氏不聽每日抱子行乞子漸長卒成家道諸孫林立卒年七十有六

馮杜氏儒生馮宗貴之妻年二十五貴逝父母相繼亡子二氏課以耕讀完配後諸孫繼起孫又生孫眼觀五代猶抱保提攜無衰憊狀是節母中之壽母也卒年九十有八

童張氏邑庠童煥文之母年二十四夫故翁姑俱逝祖姑老而病氏日侍湯藥衣不解帶者數年歿後哀

毀殊甚時文甫數歲擇師教讀年二十入庠皆氏訓誨所致也守節五十一年卒

鄧仁廣之繼妻金氏十六歸鄧二十四夫故撫夫前妻之子讀未售納成均既婚而亡與孀媳田氏共勵貞堅田氏遺腹子義方邑庠氏現年七十有一

趙經世之妻萬氏邑庠萬文瓚之次女二十八歲夫故遺一子撫育成立既婚而逝祀幾絕其媳陶氏邑孝廉陶賡唐女也姑媳相依氷霜共勵立堂孫繼桂爲嗣孫氏現年六十

鄭一枝之繼妻周氏年十六歸枝十九夫故遺一子甫數月枝前妻汪氏遺有二女氏視如已出竭力撫養鄉里稱賢德焉現年五十一

儒士張立身之妻張氏年十九歸身三載夫歿遺一女僅數月氏慟絶復甦勉稱未亡人孝事二親立弟之子順道爲嗣以養以教至於成立閭里稱之現年六十有三

宦裔徐景升之妻羅氏升初有廢疾氏方垂髫即歸徐侍姑合巹二載產一男而寡氏曲盡婦道不以貧

窶易心無何遺孤殤姑亦病殂氏復撫侄以奉夫祀沒年六十

李永魁之妻李氏年二十五而寡家貧甚氏養舅姑二十餘年恒以紡織佐饔飧生二子次子早夭長子完配未久亦相繼歿所遺孫男女各一氏撫之備歷艱辛而李氏之緒得以不墜

庠生胡維禮之妻楊氏十四歸胡越四載而寡遺孤甫三齡幷曰親操手辦吉凶事十餘次邑侯王以松堅柏翠表其門卒年七十有二

阮繼炳之妻王氏年二十舉一子而夫故子旋殤相依爲命者惟堂上一姑耳姑之女適人貧甚氏周恤不稍吝族侄欽其賢爭願爲之後因按房而立三子焉現年五十九歲

文童張繼遠之妻李氏年二十三而夫故當遠病篤時慮其青年難守不欲以節強之氏指天日誓志後遠沒氏貧苦堅守事翁姑以孝撫子以慈卒年五十有四

徐文燦之妻彭氏年十九歸燦二十四夫亡逾月生

一子氏奉姑育子身勤紡織迨子六歲姑又亡氏屢遭橫逆不變其操卒年四十七

儒童鄭永美之妻任氏于歸十月美死無出氏矢志柏舟立族侄爲嗣僅三歲撫之成人娶媳趙氏僅一載而趙旋殂續娶媳王氏未幾嗣子亦殂更爲王氏立嗣娶孫媳莊氏不幸嗣孫又故莊氏旋自經王氏亦憂鬱成疾卒乃復立嗣孫以延其祀慘淡經營艱苦備嘗未有如任氏者督學使者杜以清節揚芬額其門現年八十七

張光福之妻賀氏年十七于歸僅三月夫故無子逾十年其夫弟生子乃立爲後撫養完配嗣子又亡僅遺一孫孀媳趙氏亦歿氏撫孫守節如故有司給以苦節完貞匾額年逾七十而終

朱本福之妻楊氏十九適朱事孀姑以孝聞二十二夫故遺一子甫七月氏零丁孤苦撫之成立子旋殀孫三歲氏又以未亡人撫此藐諸孤臥薪嘗胆難以言罄現年六十

楊學書之妻鍾氏年二十二歸書生二子一女書充

施南副標兵隨大軍征金川陣亡氏年二十七家亦貧以縫紝自給後次子正鳳以軍功授遠安把總遂家焉年七十猶日事紡績生平端重寡言卒年八十以子正鳳官　勑授孺人

朱均任之妻熊氏年二十一夫故無子立二房子光逵爲嗣精理內外家道寖裕同房涎之共圖侵蝕氏不堪飲恨而終年五十八

以上二十六名業經彙詳題奉

旌表

周經國之妻劉氏邑監生三剛妹也于歸四年國故遺腹子光楚家亦貧族固多橫暴屢相凌逼皆賴剛力以寧及楚娶郭媳氏課耕織敦勤儉以故家漸裕晚年楚又歿氏與郭媳含泣撫孫曾卒年八十有六

熊天成之妻袁氏守節三十三年現年五十六

莊作善之妻任氏守節三十七年現年五十六

謝宗直之妻王氏年二十九夫故氏盡瘁操作孝慈兼盡子監生桂林克遵懿訓家漸裕道光十八年學憲方題以砥節懷清匾額守節四十三年亡年七

十二

文童盧永槐之妻曹氏年二十五歲夫故苦節自勵姑染有痼疾氏侍奉屢年不倦現年五十有一

盧繼燿之妻佟氏年二十五而夫故事翁姑能養志翁得暈眩疾扶持二十餘年不倦立侄以爲後者二耕讀並課綿先祀也現年五十有二

任士彬之妻汪氏年十八歲適任二年舉一子而夫亡氏矢志堅貞家極貧日事紡績以養翁姑雖菜羹必先奉之年近八旬猶日事女工不休

鄭光樹之妻郭氏年十八歸鄭二十四夫故遺有二子氏日夜紡績奉姑惟謹教子有方夫弟僅數歲亦撫養成立卒年五十七

張文彬之妻唐氏年十八彬故子係遺腹氏仰事孀姑俯育嬰兒孝慈兼盡現年六十

鄭一桂之妻姜氏年十六適鄭二十四夫故遺子女各一氏閨門嚴肅言笑不苟苦志自勵現年六十

周太慶之妻陳氏年十八適周二十四夫故氏霜操不移撫子傳厚教育成立卒年六十一

朱均庠之妻陳氏年二十二而庠故無子立房姪以爲夫後復有一姪流離在外氏招而養之且爲歷代祖墓建石碣焉現年八十有五

施興孝之妻周氏年二十六而夫故遺二子時翁歿姑病饔飧難給氏惟恃紡織以逮養有族豪伺其貧孀頻施侵凌氏遷徙他鄉乃得免現年五十九歲

儒士馮與文之妻劉氏年二十歸文二十四文歿氏痛哭幾不欲生以翁老無所養强起治喪事氷操凜然奉翁撫子備嘗辛苦卒年六十三

朱其轉之妻盧氏年二十七夫故遺二女不數年俱殤事翁姑極孝姑病屢年氏侍奉不離床褥現年五十有二

楊運福之妻齊氏守節三十一年現年五十八

胡之賢之妻曹氏年二十四夫故遺一子僅九月氏矢志撫孤樵採灌園艱苦備嘗晚年家不戒於火前後屋俱燬惟氏卧宅無恙卒年九十有二元孫春榮候選縣丞榮之祖母羅氏曾母羅氏俱親見六代五世同堂

李清和之妻萬氏邑庠萬文瓚之長女五載夫亡遺一子氏仰事俯蓄備嘗辛苦現年六十有二

儒士熊運茂之妻陳氏十六于歸二十八而夫故辛苦持家教子寓慈於嚴家道因之浸昌現年六十

張肇雄之妻陳氏年二十二而夫故家亦貧事姑撫子傭工度日子旋殤守貞不移卒年七十

賀胡氏武舉賀國柄之媳年二十七夫故姑陳氏性極嚴輒形詬誶氏委曲承順從無慍色僅一子早殀氏立嗣孫教之讀頗有家法現年七十一

周光法之妻劉氏十六歸周二十四夫故有孀姑老而善病氏事之極謹及子成立完娶姑之飲食起居氏猶親侍之不假人手現年五十九

楊文成之妻黃氏十七歸楊二十九夫故氏仰事俯蓄獨理家政未幾長子歿遺一孫甫周歲氏又含淚撫孫老而不懈現年六十有五

胡源清之妻陳氏守節四十三年現年六十四

鄭丞美之妻任氏年十九于歸十月而夫故守節四十年現年六十

鄭文華之妻周氏守節三十五年現年六十一

張瑞之妻趙氏嘉慶元年瑞遇賊受害氏矢志守節事姑以孝稱卒年六十三

劉仁安之妻曹氏年十九適劉二十五夫故苦節自守撫子光鑾讀書列庠縣主周給以節勵冰霜匾額現年六十八

張自豐之母林氏二十六歲夫故氏誓志撫孤克儉克勤晚年境遇稍順子孫繁衍五世同堂

林時慶之妻陳氏二十二歲夫故氏事後姑極謹飲食衣服必躬親無子立胞侄爲嗣寓慈于嚴教之成立現年六十二

張志慎之妻嚴氏二十九歲夫故家亦貧遺一子撫之成立現年六十九

張文謹之妻姚氏荆邑廩貢援山東臨淄縣令姚公相帝之耳孫也年十九于歸踰年夫亡無出以侄自盈嗣矢志守節嚬笑不苟早晚奉姑命維謹每天雨泱旬戶外無一足跡親舊非有故不往所往之坐處必拂拭至潔而後坐焉卒年八十學憲王給有清節揚輝匾額

齊成孝之妻趙氏年二十五而寡氏矢志靡他長子開裕次子開初入邑庠早逝媳劉氏亦清操自守現年六十三

靳元尹之妻張氏年十六于歸嘉慶初年流賊入境尹被虜未知所終張誓志守節以事翁姑自任時年二十三也遺一子林健撫之成立業儒未遇孫楚珩曾孫師文俱邑庠歿年六十四以無疾終

監生黃元音之妻席氏年二十九夫歿氏上事下蓄

一貞自守現年八十有七胡中丞給以竹筠松操匾
額
嚴永崇之妻劉氏年二十七夫歿遺二子甫離襁褓
家又赤貧氏事上撫下辛苦備嘗姑病三載左右承
順不倦現年五十三
馮世麟之妻段氏年二十八夫故家貧無子翁又失
明氏怨尤不形撫侄以綿其祀里黨咸欽恤焉現年
六十有二
彭應秀之妻常氏年二十八夫亡家貧翁老子幼氏

上事下育以一身獨任之現年六十四
汪大純之妻胡氏年二十三夫故遺孤甫三歲氏撫
之成立事姑熊氏曲盡其孝姑亦少寡勵節享年八
十餘歲巳列前誌胡卒年五十六縣學給以節覲前
徽匾額
汪文雄之嗣母傅氏年二十四夫故無子以侄文雄
承祀現年七十九縣學以苦節可貞額其門
熊運位之妻傅氏年二十二夫故子監生子兆婚後
卽沒無嗣氏以侄興培承祀與媳共勵守節現年六
十五
汪大千之妻孫氏年二十四夫故無出翁姑憐其少
欲嫁之氏矢志不移以侄學潛嗣現年七十二
傅天相之妻鄧氏年十九夫故無子族人俱嫌其貧
不願爲嗣氏泣請族衆訴以大義族衆强以疏侄子
焉享年七十六
汪廷期之妻曹氏年二十五夫故無子以侄爲嗣年
未三十而歿媳謝氏亦以節自矢姑媳相依爲命曹
現年七十五謝現年五十六

陳昌盛之妻汪氏年二十四夫故子甫五歲地無立
錐氏苦節自貞現年八十有七
張國順之妻文氏年二十夫故遺一子苦節自勵姑
早逝翁娶後姑年穉于氏氏事之尤謹年逾八十無
疾而終
詹士舉之妻高氏年二十一夫亡貧甚傭工自給途
遇熟人並不仰視卒年七十有七
張開勳之妻李氏年十九夫亡腹遺一子母早逝父
惜其年青家貧謀于氏翁姑欲奪其志氏力拒之距

父家咫尺氏不輕歸省或經日不炊自若也壽終六
旬
周宗光之妻張氏年二十三夫亡無出氏欲以身殉
兮飲不入口翁姑曰吾子死爾即子也何忍再貽吾
憂爲立嗣奉祀氏事翁姑極孝翁失明有事呼子氏
即至飲食扶持事事躬親現年六十縣學給以節孝
流芳匾額
盛萬椿之妻胡氏年二十四而寡家貧長子夭折遺
腹生子必祥堅貞自守鬻針線以撫孤現年六十二

儒童嚴有濟之妻陳氏年二十九夫故家計維艱勤
于紡績矢志彌堅現年六十八
嚴正訂之妻游氏年二十七而夫故家貧無子以侄
孫嗣卒年七十三
馮天寶之妻嚴氏年十九而夫故遺一子甫歲餘氏
清貧苦守現年六十三
嚴向涵之妻鍾氏年十八于歸甫一載夫故月餘生
一子氏撫之三十歲旋夭氏又撫孫成立現年六十
四

席全貞之母葉氏年十九而夫故氏堅貞自守現年
六十七
盧秉璧之妻朱氏年二十一夫故無子家極貧氏上
事孀姑下撫侄承祀紡織自給晚年家漸裕卒年七
十其姑享年九十有四
李世遠之妻趙氏年十九夫故無子家貧但不願爲
嗣氏紡績自給依侄以終其身卒年七十五
汪廷俊之妻談氏年二十八而寡遺有二子一女上
事下育矢志堅貞卒年六十有五

邑庠生王金鎔之母汪氏年二十六夫故鎔甫四齡
姑目又瞽氏事姑撫子與孀嫂劉氏同勵氷操現年
五十八
趙能佐之妻徐氏前任山西岳陽縣文翰之侄女也
年十八粵匪入境舉家倉皇其父文郁送女至趙家
即時完婚月餘夫故無子氏誓志孤守並不歸省以
侄承祀現年五十六
趙世化之妻胡氏年二十一夫故遺一子祖翁及翁
姑俱在堂事上撫下紡績自給現年六十五

鄭宗智之妻張氏年二十四夫故無子撫侄嗣楷爲嗣慈愛不啻所生現年五十六

鄭永廣之妻莊氏二十四而寡氏勵志自守艱苦備嘗現今六十二歲子純先克自成立以孝謹聞于鄉

職員胡運庚之妻雷氏年二十四夫故無子氏誓志氷霜以侄開選承祀又有侄開培少失怙氏撫養無異巳出延師課讀嚴慈兼盡現年七十有一

李賢樂之妻宋氏年二十夫故無子翁姑俱年近八旬氏竭力奉養誓志不移撫侄承祀現年五十六

汪炳蘭之妻鄧氏年二十五夫故遺孤二甫離襁褓氏清節凜然夫兄欲强嫁之氏以死自誓投繯氣將絶幸鄰婦解救免家貧力于農桑卒年七十八長媳羅氏性極孝事姑曲盡其歡享年九十二迄今子孫繁衍人以爲節孝所致云

林時達之妻羅氏邑庠羅堃之女也性凝重年二十一而寡家計日艱守貞不渝事姑撫子備極慈孝自夫歿後茹素食淡終始如一現年六十三

姜正燿之妻張氏年二十六夫故時翁姑俱年邁氏誓志守節克盡孝道卒年六十六子大望監生孫建枬庠生

劉應溥之妻佘氏年十七而寡遺腹生子崇岱苦節完貞現年八十有五

儒士徐文甡之妻劉氏邑庠劉師梅之姊也年十九于歸再期而喪所天遺腹子旋殀氏自矢靡他年逾七十始終如一

李纂登之妻白氏年十九而寡遺腹生一子撫育受室未幾子婦相繼亡僅遺一女家赤貧氏撫之備嘗

辛苦同堂嬸母染蠱疾氏口吮之無難色里黨稱孝婦焉卒年六十一

楊大定之妻郭氏把總楊正鳳之媳翁育於目曲盡孝道年二十六而寡僅遺二女翁姑俱年八十氏竭力奉養宗族無承祧者氏依贅婿以自活現年六十一歲

楊祖善之妻傅氏年十九而寡遺腹生一子瑞庭家貧朝不謀夕氏工鍼黹以養八旬姑屢加橫逆氏善避之里稱賢婦焉現年五十六

彭必堯之妻何氏年二十一夫故遺子應志甫二齡孀姑已老僅瘠田數畝氏矢志堅貞以紡織佐其饔飧姑亡殯殮盡禮苦節三十一年

高應達之妻王氏年二十三而寡僅遺一女立嗣承祀事翁姑以孝聞苦節三十五年

文童劉天會之妻傎氏年二十夫故無子立姪承祧守節三十二年

姚在選之妻魏氏年二十夫故遺腹子孝堂守節三十一年

文童傅志位之妻吳氏年十八于歸月餘夫故立姪爲嗣姑盧氏早寡氏仰事俯蓄艱苦備嘗守節三十四年現年五十二

武生吳文蔚之妻傅氏年二十六而寡立姪爲嗣翁姑存歿養葬皆遵禮制現年六十八

廩生許廷梓之妻蘇氏年二十六夫故翁七旬垂涕幾喪明氏朝夕安慰子光焯甫三齡氏撫之成立讀書能文未幾歿媳李氏庠生李天保之長女生子二姑媳相依爲命里黨稱苦節焉卒年四十九

陳永孚之妻劉氏十六賦于歸越六年夫故生子德昌甫四齡氏矢志堅貞仰事俯蓄維謹現年五十四

儒童趙聖烈之妻賀氏年二十五烈亡子有才甫三齡氏事翁姑維謹撫子成立躬親紡績家亦小康焉現年五十七

李正心之妻趙氏年二十五心故氏事繼母維謹訓子啟縉以義方現年五十八

彭應秀之妻常氏性渾厚年二十八秀亡家赤貧翁老子幼氏振理家務不憚勞苦現年六十四

鄧書澤之妻羅氏年二十七夫故未一月姑亡生二子氏事翁育子孝慈兼盡翁亡喪葬皆如禮子蕃炳蕃昌俱國學現年六十

吳聯魁之妻羅氏年二十于歸甫十日夫故家貧無子氏矢志堅貞現年五十

楊開凡之妻盧氏年十七適楊二十而寡事翁姑以孝聞食素禮佛始終不渝子萬谷萬豐均業儒現年五十

鄭以成之妻向氏成業儒未售賫志以没時年二十

四矢志守節撫養諸子侄成立孫輩繁昌五世同堂卒年八十五

李文德之妻張氏年二十四而寡其胞弟妻張氏以姊妹爲妯娌亦三十三而寡二人相依爲命矢志清白治家嚴肅德妻卒年九十元曾滿堂逵妻卒年六十子運忠監生

楊逵春之妻程氏甫婚姑即病氏殷勤備至未幾姑歿遺夫弟纔四齡春又繼亡遺孤兩歲時氏年二十一撫孤育弟安貧守節且哭遭水災田宇盡沒氏矢

志愈堅惟賴紡績以活迄今子弟成立兩房禋祀氏一身延之卒年七十

劉希道之妻蕭氏守節二十八年現年五十有四

王承瑚之妻馮氏道光六年于歸越三年瑚故遺子祖明甫二歲家極貧無尺寸土病姑羅氏卧床十年餘氏勤耕織奉湯藥無稍懈節守四十三年亡年六十二

李世錦之妻趙氏逵邑庠生趙善長胞姊也十八于歸踰兩歲夫卒家貧無子自食其力爨火屢虛年邁生理無計賴侄家富家貴分養之侄亦貧甚食極粗糲卒年七十三經親族資助始就葬焉

靳元伯之妻余氏年二十四伯故遺子三歲而瞽氏撫之成立翁早逝姑曹氏苦節多年氏事之以孝聞未幾瞽子又亡媳朱氏年甫二十四家貧燃香照績迨氏養姑壽終媳之事氏亦如之氏老多疾媳背負出入數十年無倦容里黨賢之氏現年八十媳五十有七三世苦節洵不多得云

金相周之妻王氏年十八于歸越四載周故嗣疎房姪承祧事上蓄下族黨無間言守節四十有七卒學

憲王　給以石貞山壽匾額

費可柄之妻毛氏年二十一柄故矢志撫孤家甚微燃薪照績勤苦成家晚漸裕氏年七十一而終孫煥章邑庠

郭大耀之妻陳氏年二十九夫故撫遺腹子文林勤勞脩至事翁姑以孝聞晚年家漸裕子納粟入監現年七十有四

傅貴望之妻鄧氏年二十四夫故無子矢志冰霜立嗣承祀事翁姑以孝聞守節五十餘載孫曾環列四

世同堂現年七十有八
職員鄭可慶之妻熊氏年二十一歲夫故遺一子宗炎甫六月氏矢志撫孤力行勤儉以清夙債俾家漸裕督子負笈從師毫不姑息現年五十有一
曹家樹之妻張氏年二十五歲生子數月夫即逝勵志氷霜撫子以至成立現年五十六
儒童曹家憲之妻李氏年二十七夫故僅遺一子氏矢柏舟志上事翁姑下撫孤兒辛苦備嘗現年六十二

陳蘭之妻姜氏監生陳汝治之母也性貞素知大義年二十八生子治七月而夫故事翁姑維謹病奉湯藥歿營喪葬必以禮尤好施與族黨之貧乏者咸賴以濟子孫列膠庠者三列職者五僉謂氏德惠所致云卒年七十三
談慎修之妻劉氏性剛烈年二十九夫故氏堅志節守言行不出閫雖骨肉至戚未嘗親授受事姑至孝姑患痰以手承者數月姑病篤轉以口承之無難色卒年八十九孫茂林邑庠生

虞天霁之妻孫氏年二十餘生子數月而夫故氏矢志撫孤言動必慎勤紡績以供衣食數十年無異事姑劉氏以孝聞姑病氏親侍湯藥歷久不懈現年五十六
劉天仕之妻張氏年十九于歸越一年夫故氏堅貞自矢家寒衣食不濟日事傭作夜勤紡績尤孝於事姑姑患鼻淵左右扶持不忍一刻離無子立長房之子朝貴爲嗣現年五十八
虞家訓之妻劉氏虞文煥之毋也十九賦于歸越七載而夫亡青年矢柏舟奉事翁姑維謹戊子歲邑採訪林榮等稟請到院　學憲喻以氷雪懷清四字表其行亡年七十有九

楊紹新之妻尙氏二十賦于歸能得堂上歡生一子越四年夫故氏堅貞自矢仰事俯蓄　學憲王會以節孝可風匾榮之居如何子生二孫媳旋繼氏寡守未幾而兩孫婚配媳又寡均克繼氏志三世清節萃於一門噫苦矣氏亡年八十三
彭坤禹之妻嚴氏道光四年歸禹歷六年夫歿青年

矢志仰事翁姑甚謹立族姪以奉夫祀守節五十年歿

張家鎬之妻屈氏十八于歸越三年夫故氏毀糙歛跡母家居清溪從不輕往來即歲時一往必速歸性至孝委曲以成姑歡初以夫胞兄子嗣完娶後子逝又以夫胞弟子嗣氏歿年五十歲

羅杜氏邑廩生杜選仁之姊也八歲而孤與仁遵奉母教維謹及歸羅值家中落夫堉典賣奩具殆盡氏無怨言甫有子而喪所天仰賴母家以哺子無何子

復殤不得已返依母家病於床三期而逝卒年五十有九

葉德榮之妻張氏于歸三載而榮故生子以安甫八月家貧姑老氏日勤紡績以自持苦守六十四年卒年八十有四

儒童楊紹武之妻鄧氏同知銜煥賓之毋也廿三賦柏舟事姑孝教子以義方親族有貧乏者惠之而自奉必儉樸現年五十三以子貴　誥封恭人

馬士勳之妻岳氏生子一驥一學夫旋故家亦中落氏撫子備極艱辛乃爲驥娶杜媳爲學娶姚媳未幾二子相繼亡兩媳克繼姑志守益堅一門三節猶鐵中之錚錚者岳氏守節五十一年亡年八十有六

傅天申之妻王氏生平寡言笑喜怒不形年二十一夫故氏乃長齋繡佛仰事姑嫜維謹未幾姑逝嗣子亦夭氏偕媳苦守歿年四十八

盧秉義之妻殷氏嘉慶教匪之變義奮勇擊賊勞極嘔血死氏年二十一一痛絕食幾不欲生以姑老子幼故乃強支持嘗誡其子曰汝父性急能爲一鄉扞

患難而卒以隕其身處變則可處常不必效也汝曹勉之學憲朱以彤管揚徽表其門享年八十無疾而終

羅孫宏之妻鍾氏于歸甫半月而宏故氏茹苦含貞矢志柏舟維謹立夫胞弟子有全爲嗣以奉夫祀現年五十有五

烈婦

王國材之妻范氏嘉慶三年教匪之亂合家逃至常家林爲賊所掠脅之以刃氏誓死不從賊殺其家至八口氏佯謂其夫曰爾非吾一家胡不去夫乃逃舉家十七口俱遇害後月餘夫殮其屍見氏猶凜然如生

謝艮衛之妻胡氏夫歿年二十守節自誓父母欲奪而嫁之遂自縊

謝艮美之妻曹氏年二十二夫卒無子以禋祀托之

夫兄遂自溺焉

以上三名已詳

文童鄭宗康之妻李氏幼有志操于歸五年無子康以勤學成疾自計必死詢氏身後事氏誓以身殉未幾康卒家人懼氏踐其言多方勸慰之氏陽諾以安舅姑心迨防之少懈飲毒死鄉黨義之

孝婦

盧姚氏邑明經姚錦江之孫女庠生姚啟琳之姊也年二十七而夫歿氏痛甚又恐以哭傷翁姑心暗中輒飲泣焉夫歿之次年翁得暴疾延醫調治罔效氏呼天籲地祈以身代不靈廹極乃潛以刀剖腹割肝煎湯僞以他肉進翁飲之病霍然及見氏衣有血痕逼問之乃得其實鄉憐聞其異俱來覘見刀口未合而氏毫無痛楚苦想至誠之能感神焉耳

史必勤之長媳史雷氏八歲時其父母往江南墾田

送至史家童養得翁姑歡心婚後孝敬無違及至三十六歲翁病痰疾危甚氏侍湯藥罔懈一日以肉湯進翁翁啜之怪其味有異囑姑察焉姑素聞氏有損身救翁語因解氏懷强視之見其刀口長三寸許以線縫之血猶涔涔下滴也駭極逼問得實乃知所進之肉湯係割肝雜猪肉以進即延醫療治氏頗不以爲苦起居如常族人庠生史光熾聞於學學師熊用騈語褒之人爭傳誦焉

馬大道之妻陶氏光緒三年因翁姑病卧口久醫藥

罔效氏焚香禱祝割肉和羹以進二老病俱瘳
千總郭建三之妻文氏性純謹事上以孝聞翁病篤
氏割肱以奉病旋愈中年夫故矢志堅貞現年五十
有八

貞女

梁怡圖之女梁姑字監生李盛元之子世豐年十六
豐亡女尚未嫁即脫簪珥着衰絰以守節請於母
送之李門潔居一室非大故不至中堂家人罕見其
面現年五十二以族姪家緒爲嗣
光緒十年詳　憲題奉
旌表

賢母

王德元之母任氏其夫先榮早逝德元中年亡家極貧氏率媳李氏勤儉治家訓孫雲錦雲章敦孝友與家道業商業儒或織或紡皆循循有法會九旬曾孫四元孫六五世同堂里黨咸稱之

馮清香之母黃氏年三十夫故子幼家赤貧廬先塋枝身餐菜根度日晝耘夜績備極艱辛里黨咸欽恤之年八十五而終子孫繁衍四世同堂

武生曹邦授之妻韓氏年三十授故遺一子尚幼撑

持門戶辛苦備嘗事姑以孝聞教子嚴慈兼盡惠貧之繩已必以禮見者無不肅然敬一鄉稱女中君子焉年五十一而終

王相典之母張氏性端方言笑不苟夫故撫子成立家徽甚氏勤紡織督耕耘稱小康焉五世同居無間言現年八十有八

監生韓明世之妻蘇氏夫故遺二子尚幼氏備歷艱辛始稱小康性慈恭好施與族黨待以舉火者衆享年七十有三子朝柄邑武庠朝登貢生孫國均監生

曹引湖之母陳氏生子三中年夫故家貧子幼次子元巳出嗣長子淵三子漳又相繼而歿氏日勤紡績治田園以自濟其艱苦有不堪言者現年七十三

郭傳薪之妻劉氏邑庠廷煇母也薪以承祧故納貳室雷氏生二子氏即順夫志攜煇鄉居又恐煇學之不力也乃獨理家政課讀耕督煇習楷書嘗謂作字如作人務以端方正直爲本雷氏歿氏迎夫就養於鄉奉粱廡益篤撫雷氏小兒女如巳出婚嫁時始聽其析居先薪六月卒享年七十有三

齊一光之妻楊氏幼嫻內則非幃褻不見舅姑光積學三十餘年未售氏獨理家政仰事俯蓄維謹及光歿氏乃爲子孫立家規嚴慈兼濟即今婦女輩無故不敢至中堂卒年九十有九

壽母

楊盛祥之妻王氏治家勤儉一生無病日事紡績至老不懈卒年九十有五子益壯七十二歲入庠孫榮槐茂槐俱邑庠

監生朱錫章之母國氏性溫惠勤以勵身紡績無間寒暑卒年九十三

曹徐氏儒童曹思六之妻候選訓導曹金鑑之母也六中道歿氏以耕讀課三子使成立性尤好施與鄉鄰中有困乏必周恤之佃戶有欠租者戒其子無索

及卒諸窮民奔走呼號如傷考妣以故子與孫入膠庠而列成均者濟濟人皆謂氏　德所致也年八十二無疾而終

以上三名已詳

庠生萬文瓚之妻羅氏克勤婦職相夫成名夫歿遺一子治純中年歿乏嗣母慨然捐田五石永作書院膏火以成夫培植後學之志邑人賢之立碑誌其事卒年八十九

邑庠王可貢之妻邵氏性端嚴貢早逝長子廷彥方數歲次子焜耀甫三月氏寓巖於慈延師課子俱成名卒年八十一孫汝楨監生汝章廩生曾孫化南壽南鎮南俱庠生

李代忠之妻李氏年十八于歸逾數載忠淹斃生子甫四日氏矢志撫孤事上蓄下艱苦莫可名狀未幾子歿氏又撫孫潤梅成立壽終已近百歲

張家珍之母李氏性溫柔以勤儉治其家既老猶勤紡績子孫林立稱蕃衍焉現年九十二

監生嚴大開之母汪氏年九十餘精力弗衰女紅事

尚可躬親孫承先邑武庠

楊文選之妻王氏晚年夫故乃督桑麻勤紡織治家有法現年八十六曾元繞膝五世一堂子金聲邑庠

吳世泰之妻董氏寶善之母也中年夫故氏勞鞠育躬親紡織現年九十又五咸稱康強焉

廖前中之妻游氏光國之母也性和平從無急言遽色于歸後夫家固拮据乃克勤儉勸內助家道漸裕夫歿喪盡禮身其康強一堂五世現年九十有五

邑庠楊太然之妻鍾氏中年矢栢舟志善持家政教

子孫有義方躬親紡織至老不懈現年九十
孫繼太之妻艾氏幼嫻姆訓勞紡織中年夫故矢志貞堅教子孫以耕讀勤儉世其家現年八十有八子述孔邑國學
楊國楷之妻馮氏現年九十有八初楷業儒未售乃偕氏隱沮水濱陶情杯酒種花蒔竹以爲樂氏率兒媳輩親操井臼勤耕織以爲衣食楷亡年八十七

當陽縣補續志卷四

藝文志

勅賜清溪禪寺重修碑記　明　李　賢 相南陽人

荆南玉陽廣福山清溪禪寺者僧智念之所重建也寺創始於晉武帝太元丙戌年間遠公法師倡道茲山山之前一水縈迴曰清溪清澈可愛師嘗於是掬水浴身時白蓮花開數水面遐邇之人瞻奇歎異歷元寺燬於兵至國朝永樂乙未了意禪師居之修葺弗果正統二年春今僧錄善並南浦大師之弟子智念以訪求天下名山諸祖遺蹤至是乃喟然曰有心皆是佛無地不名坤遂卓錫焉時寺之檀越曹覺忠陳德義等請師振起之寺據廣福山之勝九峰諸山獻秀舒奇美樹嘉花葱蒨蘙鬱誠天造地設之淨境也而覺忠等不負靈山付囑之說力施以成其志用不足勸其鄉之豐家鉅族協力以贊助之自是智念偕其徒慧旻等矢以堅忍自居夷荆榛闢土壤市材鳩工首創大佛殿高四尋有奇深廣倍之殿後建法堂左右爲圓通地藏等殿其前則鐘鼓樓門廊方丈

禪室庫庾靡不備焉記其經始訖於落成閱十寒暑
實十一年丙寅秋也寶相玉毫輝映霄漢其宏偉盛
大之規振古罕儷天順改元初皇帝復登寶位庶政一
新雨露之恩均施溥被而其崇奬佛道之心其至矣
乎智念得以疏於上獲賜令額仍詔禮部劄付焚修
使天下人人知佛之所以爲教君子資之以廣其善
小人資之以悛其不善助爲王化豈小補哉智念稽
顙闕下感恩弗勝復囑予記仰惟佛心天子膺上天
之眷旣極其厚而其崇奬先佛之道又極其隆智念

嗣佛教得際遇明時膺茲恩眷不獨榮於巳而光於
寺且有光於荆陽諸山不獨光榮於諸山而其天下
國家嗣佛氏之教道者咸有光焉天恩至此復何言
哉予聞智念克以至慈修巳以實相待物防身攝心
惟戒惟定故能感諸檀越而成善果也耶尚冀後之
居是寺者不可視茲丹靑土木之事爲人天小果有
漏之因而忽其成功也知予言愼嗣之智念爲滇南
人別號竟空有慧學於僧非貌而不心者也故併記
之

義勇王墓記

明　湖廣按察使司　辥綱

距當陽治西五里許舊有漢義勇武安王祠王之墓
亦在焉王死於建安二十四年冬十月以侯禮葬此
邑人祠而祀之創而隨廢者不知凡幾入我　國朝
至成化三年僉事沈慶始謀建之知縣黃恕復請於
朝賜每歲春秋二祭祭禮雖不缺而祠宇日就傾圮
十五年冬福建姜君英來知縣事下車首謁王祠愀
然嘆曰遍天下皆侈美王之祠廟顧於墓所乃如是
乎遂捐俸爲倡　欽差鎭守太監韋公亦有白金之

助經始於是冬之十一月落成於明年之六月僉謂
有祠無文甚缺典也姜君英乃合一學諸生請記於
予惟王之義勇絕天地窮古今者也豈予文所能暴
白哉謹按史志所載以發揮其要旨之一二王當炎
運衰微曹操虎視中原孫權雄據江東天下士翕然
蟻附之不復知有漢矣獨王與涿郡張飛南陽諸葛
亮同心輔劉先主雖流離患難不忍背棄下邳之戰
王爲操所得禮遇之甚厚未幾立効以報操刺顏良
於萬衆中奔馳歸漢君子謂王明大義有國士風及

師衆取襄陽殺龐德囚于禁威震華夏操議遷鄴避其銳當是時使權能知春秋討賊之義諭魯肅以曹操尚存宜且撫輯關羽之言益王士衆併力北向平定中原斬操首懸之藁街與先主中分天下漢吳相峙豈不韙歟顧乃聽信呂蒙舞智弄術襲王於章鄉王以誠信待人不虞其詐卒致敗死王死子平同死不二年而張飛亦死雖有諸葛亮之奇謀而力不能支矣非惟漢不能支權亦知唇亡齒寒無以自固即上表稱臣於操而篡漢之謀成矣嗚呼篡雖在操實

成於王之死權蒙之助也惜哉雖然自有天地來人生孰無死死而祠祀於一鄉一里者不可得於一郡一邑者尤不可得況得之於天下乎若王之祠祀遍天下雖婦人小子及四彝八蠻無不知王姓名壯王之義勇其視魏吳君臣之死重輕何如哉余又往往見王之祠廟在他郡縣者多靈異其在墓所者不言可知矣非英魂義魄千載不沒自有足以感動人者歟彼道家者流托爲天君天將之說是誣王也予因郡邑小民有惑於此者敢併及之而爲記 明成化十六年

重修武帝廟碑記

李鴻章 前任湖廣總督一等伯爵

當陽縣之漳鄉故

武帝陵寢在焉而建廟則始前明成化入

國朝凡再修之隆規宏基視他郡邑爲最閎歲既久者觀闕如所司文武吏大懼無以肅成祀典請加營葺飭材鳩工迺備迺周經始於同治七年八月畢工於八年四月 鴻章 適奉

命督軍於楚所司告成爰以記請竊惟

武帝浩然剛大之氣充塞宇宙其結聚於萬世人心

者深固而光昭

國家崇德報功肇晋秩祀與天無極神明精爽春秋奔走將事不戒而虔舉天下胥同一軌矣而衣冠出游之地昭假上下濼濼乎如在如存荀周旋承奉有未至焉匪特愴斯民追慕之誠曷以徵

聖代秩宗禮典之隆盛哉疆理所職其敬勉之而已用書緣起以告來者至監理之官出訥之數例得附書具列碑陰俾後世克攷

重修武帝廟碑記　　何　璟前任湖北布政使司

中條之山蜿蜒東南下越數千餘里至玉泉又東二十五里地脉復一聚隱鱗崒𡾰爲
武帝陵陵故有廟前明成化時始建嘉靖時又擴而大之至我
朝康熙三十五年鄂撫年公重加修葺規模益備顧閱時旣久稍就傾圮守土者以爲憂屬軍書旁午戎事方殷未暇及也今粤捻盡殲南北底定　制軍伯相李公功成凱旋與　中丞郭公孳孳求治百廢具舉念是陵廟爲
武帝衣冠所藏神靈式憑不可以不葺璟忝任藩條承命祗肅籌費八千緡有奇飭張倅東甲劉合宗元先後司其事以劉主簿繼爋副之經始於同治七年八月其明年四月蕆事都人士礱石立碑請余爲記余惟
武帝祠宇遍天下凡有血氣莫不尊親古之忠臣烈士無能及者蓋其剛大浩然之氣充塞宇宙實有以動人之敬畏故我

朝褒崇備極加以聖稱至與尼山比隆則人之瞻仰陵廟者亦將如登曲阜過闕里徘徊於子貢築室之場而興高山仰止之思矣然則是舉也匪徒以崇德報功其所以廉頑立懦者豈淺鮮哉爰恭紀其事俾後之人敬事無替焉

募葺橋引　楊州彥　巳亥進士

欓邑山水之勝在堆藍堆藍之勝在關壯繆廟廟貌踞危橋面瞰山容如屏如畫迨冬晚嚴寒枯木髮盡既細看如初薙髮中間雜霜葉紅比春花奇禽怪獸雌雄牝牡之聲夜入人耳其最妙者門外珠泉或沸或靜沸之緩急以鼓掌之緩急爲節若乃大聲急呼山谷皆應泉聲亦復汩汩然其下若伏有靈物者但苦危橋一綫未步先驚余每過輒令人前後牽挽趾踵相接促足窘步然巳通身汗下矣今山僧來告云

併危橋亦圮頗敗人遊興思欲易以厖石索余一言因漫爲書數語倘此願竟成異日尋山君子穩坐橋頭下視清流遊空有魚盛暑中汲泉吞吐幸勿忘葺橋檀樾也

紫蓋山募言　楊州彥

余性僻山水每遇名泉峭谷輒流連不肯去或著筆記事不如其性情不止而於邑之玉泉青谿紫蓋諸盛勝復畏足不入謂人生壯遊當遍歷薄海內外援篠捫蘿衝風浪以盡其態至筋懶力稀然後以一肩輿一奚囊坐臥於境內以自娛其老譬之富人子積錢役其子以存其母也云爾邇來流寓初還移居舊里遥望環城青山如黛乃復不自禁涉青谿水觀瀑布溜痕懸崖舊跡令人凄淡迤邐走鳥道往復玉泉

老塔堆藍名泉噴玉不能自絕於其側因憶此兩境巳移余情若紫蓋則道書三十六洞天當作何勝況及攜酒過之山容樸淡不令人喜不令人怒較前所歷似難伯仲遊之次日漸覺其氣象渾大蒼蒼莽莽不可涯涘始悟曰此其所以爲洞天也大約于世運青谿晉魏玉泉秦漢紫蓋鴻濛于文章青谿諸子玉泉左國紫蓋六經于草木青谿蘭蕙玉泉菡萏紫蓋則老柏孤松巳復登孝先閣周其左右少憩息其旁之前殿凭欄遠眺忽覺有橫生冷晃練帶平鋪曰此

三峽之水所以下注江陵者也一線大觀周旋不舍
則又意疾風暴雨嚴雪凝霜自應別開一界乃仰睇
榱桷危崖落落佛盡薜苔未免敗人遊興和尚因計
所以新之謂此殿創自余家屬余作疏以募於衆愧
無以爲一椽助聊爲書此自笑曰書云弗肯堂矧肯
構信哉信哉

雲陂寺疏言　　楊州彥

雲陂寺初雲陂堰也陂即堰矣贅以堰便土俗也汪
汪數頃雲出於其中游於其中歸宿於其中若以陂
爲家者故曰雲陂然土之人役乎水以作農務每夏
月桔槔無晝夜搏激水勞矣勞則竭竭則陂中雲氣
茫茫渾無歸所耆老之有思致者建寺其上額之曰
雲陂存舊蹟也題名頗雅雲自是舍陂歸寺兵燹以
來苔蘚剝落僧欲新之問疏於予予頗有難色僧謂
予諸寺皆書其首何獨吝於雲陂予笑應之曰僕可

謂歷書募疏楊家矣但予方以宦逋破産舊時數椽
已經籍沒脱帽立風雪中無有以蔽天公蓋其白髮
者今願與開士約余但作募疏名墨道人公老坐蒲
團或鳴梆燃指號苦和尚寺幾事新念陂原雲舊業
名浮居士三衆同此一窩竦鐘竦磬茗椀粥鐺苦和
尚任之田之旱澇浮居士任之四時之氣候遠山濟
水一切奇禽怪獸草軟稻香可入筆力者寫不肖似
墨道人之責也夫墨道人之責也夫

水府廟疏言　　楊州彦

溶之鎮當有明時佛刹不下數十區盡燹於兵諸開士欲新之其黠者自稱宿德博帶方袍持念珠作捧喝氣衆檀樾畏而施或又燃指鳴梆曳鐵索以明苦行愚男女憐而施其或逐門合掌號章馱尊者呼號至十許日復持緣簿寸步不離居士冷面飛霜和尚俯躬拱立見酒飢蠅趁人不去雖桀傭酒肆亦厭見怨而布施今諸刹咸新獨水府廟頽垣如故僧樸故也輪奐棟榱願力不及而甓甕飄零霜雪不蔽每春霖秋雨佛與僧滓泥相依如中途旅人傍徨車下其能以庀厖一笠覆此如來否

玉泉鎮山記　　朱楚望　邑進士

玉泉爲四大名山之一山林泉麓秀甲諸郡代有高僧倡教又有檀樾爲護法故當時名公卿文人墨士多遊覽題詠宗風丕振殿宇輝煌金碧琉璃諸珍異瓌瑹羅列方丈間允稱盛地歲月既久宗風漸微棟楹榱桷半多朽蠹漶漫而七寶佈施亦散佚無復存者予鄙性迂執生長玉陽年近八旬矣足跡未嘗一至邇聞心壽禪師主法席精嚴戒律兼工翰墨大昕課誦通宵趺跏面壁不啻九年也思一會以慰素志辛卯仲春邀邑張君四周率幼兒光常同赴方丈住宿一夕不獨山泉秀麗實符舊聞而師清高亦迥異習見因出素所珍玩諸物供諸佛前用致皈依並爲幼兒祈佑因囑師曰諸物存留方丈遞相傳守倘有黠者竊踞他廟及不肖吏胥託辦差公務借用侵蝕不惟金剛怒目冥責難逃且顯有宰官護法必指名請追而主持方丈者亦難辭狗庇之責焉計十八羅漢像讚一軸仇英畫文衡山先生題高三尺三寸濶一尺八寸水晶古佛一座高七寸古銅香爐一座高

六寸圓八寸煙結獅子狀大方鏡一面高一尺二寸濶七寸古銅小乳鐘一口高四寸圓三寸擊時音清而遠古銅插瓶一對高八寸圓一尺大青磁瓶一座高二尺圓三尺五寸插花卉經久不萎雲起靈璧玉罄一面高一尺濶八寸擊則五音齊奏

重修關廟碑記　粟引之代

古今諱忠義它未能也輒曰關壯繆關壯繆彼其神靈所寄實有是不可磨滅者過墓則愴然廟則肅然像則樸樸然展拜之不暇先儒不云乎忠義者天下之大閑良心者衆人之素有惟彼飛揚跋扈甘心不宄一切不忠不義之事感憤於中而後人之望忠義也愈曲折而弗能去今上南顧未紓宵旰靡盂孚奉天子璽書節鉞楚蜀荆州實惟建牙地近當陽之西曰章鄉古柏蒼松颯颯風寒關壯繆侯墓在焉建廟

請祀肇自明成化丁亥厥後嘉靖丙辰有修崇禎庚辰有修邑乘可攷也歷國初三十六年無復有過而問焉者伏念此日屯住之荆州即侯當日所借之荆州爰藉聲靈張我六師以定王國舉廟貌而特新之誰曰不宜於是與俞令君約廟因墓始墓壞弗治廟奚賴焉崇之封之衣以石檻題以豐碑妥侯靈也拜墓有殿左右禪堂輔之僧房稍下若正殿若拜殿若鐘鼓樓朽者去幽者亮工凡數易焉若正殿之東曰達旦亭西曰關平殿一仍之一易之客館行厨去平

子殿不數武若承家有長子者然賓至其如歸矣若歌臺若馬殿奕奕偉觀次第及於廊房門堂門以二重較前增一而繚以周垣惟循舊址如其城焉足矣合君曰唯唯始事於某月某日越明年某月告成重修者有屋十有餘間新建者有屋十有餘間糜鏹以兩計千百有奇置田若干畝免其雜徭又以侯廟兩壁畫侯出處及行營按壘戰伐諸大事提刀上馬一副鬚眉英英若撼塵封矣丹青能顯其跡而今又過之無像者塑其像有像者傳其神或樹以金石或屑

以土沙墓前之寶鼎房中之祭品無不精且核也是舉也不傷財不病民中外異觀今昔殊視氣佳哉鬱鬱葱葱矣按三國鼎峙海内豪杰莫識所從多才如文若輩亦復如是侯從先主艱難辛苦數十年弱矣卒能轉弱而爲强事有不濟繼之以死罔有二心初何意由侯而王由王而帝之盛哉歲時伏臘走村翁人心之不死即侯生也余生平慕忠義人惟侯爲最著歿而爲神亦惟侯爲最靈方今劍淅戈炊師老民疲乃一戰而岳陽得再戰而星沙服西望蠶叢前途

是倒　聖天子神武不殺實由如在之精英震叠而呵護之此修墓與廟曷能已已不然藐兹一撮土回顧西陵疑塚纍纍秋草含烟徒爲牛羊狐狸地耳孰是孰非自有能辨之者余竊有請焉平將軍與侯同殉國難請祀不及其子千古闕畧良可浩歎政事稍暇封草特請春秋享祀添一卮酒俾父與子歡聚一堂不遂落寞不猶然我侯之志也哉是爲記

新建文昌宮碑記　邑令王朝栒翰林院庶吉士

文昌爲先天孔子孔子爲後天文昌　國家祀典之隆所以與聖宮並峙也甲午春余承乏斯邑下車後敬謁文廟即虔詣帝闕見傾圮特甚悵然久之越翌日紳士來謁稱工費不貲劉董無主余因集邑紳廣爲勸輸視舊材盡腐乃徹底鼎新幸各紳踴躍樂輸約費四千餘金文明之象遂與聖宮埒其始也以乙未五月越丙申冬乃告竣計建大殿一區拜殿一所迴廊三間殿妥神靈樓奉奎宿殿之東爲聖有祠殿

之西住持有室樓之上北顧沮漳之環流西望青谿玉泉之拱翠紫蓋錦屏一覽皆小山水之秀乃盡得而收之先是廟在東城樓經兵燹遷此地面北向形家言不利文闈都人欲迎還故處乙未春漢川壽田陳君署儒學事即勸修本邑聖殿者精堪輿謂地自吉向未善一轉移閒即與風水合今易南向者從其指也余竊以爲不然帝君之訓曰欲廣福田須憑心地是善言風水者莫帝君若也陰隲文一篇惟拜佛經印造經文數語爲後人纂入其餘無非宣聖精義諸生崇文昌之祀即當奉文昌之文而心文昌之心福澤者忠孝功名者陰隲文昌在爾心馨香在爾德雖無廟貌可也何風水之足云夫浮屠之輿架大屋養閑漢賢者不取而文昌之祀儒者不廢蓋以其文孔子也其神亦孔子也以敬孔子者敬文昌學文昌將來爲醇儒爲名臣區區科第又不足道即以科第論於風水亦不爲無補諸生勉之必有人文蔚起科第不絕者余喜其事之有成並樂序之以爲都人士勸焉

得蘭記

明　張致青　涵清

距城南五里有山臨清流境頗幽僻壬戌仲春始聞其上產蘭暇日從朱梅亭先生攜童持長鑱過溪尋之得數窠而實蕙也一幹一花爲蘭數花爲蕙前人辨之甚詳然玉泉西南諸山所產多一幹數花者其一幹一花者花青色無香葉亦柔靡俗名雞矢蘭又出蕙下矣是日暄暖少憩濃陰間相與詫異玆山夙釣遊處松竹桃李外知有忍冬藤杜鵑花耳不意竟分屈子百畝芳韻也談笑方洽忽聞童子呼云有一

幹一花而色白者予就視之葉較蕙差細三幹三花香風馥馥迺歡然大呼曰得蘭矣得蘭矣先生因謂山中未必止此及徧搜之無復有黃山谷言山林十蕙而一蘭其然歟已而庄戶某邀至其家予置蘭几上與先生以郫酒賞之笑曰何地無才但恐物色不到耳向不知此山有蕙無論蘭先生曰山且得名可稱蘭花予曰昔人云江離蕙圃非吾偶竊嘗謂其變而少通況今因蕙而識蘭何遽得蘭而遺蕙先生曰即名蘭蕙可酒酣予起賀蘭曰君生此山中幾何年牧豎樵夫過之不顧而罹斧斤牛羊之患不知凡幾使竟不遇先生與予兩人其埋沒衆草矣先生曰此其所以爲蘭也寂歷空谷豈一切濃艷所能托根哉予曰今且移入市城奈何先生曰昔周子因迹心染辱及芳杜予不以一切濃艷待蘭城市猶空谷也予迺攜歸貯以磁斗沃以清泉恐久之而忘所自也特記之

仲宣樓賦以登兹樓以四望兮爲韻　袁　瓚 廉叔 賢人

芳城千古畫閣三層屏開霞絢棟倚雲蒸無計消愁奮搦孤臣之管相期拾級好扶三尺之藤當年懷故國河山憑高獨望此地有詞人踪跡訪古開登其地則在荆山之畔沮水之湄闢荒闉而葺雉修高榭以蟠螭並無一點囂塵窗中列岫都是六朝金粉壁上題詩小小亭臺在白水青山而外年年萍梗聚騷人遷客於兹古屋經秋仲宣舊遊風塵羈客身世浮漚白下雲開繞郭茫無歸路玉陽泉好出山可是清流

看四時開落之花紅銷曲檻願千里鄉關之樹青入高樓庭戶雙開奐輪競美晶牕動兮金颸涼玳梁耀兮彩虹起祇此數椽寄托幕且爲巢可憐兩字功名心真似水權依旅邸總嫌去住無聊不比衡門誰說棲遲可以今則村柏圍丹徑蓬翳翠重新楚塞之荒基遥溯侍中之故事莫問漢家宮闕已成萬刼之灰不如詞客門楣尚有三弓之地錦屏洗雨兮青環漳水涵春兮綠膩更誰作賦回瞻嶺路之千重好是居樓醉過花風之廿四是宜恣徘徊逞豪放遊情則眺入荒原詩料則供來疊嶂伊人不來老屋無恙樓頭鈴語鐸傳往事之淒涼樓上酒徒也學古人之惆悵依舊是齊紈風月相約登臨此中留漢魏文章咸來瞻望有客羈棲江鄉路迷雨過引屐雲來作梯賡樓之清塵差擬選樓之傑作堪稽不嫌滿地蒼苔爪泥偏印望見一村黃葉心事重提天地爲廬效莊子之逍遥遊耳鄉關入夢讀淵明之歸去來兮

王孝廉傳附贊　袁瓚

徵君名昳藺號香畹晚號守拙徒家當陽之半月山余於同治歲甲子主是邑書院講席始獲識其人詢之都人士咸稱之嘖嘖焉徵君少孤事母姜安人能養志每母病輒先知之嘗於道光戊子秋宿闈中夢家人至以母病告迫歸問其期果如夢咸豐十年邑廣文暨有司舉徵君孝子中丞益陽胡公給額以嘉其行越三年登孝廉方正科年六十有五淡於名未嘗北上也毋慨天下之營營於科名者實恒不足以

相副徵君之孝發之於性天其愉色婉容皆流露於不自覺觀感興起一家則效之故長子婦張氏齋戒以禱姑疾次子婦李氏封肉以療翁疾與昔年徵君之事親也無稍異抑又聞之徵君多義舉如訂族譜篤宗誼也立族碑誌墓田也司公款以興土木無侵用弊也分米粟以濟貧寒無溺嬰患也道路傳述不聞有間言大學云身修而后家齊左氏傳云救災恤鄰行道有福余於徵君信之

贊曰百行之原首重夫孝蘊此一心用宣家教經籍有光發爲文章流聲庠序樂育於鄉言動視聽悉軌於正懿行上聞果膺徵聘排難解紛施槥給絹善舉無算里黨揚芬

紫蓋上寺記　　姜大閎　邑明經

紫蓋寺山道書所載三十三洞天也仙蹟之有無不可知而琳宮梵宇固爲山川之眉目靈秀之表章所以萃畸人廣道術故歷代不廢耳余世居南山之麓愛其林壑幽秀時往遊焉自南嶺逶迤而上得木魚山石路磐礴纔通人行下有小溪水石鏗然與木魚聲相和左右兩巒屈蟠而下若二龍之飲於溪者入山門過天王殿有銀杏二株大數圍蔭可十畝井一其水甘芳夏日憩息其下披濃陰瀨清泉不啻羲皇

上人正殿依山如屏兩腋袖繞上有大雄寶殿四字明光澤王筆東腋則觀音韋馱彌陀關帝四殿西腋則地藏龍王三官諸刹殿隅有泉名攀倒井昔仙人飲馬於此其水清澈大殿以後藏經樓尚存而諸佛一殿文殊普賢二樓今皆廢圮無在者其上爲白雲峯有孝先樓即葛玄鍊丹處今但存智井所云綵水甘馨無有也然上有雲氣雲籠山則雨驗之不爽俗云孝先跣行屈氏二女作履施之後分餌丹俱仙去又云山主劉綱樊夫人於此飛昇洞尚存邑志載綱爲上虞公與夫人較術卒不勝後皆登仙諒不誣也樓門有石碣余從高祖郢川公所誌也公嘗設教於此及門多名下士先是觀察宋荆山公讀書是樓足不履地三年雍正己酉擢解去後余公國楠讀書其中乾隆乙卯中副車豈山川之秀靈有以發其奇歟抑人傑地靈有與爲不朽者存歟嗚呼玉泉不借壯繆龍泉不依文定二刹廢久矣則玆山之不朽者庸知非三公之靈有以呵護之歟而葛玄劉綱之事迹其有無固不足深論也此寺肇基於晉慧遠師唐道

悟棲禪於此後歸荆州天皇寺往時樹木極茂今皆童然矣山自青谿蜿蜒而來至此地忽止南北四垂如蓋林石皆紺故名紫蓋其前平原千里天日晴明江上風帆皆可指數唐宋及今名人題咏尤衆惜未刻石幢爲可嘆也住持僧修補破敗頗有功立碑殿西欲誌其源流丐序於余故書而刊之以見此寺歷年之遠靈蹟之著而發祥之奇居斯宇者宜何如愛惜也

重修文廟碑記

姚德銘石首舉人

至聖之祀之遍於天下也肇自隋唐之際歷宋元明
禮秩有加焉逮我
朝而尊崇之典至隆極盛邁越千古矣稽之合甲郡邑春秋釋奠凡有事於廟者宿齋預戒罔弗虔也爼豆簠簋鉶登罇爵之數罔弗飭也升降拜跪酌獻之儀琴瑟鐘鼓籥管之音羽籥之舞罔弗肅也設之明誓以警其慢立之糾儀以繩其失其他秩祀莫得而並焉若此者豈徒爲委曲煩重以聳一時觀聽而已

固將使習其禮者敬其身敬其身者修其業登聖人之堂則誦聖人之言行聖人之行毋或背而馳也是故廟制不備黝堊灑埽不謹則無以發其震動恪共之心而儒雅之士亦無所藉以爲蜚英騰茂之地此良有司之所憂而興廢舉墜之先務也顧今墨綬之吏更代既速又爲法制所牽相率苟趨目前爲應文逃責之術不復措意於實效六安　李公藻臣作宰當陽一紀於茲矣當陽之俗尚勤崇讓號稱易治公益拊循而噢咻之漸摩既深皆有家人父子之誼歲豐人樂則爲之計長久自學校修脯之資書院膏火之助社倉預備之儲或創其始或益其舊咸飭無缺又念文廟締搆未嚴剥朽滋甚懼無以揭虔迓庥迺召邑紳爰諮爰謀僉曰公其造我曷敢有違於是庀財度工俾士之勤練者董其役殿庭門廡頹水垣墉啟聖之祠明倫之堂靡不增飾易觀高者翼如深者奧如丹碧煥如僾甓砥如經始於丁亥之冬至明年八月而竣公乃率諸生執豆籩駿奔走禮式無愆庠序益懋公之教不肅而成與邑之人樂趨於善此其

概也德銘嘗出郭門憑高以望連山西蟠不知紀極玉泉紫蓋諸峯標奇爭秀其脊脉蜿蜒起伏畢環城闉而止而沮漳二水交絡縈帶百餘里而後放乎大江喟然嘆曰壯哉縣乎清淑之氣之所鍾樸厚之俗之所留宜有瑰材碩士出乎其間而百年以來鬱而未發得賢令尹培養鼓舞振興之會兆於此矣諸君子其益務濯磨砥礪耀隋珠而貢荆璧上以副
朝廷菁莪棫樸之休下以揚長宰絃歌學道之化則斯廟之更新其猶吹回春之律而助爲山之簣也夫

當陽新建社倉記　姚德銘 石首舉人

社倉所以便民也而行之無法則適以擾民當陽舊社四十九社各有倉存穀共四千餘石經嘉慶元年教匪之變僅餘二十八社穀千三百餘石前縣尹鍾君以穀少不足備荒勸捐於富室書於册者三千餘石鍾君迫於瓜代遂據册數上報其實書者未捐而可捐者未盡書也　上憲以其存穀頗多歲遣委員盤查而民苦供應矣社無完倉倉無現儲吏胥藉端詰責而民苦賄囑矣社長畏累則多方誘御貧民有

詞則指囷强借而抵冒侵欺之訟日聞於有司矣是故當陽有社倉如無社倉且不便於有倉而便於無倉李公藻臣既履任二載集紳耆詢之曰吾聞興利不如除弊除弊以何者爲先僉曰社倉爲先因舉諸弊以告公曰將若之何曰請於城内建一總倉移各社之穀儲之公曰穀存各社貧民取攜甚易若併於城内遠鄉之民能沾此升斗之惠乎曰各社存穀實數不過千餘石耳豈能惠一邑之民而受其擾者不勝窮也今改革伊始不必遽言甚利但求無害而已

公曰社倉與常平異常平在官社倉在民今一切以官領之得毋與立法之意戾乎曰往者晏中丞斯盛疏言社倉之法官不爲理而聽民自爲儲此必無之事蓋利之所在衆必爭之吾邑有社倉數十百年民不受實惠士人且避之若浼者以官與民相隔而蠹蝕其中士與官不習而朋奪其權也今聚之於官以之平糶則出納有稽以之借給則收散以時以之存積則盈虛易核孰與在民者之漫而無紀乎公曰善既又問建倉之費安出則各社願任之問倉多穀少

奈何則前書捐之册尚存按册而索十可得七八也計議甫定適奉藩憲檄查倉儲公喜曰吾新倉成可藉手上覆矣爰度地於文昌宫後廢圃建倉厫二十間虛其中半間以奉倉神正面三間以儲城内外之穀分兩廂爲東西南北以儲四鄉之穀其書捐各户除無着者不計外節次催收得穀二千八百餘石合舊數共四千二百五十餘石酌定章程領以城内及四鄉社長守以倉夫公又捐俸三百串别建舖房三座歲取其租以爲修葺之費倉穀或借或糶則隨時

消息官不煩而民不擾吏胥不得過而問焉蓋變通舊法以順民之欲凡期於救弊而已昔趙清獻越州拯荒之政曾子固記之以爲後法公合茲邑於今一紀惻怛忠厚不爲表襮而社倉之建息數十年不解之紛而緩急亦有所恃尤惠政之大者邑之人以爲不可無誌於後屬德銘爲記以勸諸石若推而廣之化而裁之蓋爲可久可大之模則有嗣任諸君子在

思樂館序

邑令　李元才　六安人號藻臣癸酉選拔

人才之盛衰係乎學校之興廢學校之興廢視乎培植之淺深當陽雖蕞爾邑而玉紫諸山鍾靈毓秀沮漳二水滙淑揚淸其人才非不蔚然傑出也賓興膏火諸要務陸續舉行其培植學校者非不美且備也惟新生入學謁師脩贄無從出貧者旣形棘手富者亦未易取懷往往爲學校之累蓋學師一席本冷署耳盤餐苜蓿潤色無資揣肥瘠而量厚薄探篋叩囊動多掣肘故寒畯之家每視詩書爲畏途雖子弟岐嶷亦多聞而生阻予目擊心惻已久思有以調劑之而未遑也歲辛巳春　藩憲檄飭勸捐立欵籌辦新生卷價予深喜向者有志未逮而今可藉酬也即諭集闔邑紳首量力酌捐設局收納不踰時而其欵告成今歲春　學憲按臨諸生安受其賜禮敬學師者亦優渥倍昔頌曰思樂泮水洵哉其可樂也特恐積久弊生因爲策利病定章程詳請　上憲立案垂諸久遠由此以後積有公欵獲售者循例簪花旣可安心以肄業後起者與言采藻羣將奮志而觀光爲師

儒立廉隅爲生徒激志氣學校興而人才出將於是
覘焉惟是司局諸紳首潔已奉公惟寅矢志既和衷
以共濟亦人言之罔恤衆擎易舉適觀厥成爰定章
程付諸棗梨以誌不朽云是爲序

重建主敬堂記

姚德銘

廻峰書院舊有後堂三楹爲院長燕居之所歲久傾圮　邑侯李君藻臣葺而新之規模加潤焉光緒己丑德銘應李君之聘來主講席李君告德銘曰是堂原名主敬其義甚富予不敢易也願君申其說以語學者德銘惟夫子之訓曰修已以敬又曰執事敬夫人莫不有已已莫不有事能敬則事成而立人達人者已也不敬則事廢而自暴自棄者亦已也是故上自公卿大夫百官有司下逮農工商賈醫卜雜技莫

不競焉惕焉朝考而夕糾焉懼其事之廢而已將無所託也而爲士者獨若無所事然非無事也挾策而吟橐管而試習容止聯聲氣以其事爲外觀而已夫尊居四民之上異日將有公卿大夫百官有司之責其得志則繫天下之望其窮居亦爲一鄉一邑之表烏得肆然乎哉由一念之敬以至於無事不敬而道德功業文章有垂爲令聞而不朽者矣由一念之肆以至於無事不肆而般樂怠傲有流爲匪僻而不自知者矣然則主敬之道奈何易曰忠信所以進德也

修辭立其誠所以居業也以忠信爲進德之本則不必高語性天而謹言慎行宗族稱孝鄉黨稱弟可以爲良士矣以立誠爲居業之實則不必矜奇炫博而毋勦說毋雷同稱心而言達意而止可以自處於不匱矣若夫矯情以干譽恃才以長傲實之不修而務求捷徑焉是皆不敬其身而自墮其所有事也故曰王敬也李君曰善請即次其說以爲記君宰當陽一紀於茲其惓惓於多士也若父兄之於子弟故言出而人信之令出而莫或違焉然則德銘之說倘可藉

君以存乎君屢捐清俸以助諸生膏火蓋惠政之一端非其犖犖大者諸生以爲不可忘也復別爲條記於後

永興菴隄防記

邑令 董文煜 陝西朝邑舉人

縣之沮漳二河由南漳保康分流至溶鎮下五里合流直注荊沙滙漢沔宜昔左氏並江漢言之也顧二流未合時溶鎮上十里許名永興菴漳河往往溢出沮河致沮河以西沃壤廬舍每受漲溢之累而永興菴以下一經淤塞舟楫不通反壅斷流之憂豈非一水也由漳則爲利並入沮則爲害乎哉余蒞任初間嘗察其形勢先是道光十六七年間徐古心副貢稟請前任王讓生集士著諸紳耆修隄以堵之夫二河至永興菴僅距里許而漳河又高出沮河誠非隄不

爲功第冲塌不時終不能無泛溢憂則在董事者之加慎耳己酉秋副貢復與諸紳耆由巡司張笙陔轉請於予予謂隄之成由溶鎮而論則河流利濟商賈輳集自是資堵水之利由沮河以西而論則人民安堵泛漲無虞亦復資堵水之利乃若溶鎮爲上下要衝一有阻滯則上下俱聾支吾是又不獨有利於溶鎮與沮河以西也曷其奈何不愼爰與古心輩加意籌畫並親臨勸捐而督修之道光二十九年秋興工

至三十年冬告竣是役也計費緡錢三千有奇而隄之纍石爲砥較前似堪永久僉曰不可無記爰爲述其顛末如此

玉泉寺覺聽上人贊　　賀　緘邑貢生號默亭

此燦然聰上人之小照也上人告予曰老僧持齋三十餘年所恃者一守字耳然老僧之爲此良苦人不知也予聞之竦然嘆曰上下古今化者幾人其賢人君子以及忠臣孝子義士烈婦守焉已耳而其苦又誰知之至若我輩讀聖賢書而立身一敗萬事瓦裂有甘受人唾罵而不辭者則未嘗此守字之義也因其言以自儆而即以此作聰公贊

五言古

乾溪望鬼谷　楊州彥 邑進士

十日住空山獨坐尋山理曉起氣鴻濛山容得太始
泄雲朝暮來明滅不可紀看山不看雲我心淡如水
巉巖洞壑幽欲從鬼谷子老夫健不健溪乾石齒齒

夏日過玉泉寺　汪　墀 字嵩臣

南陸天氣熇火雲滿空簇策騎來玉泉嵐光迎面撲
納涼羽不休信步越山腹捫壁尋玉碑篆然長苔蔽
何有點畫存漫滅不可讀顗秀有遺跡誰能志興復

鼎鑊三朝跡斑駁光離陸置身幽壑間俯首看泉瀑
長唫梵閣中有詩盈卷幅何日却塵緣傍溪結茅屋

玉泉獅子巖　釋顯忠

世傳智者死一獸來蹲踞逡巡化爲石埋沒在深土
事怪固難詰但見形可取

關陵即景　葉文在 愛梅 邑副榜

駐馬自西來望鵠幾回首山色映龍泉丹鳳翔南斗
四橋衛陵前行人似蚯走南無佛一聲虹影連雲皺

西山雲　熊經璧 邑貢生

西山何崔巍雲常生其腹有時如潑墨日夜響簷瀑
有時如魚鱗同遊不同族愁雨不愁晴望斷農人目
我今告山靈須爲民造福雨久喚雲歸晴久驅雲出
甫暘兩不愆高低皆大熟山靈曰不然雲本天所役
天苟不降康區區安敢瀆天最惡淫奢其怒不可觸
人人自修省豐年不待卜

玉泉道中遇雨宿顯聖祠　羅應貧 蔓生 東湖貢生

疾雨響前山震雷下絕巘青冥八九峰斜暉明望眼
流雲壓頭黑勢與人俱遠谷轉馬力疲依叢暫息偃

時見村人歸荸茨雜唱晚幽閒入上方驚問何處返
閒忙兩懸殊自顧亦太淺平生江海心悵然罷蓼緬

春秋閣　黃鳳鳴 教諭

漢季有真儒孤忠懷曾史當時懼亂臣千古如六子
呂陸不勝誅魏吳旋已圮獨留達旦心一炬無終始

方山晚眺　張致青 邑貢生

晚烟不上山低壓村樹平漁火忽墮水新月半溪陰
客心正孤迥誰家玉簫聲

沮江行　袁　瓚 奉賢人

遍州沮上行江水漂以急灘枯兩岸高木落孤峯立江河方日下斯世誰舟楫老我唱行行百感中年集

七言古

南山歎 為亡弟墨竹作　張致青

朝見南山青暮見南山紫自有宇宙便有此惜春眉目曲曲攢秋風松柏空九九草木榮枯皆波瀾波瀾疊疊春復秋高人勝士悲白頭憑欄空貯一腔愁

當陽水災　羅應箕

客從玉陽來憔悴無人色未語先聲吞使我心惻惻

為言前日五六月沮漳頃刻成水國霪雨連旬注如盆長鯨老蛟縱橫萬落與千村人隨魚龍出沒白晝昏波濤洶湧盡為冤魂屯城垣崩華屋傾大木拔峯巒奔兩河上下三百里十家今有幾家存可憐六月初三夜風雨聲中萬弩射雷霆滿空河水紅鬼魅喧啾相叱咤屈指十年兩遭毒丙子丙戌風伯雨師恐不赦昨聞長官申上臺陽侯雖害不為災四野漸看炊烟起吏胥相望打門來

玉陽晚泊 倣柏梁體　袁瓚

沮水曲曲西復東相期破浪無長風十里五里舉一泊晚霞瑣碎餘殘紅慨我此行越三月堤柳半綠輕煙籠消愁且貰荒村酒掀髯大笑推烏篷山月出嶺霜華濃

五言律

百寶岩　楊州彥

單椒如寄傲寂寞一峰懸磧冷凝邊氣天垂入暮烟鳥喧綠岸篠雲覆度溪船似有山樵路迢迢到絕巔

玉泉謁關祠　鍾惺 提學

義勇歸何處淒然向此中始知真佛子即是大英雄邱壑延神理機鋒豁怨衷厭聞懷古者詞下說孤忠

紫蓋晨鐘 舊志已載二首　邑令 王朝柄

縹緲晨鐘起遥聞上界音名山傳寶蓋古蹟問禪林野鶴三更夢高僧五夜心聽殘丹井曉雲外響沉沉

龍泉夜月

龍泉今夜月皎皎翠微間印水潭千尺啣峯樹一灣歸僧初叩寺棲鳥不驚山文公荒祠在長此照松關

長坂雄風

長坂坡前路雄風憶趙雲[illegible]身拚一戰主國救三分
碧血凝芳草丹心掛夕曛[illegible]當橋斷處更有張將軍

錦屏牧笛

自昔觀兵地相傳此錦屏夕陽歸牧豎短笛放山亭
村渡鴉迹黑峰橫犢背青無腔吹信口明月照前汀

灞橋秋雨

石瀨水淙淙涼聲落玉杠秋風長坂路夜雨曲沮江
旅客寒驚夢孤燈冷照窗明朝城北渡愁殺釣魚艭

金嶺朝烟

春烟何處重金嶺逗朝暉日帶晴霞上山含宿霧飛
藍堆蒸縹緲紫蓋接依稀徛看晨炊散花花露翠微

秋夜題子方讀書臺　張致青

我聞唐御史宋代濟時才漳上讀書處山高乘興來
西風惟落葉涼月有荒臺對境懷千古河流去不回

晚過長坂　羅應箕

西風長坂路戰血古今愁劃劇千年事英名百代留
滔滔沮水急樹樹錦山秋落日班騅怨鐘聲出戍樓

七言律

天寧上人再新三星寺　唐一行道場　楊州彥

寒泉漠漠覆苔青共說名山山有靈錫卓盛唐聞一
行寺懸破額紀三星諸天次第開生面老衲艱難護
祖庭孤碧乍傳林樾去野猿或抱石頭聽

余香山　熊經璧

諱國楠字千四邑副榜三月六日率鄉勇送
糧至營爲賊襲入城中戕之同時死者文生
郭其香等

弱冠英名領士林揆文奮武見胸襟誅蚊誓敗雕龍

手捫虱還憑縛虎心賊勢如風忽受困臣身似玉耻
爲擒可憐指日飛騰客血染長衢玉樹沉

春日從耕心夫子遊西屏　時偕同硯十餘人　張致青

不省西屏山路長石梯苔滑轉羊腸春風攜手二三
子旭日放懷千仞岡市擁桃花茶竈韻檐薰麥氣酒
帘香人家深處白雲遠却擬乘雲歸帝鄉

玉泉寺　羅應箕

桓碑大半蝕着苔知是人間歷劫灰塔影消磨新日
月泉聲浣濯舊塵埃英雄漢[illegible]靈猶在長老天台望

不回笑問雲封山頂石能言定解說從來

玉泉早發

晨雞唱遠客心驚路出祇林避曉行萬木雲開分曙色一峰月落正鐘聲崖明野火樵初過馬踏空山鳥漸鳴慚愧老僧深夜語閒留餘日夢俱清

長坂　鄧光燚 邑庠號菊菴

金戈鐵甲擁琱弓直透重圍長坂中匹馬單鎗扶幼主忠肝義胆逞英雄心寒百萬曹兵潰鼎峙三分蜀道通風散坂前花草發猶疑豪氣吐長虹

丹井

峰盤紫蓋鎖珠宮陸地登仙憶葛公井汲雙泉和百藥丹經九轉透元功雪翻玉檻寒漿白月上金爐活火紅吐飯成蜂人已杳烟霞繚繞嶺西東

五言絶

登堆藍山望遠　楊州彥

踏到孤峰頂連衣卧石頭誰家横嘯處山樹盡成秋

關帝祠　袁宏道

白衣豈至計陸竪偶成功天將移漢祚先忌絕倫雄

卧雲山八景 幷序　張致青

秋山當戶與來獨往得八景焉各綴數語以矢弗諼

迴風谷 谷口有老松一株

語響空谷中虬松發清籟横嶺勒風迴蒼翠落襟帶

半月池

小池貯清泉彎環如半月何當夜來遊滿輪照澄澈

玉笋岩

鬼斧削巉岩石笋明如玉泉涵苔草清風響玲瓏入

乳珠泉

蠹巖有伏泉涓涓滴鐘乳明珠在深山把玩惟牧竪

瀑布影 山水經岩石痕白如練遥望宛如瀑布

岩溜劃苔痕瀑布妙取影會應看飛流驟雨瀉山頂

石人峰 大石如人者二

此中大有人石丈屹然立蒼骨不知寒白雲為宫室

涵石澗 澗底皆石多蟹

寒澗曲折流水石相摩盪八月蟹黃肥誰能給清釀

護山溪 溪繞山足流十里餘入沮河

舉酒酹山靈幽人自來去雲壑莫教汚憑仗深溪護

隋鑊　張致青 邑庠

大業年間鑊依稀字幾行可憐隋帝子猶得伴法王

玉泉夏日襍咏 錄二首　羅應眞

泉清魚可數石欹樹疑扶策杖人何往眠琴客未孤
跡磬雲間落幽花木末香小橋人獨立散髮世相忘

七言絶

韓石麓再寫玉泉　楊州彥

道人已寫堆藍寺復踏堆藍半餉歸雙腕不停圖此

幅從前一幅却疑非

重住玉泉　熊經璧

不到禪堂已十年燃燈重會話前緣今宵低事眠難
穩觸石泉聲落枕邊

夜半深山雨又過侵晨雨勢復滂沱開窗笑指堆藍
處一片烟雲擁翠螺

龍泉寺 集唐

行盡山深又是山仙家犬吠白雲間烟霞寂寞無人
到海內無如此地閒

古苔陰地冷霏霏斷續梵聲摇太微雲吐晚烟藏霽
岫松間荷笠一僧歸

沮江竹枝詞

西南一帶稻田多水滿池塘草滿坡節近忙種忙不
了樹村齊唱插秧歌

門前隙地盡栽桑蠶事春來戶戶忙五月繅車聲不
斷新絲賣得好完糧

辛未冬擬來春讀書玉泉與燦然禪師　張致青

落拓青衿四十年麟經治就慕前賢文章尙欠神仙
氣且伴高僧住玉泉

夢逐錫飛共此峰來春再倩白雲封肄書須借廚中
葉愛客應停飯後鐘

擬住招提了世情梵聲清間讀書聲文心得似禪心
定一片空明筆下生

一瓶一鉢共周旋和尙家風我亦然還幸塵中人未
老同看明月照珠泉

漳上柳枝詞

曉風樓上語流鶯映日綰烟當戶明柳眉雖比妾眉
細妾腰不似柳腰輕
露葉風枝裊裊黃朝烟影裏拂清漳年年二月春無
賴結住離愁惱客腸

沮江竹枝詞　喻　賓 邑教諭 黃梅人

沮河曲曲水長流水自長流儂自愁一葉布帆搖擺
子載郎前日下荊州
種田怕種滋泥田居家怕居漳水邊水到春來容易
長田因低處少豐年

當陽忠烈祠　羅應箕

經過馬首正斜曛野廟荒烟望不分八十萬人塵刼
換英雄猶祀趙將軍

乾溪　楊國學 肄山

冷冷舊是水雲鄉不聽潺湲石髓芳一路馬蹄彈石
子更從何處問津梁

西屏山

懸崖千尺倚空青林壑幽邃此未經若個飄然日邊
立白雲斷處是西屏

遊玉泉寺同進齋談守先作　傅汝烜 濟臣 遠安庠生

爲訪名山結伴遊禪林深處喜勾留唐碑隋鑊真陳
跡閱盡前朝萬古秋
巍巍殿宇冠荊南貝闕珠宮萬象涵安得智公長說
法茅亭高結傍堆藍
鐵塔摩空莫躋攀神工鑄就鎮名山宜人更是橋邊
柳烟雨輕籠舞翠鬟

詩餘

步鄭公堤偶成 蝶戀花　袁　瓚

隔歲春光先一透紅了梅花綠了垂楊柳無計消寒
須買酒岸頭問有酒家否　從此總宜杯在手醉到
明年酒國長春久閒向玉陽山下走敲門到處尋紅
友

雜錄志

叢談

雙龍菴有猪羊二堤長半里高二丈餘舊傳石猪石羊常害民稼經雷擊而止現有猪羊形存堤旁

同聚西河南人在清市貿易有年同治間歇業舖中人盡徙犬獨守門不去同鄉者憐其飢疲飼之犬不食旋還舊所餓死市人義而埋之

隋大業閭邑玉泉寺繪智者像勒石未得鐫刻碑自生文曰天地立用出生六字或有磨刮其跡彌光一境觀讀三日方失

康熙三十八年邑玉泉山釋鼻源塔旁生松一株高數丈枝幹垂布如華蓋其葉朝開夕合號曰夜眠

光緒十年夏旱荆門州牧陸及邑令李禱雨於玉泉夕即沛然以應次年又旱邑令復禱亦如之

卷四終

當陽縣補續志　卷四　藝文　叢談　三十三

補遺

堤防

趙家河堤紳首趙石麟郭蔭壽等重築也初堤高七八尺長約五六里庚辰圮於水一經春霖秋雨輒淹禾稼壞田廬居民苦之戊子春麟等稟請邑侯李公勘明捐資倡建數越月而功竣較前高數尺許長約一里有餘

廟宇

關帝廟在淯溪鎮南乾隆二十年州牧舒成龍鼎建同治十年邑侯任道鎔重修光緒十四年邑侯李元才同紳首張向寅等添設大觀樓圍牆而規模宏敞美哉輪奐越歲餘而功竣

篤行

陶玉薰邑徵士賡唐之堂伯也生而聰穎性情高華其父學孔邑文庠殉嘉慶亂已載邑乘母詹氏內則素嫻紡績稞耕讀薰弱冠以詩古鳴旋補弟子員友教四方成就者衆卒年六十八因乏嗣其門徒爲立墓碑叙及生平以誌之節錄長坂懷古警句云長坂

當陽縣補續志　卷四　補遺　堤防　廟宇　篤行　三十二

坡前草自浮長坂坡下水自流當年血戰人何在古木寒鵶盡生愁頻覺淡逸有靖節家風

玉泉寺題壁兼贈寺僧金田　姚德銘

錯落千峰盡向西涼風翼我上丹梯蔽空行幄松圍逕震耳驚雷水到溪曲院幽深疑洞壑高甍森竦拂雲霓一聲清磬聞根徹更乞牟珠照濁泥

當陽即事四首

雨渚金沙耀晴江碧玉流川原極陶牧煙樹蔚昭邱壤沃龍鱗接時清虎旅休棲遲念王粲訪古更登樓

其二

地僻衣冠儉年豐黍稌多山蠶勤女伴秧馬起農歌衆岫平如剪千邨密似羅樂郊尤可羨從不負催科

其三

西望天無極連山控上庸高雲盤隼鶻巨壑蟄蚪龍定有魁奇士難求隱遯踪斜陽飛鳥沒延眺撫孤松

其四

見說堆藍好幽尋別有天仙茶駢乳洞靈響沸珠泉緬遡燕公筆荒唐稽者禪何當營小築高枕攬雲煙

節婦

梁宗貴之妻劉氏事上以孝聞廿六矢志柏舟撫孤無力乃躬操井臼勤紡織以謀堂上甘旨晚年家漸裕孫曾成立鄉鄰咸欣仰之現年七十有六

趙維昌之妻國氏孝傳之母也廿六節守時家道極貧寒氏矢志堅貞撫傳成立稞耕讀勤紡織辛苦備嘗現年六十八

任朱氏邑庠潤生之母也二十于歸能得堂上歡心越六年夫故時祖姑病沾染床褥者十餘年氏事之

無倦迨祖姑逝而翁姑又迭患痼疾氏奉甘旨治醫藥歷廿餘年無少懈教子慈而嚴即潤生博一衿猶諄諄以正直相誡勉待人惠家不中資時解囊以助修橋諸善舉現年五十有九

趙全傳之妻郭氏十九歸趙甫三載而夫故遺腹子純元越三月餘始生也翁姑雖俱存而翁啞不能言家事無鉅細氏悉一身肩之現年六十其事孀姑也益篤

文童趙萬澤之妻楊氏十八歸趙事上以孝聞越一

年夫故撫遺腹子士鎮以勤儉世其家現年六十二
趙維榜之妻羅氏係趙啓傳之母也年二十七而寡勵志苦守奉姑以孝撫嗣以嚴飲冰茹蘖以終餘年卒年六十有一

祠宇

武廟香火田四十八畝在花栗總楊洲上每年收預支稞錢六十六串同治五年城紳稟請前憲阮立案勒石

思樂館

光緒十五年冬買屋一所坐落四總東門城內價錢叁伯串整每年完佃租錢弍拾肆串整

賓興館

賓興公田舊志載官壋總陸家冢田三分係學田撥入賓興每年完租銀十六兩七錢光緒十五年經管紳首察明坐落石斗改完預支陸家冢田一分水田五石陸田二石餘草屋一所私堰三口東南北俱抵山嶺界西抵談姓田堰界每年完預支租錢十串學灣山田一分水田七石二斗陸田二石餘學壋一條

瓦屋一所東抵趙姓田界西抵張姓田界南抵山嶺界北抵壋心界每年完預支租錢二十串金家坂田一分水田五石八斗陸田二石餘私堰五口公梅家壋一口瓦屋一所東抵馮胡二姓界西抵剌廟崗界南北抵江彭馮三姓界每年完預支租錢十二串整